Gotthold Hasenhüttl   Gott ohne Gott

Gotthold Hasenhüttl

Gott ohne Gott

Ein Dialog mit J.-P. Sartre

MIT DEM WEIHNACHTSSPIEL
BARIONA
ODER DER DONNERSOHN

VERLAG STYRIA

Mit kirchlicher Druckerlaubnis
Rottenburg, 15. 7. 1971, Generalvikar Dr. Knaupp

ISBN 3 222 10682 7
© 1972 Verlag Styria Graz Wien Köln
Printed in Austria
Umschlag von Christoph Albrecht, Schmidham
Gesamtherstellung durch die
Universitäts-Buchdruckerei Styria, Graz

FÜR JENE, DENEN DIE LIEBE GOTTES AUF KEINEM
MENSCHENANTLITZ ERSCHIENEN IST

„Est ultimum cognitionis humanae de Deo quod scit se Deum nescire, inquantum cognoscit, illud quod Deus est, omne ipsum quod de eo intelligimus excedere."

(S. Thomas, Quaest. disput. de potentia 7, 5, 14)

INHALT

VORWORT

Kein atheistischer Philosoph unserer Zeit hat so viel von Gott gesprochen wie J.-P. Sartre. Keiner hat die Sinnfrage unseres Lebens so stark mit der Gottesfrage verbunden wie er. Die Gottesfrage wird zur Lebensfrage. In der vorliegenden Arbeit soll dargestellt werden, welchen Sinn es hat, von Gott zu sprechen. Obwohl viele Werke über Sartre geschrieben wurden, existiert eine eingehende Darstellung über dieses Thema noch nicht. Der Gottesgedanke führt uns aber ins Zentrum seiner Philosophie. Auf fünf Wegen: in der Außenwelt, im eigenen Bewußtsein, in der Freiheit, im menschlichen Du und in der Gesellschaft findet er die Gottes*idee,* die unseren Lebensvollzug bestimmt, Gottes *reale* Existenz jedoch erfährt er nicht — Gott ohne Gott! Diese Idee zu überwinden ist nach ihm für die Menschwerdung des Menschen unerläßlich.

Will man heute noch von Gott sprechen, so muß man sich den Bedingungen des Atheismus stellen und ihm sicher dort zustimmen, wo Gott mit der Seinsidee identifiziert wird. Ja, der Atheismus ist streckenweise der Ermöglichungsgrund für ein neues Sprechen von Gott. Ein gedankenloses Gerede über Gott ist heute am Ende. Nur wenn der Gottesbegriff eine Existenzerfahrung einschließt, hat es Sinn, diesen Begriff zu gebrauchen, sonst ist er nur eine Leerformel. Kein anderer ist hier ein besserer Gesprächspartner als Sartre. So könnte die Auseinandersetzung mit ihm ein Impuls für eine künftige „Gotteslehre" sein, die die vorfindliche Welt in eine menschlichere zu verwandeln hilft und Mensch*werdung* konkret ernst nimmt.

Meinem verehrten Lehrer und Freund P. Frank O'Farrell S. J. Rom, der durch seine Anregungen die Arbeit bereicherte, gilt hier mein besonderer Dank. Ebenso waren mir die Hinweise von Professor Dr. Helmut Fahrenbach, Tübingen, eine große Hilfe.

Tübingen, Pfingsten 1971   Gotthold Hasenhüttl

DER GESCHICHTLICHE ORT DES EXISTENTIALISMUS

EXISTENTIALISMUS UND MARXISMUS

Mit vollem Recht müssen wir uns heute fragen: Wozu beschäftigen wir uns noch mit dem Existentialismus? Seine Zeit ist doch endgültig vorbei. Die Periode des Existentialismus, abgesehen von seinem Vorläufer Sören Kierkegaard (im vorigen Jahrhundert), erstreckte sich etwa von den dreißiger Jahren bis 1960 und wurde von Karl Jaspers (mit seinem dreibändigen Werk: Philosophie. 1932), von Martin Heidegger (Sein und Zeit. 1927, sowie den Werken nach der „Kehre") und von J.-P. Sartre (L'être et le néant. 1943) repräsentiert. Mit dem Aufkommen des soziologisch-marxistischen Interesses in der Philosophie und der nachbultmannianischen Theologie, die die Gott-ist-tot-Theologen hervorgebracht hat, scheint die Zeit des Existentialismus hoffnungslos passé. Wozu noch eine Auseinandersetzung mit J.-P. Sartre? J.-P. Sartre ist m. E. der einzige Denker des Existentialismus, dessen Philosophie ständig von der Gottesfrage bewegt ist, der von ihr nie losgekommen ist, wie das Selbstzeugnis in „Les Mots" (Die Wörter) und der 1971 erschienene Lebensroman über Gustave Flaubert „L'Idiot de la famille" beweisen, und dessen Existentialismus allein fähig war, den gesellschaftlichen Aspekt des menschlichen Daseins aufzunehmen. Diese beiden Fragestellungen sind heute aktuell und charakterisieren die Philosophie wie die Theologie des letzten Jahrzehnts. So legte Sartre 1960 (in seinem Werk „Critique de la raison dialectique") in der Einleitung „Question de méthode" theoretisch das Verhältnis des Existentialismus (bzw. seines Existentialismus) zum Marxismus dar. Im Denken von Karl Marx sieht Sartre den Versuch, den Widerspruch zwischen Idealismus und Materialismus zu überwinden [1], allerdings vor (bzw. außerhalb) der „unseligen Begegnung mit Engels" [2], die ihn den Determinismus Darwins gelehrt habe. Diese positive kritische Stellung zu Marx begründet ohne Zweifel seine eigenartige Position gegenüber den marxistischen Epigonen und

ihrer Partei. 1945 versuchte Sartre seine von Liebe und Haß durch-
zogene Beziehung zur kommunistischen Partei zu lösen und eine
nichtkommunistische Linkspartei („Rassemblement Démocra-
tique Révolutionaire") zu gründen. Der Versuch ging fehl. Ohne
Mitglied der Partei zu werden, nahm er teil am „Völkerkongreß
für den Frieden" in Wien 1952, bereiste 1954—1955 Rußland und
China und fand in seiner Zeitschrift „Les temps modernes" (1945
gegründet) lobende Worte für Fortschritt und Aufbau in diesen
Ländern. Das heißt aber nicht, daß er seine kritische Stellung
aufgab. Schon 1948 verurteilte er bei aller Widersprüchlichkeit
das kommunistische System („Die schmutzigen Hände"). In der
Auseinandersetzung mit Albert Camus im Jahre 1952, der ihn
der Hurerei mit dem Kommunismus bezichtigte (weil Sartre die
Konzentrationslager der UdSSR nicht erwähnt habe) — in dieser
Auseinandersetzung, in der die jahrelange Freundschaft beider
zerbrach, fragte Sartre Camus: „Und wenn ich wirklich rosarot,
ein verkappter Mitläufer und schamhafter Parteigänger wäre, woher käme es dann, daß die Kommunisten ausgerechnet mich hassen
und nicht Sie?" [3] So verurteilte er heftigst das sowjetische Vorgehen in Ungarn und in der Tschechoslowakei und die Haltung
der KP Frankreichs gegenüber den Mai-Unruhen 1968, in denen
sich zeigte, daß die Partei Angst vor der Revolution hat.

In den heutigen Gesellschaftstypen (Produktions- und Konsumgesellschaft) wird dem Menschen seine Identität verweigert, vor-
enthalten: „Weder in der einen noch in der anderen ‚existiert' der
Mensch als freies und verantwortliches Individuum." [4] Zwei
Mythen halten den Menschen in seiner Selbstwerdung auf: das
goldene Zeitalter der Vergangenheit und das der Zukunft. Wie
die Romantiker die monarchische Vergangenheit gepriesen haben,
so preisen die Künstler und Philosophen heute (besonders der
UdSSR) die Zukunft. „Heute hat man das goldene Zeitalter verschoben, man hat es in die Zukunft verlegt. Auf jeden Fall bleibt
dieses säumige goldene Zeitalter das, was es ist: ein reaktionärer
Mythos." [5] Durch diese Verplanung der Zukunft wird der
Mensch in ein System eingespannt, das bekannt ist und ihn zu
einem bekannten Naturwesen reduziert. Das heißt: der Mensch
wird ausgetrieben, der Marxismus hat keinen Raum für den kon-

kreten Menschen. „Der Marxismus degeneriert zwangsläufig zu einer unmenschlichen Anthropologie, wenn er den Menschen nicht wieder einbezieht, ihn nicht zur Grundlage seiner Theorie macht." [6] Im heutigen Marxismus also hat nach Sartre der Mensch keinen Platz. Das aber ist offenbar die schärfste Kritik, die am kommunistischen System geübt werden kann. Trotzdem kommt der heutige Mensch nicht um den Marxismus herum, da der Marxismus heute als die einzig mögliche — d. h. mit Notwendigkeit zugleich historische und strukturelle — Anthropologie erscheint. [7] Diese Anthropologie nämlich ist die einzige, die von den materiellen Bedingungen des Menschen ausgeht und ihn daher als eine Totalität begreift. Jeder andere Ausgangspunkt hätte einen anderen Menschen zum Gegenstand, der nicht wesentlich vom An-sich-Sein, das heißt materiell bestimmt wäre. Gegen die Eigentendenz des Marxismus wird aber der Fragende heute aus den Untersuchungen ausgeklammert, und der Infragestehende (Mensch) wird Gegenstand eines absoluten Wissens. Durch diese Perversion ist das existentialistische Denken notwendig geworden, es steht aber außerhalb der historischen Totalisierung des Wissens, da es nur als Korrektiv fungieren kann. Der Mensch selbst ist die Grundlage der Anthropologie, nicht als Gegenstand des praktischen Wissens, sondern als Praktiker, der in seiner Praxis das Wissen als Moment produziert. Das heißt: „Solange die (marxistische) Doktrin sich ihrer Anämie nicht bewußt wird, solange sie ihr Wissen auf eine dogmatische Metaphysik (Dialektik der Natur) gründet statt auf das Verständnis des lebendigen Menschen, solange sie — wie Marx es getan hat — alle Ideologien, die das Sein vom Wissen trennen und im Rahmen der Anthropologie die Erkenntnis des Menschen auf die menschliche Existenz zu gründen suchen, unter der Bezeichnung Irrationalismus einfach abtut, solange wird der Existentialismus seine Untersuchungen fortführen." [8] In die „allumfassende Philosophie" [9] des Marxismus will der Existentialismus den Menschen in seiner Praxis bzw. den Entwurf, der er ist, wieder einfügen. Es gilt, durch den Existentialismus „dem Menschen innerhalb des Marxismus wieder seinen Platz zurückzuerobern" [10]. Der Existentialismus hat also die Aufgabe, nicht neue Fragen heranzutragen, sondern den Marxismus von seinem „mechanistischen Determinismus" [11] zu befreien und so in ihm einen Platz für die menschliche *Existenz* zu finden.

Der Mensch ist durch seinen *Entwurf* charakterisiert, der Praxis ist. Der Mensch überschreitet unablässig seine bestimmte Situation, seine jeweilige Lage, wodurch er sich freilich zugleich objektiviert. Dieser Entwurf, diese Praxis, ist die dem Menschen eigene *Grundstruktur;* „sie ist kein Wille, kein Bedürfnis und keine Leidenschaft, sondern unsere Bedürfnisse ebenso wie unsere Leidenschaften und selbst der abstrakteste unserer Gedanken haben an dieser Struktur teil: Sie sind stets außer-sich-hin-auf... Das aber nennen wir Existenz. Wir verstehen darunter keine in sich selbst ruhende Substanz, sondern ein dauerndes Ungleichgewicht, ein völliges von sich Losgerissensein." [12] Da diese Grundstruktur ein Feld von Möglichkeiten setzt, bezeichnet Sartre sie als *Freiheit.* So sind *Entwurf, Praxis, Existenz* und *Freiheit* gleichbedeutende Begriffe, die dem Marxismus verlorengegangen sind. Wer die Praxis nicht mit Existenz und Freiheit gleichsetzt, versucht die Praxis als Reproduktion aufzufassen, d. h. die *Veränderung* auf Identität zurückzuführen. Dies aber ist ein Rückfall in den wissenschaftlichen Determinismus. Der Mensch in seiner Grundstruktur ist aber dialektisches Überschreiten alles bloß Gegebenen. [13] Diese Irreduzierbarkeit der Praxis ist aber kein „Irrationales", zumindest nicht im Sinne Kierkegaards, der nach Sartre den Menschen als *unerkennbar* erklärt. Wohl ist es richtig, daß der *wirkliche* Mensch (heute) *nicht bekannt* ist. Der Existentialist will aber die unaufhebbare Singularität, die der menschlichen Existenz (Praxis) bzw. dem Wagnis eignet, „ins Wissen selbst und in die begriffliche Allgemeinheit wieder einführen" [14], d. h. nicht in ihr einfach aufheben, sondern zu einer gegenseitigen Durchdringung führen. Insofern die menschliche Praxis den wirklichen Menschen (noch) nicht offenbar gemacht hat, ist ihr Absurdität eigen, also als faktisch nicht aufgehobene Qualifikation menschlicher Existenz. Das besagt jedoch nicht, daß sie grundsätzlich unaufhebbar ist. (Mit diesem Gedanken wird die Starre des frühen Sartre bis einschließlich „Das Sein und das Nichts" überwunden bzw. modifiziert.) Durch diese Aporie, in die der Existentialismus heute führt, erscheint er aber als ein *Systemfragment,* das außerhalb des Wissens geraten ist. [15]

Wie ein Kommentar dazu hört sich die Äußerung des tschechischen kommunistischen Revisionisten Vítězslav Gardavský in seinem Buch „Gott ist nicht ganz tot" an. Das Verhältnis Existenz—Gesellschaft soll bestimmt werden: „Diesem Widerspruch läßt sich weder dadurch entrinnen, daß wir dem Leben des Einzelwesens einen absoluten Wert beimessen, noch dadurch, daß wir es zur Gänze in der überdauernden menschlichen Kollektivität aufgehen lassen. Das Einzelwesen ist ersetzbar. Wer sich für unersetzbar hält, unterliegt einem Irrtum. Wenn dagegen die Gesellschaft den einzelnen für ersetzbar erklärt, dann ist Einspruch geboten. Der Gesellschaft gegenüber muß das Individuum stets als unersetzbar gelten. Die Unersetzbarkeit des einzelnen ist geradezu die Voraussetzung der Gesellschaft und darf nicht von ihr beseitigt werden." [16]

In diesem Text wird geradezu die *Funktion* des Existentialismus bezüglich des Marxismus beschrieben, wenn auch nicht gelöst noch integriert. „Von dem Tage an (aber), da der Marxismus sich der Untersuchung der menschlichen Dimension — d. h. der Untersuchung des existentiellen Entwurfs (= der *Existenz* bzw. *Praxis*) — zuwendet und die Grundlegung des anthropologischen Wissens aufnehmen wird, hat der Existentialismus keine Existenzberechtigung mehr. Er ist dann aufgesogen, überschritten und aufbewahrt durch die totalisierende Bewegung des philosophischen Denkens (das ja nur auf *eine* totale Wahrheit abzielt). Er (der Existentialismus) hört auf, ein spezieller Forschungszweig zu sein, und wird die *Grundlage* aller Forschung." [17] Diesen Zeitpunkt gilt es beschleunigt herbeizuführen. Freilich, auch dies ist dann kein Endpunkt, sondern gilt nur, solange der Mensch unter dem Joch der Knappheit und des Mangels lebt.

K. Marx selbst schreibt: „Das Reich der Freiheit beginnt in der Tat erst da, wo das Arbeiten, das durch Not und äußere Zweckmäßigkeit bestimmt ist, aufhört; es liegt also der Natur der Sache nach jenseits der Sphäre der eigentlichen materiellen Produktion." [18] Sobald also für alle Menschen die *wirkliche* Freiheit zum Leben eröffnet wird, die jenseits der Produktion liegt, hat auch der Marxismus seine Zeit vollendet; „es wird dann eine Philosophie der Freiheit an seine Stelle treten. Doch besitzen wir keine Möglichkeit, keine Denkmittel und keine konkreten Erfahrungen, die es ermöglichten, uns einen Begriff von dieser Freiheit und von dieser Philosophie zu machen." [19]

Schematisch können wir also sagen: Sartre sieht im Marxismus die Bewegung der Totalisierung der Geschichte auf die *eine* Wahrheit der Philosophie hin. Diese Bewegung ist durch Verhärtung, Institutionalisierung und vor allem durch einen materialistischen Determinismus depraviert. Die Funktion des Existentialismus heute besteht darin, den Menschen in die Philosophie wieder einzufügen, jedoch nicht als Objekt im Sinne der Natur (denn gerade darin verkennt der Marxismus den Menschen), sondern als *Existenz,* als *Entwurf,* d. h. als *Praxis* und *Freiheit,* die sich durch das ständige Überschreiten der Objektivierung und Erstarrung entzieht und nur vom *Werden* her begriffen werden kann, so daß der Mensch als Ereignis, als Geschichte im Ereignis verstanden wird. [20]

Sobald der Marxismus den lebendigen Menschen in seiner unaufhebbaren Einmaligkeit ernst nimmt, die Nichtzurückführbarkeit, das heißt Freiheit der Existenz anerkennt, reflektiert und die Ordnung der Kultur nicht mehr auf die der Natur (und ihres Determinismus) zurückführt, hat der Existentialismus seine Eigenfunktion verloren und gehört den Grundlagen des Marxismus an. So ist nach Sartre der Marxismus kein festes System, „er ist eine Aufgabe, ein auszuführender Entwurf (also eine Methode)... Auf den Marxismus zu verzichten hieße, darauf zu verzichten, den *Übergang* zu verstehen. Nun glaube ich aber, daß wir immer im Übergang begriffen sind, immer dekomponieren, indem wir produzieren, und produzieren, indem wir dekomponieren: daß der Mensch in bezug auf die Strukturen, die ihn bedingen, ständig hinaus ist, weil es noch etwas anderes ist, das ihn sein läßt, was er ist." [21] Freilich, auch der Marxismus wiederum hat kein Recht, sich eine ewige Zukunft zuzulegen, sondern hat nur im Raum der Defizienz, des Mangels, seine Geltung. Wo nicht mehr der Mangel gleichsam die Wirklichkeit treibt und drängt, sondern wo die Wirklichkeit sich als Fülle entfaltet, da bricht das Reich der Freiheit an, das heute unserer Vorstellung und Erfahrung entzogen ist. Wohin gehört Gott, die Vorstellung von ihm, die Frage nach ihm und die Erfahrung mit ihm? Wird Sartre dem Gottesbegriff heutiger Philosophie und Theologie gerecht, oder orientiert er sich an einem Götzen?

I. TEIL

Gott im Denken Jean-Paul Sartres

„Götter seid ihr allesamt... Ihr
werdet aber sterben wie Menschen."

(Ps 81)

1. DER HORIZONT DER GOTTESFRAGE

SARTRES PERSÖNLICHE STELLUNG ZUR GOTTESFRAGE

Wie der Marxismus Sartres Philosophie stets begleitet, so die Gottesfrage, wenn er auch dieser gegenüber sich ablehnender zeigt als gegenüber den kommunistischen Ideen. Kein bisher geprägter Gottesbegriff scheint seinen Ansprüchen zu genügen. Sartre, katholisch getauft und erzogen, erfuhr auch den Christengott in seinem Religionsunterricht als unglaubwürdig. „Man brachte mir die Biblische Geschichte bei, das Evangelium und den Katechismus, ohne mir die Mittel zu geben, daran zu glauben." [1] So wuchs Sartre, wie er selbst sagt, als Unkraut auf dem Humus der Katholizität. [2] Gott wurde nie zu einer Lebenswirklichkeit für ihn und befreite ihn nicht von seinem „Überzählig-Sein". „Ich fühlte mich überzählig, also galt es zu verschwinden. Ich war eine fade Körperlichkeit, die sich ständig im Zustand des Vergehens befand. Anders ausgedrückt: ich war verurteilt, und das Urteil konnte jeden Augenblick vollstreckt werden. Trotzdem wehrte ich mich aus Leibeskräften gegen den Tod... Gott hätte mich aus der Klemme gezogen: ich wäre ein signiertes Meisterwerk geworden; in der Gewißheit, meinen Part im Weltkonzert zu spielen, hätte ich geduldig gewartet, daß Er mir seine Absichten und meine Notwendigkeit enthülle. Ich ahnte die Religion voraus, ich erhoffte sie, da sie die Rettung war. Hätte man sie mir verweigert, ich hätte sie selbst erfunden. Man verweigerte sie mir nicht: Im katholischen Glauben erzogen, erfuhr ich, der Allmächtige habe mich zu seinem Ruhm erschaffen. Das war mehr, als ich zu träumen gewagt hatte. In der Folge aber erkannte ich in dem gesellschaftsfähigen Gott, den man mir beibrachte, nicht denjenigen, den meine Seele erwartete. Ich brauchte einen *Weltschöpfer,* man gab mir einen *Obersten Chef;* die beiden bilden eine Einheit, aber das wußte ich nicht; lustlos diente ich dem pharisäischen Idol, und die offizielle Lehre nahm mir die Lust, meinen eigenen Glauben zu suchen." [3] Im Zusammenhang mit der Frage nach dem Menschen hätte Gott auch einen Sinn. Der Mensch, der an Gott glaubt, ist ein „signiertes Bild", während der Mensch ohne Gott eben ohne Signatur bleiben muß. Ein oberster Herr aber, der unzugänglich ist, kann den Menschen nur mit Stockschlägen signieren. Bei seinen Großeltern *Schweitzer* in Elsaß-Lothringen (Sartre ist ein Vetter von Albert Schweitzer), die Sartre aufzogen, wurde zudem von seiner protestantischen Familie der Katholizismus lächerlich gemacht. [4] „Ich gelangte zum Unglauben nicht durch den Konflikt der Dogmen, sondern durch die Gleichgültigkeit meiner Großeltern. Trotzdem war ich religiös: Ich kniete jeden Tag mit gefalteten Händen auf dem Bett und sprach mein Gebet, dachte aber immer seltener an den lieben Gott." [5] Diese ursprüngliche Hinneigung zu Gott wurde durch den lebensfernen, uninteressierten bürgerlichen Umgang mit Gott erstickt. Die Bourgeois-Gesellschaft, der noch heute der ganze Haß Sartres gilt, erdrückte die Erfahrungsbasis für den Gott, der den Menschen Leben gibt. Die strenge richterliche Autorität, der Herr-Gott mit seinem durchbohrend-strafenden Blick, die Wirklichkeit, die dem Menschen in seiner Unzulänglichkeit und Schwachheit Angst einjagt, war für den jungen Sartre der Gott, der dem Menschen ewig fremd bleibt, nie nahe kommt und daher abstirbt. Die Gotteserfahrung ist in diesem autoritären System negativ. „Einige Jahre lang verkehrte ich dann noch offiziell mit dem Allmächtigen; auf den privaten Umgang mit ihm hatte ich verzichtet. Ein *einziges Mal* hatte ich das Gefühl, es gäbe ihn. Ich hatte mit Streichhölzchen gespielt und einen kleinen Teppich versengt; ich war im Begriffe, meine Untat zu vertuschen, als plötzlich Gott mich sah. Ich fühlte Seinen Blick im Innern meines Kopfes und auf meinen Händen; ich drehte mich im Badezimmer bald hierhin, bald dorthin, grauenhaft sichtbar, eine lebende Zielscheibe. Mich rettete meine Wut: Ich wurde furchtbar böse wegen dieser dreisten Taktlosigkeit, ich fluchte, ich gebrauchte alle Flüche meines Großvaters. Gott sah mich seitdem nie wieder an. Ich erzähle hier die Geschichte einer mißglückten Berufung. Ich brauchte Gott, man gab ihn mir, ich empfing ihn, ohne zu begreifen, daß ich ihn suchte! Da er in meinem Herzen keine Wurzel schlug, vegetierte er einige Zeit in mir und starb dann. Spricht man mir heute von

Ihm, so sage ich amüsiert und ohne Bedauern wie ein altgewordener Frauenjäger, der eine ehemals schöne Frau trifft: ‚Vor fünfzig Jahren hätte ohne das Mißverständnis, ohne jenen Irrtum, ohne den Zufall, der uns auseinanderbrachte, etwas zwischen uns sein können.‘ Es war nichts zwischen uns." [6]

So abgeklärt diese Worte auch scheinen, so gibt es doch kein größeres Werk von Sartre, in dem nicht an entscheidenden Stellen immer wieder die Gottesfrage aufgeworfen wird. Sicher, in der „Kritik der Dialektischen Vernunft" mag es scheinen, als sei Sartre der Gottesfrage müde geworden, aber auch hier ist sie verborgen anwesend und bricht vier Jahre später (Die Wörter. 1964) wieder durch, wie auch 1965 in den „Troerinnen des Euripides" und besonders 1971 in der Flaubert-Darstellung. Der gesellschaftliche Zufall, die Mißverständnisse des Religionsunterrichts und die eigenen Irrtümer hielten ihn nicht zurück, gleichsam das Bild des „geliebten Wesens" stets auf seinem Schreibtisch zu haben und so seine „Wörter" von ihm beeinflussen, ja bestimmen zu lassen. Diese Vorstellung, daß Gott das Leben des Menschen nicht berührt, nicht wirklich bestimmt, trotzdem aber von menschlicher Existenz nicht wegzudenken ist, gibt Simone de Beauvoir wieder (seit über vierzig Jahren seine Lebensgefährtin, die er aus Protest gegen die bürgerliche Gesellschaft nie heiratete). Sie schreibt über Gott: „Gott wurde eine abstrakte Vorstellung irgendwo im Himmel. Eines Tages habe ich sie weggewischt. Ich habe Gott nie vermißt. Er stahl mir die Erde. Aber eines Tages begriff ich, daß ich mich zum Tode verdammt hatte, als ich mich von ihm lossagte. Fünfzehn Jahre war ich alt, allein in der Wohnung, und ich habe geschrien. Als ich wieder zu mir kam, fragte ich mich: Wie machen das andere? Wie werde ich damit fertig? Werde ich mit dieser Angst leben?" [7] Jedoch auch ein oberster Chef flößt Angst ein, und unter seinen Augen kann man nicht glücklich sein, weil jeder Fehler, jedes Versagen gebrandmarkt wird, auch das, was kein menschliches Auge erblicken kann. „…Der liebe Gott sah alles. Lucien kniete auf dem Betschemel und gab sich Mühe, artig zu sein, damit Mama ihn beim Verlassen der Kirche lobte, aber der liebe Gott war ihm zuwider: der liebe Gott wußte mehr über Lucien als Lucien selbst. Der liebe Gott wußte, daß Lucien weder Mama noch Papa liebte, daß er nur so tat, als sei er artig... Auch versuchte Lucien, dem lieben Gott einzureden, er liebe seine Mama. Ab und zu sagte er in seinem Innern: Wie gern habe ich meine liebe Mama! Dabei war immer ein Eckchen in ihm, das davon nicht sonderlich überzeugt war, und der liebe Gott sah natürlich dieses Eckchen. In diesem Fall behielt er die Oberhand... Aber Lucien wurde dieses Spiels müde; denn es war zu anstrengend, und letzten Endes wußte man nie, ob der liebe Gott gewonnen oder verloren hatte. Lucien gab sich nicht mehr mit Gott ab. Bei seiner ersten Kommunion sagte der Herr Pfarrer, er sei der artigste und frömmste Junge des ganzen Jahrgangs." [8] Die autobiographischen Züge sind deutlich zu erkennen. Die bedrohliche Objektivierung Gottes in einer Partnerschaft, in der er stets der Überlegene ist, kommt deutlich zum Ausdruck. Diese Erfahrung einer Unmöglichkeit des Lebens angesichts eines in sich selbst ruhenden Gottes zwang Sartre, einen eigenen Weg zu suchen, der ihm Gott entzieht. Man kann diese Gottesvorstellung etwa so umreißen: Gott ist ein allmächtiges, in sich seiendes Wesen, das seine Herrschaft auf den Menschen erstreckt (bzw. erstrecken will) und diesen von seinem *Ende* her konzipiert. [9] Dabei ist die letzte Aussage die entscheidende. Sobald der Mensch in seinem Ende durch Gott (also in Vergangenheit) schon festgelegt ist, ist alles geschichtliche Werden Utopie, ja eine Farce! Die Anthropologie, die in der Idee Gottes a priori die menschliche Natur festlegt, zerstört den Menschen in seiner *Existenz*. Während Sartre im Marxismus eine Möglichkeit erblickt, sich auch für die menschliche Existenz zu öffnen, sieht er diese Möglichkeit in der Theologie bzw. in Gott nicht, jedoch ohne ihn deshalb endgültig zu verwerfen. „Mon athéisme est *absolu*, mais *provisoire*" (äußerte sich Sartre einmal in einem Interview). In seiner ganzen philosophischen Darlegung wird er diesem Grundsatz treu bleiben, obwohl er in seinem Engagement immer wieder Gott gleichsam „bitten" wird, sein Leben dem Zufall doch zu entreißen. [10] Doch stets blieb ihm verwehrt, an diese Wirklichkeit glauben zu können, zumindest „solange man sie mit diesem Namen benannte" [11]. Gott ist ein Name, ein Wort, das so belastet ist, daß es jede Möglichkeit einer Wirklichkeitserfahrung nimmt. Schon wenn der Begriff „allmächtig" auftaucht, erstarrt der Mensch, oder aber die Wirklichkeit, die mit

„allmächtig" gemeint ist, zerrinnt wie Schnee an der Frühlings-
sonne der menschlichen Existenz. Freilich, mit der erstaunten
Feststellung: Er existiert nicht, ist die Angelegenheit noch lange
nicht abgetan. [12] Denn wenn auch der Herr-Gott als objektives
allmächtiges Auge in der menschlichen Erfahrung zunichte wird,
bleibt doch Gott als eine geheiligte Kraft, als Geist, als „der
Unsichtbare, der Heilige Geist" [13], der den Auftrag des Menschen, der sein Leben, wie Sartre sagt, garantiert. Der Atheismus
ist erst dann zu Ende getrieben, wenn auch Gott als diese an-
onyme Kraft im Menschen ausgetrieben ist. „Heil, Unsterblichkeit,
alles fällt in sich zusammen, das Gebäude sinkt in Trümmer,
ich habe den Heiligen Geist... ausgetrieben; der Atheismus ist
ein grausames, langwieriges Unterfangen." [14] Die Naivität, mit
der er, gleichsam von einer sicheren Warte aus, auseinander-
setzen konnte, daß der Mensch unmöglich sei, indem er an die
eigene Berufung glaubte, bricht zusammen. „Ich war verfälscht
bis auf die Knochen und verblendet; so schrieb ich heiter über
das Unglück unseres Daseins. Als Dogmatiker zweifelte ich an
allem, außer daran, erwählt und zweifelsfrei zu sein; mit der
anderen Hand baute ich wieder auf, was ich mit der einen zerstört hatte, und hielt die Unruhe für die Garantie meiner Sicherheit. Ich war glücklich. — Ich habe mich (jetzt) geändert." [15]
Wir haben in diesen Überlegungen ohne Zweifel einen Schlüssel,
seine Werke bis 1960 unter diesem Gesichtspunkt zu beurteilen.
Wenn Sartre auch heute noch zu den philosophischen Ergebnissen
der damaligen Periode steht, so müssen sie heute doch unter dem
veränderten Standort betrachtet werden. Was apodiktisch dog-
matisch ausgesagt bzw. geleugnet wurde, ist heute nur noch als
eine „provisorische" Aussage zu werten, weil die Warte der
Sicherheit niedergerissen wurde und keine mythische Kraft mehr
dafür einsteht, daß es mit Gott nichts auf sich hat. Anders ausgedrückt: Der „Heilige Geist" ermöglichte die dogmatische Leugnung der Existenz des allmächtigen Gottes. Nicht, daß nach der
„Kehre" von 1960 die Leugnung Gottes aufgehoben wäre, es ist
vielmehr so, daß „Gott" nicht mehr die Kraft dazu gibt, ihn dog-
matisch sicher zu bekämpfen bzw. zu leugnen. Vielleicht könnte
man sagen, daß Sartre bezüglich der Gottesfrage heute zur Hus-
serlschen ἐποχή neigt, das heißt also zur Einklammerung. Diese

erst gibt das Gefühl, nichts mehr mit dem Leben anzufangen zu wissen, nichts in den Händen und in den Taschen zu haben — ein blinder Passagier in der Stratosphäre! Die Situation, gottlos zu sein und doch wiederum nicht, umschreibt Sartre mit diesem Bild: „Wieder bin ich wie damals mit sieben Jahren der Reisende ohne Fahrkarte: Der Schaffner ist in mein Abteil gekommen und schaut mich an, weniger streng als einst. Er möchte am liebsten wieder hinausgehen, damit ich meine Reise in Frieden beenden kann; ich soll ihm nur eine annehmbare Entschuldigung sagen, ganz gleich welche, damit ist er zufrieden. Unglücklicherweise finde ich keine und habe übrigens auch keine Lust, eine zu suchen. So bleiben wir miteinander im Abteil, voller Unbehagen, bis zur Station Dijon, wo mich, wie ich genau weiß, niemand erwartet." [16]

Wir sehen: Sartres Begegnung mit dem Herr-Gott (Gottvater, Allmächtiger, Weltschöpfer, oberster Chef) bleibt ergebnislos. Wie Gotteserfahrung dargeboten wird, ob „religiös" oder apologetisch, kann in ihm keine Bejahung hervorlocken, sondern das allsehende Auge (Gottes) erblindet langsam. Auch die Gestalt Christi war dem Kind Sartre verschlossen, wenn auch einmal in seinem Leben die Bejahung der Menschwerdung Gottes ihren künstlerischen Niederschlag finden sollte: zu Weihnachten des Jahres 1940 in deutscher Kriegsgefangenschaft. Er schrieb damals das Weihnachtsspiel „Bariona oder der Donnersohn". Natürlich ist es kein Zeugnis eines persönlichen Glaubens an Christus, obwohl Sartre hier meines Erachtens zeigt, wie seine Philosophie grundsätzlich offen sein könnte für einen Gott, der den Menschen als Mensch nahe kommt. Sartre selbst aber versuchte durch sein *eigenes* Wort zur „Erlösung" zu gelangen. Seine philosophisch-dichterische Arbeit bezeichnet er als Ersatzreligion, als säkularisierte Form des Christentums. [17] In seiner Kehre (1960) versuchte er, von nun an auch auf diesen Versuch zu verzichten und sein Schreiben, seine Philosophie nicht mehr als Weg der Selbsterlösung zu betrachten. „Ich habe das geistliche Gewand abgelegt, aber ich bin nicht abtrünnig geworden: Ich schreibe nach wie vor. Was sollte ich sonst tun?" [18] Auf den „Heiligen Geist" der als einziger geblieben war und dieses „säkularisierte Christentum" sanktionierte, auf die „persönliche Berufung", Einmaligkeit

gilt es zu verzichten; alle „Ersatzreligion" ist zu streichen, wenn man totaler Atheist sein will oder besser: sein muß. Diese heitere Illusionslosigkeit und doch zugleich tiefe Enttäuschung kann uns an F. Nietzsche erinnern: „. . . Du wirst niemals mehr anbeten, niemals mehr im endlosen Vertrauen ausruhen — du versagst es dir, vor einer letzten Weisheit, letzten Güte, letzten *Macht* (vgl. „Heiliger Geist") stehenzubleiben und deine Gedanken abzuschirren. . . du bleibst ohne den Ausblick auf ein Gebirge, das den Schnee auf dem Haupte und Gluten in seinem Herzen trägt — es gibt für dich keinen Vergelter, keinen Verbesserer letzter Hand mehr — es gibt keine Vernunft in dem mehr, was geschieht, keine Liebe in dem, was dir geschehen wird — deinem Herzen steht keine Ruhestatt mehr offen, wo es nur zu finden und nicht mehr zu suchen hat, du wehrst dich gegen irgendeinen letzten Frieden. . . Mensch der Entsagung, in alledem willst du entsagen? Wer wird dir die Kraft dazu geben? Noch hatte niemand diese Kraft! — Es gibt einen See, der es sich eines Tages versagte abzufließen und einen Damm dort aufwarf, wo er bisher abfloß: Seitdem steigt dieser See immer höher. Vielleicht wird gerade jene *Entsagung* uns auch die Kraft verleihen, mit der die Entsagung selber ertragen werden kann; vielleicht wird der Mensch von da an immer höher steigen, wo er nicht mehr in einen Gott ausfließt." [19]
Dieser ganzen Spannung menschlicher Existenz ohne Gott ist sich Sartre wie Nietzsche bewußt. Aus den Bruchstücken der Erfahrung Sartres mit Gott können wir zwar nicht seine Philosophie psychologisch aufrollen, wohl aber geben sie uns einen Anhalt, die Fragestellung schärfer zu sehen, die vom Fragesteller nicht zu lösen ist, zumal es in der Gottesfrage doch offenbar um etwas geht, was das menschliche Leben betrifft.

DIE BEIDEN VERHALTENSWEISEN ZUR WELT

Die Schwierigkeit, einen Ort zu finden, an dem Gott erfahrbar ist, liegt in der menschlichen Existenz selbst. Der Mensch ist nämlich nicht ein Wesen, das in eindeutiger Weise sein In-der-Welt-Sein realisiert, sondern das Bewußtsein, die menschliche Intentionalität, kann auf zwei verschiedene Weisen in-der-Welt sein. Schon C. G. Jung wies darauf hin, daß ein mythisches Verhalten gegenüber der Welt zur Grundstruktur der menschlichen Realität gehört. [20] M. Eliade meint zum Mythos: „Sie (die Mythen) sind ein Teil des menschlichen Wesens, und es ist unmöglich, sie in gleich welcher existentiellen Situation des Menschen im Kosmos *nicht* wiederzufinden." [21] Eine andere Verhaltensweise stellt die Machbarkeit der Welt und die verändernde Tätigkeit des Menschen in den Vordergrund. Von diesem Weltverständnis her versuchten die „Entmythologisierungstheologen" den Gottesbegriff vom Mythos zu befreien und ihm in der technischen Welt Raum zu geben. Die beiden Weisen, nach denen sich der Mensch der Welt gegenüber verhält, sind: die Betrachtung der Welt als Zeugzusammenhang oder aber als magisch-mythische Welt. [22] Keine der beiden Welten, deren Wanderer der Mensch ist, hat der Mensch heute abgestreift, wenn auch in der theoretischen Entfaltung eine wesentliche Verschiebung eingetreten ist. Er kann es auch gar nicht nach Sartre, da dafür eine Änderung der Struktur des menschlichen Bewußtseins notwendig wäre. (Es geht hier natürlich nicht um menschliche Phantasiegebilde, sondern um Grundweisen der menschlichen Weltbewältigung.)

Mein Auto hat zum Beispiel eine Panne. Ich versuche, den Schaden zu beheben; ich betrachte es als Zeugzusammenhang, der durch mein veränderndes Eingreifen meinen Zielen entsprechend wiederhergestellt werden kann. Die Reparatur aber gelingt mir nicht, diese Schraube läßt sich nicht lockern usw., ich beginne mich zu ärgern, werde zornig, ich beginne schließlich in meiner Machtlosigkeit zu fluchen. Dieses magische Verhalten ist, logisch betrachtet, sinnlos. Frage: Hat es aber nicht doch in sich auch eine sehr bestimmte Finalität? Wäre es nur eine kausal bedingte Reaktion, die den Zusammenbruch meiner Möglichkeiten ankündigt, würde dieses Verhalten nicht über die technischen Handgriffe hinausgehen, sondern nur ihre Unmöglichkeit offenbaren. Ich würde dann fluchen, *weil* ich nichts mehr machen kann. Steckt aber nicht in dem Fluch, in dem Ausbruch der Erregung, auch eine Finalität, die ein echtes menschliches Verhalten anzeigt? Fluche ich, *um* nichts mehr machen zu müssen? „. . . Wenn wir hier die Finalität einführen, so können wir wirklich begreifen, daß das emotionelle Verhalten in keiner Weise chaotisch ist: Es ist ein organisiertes Gefüge von Mitteln, die auf einen Zweck gerichtet sind. Und dieses Gefüge wird in Anspruch genommen, um ein Verhalten zu markieren, zu ersetzen oder abzuweisen, das man nicht durchhalten kann oder will. Nunmehr wird auch die Erklärung der Verschiedenheit der Emotion leicht: Jede von ihnen stellt ein anderes Mittel dar, um eine Schwierigkeit zu umgehen, eine Sonderform des Ausweichens, ein spezielles Gaunerstück." [23] Selbstverständlich ist hier nicht eine reflexe Täuschung gemeint, die den Schein und das Sein durch Lüge zerteilt, sondern der Übergang von der Welt des Tuns, der umgestaltenden Handlung (Reparatur), zur Welt des Mythos, das heißt des Zornes und Fluches, geschieht ursprünglich im unreflektierten Bewußtsein, das sich als Ganzes von dem einen in das andere wandelt. Der Wechsel der Einflußnahme *auf* die Welt vollzieht sich, ohne daß der Mensch in die Reflexion eintreten muß. Wichtig ist, daß wir hier vor zwei irreduktiblen Seinsweisen des menschlichen Bewußtseins stehen, das sich jeweils der Welt bemächtigt bzw. die Welt umformt. Unmittelbar versucht der Mensch, die Realität der Welt zu ändern, sie für sich bewohnbar zu machen. Bei der Umformung stellt sich heraus, daß der vorgezeichnete Weg schwierig ist, ja daß wir keinen Ausweg mehr sehen. In dieser schwierigen Welt können wir nicht mehr bleiben, wir halten es nicht aus, wir werden nervös usw. Die Wege zur Veränderung mittels gedanklicher oder manueller Arbeit sind versperrt; wir müssen aber trotzdem handeln. Statt die Welt zu verändern, *ändern* wir sie. Wir beziehen uns auf die Welt so, als wäre die Relation von Möglichkeit zur Wirklichkeit nicht eine determinierte Beziehung, sondern durch Magie, d. h. mythisch zu regeln. [24] Wir versuchen (spontan), ohne die Realstruktur des Gegenstandes zu verändern, aus eigener Kraft ihn zu ändern (ohne vermittelnde Tätigkeit, Applikation der Kräfte usw.). Das heißt: im Zustand der Erregung (Emotion) ist unsere Gestimmtheit nicht mehr abgestimmt auf den Gegenstand, sondern will ihn bestimmen, indem man sich anders stimmt (bzw. „ver-stimmt" ist). Ich ändere aber meine Beziehung zur Welt, damit sich diese ändert. In gewissen Abschattungen gehört jede *Erregung* (Emotion) des Menschen auf die Seite des magischen Verhaltens. Die Furcht ist menschliches Bewußtsein, das durch ein magisches Verhalten hindurch einen Gegenstand der äußeren Welt leugnen will (wir schließen z. B. die Augen). Meine Traurigkeit etwa über einen großen Verlust will die Verpflichtung beseitigen, neue Wege zu suchen und die Struktur der Welt umzuformen. Aber auch positive Erregung wie z. B. die Freude „ist ein magisches Verhalten, das den Besitz des ersehnten Objektes durch Zauber als augenblickliche Ganzheit erreichen will" [25]. Sartre weist darauf hin, daß die ganzheitliche Erwartung beim faktischen Wiedersehen umschlägt, bzw. die Freude sich langsam mindert. Die Welt, die im Augenblick der Begegnung als leicht erscheint, übt ihre Schwerkraft wieder aus. Im Augenblick der Liebeserklärung kann man vor Glück gleichsam zu singen beginnen. Man erspart sich dadurch, die Liebe zu „verdienen", sie durch tausend Kleinigkeiten hindurch echt zu beleben und zur Wirklichkeit werden zu lassen. Wir sehen damit in diesem *„magischen"* Verhalten den Versuch der Verzauberung der Welt, um sich damit der *Verantwortung* zu entziehen. Zugleich ist aber festzuhalten, daß nur dann eine echt magische Verhaltensform des Menschen vorliegt, wenn sie vom Glauben begleitet ist. [26] Ich muß mit ihr identisch sein und zugleich darauf vertrauen, daß dieses Verhalten die Wirklichkeit durch mich ändert. Der Mensch *„lebt* die neue Welt" [27]. Weil er sie lebt, indem er *daran glaubt,* ist er gleichsam der Gefangene seiner eigenen Überzeugung, ohne von außen gefesselt zu sein. So wird die determinierte Welt in eine magische (Glaubens-)Welt umgewandelt. Beide Weisen jedoch sind existentielle Strukturen der menschlichen Welt, gleich ursprünglich, wenn auch auf unterschiedlichem Niveau. In dem einen Modus handle ich mit und an der Welt, in dem anderen (der Erregung) ersetze ich das Handeln. Beide Verhaltensweisen tendieren auf die Totalveränderung der Welt.

Aber nochmals: „Die Welt kann ihm (dem Bewußtsein des Menschen) als ein gegliederter Zeugzusammenhang solcher Art erscheinen, daß man, um eine bestimmte Wirkung hervorzubringen, auf bestimmte Glieder des Zusammenhanges einwirken muß. In diesem Fall verweist jedes Zeug auf anderes Zeug und auf die Zeuggesamtheit, und es gibt dann weder eine absolute Handlung noch auch eine radikale Veränderung, die sich unmittelbar in diese Welt bringen ließe. Man muß vielmehr ein bestimmtes Zeug verändern... bis ins Unendliche fort...

Aber die Welt kann dem Bewußtsein als eine Gesamtheit ohne Zeugcharakter erscheinen, d. h. als eine Gesamtheit, die sich ohne Mittelglieder in großen Massen verändern läßt. In diesem Fall wirken die Weltgegenstände unmittelbar auf das Bewußtsein ein, sie sind dem Bewußtsein distanzlos gegenwärtig." [28] Der Mensch also verändert die Welt ebenfalls distanzlos, d. h. ohne Werkzeug, also magisch.

Die Zeugwelt kann sich jäh auflösen in die magische Welt — der Mensch kehrt zum magisch-mythischen Verhalten zurück. Dieses wiederum kann jäh zerbrechen, der Mensch „entmythisiert" und begibt sich wieder in die Zeug-Veränderung.

Es wird nun entscheidend darauf ankommen, welchen Ort man der Gottesfrage zuweist. Steht sie am Ende der magischen Ohnmachtserfahrung, in der die Welt sich als widerwärtig oder als bewundernswert erweist und der Mensch die Welt ändert, indem er flucht oder auf die Knie sinkt, oder steht Gott im Raum der Weltveränderung, ist er eine Erfahrung bei der Änderung der „Realstruktur" der Dinge? Anders gefragt: Ist das Korrelat der Zeugwelt die (perfekte) menschliche Gesellschaft, das Korrelat der magisch-mythischen Welt jedoch Gott? Ist eine solche Aufteilung überhaupt möglich? Oder läßt sich Gott einfach aus der Strukturanalyse des Gegebenen erkennen? Welche Vorstellung des Menschen begleitet aber dann eine solche Analyse? Ist dann menschliches Erkennen und Bewußtsein nicht rein rezeptiv, ohne schöpferisch zu sein? Wir sehen, wie schwer es ist, den Platz für die Gottesfrage zu bestimmen. Sartres Gott scheint keine Bleibe zu haben, sondern wandert ortlos herum, bald dort, bald da taucht er auf, ohne immer dasselbe Gesicht zu haben, um dann, so plötzlich wie er aufgeschienen ist, wieder zu verschwinden. Er bleibt aber trotzdem der „ungebetene Gast" des menschlichen Daseins, wohin der Mensch sich auch wenden mag.

Von dem beschriebenen Bewußtseinsphänomen ausgehend, können wir also drei Fragen nach möglicher Gotteserfahrung aufwerfen:

a) Ist Gott im magisch-mythischen Handeln des Menschen anzutreffen, und welche Vorstellung und Erkenntnis Gottes wird uns da mitgeteilt?

b) Ist Gott in der weltverändernden Arbeit der Menschen zu

finden, und hat ein solcher Gott Zukunft? — Welche Seinsbeschaffenheit hat er?

c) Ist Gott aus den Strukturen der Wirklichkeit aufzuweisen, zu erkennen? — Ist das Gegebene eine Erfahrungsbasis für Gott?

Ein Beispiel: Nach einer schweren, schmerzhaften Krankheit stirbt ein unschuldiges Kind. Wie kann der Mensch darauf reagieren? Wie Iwan in Dostojewskis Roman „Die Brüder Karamasoff": Das Leid eines Kindes kann kein Gott je rechtfertigen. Und er sagt zu seinem Mönch-Bruder Aljoscha: „Begreifst du diesen ganzen Unsinn, du mein Freund und Bruder, du mein demütiger und gehorsamer Diener Gottes, begreifst du denn, wofür dieser Unsinn nötig ist, und wozu er auch erdacht wurde?" (Kap. Die Auflehnung). Die Absurdität läßt auch Camus die Faust erheben und den blinden und tauben Gott anklagen und ihm ins Angesicht speien, der diese Welt erschaffen hat. [29] Sind diese Anklagen und die daraus hervorgehende Leugnung Gottes nicht magisch-mythische Reaktionen des Menschen?

Wäre es aber bei einer anderen Einkommensverteilung, in einer anderen Gesellschaftsordnung, bei einem höheren Stand der Medizin vielleicht nicht doch möglich gewesen, das Kind zu retten? Ist nicht — wenn Anklage am Platz ist — der Mensch anzuklagen, daß er zu magisch und zu wenig weltverändernd gewirkt hat? Schließlich sterben doch in den Elendsvierteln zweimal so viele Kinder wie in den Vierteln der Reichen. Die Hinrichtung vollzieht so der Mensch, der Krebs und die Mikroben sind nur die Henker. Ist die angemessene, sachgerechte Reaktion nicht die Veränderung der Gesellschaft, der Welt?

Eine dritte Reaktionsmöglichkeit sieht darin den Willen Gottes, der in den Widerfahrnissen der Natur zum Ausdruck kommt. Die Strukturen der Welt werden als objektive Gegebenheiten erklärt. Genügt das aber? Ist damit Gott eine sinnvolle Wirklichkeit für den Menschen?

All diese Antworten scheinen also keine gültige Lösung für die menschlichen Fragen zu sein, scheinen nicht das Gottesproblem authentisch lösen zu können; vor allem in der zweiten Antwort ist der Sinn des Wortes „Gott" in Frage gestellt, weil es eine Leerformel geworden ist.

Sartre will mit diesen Verhaltensweisen nicht mögliche Welt-
bilder entwerfen, sondern ein erstes Verständnis des Menschen
erschließen. Nach Sartre ist die grundlegende erste Wahrheit der
Mensch. Nicht so, als wäre er bekannt, als könnte ihn eine Definition einfangen, abgrenzen und bestimmen, sondern die Grundlage
ist der lebendige Mensch, von dessen Erkenntnis Thomas von
Aquin sagte, daß sie „so hinfällig sei, daß kein Philosoph jemals
die Natur einer einzigen Fliege hat vollkommen erforschen können" [30], geschweige denn den Menschen selbst, dessen Lebensvollzug alles Gegebene unendlich überschreitet.
Trotzdem ist diese erste Unbekannte die entscheidende Wirklichkeit, von der der Ausgangspunkt der philosophischen Untersuchung genommen werden muß (wir werden es noch beweisen).
Denn „wir befinden uns auf einer Ebene, wo es nur Menschen
gibt" [31] — „...précisement nous sommes sur un plan où il y a
seulement des hommes" [32]. Gegen Heidegger, der diese „Ebene"
als „Sein" bezeichnet, ihm den Vorrang vor dem Da-sein (Menschen) gibt und den Satz abwandelt: Wir leben auf einer Ebene,
wo es vornehmlich das Sein gibt... — „il y a principalement
l'Être" [33] —, und gegen den modernen Strukturalismus, wie
ihn Michel Foucault (wohl der radikalste) vertritt, der vor jeder
menschlichen Existenz, vor jedem menschlichen Denken ein
anonymes Denken, eine Erkenntnis ohne Subjekt, ein System
behauptet, das wir nur wiederentdecken [34], wie gegen jeden
deterministischen Materialismus, also gegen Sein und System hält
Sartre am Vorrang der menschlichen Ebene fest, verteidigt er den
Menschen. „Es gibt nicht zunächst ein Sein, von dem man dann
Zeugnis abzulegen hätte... (dies) erscheint mir als *Entfremdung*...
In gleicher Weise... lehne ich den Strukturalismus ab als *hinter*
mir stehend: ich habe nichts hinter mir. Ich denke, daß ein Mensch
mitten drin ist oder, wenn er etwas hinter sich hat, dann heißt das,
daß er es verinnert. Es gibt nichts in der Vorzeit des Menschen ...
das hinter ihm stünde und von dem der Mensch Zeugnis abzulegen hätte. Es gibt Menschen, die in einer Welt existieren, wo
allein die Tatsache des Existierens sie zwingt, Tiefe zu verinnern,
also tief zu werden und zugleich diese Tiefe wiederzugeben, die

gewissermaßen nur durch die Menschen existiert ... Man kann sagen, daß der Mensch die Tiefe der Welt ist und die Welt die Tiefe des Menschen." [35] Unsere entscheidende Aufgabe ist daher auch nicht, nach Gott zu forschen, sondern den „wahren" Menschen zu finden. Es geht nicht primär darum, Gott zu beweisen oder zu leugnen, sondern: „Selbst wenn es einen Gott gäbe, würde das nichts ändern; das ist unser Standpunkt. Nicht als ob wir glaubten, daß Gott existiert, aber wir denken, daß die Frage nicht die seiner Existenz ist; der Mensch muß sich selbst wieder finden und sich überzeugen, daß ihn nichts vor sich selber retten kann, wäre es auch ein gültiger Beweis der Existenz Gottes." [36] Ein Gottesbeweis kann zwar intellektuell eine Basis schaffen, die die Frage nach dem Grund (des Seins) scheinbar beantwortet, den Menschen aber nie in dem Sinne retten kann, daß er seinen Entwurf nicht ungeschützt wählen müßte. Sartres Anthropologie wird uns dies noch verdeutlichen. An nichts kann sich der Mensch anklammern, kein rettender Anker von jenseits steht für ihn bereit. Wird er sich aber selbst aus dem Sumpf ziehen können?

Stehen wir hier vor einer echten Alternative? Wenn auch Gott nicht a priori den Menschen vorgegeben ist, so läßt er sich trotz allem nicht aus der menschlichen Existenz (a priori) herausschneiden; denn Dostojewski hat recht: „Wenn Gott nicht existierte, so wäre alles erlaubt." Das ist der Ausgangspunkt des Existentialismus. In der Tat: alles ist erlaubt, wenn Gott nicht existiert, und demzufolge ist der Mensch verlassen. „Der Existentialist denkt... es sei sehr störend, daß Gott nicht existiert, denn mit ihm verschwindet alle Möglichkeit, Werte in einem wahrnehmbaren Himmel zu finden; es kann nichts a priori Gutes mehr geben, da es kein unendliches und vollkommenes Bewußtsein mehr gibt, um es zu denken... Wenn... Gott nicht existiert, so finden wir uns keinen Werten, keinen Geboten gegenüber, die unser Betragen rechtfertigen. So haben wir weder hinter uns noch vor uns im Lichtreich der Werte Rechtfertigungen oder Entschuldigungen. Wir sind allein, ohne Entschuldigungen." [37] Die Kritiker aus dem humanistischen Lager sehen den Sachverhalt falsch, wenn sie meinen, daß die sittlichen Werte keineswegs logisch von der Existenz Gottes abhängen, so daß, wie schon

Leibniz betonte, die Ethik logisch der Theologie vorausgehe. [38] Auch logisch ist die Praxis des Menschen nicht von Gott abzulösen, und das ethische Feld ist ein offenes Meer, dessen Horizont völlig frei ist. Sartre lehnt die Sittlichkeit (als Synthesis a priori) ab, wie Kant formulierte: „Die Ideen von Gott und Unsterblichkeit sind aber nicht die Bedingungen des moralischen Gesetzes, sondern nur Bedingungen des notwendigen Objekts (‚das höchste Gut‘) eines durch dieses Gesetz bestimmten Willens, d. i. des bloß praktischen Gebrauchs unserer reinen Vernunft, also können wir von jenen Ideen auch, ich will nicht bloß sagen, nicht die Wirklichkeit, sondern auch nicht einmal die Möglichkeit zu erkennen und einzusehen behaupten." [39] Wenn Gott nicht existiert, ist nach Sartre Wert und Sinn in den menschlichen Entwürfen individueller und gesellschaftlicher Art zu suchen und nicht zu hypostatisieren und zu substantialisieren. Sosehr er zum Ausgangspunkt den Unglauben nimmt [40], so weiß er doch, daß die Antwort auf die Frage nach dem menschlichen Sein von der Lösung der Gottesfrage abhängt. Sartre lehnt die Gotteserfahrung als Ausgangspunkt (a priori) ab. Er weiß aber: „Das Gottesproblem ist ein menschliches Problem, das die Beziehungen der Menschen untereinander betrifft, ein Problem, das alle angeht, auf das jeder nur mit seinem ganzen Leben eine Antwort geben kann; und die Antwort, die er darauf gibt, ist ein Spiegelbild der Haltung, die er gegenüber sich und den anderen eingenommen hat." [41] Gott zu bejahen oder zu verneinen, beides sind „metaphysische" Positionen. [42] Sie sind aber nicht totzuargumentieren, da ihnen gegenüber die rationale Erkenntnis nur ein Teilausschnitt der menschlichen Praxis ist. Die Gottesfrage aber wird nur adäquat mit der menschlichen Existenz beantwortet. Nicht unbegründet schreibt F. Jeanson: „Que Dieu existe ou n'existe pas, l'aventure est la même, les risques sont du même ordre et les moyens identiques." [43] (Ein Leben, mit oder ohne Gott, beides ist ein Wagnis, beides ein Abenteuer, in dem die menschliche Existenz auf dem Spiele steht.) So lehnt Sartre den „Gottesbeweis" nicht wegen eines logischen Fehlers ab, sondern weil es um gesamtmenschliche Entscheidung geht, die nicht andemonstriert werden kann. So meint er, daß kein einziger Christ durch die Argumente des hl. Anselm, Thomas oder Bonaventura zum Glauben gekommen ist, ebensowenig aber, daß ein einziger Christ durch Gegenargumente vom Christentum abgekommen ist. [44] So ist Gott nicht objektiv gegenüber den Menschen, nicht eine Wirklichkeit, die nach der Stellungnahme nicht fragt, sondern mit der Veränderung des Menschen mitwandert, sich mitwandelt. „Der Mensch ist ein Wesen, dem gegenüber kein Wesen seine Unparteilichkeit behalten kann, nicht einmal Gott. Denn wenn Gott existierte, wäre er, wie gewisse Mystiker ihn gesehen haben, existent nur durch die Beziehung zum Menschen. Auch ist er ein Wesen, das eine Situation gar nicht wahrnehmen kann, ohne sie zu verändern...“ [45] In dieser Verschränkung und Zuordnung ist Gott nicht als Gegensatz (Gegen-über) zur menschlichen Existenz zu verstehen. Unter Berufung auf die Mystiker (Eckhart) wird jeder Substanzbegriff von Gott ferngehalten. Noch unabhängig von der Affirmation oder Negation Gottes, unabhängig von traditionell-vulgärer Gottesvorstellung (die Sartre gerne heraufbeschwört), ist Sartre vom Ansatz her auch dem neuzeitlichen „entsubstantialisierten“ Gottesbegriff verpflichtet.

Man muß nicht der Behauptung zustimmen, daß dieser Begriff vom Denken des Cusanus her seinen Anfang genommen habe. [46] Wie Gott bei Baudelaire das einzige Wesen ist, das, um zu herrschen, nicht einmal des Daseins bedarf [47], ist und bleibt er auch bei Sartre wie ein Schatten, der mit dem Menschen wandert und ohne den der Mensch nicht zu denken ist. Das Bild des mitwandernden Schattens kann veranschaulichen, wie Mensch und Gott nicht als „Gegen-stände“ aufzufassen sind, sondern vom Miteinandersein her bestimmt werden, und wie auch die „Veränderung“ in Gott zu denken wäre. Der Schatten ist das begleitende Mitgehen des Lichtes, das den Menschen erhellt und ihm Richtung gibt, entsprechend seinem Verhältnis zu ihm. Das Licht bleibt gerade dann gleich, wenn der Schatten sich genau nach meinem Verhalten verändert. So ist die den Menschen übersteigende Wahrheit selbst in Bewegung, sie macht menschliche Geschichte mit, ist geschichtlich. Gott ist hierbei reine Vermittlung, durch die ich meine Intentionalität vollziehen kann.

Diese kurz skizzierte Denkstruktur (mit der die Neuzeit einsetzt) wird auch nicht verändert, wenn — wie bei Sartre — der Mensch selbst dieses Licht sich steckt. Die dialektische Begrenzung der menschlichen Existenz ist auch durch eine von ihr „gesetzte" Transzendenz gegeben, denn die Bewegung des Überschreitens *macht* die menschliche Existenz, deren Struktur gegeben ist bzw. sich je und je verwirklichen muß.

Wie immer wir uns also drehen und wenden, der Mensch ist der Ausgangspunkt aller Frage, nichts ist a priori „vor" ihn anzusetzen; auf nichts kann er sich berufen, an nichts festhaken. Der Ort der Gottesfrage, die Möglichkeit der Gotteserfahrung kann nur der Mensch sein. Nur wenn in der Frage nach dem Menschen die Gottesfrage einen Ort findet, hat sie überhaupt einen Sinn. Die Frage nach Gott ist also Frage nach der menschlichen Existenz. Sie muß so etwas wie „Gott" offenbaren — sonst bleibt Gott ewig verschlossen und geht uns heutige Menschen nichts an. Wie zum Beispiel Brecht es einmal formuliert: „Einer fragt Herrn K., ob es einen Gott gäbe. Herr K. sagte: Ich rate dir nachzudenken, ob dein Verhalten je nach der Antwort auf diese Frage sich ändern würde. Würde es sich nicht ändern, dann können wir die Frage fallenlassen. Würde es sich ändern, dann kann ich dir wenigstens soweit behilflich sein, daß ich dir sage, du hast dich schon entschieden: du brauchst einen Gott." [48]

Wenn man dem ersten Teil seiner Aussage zustimmen kann, gilt dies auch für den zweiten Teil? Würde Sartre diese Alternative bejahen?

2. GOTTES ABWESENHEIT IN DER AUSSENWELT *(prima via negationis Dei)*

DAS CARTESIANISCHE COGITO

Um sinnvoll von einer Wirklichkeit sprechen zu können, die den Menschen angeht, muß sie im menschlichen Erfahrungsbereich liegen. Nur die Analyse bzw. die Dialektik menschlicher Existenz (die sich zeigt) kann einen Ort angeben, an dem Gott aufscheint, sich direkt oder indirekt vermittelt oder unmittelbar offenbart. Während Heidegger vom Seinsverständnis ausgeht und in seiner späteren Phase die „Subjektivität" immer stärker zurückdrängt, ist Sartres Ausgangspunkt das Cogito: „ich denke". Wir werden noch sehen, wie weit er Descartes' solipsistische Versuchung abwehrt — aber es gilt auch für Sartre, daß das Urdatum der Unmittelbarkeit unsere *eigene* Existenz ist. Das Bewußtsein, das zu sich selbst kommt, hat primär nur eine absolute Wahrheit: je pense donc je suis; ego cogito, ergo sum, sive existo. Oder in Descartes' Suche nach der Wahrheit: „Dubito, ergo sum vel, quod idem est: Cogito, ergo sum." [1] Die Wirklichkeit der Wahrheit hat einen grundlegenden Bezug zum denkenden Vollzug ihrer selbst. So schreibt Descartes über die Erfahrung der Wahrheit der eigenen Existenz (4. Meditation): „Als ich z. B. in den vergangenen Tagen untersuchte, ob irgend etwas in der Welt wirklich existiere, und als ich dabei bemerkte, wie einzig und allein daraus, daß ich diese Untersuchung anstellte, meine Existenz hervorging, da mußte ich zu der Erkenntnis kommen, daß eine Sache, die ich so klar sehe, auch wahr sei, nicht weil ich durch irgendeine äußere Macht dazu gezwungen worden wäre, sondern lediglich, weil aus der großen Klarheit, die in meinem Verstande war, eine große Neigung in meinem Willen hervorging." [2] Umgekehrt ist die Wahrheit dadurch vom Menschen abhängig, so daß ich sie denkend bestätigen muß, damit sie existiert. Freilich, auch Thomas v. Aquin war dieses Wahrheitsverständnis nicht völlig fremd; denn seine Definition der Wahrheit schließt wesentlich das Verstehen und die Zusprache ein. [3] Sicher, die Subjektivität und ihre zentrale Stellung in der Erfahrung der absoluten Wahrheit ist erst neuzeitlich. Sartre übernimmt, modifiziert diesen Ansatz, in dem die ganze Weltoffenheit menschlichen Daseins eingeschlossen ist (zu der er auch die Fremdexistenz zählt). So gilt: „Unser Ausgangspunkt ist tatsächlich die Subjektivität des Individuums, und dies aus streng philosophischen Gründen." [4] Wahrheit ist nämlich außerhalb dieser Denkbewegung dem Menschen nicht gegeben, „denn außerhalb des cartesianischen Cogito sind alle Objekte nur wahrscheinlich" [5]. Zuerst aber muß man Wahrheitserfahrung haben, um Abgeleitetes, „Wahr-scheinliches" bestimmen zu können. Sich selbst (angesichts des anderen) ohne Vermittlung zu erfassen, ist die absolute Wahrheit. Ähnlich denkt z. B. der irische Surrealist S. Beckett: „Wenn alle Wahrnehmung anderer — tierische, menschliche und göttliche — aufgehoben ist, behält einen die Selbstwahrnehmung im Sein. Die Suche nach dem Nicht-Sein durch Flucht vor der Wahrnehmung anderer scheitert an der Unausbleiblichkeit der Selbstwahrnehmung." [6] Jedoch schränkt S. Beckett selbst diese Aussage ein, indem sie für ihn keinen „Wahrheitswert" hat, sondern nur „strukturelles dramatisches Hilfsmittel" ist. Für Sartre ist die Selbstwahrnehmung eine absolute Wahrheitserfahrung; der Ansatz ist jedoch derselbe. Zugleich verhindert dieser Ausgangspunkt von vornherein die Degradierung des Menschen zu einem Objekt. Ein Materialismus, der nur Gegenstände kennt, ist also a limine abgewehrt. Mit dem offenen Cogito, das die grundlegende Wahrheit erschließt und jede Vergegenständlichung ausschließt, haben wir den erkenntnistheoretischen Ansatzpunkt, mit dessen Hilfe nach der letzten Wirklichkeit gefragt werden kann. Eine Inhaltsanalyse dieses Cogito wird uns die Grundstrukturen des Seins eröffnen. Diese Analyse wird die Grundentscheidung über alle weiteren Überlegungen fällen. In ihr wird das Gottesproblem akut werden und alle Seinsdimensionen erfassen.

DAS COGITO IST BEI DER SACHE

Jedem von uns ist es klar, daß er denkt. Wir lesen diese Zeilen, wir hören diese Worte, und wir denken. Das Cogito ist unmittelbar gegeben. Wollte jemand leugnen, daß er denkt, so könnte er

dies nur denkend tun und würde so durch diesen Akt der Verneinung das Denken bejahen. Das Denken ist aber offenbar durch
etwas bestimmt, es ist nicht leer, sondern es vermittelt etwas, kurz:
es ist inhaltlich gefüllt. Was das Denken beschäftigt, sind also
Erscheinungen. Dieser Baum, dieses Haus, dieses Buch usw. sind
für mich Phänomene, die ich ganz allgemein als ein Ding, als
etwas bezeichne: dies ist etwas. Ich betrachte z. B. die Erscheinung des Tisches und formuliere: dies ist ein Tisch.
Worauf verweist diese Erscheinung? Auf etwas hinter ihr? Verweist die Erscheinung auf ein Sein, das „dahinter" steht? Keineswegs, meint Sartre. Hinter der Erscheinung, dem Phänomen, steht
keine „verborgene Realität". Die „Hinterwelt" ist nur für „Hin-
terweltler" eine Wirklichkeit. „Wir haben gar keine Kategorien,
um eine ‚Welt' an sich von einer ‚Welt als Erscheinung' scheiden
zu dürfen" [7], sagte Nietzsche, und Sartre stimmt ihm zu. Ein
kantisches „Noumenon" ist reine Fiktion. Das *Sein* ist *nicht hinter*
den *Erscheinungen,* Sein und Schein sind keine Gegensätze, sondern die Erscheinung ist Maßstab des Seins, „denn das Sein des
Seienden, das ist genau das, was es zu sein scheint"[8]. Das
Phänomen steht aber trotzdem in einer Beziehung, ist relativ,
allerdings nicht auf ein wahres Sein hin, das es anzeigt, sondern
auf jemanden hin, dem es erscheint. Der Bezug auf den Denkenden ist also für die Erscheinung wesentlich. Da die Erscheinung
sich enthüllt, *wie sie ist,* ist sie das, was sie ist, absolut, aber zugleich
relativ, weil sie ganz bezogen ist auf das Cogito. Das Denken ist
so bei der Sache. Weil aber die Erscheinung (das Phänomen)
nichts verbirgt, sondern sich enthüllt, ihr Wesen, ihr Sein „erscheinen" läßt, haben wir eine doppelte Bewegung in der Beziehung des Denkens, der Erkenntnis, bzw. besser: der Vorgang
des Erkennens ist eine Seins- und Denkbewegung. Vereinfacht
ausgedrückt: Die Pole der Erkenntnisrelation sind beide in Bewegung, die eine Beziehung ist. [9]
In dieser Einheit von Sein und Erscheinen wird nach Sartre nicht
nur der idealistische Dualismus von Kant, sondern auch der
scholastische Dualismus von Akt und Potenz aufgehoben. Hinter
dem Akt, hinter dem Vollzug gibt es keine Wirkkraft oder Fähigkeit, sondern „alles ist im Akt enthalten" [10]. Ist damit jeder
Dualismus erledigt? Sehen wir näher zu. Gegenüber einer Er-

scheinung gibt es zahlreiche Standpunkte, ja die Betrachtung hat unendlich viele Möglichkeiten; der Gegenstand kann bald so, bald anders sich darbieten. Diese Reihe der Aspekte eines Dinges nennt Sartre (in Anlehnung an Husserl) „Abschattungen". Da diese ins Unendliche bzw. ins Unbestimmbare (indefinitum) ver-vervielfältigt werden können, zeigt sich eine gewisse Objektivität des Phänomens. Diese Reihe der Erscheinungen, die wir zusammenfassen können, hat daher einen *Grund,* der nicht von meinem Belieben abhängt. Welchen Grund? Die Objektivität der Erscheinung affirmiert das Denken, indem dieses das Phänomen auf die vollständige Reihe (der Erscheinungen, möglichen Abschattungen) hin überschreitet, *transzendiert. Ein* Glied ist diese Erscheinung hier. Dieses Tischphänomen wird auf *den* Tisch hin überschritten. *Der* Tisch, *das* Rot wird durch die einzelne Wahrnehmung hindurch erfahren. Der Grund der Erscheinungsreihe ist also das *Wesen* (essentia). Diese unendliche Reihe selbst aber erscheint nicht. „So zeigt die Erscheinung, die e n d l i c h ist, sich selbst in ihrer Endlichkeit an, aber sie fordert gleichzeitig, auf das Unendliche hin überschritten zu werden, damit sie als Erscheinung-dessen-was-erscheint (= objektives Wesen) ergriffen werden kann." [11] So ist das Unendliche (Indefinite) im Endlichen, obwohl es selbst (nämlich als gesamte Serie) nie erscheinen wird. Der *Dualismus* besteht also in der *Dialektik* von *Endlich-Unendlich.* Das Endliche schließt damit tatsächlich eine Fähigkeit, Potentialität ein, nämlich in einer Reihe der Erscheinungen ins Unendliche entfaltet zu werden. Da aber die Erscheinung (dieser Baum, dieser Tisch, dieses Rot usw.) nur sich selbst anzeigt *und* die unbestimmbare Serie, d. h. die vollständige Reihe der Erscheinungen (*das* Rot usw.), gibt es von dieser Erscheinungsdialektik her ein echtes Problem des *Seins* dieser Erscheinung; denn was *ist,* erscheint. Ich kann aber das konkrete Phänomen (die Erscheinung Tisch, Baum usw.) auf das Sein hin überschreiten und die Frage nach dem Tisch-Sein stellen. [12] Das *ist* ein Tisch. „Aber in dem Moment wende ich den Blick vom *Tisch*-Phänomen weg, um ihn auf das *Seins*phänomen zu richten." [13] Damit haben wir aber wieder nur die Erscheinung des Seins. Erschöpft sich aber das „Seinsphänomen" im Erscheinen, oder muß man von einem Sein der Phänomene reden? Ist dies der Fall, dann kann dieses Sein nicht wiederum Erscheinung sein, sondern muß *transphänomenal* sein.

Nachdem wir also vom konkreten Phänomen ausgegangen sind, das sich unserem Bewußtsein zeigt, hat sich herausgestellt, daß durch das Überschreiten der Erscheinung die Serie der Phänomene sich erschließt, die ihren Grund im Wesen (essentia) hat. Das Wesen der Erscheinungen liegt im Erscheinen. Das Wesen ist die abgekürzte (jedoch begründete) Vollständigkeit der Reihe bzw. ihr *Sinn*.

Ich kann nun alle Erscheinungen auf das Sein hin befragen, das mit dem Wort *ist* angegeben wird. Wir stehen ganz allgemein vor dem Seinsphänomen (das als Vollständiges, als ens commune gedacht wird; indem allem das „*Ist*" beigelegt wird, wird das konkrete Seinsphänomen auf das Allgemeine, das Sein [ens], überschritten). Wir wiederholen die Frage: Erschöpft sich das *Seins*phänomen im Erscheinen (und in der Gesamtheit der Erscheinungen), oder geht das Sein (existentia) der Erscheinungen über das Erscheinen hinaus, d. h.: ist es transphänomenal? Unsere Erkenntnis vom Seinsphänomen ist ebenso unmittelbar wie etwa die Erkenntnis des Tischphänomens. Indem wir so das Sein als *Erscheinung* betrachten, die begrifflich faßbar ist, haben wir — nach Sartre — das Sein nicht als Bedingung der Enthüllung betrachtet. Damit ist aber das Seinsphänomen nicht mit dem Sein (esse, existentia) identisch, das die Bedingung aller Erscheinung und Enthüllung (Offenbarung) ist. So verweist gerade das Seinsphänomen auf das Sein der Phänomene, es ist nämlich gleichsam „ein Ruf nach Sein" [14], es fordert als Bedingung der Möglichkeit das transphänomenale Sein. Das heißt aber nicht, daß hinter der Erscheinung von Sein sich das Sein (existentia) verborgen hält (also kein Noumenon!), vielmehr erstreckt sich das Sein genauso weit wie die Erscheinung [15], entgeht aber der Phänomenbedingtheit, geht also über die Erkenntnis hinaus, ja stiftet sie. [16] (Das gleiche gilt auch für das Bewußtsein, das ebenfalls eine transphänomenale Seinsdimension fordert, die die Erkenntnis begründet.)

Während also der Idealismus Sein und Schein auseinanderreißt (Kant) oder das Sein in die Erscheinung auflöst (esse est percipi), andererseits der Realismus mit der Erkenntnis in das Sein eindringt, gleitet die Sartresche Erkenntnis gleichsam dem Sein entlang, berührt dieses in seiner Ganzheit, hinterläßt aber keine Spur. Warum nimmt Sartre eine Seinsrealität an, die nicht erscheint? Warum ist das Sein (esse) mit dem Wahrgenommenwerden (percipi) nicht identisch? Wäre z. B. der Tisch mit der Wahrnehmung identisch, wäre er reines Bewußtsein und verschwände in die reine Immanenz, ohne dem Bewußtsein in irgendeiner Weise transzendent zu sein. „Soweit also das Erkannte in die Erkenntnis nicht wieder aufgesogen werden kann, muß ihm ein Sein zuerkannt werden." [17] Ist es aber wirklich mehr als das „Erkanntwerden"? In dem Wort „*Erkannt*werden" steckt die *Relativität* auf den Erkennenden hin und zugleich der Modus der *Passivität*. Wenn also das Erkenntnisobjekt auf den Erkennenden zurückgeführt würde, wäre das Sein (esse) durch Passivität und Relativität charakterisiert. Ist das Sein (des Phänomens) passiv, dann bedeutet es, daß es eine Veränderung erfährt, deren Grund und Ursprung es nicht ist. Um aber eine Seinsart (Wahrgenommenwerden) ertragen zu können, d. h. um Veränderung zu erfahren, muß es existieren, und dieses Sein liegt jenseits der Passivität. (Ähnliches gilt auch für das Bewußtsein selbst, auch wenn es eine völlig andere Seinsweise hat.) Außerdem ist „passiv-sein" nicht eine Verhältnisbestimmung zwischen Sein und Nichts (dies wäre sinnlos, bzw. die Beziehung selbst würde sich ins Nichts verflüchtigen), sondern gibt ein Verhältnis eines Seienden zu einem anderen Seienden an, setzt also Sein voraus. Ebenso ist die Relativität des Seins nicht zu halten. Denn Beziehung-sein besagt, sein eigenes Sein in etwas anderem als in sich selbst haben, d. h. in einem Seienden, das nicht dieses selbst ist. Dies ist grundsätzlich zwar möglich, insofern dieses Sein seine eigene Transzendenz ist, aber das Sein des Phänomens steht vor dem Bewußtsein, widrigenfalls das Bewußtsein es aufsaugen würde wie ein Schwamm. So kann das Sein der Erscheinung nicht in das Bewußtsein eindringen, ist von diesem abgeschnitten, jedoch die Voraussetzung, daß es ein relatives Seinsphänomen gibt. Auf das Sein (esse) kann man also diese Seinsweisen (passiv, relativ) nicht anwenden. Daher ist das Sein des Phänomens nicht auf das Erkennen zu reduzieren (auch nicht auf das transphänomenale Sein des Bewußtseins), sondern ist jenseits davon ein transphänome-

nales Sein, das das Erscheinen des Seins allererst begründet. [18]
So verlangt also das Cogito ein Sein, das nicht nur insofern
existiert, als es erscheint, sondern das transphänomenal ist, d. h.
das *an sich* ist. [19]

Aus den Überlegungen ergibt sich, daß das Sein (esse), da es nicht
passiv und relativ ist, keine Beziehung auf etwas hin ist, was es
nicht selbst ist. Das bedeutet, daß auch ein Übergang nicht ausgesagt werden kann. Ein Werden, das Möglichkeit (potentia)
bedeutet, das eine Offenheit in sich schließt als ein „Noch-nicht“,
ist von An-sich-Sein ausgeschlossen. Ein solches Werden setzt
stets das Sein voraus, bzw. das Sein ist das Sein des Werdens, und
das heißt, es steht „jenseits des Werdens“ [20].

Die Folgerungen, die Sartre daraus für seine Schöpfungslehre
zieht, sind beträchtlich. Ist von dieser Seinskonzeption her der
Schöpfungsgedanke noch möglich?

DER SCHÖPFUNGSGEDANKE (SCHÖPFERGOTT)

Ist Gott — wenn es einen gibt — als Schöpfer überhaupt denkbar?
Anders ausgedrückt: Wird das Sein durch Gottes Schöpfer-sein
sinnvoll?

Alle Phänomene erscheinen dem Menschen auf dem Grund des
Seins. Das Sein ist die ständig gegenwärtige Grundlage alles
Seienden, „es ist überall in ihm und nirgends, es gibt kein Sein,
das nicht Sein in einer Seinsart wäre und das man nicht durch die
Seinsart hindurch, die es gleichzeitig kundgibt und verhüllt, er-
griffe“ [21]. Der Mensch ist also beim Sein. Jedoch wird das
Seiende nicht in Richtung auf das (transphänomenale) Sein hin
überschritten, sondern in Richtung auf die vollständige Reihe,
auf das Wesen, d. h. in Richtung auf den *Sinn* des Seins.
Dieser Sinn im Allgemeinen ist das Seinsphänomen (ens). Für
dieses habe ich ein „vorontologisches Seinsverständnis“ [22], wie
es Heidegger nennt. Die dialektische Zuordnung von Sinn und
Sein entspricht der Dialektik von Endlich und Unendlich bzw.
ist diese. Indem der Mensch das Konkrete auf das Wesen hin
überschreitet, eröffnet sich ihm das Unendliche (Indefinite). Der
Mensch also überschreitet das Seiende in Richtung auf den Sinn
des Seins. Der Sinn des Seins ist aber das Wesen bzw. das Seins-

phänomen im allgemeinen (ens in communi). Wird in diesem Bereich die Gottesfrage laut, so ist damit gerade unsere Frage nach dem Woher des *An-sich* nicht beantwortet, sondern nur der Sinn der Phänomene erhellt. Die Bewußtseinsanalyse wird auch diesen Weg, Gott zu finden, als illegitim erkennen. Wir spüren aber schon jetzt, daß die Seinsfrage nur für die Erscheinung und das erkennende Bewußtsein gilt, nicht aber für das Sein der Phänomene, das *An-sich*-Sein.

Hilft uns nun ein Gott weiter, um das Sein der Erscheinungen (esse) zu erklären?

Sartre hat die Weichen schon gestellt, das Nein ist unausweichlich. Der Kreationismus, der Schöpfungsglaube, verdunkelt nur das Seinsphänomen (ens in communi) und kann das Sein (esse) nicht erklären. „Eine Schöpfung ex nihilo kann das Auftauchen des Seins nicht erklären; denn wenn das Sein als innerhalb einer Subjektivität, sei es auch einer göttlichen, begriffen wird, so bleibt es eine innersubjektive Seinsweise. In dieser Subjektivität könnte es nicht einmal die Vorstellung einer Objektivität geben..." [23] Die Auflösung des Seins in eine göttliche Subjektivität vernichtet jede „Selbständigkeit" [24] des Seienden. Auch eine „fortgesetzte Schöpfung" [25] läßt alles in Gott versinken. „Wenn der Schöpfungsakt sich unendlich fortsetzen soll, wenn das geschaffene Sein bis in seine kleinsten Teile getragen wird, wenn es keine eigentliche Unabhängigkeit hat, wenn es an sich selbst nur nichts ist, dann unterscheidet sich das Geschaffene in keiner Weise von seinem Schöpfer, es wird in ihm aufgesogen; wir haben es dann mit einer falschen Transzendenz zu tun, und der Schöpfer kann nicht einmal die Illusion haben, aus seiner Subjektivität herauszutreten." [26] Das heißt mit anderen Worten: Die Analogie hat im Bereich des Sinns des Seins ihre (mögliche) Gültigkeit, sie kann aber nur bis zu der Erkenntnis der Bedingung der Möglichkeit des Seinsphänomens mitgehen, sie trifft nicht das Sein selbst, das *An-sich*-Sein; denn durch den Schöpfungsakt würde das Sein mit Passivität belastet, die zudem noch andauert, und so würde es gleichsam in Gott zurückfallen, von ihm wieder „aufgesogen" werden. Das Sein (esse) läßt aber keine Analogie zu, insofern es dadurch mit Passivität und Relativität belastet würde.

Trifft dies jedoch nicht zu, kann keine Analogie zwischen Schöpfer und Geschöpf behauptet werden, ist Gott der ganz Andere und die Schöpfung die ganz Andere.

„Man kann eine Schöpfung begreiflich finden unter der Bedingung, daß das geschaffene Sein wieder sein eigener Herr wird, sich vom Schöpfer losreißt, um sich sofort in sich einzuschließen und sein Sein auf sich zu nehmen." [27] „Wenn das Sein angesichts Gottes existiert, so kommt das daher, daß es sein eigener Träger ist, daß es nicht die leiseste Spur der göttlichen Schöpfung an sich bewahrt. Kurz, selbst wenn es geschaffen worden wäre, wäre das An-sich-Sein unerklärbar durch die Schöpfung; denn es gewinnt sein Sein von jenseits derselben." [28] Diesen Gedanken der Unabhängigkeit des Seins (auch nach einer denkbaren Schöpfung) führte Sartre besonders in seinem Drama „Die Fliegen" aus. Er läßt den höchsten Gott, Jupiter, sprechen: „Ich habe dich geschaffen und ich habe alle Dinge geschaffen... Sieh diese Planeten, die geordnet ihre Bahn ziehen, ohne je zusammenzustoßen; ich habe ihren Lauf geregelt, nach Gerechtigkeit. Höre die Harmonie der Sphären, diesen gewaltigen steinernen Dankgesang, der von den vier Himmelsecken widerhallt... durch meinen Willen pflanzen sich die Gattungen fort... durch meinen Willen leckt die sanfte Zunge der Flut den Sand und weicht zur festgesetzten Stunde zurück; ich lasse die Pflanzen wachsen, und mein Arm lenkt um die Erde die gelben Wolken des Blütenstaubes... die Welt ist gut: ich habe sie nach meinem Willen geschaffen, und ich bin das Gute..." [29] Ja, aber selbst wenn tausend Wege in der Natur zu Gott führten und er der König der Steine, der Sterne und der Meereswogen wäre, Mensch und Sein würden dadurch nicht erklärt. [30] „Kaum hast Du mich geschaffen, so habe ich auch schon aufgehört, Dein eigen zu sein... ich hasse Dich nicht. Was gibt es von Dir zu mir? Wir werden aneinander vorübergleiten wie zwei Schiffe." [31] Gott mag zwar aus der Natur durch die Überschreitung des Konkreten auf das Unendliche (Indefinite) hin scheinbar erkannt werden [32], aber mit dem Menschen und dem *Sein-an-sich* hat er nichts mehr zu tun. Sind die Tücher von den Naturerscheinungen weggerissen, sind wir auf das transphänomenale Sein verwiesen, dann wacht der Mensch vom Traum des Schöpfergottes auf. Ja, der technische Mensch stellt sich die Verbindung zum Schöpfer nach Art eines Architekten vor, und gerade dies enthüllt seine Unmöglichkeit. „Für die weißen Techniker (anders bei den Negern) ist Gott vor allem ein Ingenieur. Jupiter gebietet dem Chaos und gibt ihm Gesetze; der Christengott entwirft die Welt mit dem Verstand und verwirklicht sie nach seinem Willen. Die Beziehung des Geschöpfes zu seinem Schöpfer ist niemals fleischlicher Art — abgesehen von einigen Mystikern, denen die Kirche voll Argwohn gegenübersteht." [33] Aber auch die Mystik kann die Kategorie der Passivität nicht transzendieren. „Und überdies, die mystische Erotik hat nichts mit Fruchtbarkeit zu tun: sie ist die passive Erwartung eines nichtsinnlichen Durchdrungenwerdens. Wir sind aus Lehm geformt: Figuren aus der Hand des göttlichen Bildhauers." [34] Der Gedanke, daß die Welt geschaffen ist und der Mensch nach Gottes Bild, ist maßgeblich und läßt keinen Aufweis Gottes zu, höchstens die Vermutung, daß Gott zum „Abbild dessen geworden ist, was er geschaffen" hat. [35] Wir bleiben hier in dinglicher Vorstellung befangen und haben stets nur ein Gott-Ding vor uns [36], bzw. Gott ist mit dem Natur-Gesetz identisch [37], oder einem mystischen Naturgott, von dem Mirakel erwartet werden: „Wenn es einen Gott gibt, so soll er seinen Blitz mit beiden Händen packen, gut zielen, damit der Blitz den Himmel zerreißt, die Schiffsbrücke wie ein Peitschenhieb trifft, das Schiff zerteilt, damit es brennt und versinkt." [38] Diese mythischen Vorstellungen stellen einen Gott dar, der nur die Verlängerung der Natur ist und so als Schöpfer und Herr gilt. Diese ganzen Analogien aber vertuschen nur die Unmöglichkeit des Schöpfungsgedankens. Zwischen der Naturbetrachtung und der Gottesidee mag zwar ein Zusammenhang bestehen, da das Endliche auf das Unendliche (Indefinite) überschritten wird, aber das *An-sich*-Sein hat damit nichts zu tun (oder eben alles würde in Gott versinken). Auch der Gedanke der göttlichen Fürsorge kann nicht mit der Welt in Verbindung gebracht werden; denn eine Aussage wie: „Gott hat diese Landschaft geschaffen, um mich zu erfreuen", ist im Grunde eine Frage nach Finalität (vom Menschen hineingetragen) und keine Antwort auf das Seinsproblem. [39] Um nochmals die Ablehnung der deistischen und theistischen (christlichen) Position durch Sartre zu klären, ein zusammenfassendes Zitat:

„Wenn die Schöpfung fortgesetzt werden muß, bleibe ich immer in der Schwebe zwischen einer deutlich erkennbaren Existenz und einer pantheistischen Verschmelzung mit dem schöpferischen Wesen. Wenn die Schöpfung ein *einmaliger Akt* ist und wenn ich mich gegen Gott abgeschlossen habe, kann nicht mehr Gott mein Dasein verbürgen; denn er ist mit mir nur noch durch eine außerweltliche Beziehung verbunden, so wie der Bildhauer mit der fertigen Plastik." [40]

Alle diese Aussagen laufen daher darauf hinaus, „daß das Sein ungeschaffen ist" [41]. Legt die Ablehnung des Geschaffen-Seins nahe, daß das Sein-an-sich sich selbst schafft? Keineswegs. Die Idee, Grund seiner selbst zu sein (im Sinne einer causa), ist widersprüchlich. Alles, was sich selbst schafft, setzt sich selbst voraus. Gott als „causa sui" [42] ist einfach unsinnig. Der Vollzug der Begründung ist stets „später" als das Sein. Das Sein (esse) ist nicht der hervorbringende Grund, der durch die Ursache gegründet ist bzw. sich selbst gründet oder gründen könnte. Nur mit dieser Einschränkung gilt für Sartre die Aussage Heideggers: „...Causa sui... lautet der sachgerechte Name für den Gott in der Philosophie." [43] Heidegger fügt allerdings hinzu, daß die Philosophie, die den Gott als causa sui preisgibt, dem „göttlichen Gott" [44] vielleicht näher ist bzw. für ihn freier ist. Diese Wende macht Sartre natürlich nicht mit, sondern er zeigt nur die Unmöglichkeit auf, im Sein-*an-sich* (esse) von einem Begründungsversuch zu sprechen. Dieser schlösse ja notwendig Aktivität ein, und auch diese kann vom *An-sich*-Sein nicht ausgesagt werden, weil es vor diesen Bestimmungen liegt. Aktivität ist genauso wie Passivität und Relativität eine menschliche Kategorie, die nur im Raum des Bewußtseins sinnvoll ist; sie gilt nicht für das transphänomenale Sein der Erscheinung, nicht für das *An-sich*-Sein. Das An-sich-Sein gründet also nichts. [45] Im Zusammenhang mit ihm ist Gott fehl am Platz. Das Sein-an-sich gibt nicht Zeugnis von ihm.

DEFINITION DES AN-SICH-SEINS

Was kann man vom Sein-an-sich, vom être-en-soi, überhaupt noch aussagen, wenn nicht nur Gott, sondern auch die „menschlichen Begriffe" ausgeschlossen sind?

Vom Sein der Phänomene kann man jedenfalls sagen: das Sein (esse) *ist*. Diese Aussage steht wohl in der Nähe der Deutung des Parmenides: ἔστιν γὰρ εἶναι — es ist nämlich Sein. Da dieses Sein keine Beziehung aufweist (und nicht wie das Bewußtsein Bejahung von sich sein kann), ist es mit sich vollkommen identisch. Diese Identität ist aber nicht durchlichtet, nicht relativ, sondern losgelöst absolut bzw. *massiv*. [46] Das Sein *ist* also, und da wir hier vor etwas Vollständigem stehen, kann man sagen: das Sein ist *an-sich*. Freilich, dieses „Sich" ist schon wieder irreführend, weil es ein reflexer Begriff ist. Im Grund ist das Sein jenseits des „Sich". „In Wirklichkeit ist das Sein für sich selbst undurchschaubar, eben weil es von sich selbst erfüllt ist." [47] So kann man formulieren: das Sein *ist, was es ist*.

Drei Begriffsbestimmungen, die im Grunde dasselbe aussagen, sind also möglich: 1. Das Sein *ist*. 2. Das Sein ist *an-sich*. 3. Das Sein *ist, was es ist*.

Diese Bestimmung des Seins ist der von G. W. F. Hegel sehr nahe, von dem Sartre ohne Zweifel den Ausdruck „*An-sich-Sein*" übernommen hat (wie auch die Charakterisierung des Bewußtseins als „*Für-sich-Sein*"). Das „reflexionslose Sein ist das Sein, wie es unmittelbar nur an ihm selbst ist. ...Es ist Sein... ohne alle weitere Bestimmung. In seiner unbestimmten Unmittelbarkeit ist es *nur sich selbst gleich* und auch nicht ungleich gegen Anderes, hat keine Verschiedenheit innerhalb seiner noch nach außen" [48]. Der wesentliche Unterschied beider liegt jedoch darin, daß Hegel hier vom Sein als ens in communi spricht und damit eine perfekte Dialektik ins Spiel bringen kann, während Sartre vom Sein als esse spricht, das jeder dialektischen Auflösung Widerstand leistet. Durch die drei Aussagen wird also klar, daß das Sein keine Beziehung unterhält, nicht relativ ist. Von Möglichkeit oder Notwendigkeit in diesem transphänomenalen Bereich zu sprechen, ist ebenso sinnlos. Die Möglichkeit geht nicht dem Sein voraus, sondern ist erst vom Seinstyp des Bewußtseins her verständlich. Das Nichts oder die Potenz gehen nicht dem aktuellen Sein voraus, sondern gründen in diesem. Das Sein kann also nicht von einer Möglichkeit abgeleitet werden. Auch die Notwendigkeit ist eine Verbindung geistiger Setzungen, die nicht primär ist und nicht das Sein affiziert.

„Das An-sich-Sein ist jemals weder möglich noch unmöglich (noch notwendig), es i s t. Das drückt das Bewußtsein — mit anthropomorphen Wendungen — aus, wenn es sagt, das Sein sei überzählig (de trop), d. h. daß es das Sein absolut nicht von e t w a s ableiten kann, weder von einem anderen Sein noch von einem möglichen noch von einem notwendigen Gesetz. Ungeschaffen, ohne Seinsgrund, ohne irgendeine Beziehung zu einem anderen Sein, ist das An-sich-Sein überzählig für alle Ewigkeit." [49]
Diese philosophische Wahrheit ist für Sartre, wie wir gesehen haben, eine Erfahrung, die sich offenbart, sobald die Tünche weggenommen ist. Wer das Sein erfährt, erfährt es, da es „überzählig" ist, als obszönes, fades Dasein, das den Menschen umsonst gegeben ist. [50]
Natürlich, das pharisäische, vordergründige „übertünchte Grab" kann aus dem Dasein Gott erkennen und ihn dafür preisen. „Langsamen Schrittes und sein Brevier lesend, kommt ein Priester daher. Bisweilen schaut er auf und blickt mit einer Miene, die Zustimmung ausdrückt, aufs Meer: auch das Meer ist ein Brevier, es erzählt von Gott... Die Wesen, die mich umgeben, fallen darauf herein — sie sehen nur die dünne Schicht, und diese beweist die Existenz Gottes. Aber ich sehe auch das, was darunter ist! Der Firnis schmilzt, die glänzende samtartige Haut, die zarte Pfirsichhaut des lieben Gottes platzt überall unter meinen Blicken, sie bekommt Risse und klafft auseinander." [51] „Und mit einem Male, mit einem Schlage zerreißt der Schleier, ich habe verstanden, ich habe g e s e h e n." [52] „Es war atemberaubend. Niemals vor diesen letzten Tagen hatte ich empfunden, was das heißt: *existieren*. Ich war wie die anderen, die in ihren Frühlingskleidern am Strande spazieren gehen. Ich sagte wie sie: Das Meer i s t grün; dieser weiße Punkt da oben i s t eine Möwe. Aber ich fühlte nicht, daß das existierte, daß die Möwe eine existierende Möwe war; gewöhnlich verbirgt sich die Existenz. Sie ist da, um uns, in uns, sie ist wir selbst, man kann nicht zwei Worte sagen, ohne von ihr zu sprechen, und berührt sie letzten Endes nicht. Wenn ich glaubte, an sie (die Existenz) zu denken, nun, so... hatte (ich)... bestenfalls ein Wort im Kopf, das *Wort* ‚sein'. Oder... ich dachte an die Z u g e h ö r i g k e i t. Ich sagte mir, das Meer gehört zur Klasse der grünen Dinge... Selbst wenn ich die Dinge genau

betrachtete, war ich meilenweit entfernt davon, zu denken, daß sie existierten: sie erschienen mir als äußere Form. Ich nahm sie in die Hände, sie dienten mir als Werkzeuge... Alles das aber spielte sich an der Oberfläche ab. Wenn man mich gefragt hätte, was das sei, die Existenz, ich hätte guten Glaubens geantwortet, das sei nichts, bestenfalls eine leere Form, die den Dingen von außen her aufgestülpt sei, ohne etwas an ihrer Natur zu ändern. Und auf einmal war es da, war es klar wie die Sonne: die Existenz hatte sich plötzlich offenbart. Sie hatte ihren unverfänglich-abstrakten Charakter verloren: sie war der Teig der Dinge, diese Wurzel war eingeknetet in Existenz... Die Verschiedenartigkeit der Dinge, ihre Individualität waren nur ein äußerer Anschein, ein Firnis. Dieser Firnis war zerschmolzen, was blieb, waren monströse weiche Massen, ungeordnet, nackt, von einer erschreckenden und obszönen Nacktheit." [53]
„Wir hatten nicht den kleinsten Grund, da zu sein, die einen nicht und nicht die anderen; jeder Existierende fühlte sich überflüssig, überflüssig im Verhältnis zu den anderen. Überflüssig: das war das einzige Verhältnis, das ich festlegen konnte zwischen diesen Bäumen, Gattern und Steinen." [54] „Unbestimmt dachte ich an Selbstmord, um wenigstens eine dieser überflüssigen Existenzen zu vernichten. Aber selbst mein Tod wäre überflüssig gewesen. Überflüssig mein Kadaver, mein Blut auf diesen Steinen... Überflüssig mein zerfressenes Fleisch in der Erde, die es aufgenommen hätte, überflüssig meine Knochen, meine gereinigten, abgenagten Knochen, sauber wie die Zähne — ich war überflüssig für alle Ewigkeit. Das Wort ‚Absurdität‘ fließt mir jetzt in die Feder... und ohne es klar zu formulieren, begriff ich, den Schlüssel der Existenz, den Schlüssel meines Ekels, meines eigenen Lebens gefunden zu haben... Ich habe soeben das Absolute erfahren: das Absolute oder das Absurde... die Welt der Erklärungen und Begründungen ist nicht die Welt der Existenz." [55] „Ich war nicht überrascht, ich wußte genau: es war die Welt, die nackte Welt, die sich mit einem Schlage zeigte, und ich erstickte vor *Zorn gegen* dieses weite *absurde Sein*. Man konnte nicht einmal fragen, wo alles das herkam und warum eine Welt existierte statt des Nichts. Es hatte keinen Sinn, überall war die Welt gegenwärtig, vorn, hinten. Es hatte nichts v o r ihr gegeben. Nichts.

Es hatte keinen Zeitpunkt gegeben, wo sie nicht existieren hätte können. Das irritierte mich: Gewiß, es gab keinen Grund, warum sie existierte... Aber es war nicht möglich, daß sie nicht existierte. Es war un-denkbar; um sich das Nichts vorzustellen, mußte man schon hier, mitten in der Welt sein, die Augen weit geöffnet, lebend... dieses Nichts war nicht vor der Existenz gekommen." [56] „Von überall her strömt die Existenz auf mich ein, durch die Augen, durch die Nase, durch den Mund..." [57] „Ich schrie: ‚Dreck, verfluchter Dreck!' und ich schüttelte mich, um diesen klebrigen Dreck los zu werden, aber er hielt hartnäckig, und es gab so viel davon, ganze Tonnen voll Existenz, unendlich viel." [58] „Ich haßte diese gemeine Marmelade." [59] „Dieser Augenblick war außergewöhnlich. Da stand ich nun, unbeweglich, vereist, in grauenvoller Ekstase. Aber sogar im Schoß dieser Ekstase war etwas Neues aufgetaucht. Das Wesentliche ist die *Kontingenz*. Die Existenz ist nicht — wenn man sie definieren will — das Notwendige. Existieren, d. h. einfach: da sein. Die Existierenden erscheinen, sie lassen sich antreffen (rencontrer), aber niemals kann man sie herleiten (déduire). Es gibt Leute, glaube ich, die das begriffen haben. Sie haben lediglich versucht, diese Kontingenz zu übersteigen, indem sie ein Sein (être) erfanden, das notwendig und die Ursache seiner selbst (cause de soi) ist. Nun kann aber kein notwendiges Sein die Existenz erklären: die Kontingenz ist kein falscher Schein, keine Erscheinung, die man zerstreuen kann, sie ist das Absolute und mithin das vollkommen Grundlose (gratuité). Alles ist grundlos (gratuit), dieser Garten, diese Stadt und ich selbst." [60] In diesen dichterischen Ausführungen steckt wieder die ganze philosophische Explikation des konkreten Seins, des Seinsphänomens und der Reihe (Klasse), des Wesens, bis hin eben zum Sein der Phänomene, das in seiner erschreckenden Allgegenwart und Grundlosigkeit das Gefühl des Ekels, des Zornes und der Sinnlosigkeit aufkommen läßt. Zum Schluß wurde auch die Frage gestellt: Warum existiert überhaupt etwas, das Sein, und ist nicht nichts, da es ja grundlos existiert, also überzählig ist? Die Frage selbst, warum das kontingente Sein ist, ist sinnlos; denn sie hat nur „innerhalb der Grenzen eines Für-sich (= Bewußtsein) Sinn und setzt sogar die ontologische Priorität des Nichts vor dem

Sein voraus... denn jedes Warum ist später als das Sein und setzt es voraus. Das Sein ist, und zwar ohne Grund, ohne Ursache und ohne Notwendigkeit." [61] Die Forderung der Vernunft, nach der Begründung von allem zu suchen, mag einen möglichen Sinn für die Zukunft einschließen, in der die dialektische Vernunft im Geschichtsprozeß sich erhellt, für den Grund als Ur-sprung und Ur-grund, d. h. für das Vor-gegebene (bzw. Vergangene) gilt diese Forderung nicht und kann auch nicht einsichtig gemacht werden; denn „die Prämissen: ‚Alles, was kontingent ist, muß seinen Grund in einem notwendigen Sein finden. Ich bin aber kontingent', bezeichnen den *Wunsch* zur Begründung, aber nicht einen erklärenden Zusammenhang mit einem wirklichen Grund. In keiner Weise wird derart diese bestimmte Kontingenz erklärt, sondern nur die abstrakte Idee der Kontingenz im allgemeinen." [62] Das Sein im Allgemeinen (ens commune) wird dadurch begründet (es existiert aber nicht), das Sein (esse) im Konkreten geht diesem Wunsch voraus und ist dadurch nicht begründbar. So kann der Mensch (in seinem Bewußtsein) das Sein an sich nie integrieren, es bleibt gleichsam seine Fußkette, seine ständige Beschwernis, an der er leidet und sich und die Welt als überflüssig erfährt.

ZUSAMMENFASSUNG

Wir sind ausgegangen von erkenntnistheoretischen Überlegungen, von der Analyse des Cogito. Über die Erscheinung des Einzelnen sind wir zur Reihe der Phänomene vorgestoßen und haben die Dualität des Endlichen und Unendlichen entdeckt, indem das Cogito stets das Endliche unendlich übersteigt. Dieses Unendliche (Indefinite) ist aber nicht das Sein, sondern nur — im Hinblick auf das Seinsphänomen — das Sein im Allgemeinen. Seinen Sinn konnten wir zwar erhellen, nicht aber das Sein des Phänomens, die Existenz. Sie liegt jenseits aller dieser menschlichen Kategorien und ist auch durch ein notwendiges Sein nicht erklärbar. So kommt dem Menschen von der Außenwelt, der Natur, keine sinnerfüllende Macht entgegen. Er bleibt aber auf die Außenwelt verwiesen, obwohl sie ihm nie vertraut wird, ihn nie seinem „Überzähligsein" entreißen kann. Der Mensch kann nicht zum Sein-an-sich werden und so in ihm aufgehen, zugleich aber kann er sich nie von ihm loslösen. So haben wir im Cogito nicht eine geschlossene Subjektivität gefunden, sondern ein Bewußtsein, das weltoffen ist. So müssen wir uns dahingehend korrigieren, daß der Ausgangspunkt nicht der *Mensch allein* ist, sondern das erste, das sich dem Cogito enthüllt, das dieses erschließt, ist: *Der Mensch in der Welt.* [63] Ohne die Frage der Existenz Gottes definitiv zu beantworten, müssen wir sagen: das Sein-an-sich, die Außenwelt, gibt uns keinen Hinweis auf eine solche Existenz.

Abgesehen von der persönlichen Forderung Sartres, daß Gott immer etwas mit der menschlichen Existenz zu tun haben muß, wird Gott in dieser ersten Analyse als *notwendiges Sein* begriffen. Dieses Sein aber bleibt nach Sartre ein reiner Begriff, dem keine konkrete Existenz zukommt, da es nicht aus dem konkreten Sein (an-sich) erkannt und erfahren werden kann. Dieses notwendige Sein wäre die Schöpferkraft, der *allmächtige* Schöpfergott. [64] Diese Idee ist aber völlig widersprüchlich, da eine Analogie zwischen Schöpfer und Geschöpf als Wirkungszusammenhang nicht möglich ist, ohne daß das Geschöpf vom Schöpfer aufgesaugt wird. Verbindet beide jedoch nicht die Analogie, sondern ist der Schöpfer der ganz Andere, dann ist alles Sein unabhängig von ihm, und die Schöpfung erklärt nichts. Gott kann also nicht causa des kontingenten Seins sein. Der Aufweis Gottes aus der Zufälligkeit des Seins ist nicht schlüssig.

Die Außenwelt, das Sein an sich, bleibt stumm. Wir müssen uns nun an das Bewußtsein selbst wenden und fragen, ob sich aus der Seinsstruktur des Cogito Gott aufweisen läßt.

3. GOTTES ABWESENHEIT IM BEWUSSTSEIN
(secunda via negationis Dei)

Die erste Entdeckung, die wir bei der Besinnung auf das Cogito machten, war das *An-sich*-Sein. Ist das Sein des Bewußtseins gleicher Art? Wäre dies der Fall, dann wäre auch das Cogito ohne Beziehung, jenseits von Aktivität und Passivität. Das aber ist ausgeschlossen; denn dann wäre jede Erkenntnis unmöglich, ja nicht einmal die Illusion eines Phänomens könnten wir haben. Was aber muß das Bewußtsein in seinem Sein sein, daß es die Objektivität des Seins-an-sich enthüllt, daß es sich in Beziehung setzt zur Welt bzw. durch das In-der-Welt-Sein konstituiert wird? Wie taucht dieses Sein auf? Wie wird es begründet, welches Ziel und welchen Sinn hat dieses Sein?

DAS „ICH" DES COGITO

Wenden wir uns noch einmal dem Cogito zu. Es besteht aus zwei Komponenten: aus dem „Ich" und dem „Denken". Ist beides eine Einheit, auf derselben Seinsebene?
Im vulgären Verständnis wird das Ich als Ursprungszentrum der Begierden, Wünsche und Handlungen angesehen. Ja selbst Descartes war dieser Vorstellung verfallen, indem er das Cogito zu einer denkenden Substanz erklärte. [1] Läßt sich dies aber halten? Kant hat schon schärfer gesehen, als er der Meinung war, daß das Cogito alle meine Vorstellungen „muß begleiten können". Liegt in dem „muß-können" nicht schon ein Bewußtseinsmoment angedeutet, in dem es kein „Ich" mehr gibt? Genügt dann aber nicht ein psychologisches Ich ohne transzendente, noumenale Dimension? Wird uns dann aber nicht nahegelegt, daß die transphänomenale Sphäre des Bewußtseins *präpersonal,* also ohne Ich ist? Ermöglicht nicht eine vorgängige Einheit das Ich? Ist die Personalität als Ich ein notwendiges Ingrediens des Bewußtseins, oder ist das Bewußtsein als *„Denken"* vor jeder Personalität anzusetzen? Wird dadurch aber nicht schon gleich zu Anfang die Individualität des einzelnen konkreten Menschen zerstört? Wir

haben gesehen, daß unser Denken stets von einem transzendenten Gegenstand bestimmt ist. Jedes Bewußtsein ist Bewußtsein „von etwas" [2], wie schon Husserl sagte. Diese Bestimmung des Bewußtseins offenbart uns seine innerste Struktur. Das Bewußtsein stellt einen Bezug zur Welt her, es setzt das transzendente Objekt, den Tisch, den Baum, den Menschen usw. Man stellt es sich nun meist so vor, als sei der jeweilige Gegenstand *im* Bewußtsein (also ein Bewußtseinsinhalt). Gegen diese „Bild-theorie" wehrt sich Sartre, denn sie zerstört die Intentionalität des Bewußtseins und schließt dieses in sich ab. Das Tischphänomen ist nicht ein Bild, das in den Bewußtseinsbehälter aufgenommen wird, sondern „das Bild ist vielmehr eine bestimmte Bewußtseinsart. Es ist Akt, nicht Ding. Es ist Bewußtsein von etwas." [3] „Nous userons du terme ‚conscience', non pour désigner la monade et l'ensemble de ses structures psychíques, mais pour nommer chacune de ces structures dans sa particularité concrète. Nous parlerons donc de conscience d'image, ...perceptive, etc." [4] So ist, kurz gesagt, der Tisch *im* Raum, der Mensch aber hat ein Tischbewußtsein. Nur so wird ein direkter und unmittelbarer Bezug zur Welt hergestellt, und das Bewußtsein ist „ein die Welt setzendes Bewußtsein" [5]. Das Bewußtsein ist so völlig „nach außen" gerichtet, es existiert nur als sich selbst übersteigendes, als sich transzendierend bzw. nur, insofern es das ihm Fremde einbezieht. Nur weil das Bewußtsein sich transzendent setzt, erreicht es das Objekt unmittelbar. Das Bewußtsein ist daher unmittelbarer Bezug, spontane Beziehung. Nur als weltsetzendes Bewußtsein ist Erkenntnis möglich; denn andernfalls würde das Bewußtsein nur in sich selbst kreisen, und Erkenntnis wäre gar nicht möglich. Diese spontane Beziehung, die als Beziehung notwendig das Fremde einbezieht und Bewußtsein (*von* etwas) heißt, muß aber zugleich, indem sie das Objekt (die Welt) setzt, „nichtsetzendes Bewußtsein *von sich selbst*" [6] sein. Das heißt zum Beispiel: ich lese einen Text, oder ich bewundere einen Wasserfall usw.; spontan bin ich Beziehung auf das Objekt, indem ich es setze, dabei ist es aber nicht notwendig, daß ich auf mich selbst zurückkomme und feststelle, also „setze", daß *ich* nun lese, d. h. daß ich mich als Lesenden erkenne. Aber plötzlich von jemandem gefragt, was ich da eigentlich tue, kann ich antworten:

ich lese, und trete damit in die Reflexion ein. Ein Zweifaches ist damit ausgedrückt:

a) Das Bewußtsein erkennt *sein* Objekt. In dem „sein" steckt die Erkenntnis, daß das Bewußtsein Bewußtsein *von sich* selbst hat als Beziehung auf das Objekt. Wäre das nicht der Fall, so würde es ein *unbewußtes* Bewußtsein sein, das wäre aber Unsinn. Denn ein Bewußtsein, das von sich selbst nichts weiß, wäre eben kein Bewußtsein. Wäre ich mir z. B. nicht bewußt, Bewußtsein von diesem Wasserfall zu haben, so hätte ich ein Bewußtsein, das von sich selbst nichts weiß. Mit diesen unmittelbar einsichtigen Hinweisen verwirft Sartre auch das „Unterbewußtsein". Selbstverständlich aber handelt es sich bei diesem spontanen Bewußtsein um ein „präreflexives Cogito" [7].

b) Dieses vorreflexive Bewußtsein ist aber die Bedingung dafür, daß ich — z. B. aufgeschreckt durch eine Frage („Was tun Sie hier?") — in die Reflexion eintreten kann. Vor dieser Frage muß ich mich aber nicht erkennen als einer, der den Wasserfall sieht. Das bedeutet, daß das Bewußtsein der Reflexion vorausliegt und diese erst durch das vorreflexive Cogito ermöglicht wird. Das cartesianische Cogito setzt also das vorreflexive Bewußtsein voraus.

Das „Ich", das in dem Cogito eingeschlossen ist, ist eine Reflexionswirklichkeit. Das unreflektierte Bewußtsein kennt kein „Ich", trotzdem aber ist es Bewußtsein. Dieses nämlich ist *nicht* sein *eigener* Gegenstand (es ist nicht setzend, positional), sondern es ist *beim* Gegenstand, bei der Welt, die prinzipiell „außerhalb" seiner ist. Das Ich also ist weder dieser intentionale Gegenstand — dieser ist ja transzendent (wie wir gesehen haben) — noch ist das Ich das Bewußtsein selbst, da es ja „etwas *für* das Bewußtsein ist" [8]. Freilich, da es gleichsam das undurchschaubare Zentrum ist und etwa die Bedeutung des Punktes für den dreidimensionalen Raum hat, ist es ein „Einwohner" im Bewußtsein, ein relativ Seiendes, das heißt: *innerlich* ein Gegenstand *für* das Bewußtsein. Ohne Zweifel ist es nicht möglich, die Einheit zwischen dem Bewußtsein, das die Reflexion begründet, und dem reflektierten Bewußtsein aufzulösen, weil die Reflexion eine grundlegende Existenzweise des Bewußtseins überhaupt ist, aber das Ich gehört eindeutig auf die Seite des positionalen Bewußtseins von

sich, d. h. auf die Seite des reflektierten Bewußtseins. Das
präreflexive Bewußtsein braucht, um Selbstbewußtsein (bzw. Bewußtsein von sich) zu erlangen, nicht zu reflektieren. Das Ich des
Denkens ist so nicht das Bewußtsein, das denkt. Das unreflektierte Denken erfährt aber durch die Reflexion eine radikale Modifikation, und diese konstituiert sich als Ich: „Während ich las,
hatte ich Bewußtsein von dem Buch, von dem Romanhelden,
aber das Bewußtsein war nicht vom Ich bewohnt, es war lediglich
Bewußtsein vom Gegenstand und nicht positionelles Bewußtsein
seiner selbst." [9] Im präreflexiven Cogito, d. h. auf der unreflektierten Bewußtseinsebene, gibt es kein Ich. Die Individualisierung
geschieht demnach auch nicht durch das Ich, sondern das vorreflexe Bewußtsein schränkt sich durch sich selbst als Seinsbeziehung konkret ein. (Wir stehen hier sehr nahe beim scholastischen Individuationsprinzip als „materia signata", insofern das
Bewußtsein das Sein-an-sich „signiert", in Beziehung setzt.) Auf
jeden Fall gehört das Ich nicht zur inneren Struktur des Bewußtseins. „Wenn ich hinter einer Straßenbahn herlaufe, wenn ich
auf die Uhr schaue, wenn ich in die Betrachtung eines Porträts
versunken bin, gibt es kein Ich. Es gibt Bewußtsein von-der-zu-
erreichenden-Straßenbahn usw., nicht-positionales Bewußtsein des Bewußtseins. Tatsächlich also bin ich in die Welt der
Gegenstände eingetaucht... ich aber bin verschwunden, ich
habe mich genichtet. Ich habe auf dieser Ebene keinen Platz,
und zwar nicht durch Zufall oder auf Grund eines momentanen
Mangels an Aufmerksamkeit, sondern auf Grund der Eigen-
struktur des Bewußtseins." [10] Nur durch den Reflexionsakt
erscheint das Ich. Das Cogito also behauptet zuviel. Der wahre
Denkgehalt ist nicht: ich habe Bewußtsein von diesem Baum,
sondern: *dieser Baum ist bewußt.* [11] Diese grundlegende Bewußt-
seinsstruktur gilt nicht nur für das meditative Denken, sondern
auch für das affektive Bewußtsein. Eine Frau z. B. verunglückt
auf der Straße. Für das unreflektierte Bewußtsein existiert nur die
eine Tatsache: „Dieser Frau muß geholfen werden." Wir haben
hier ein Bewußtsein, das in seiner Intentionalität auf das transzendente Faktum ausgerichtet ist und das „Hier-muß-geholfen-wer-
den" bedeutet. Tritt nun die Reflexion dazu, erscheint mein Ich
und wird thematisch: plötzlich erscheint mir *mein* hilfsbereites

Bewußtsein, diese Frau verliert den unmittelbaren Bezug zu mir, und ich sage mir: es ist gut, dieser Frau zu helfen, oder: es ist besser, ihr nicht beizuspringen, weil ich dann den Zug versäume usw. Nicht mehr der Mitmensch ist dann das Motiv der Handlung, sondern die Güte meines Tuns als Wert. Das Ich bzw. das egozentrische Leben etabliert sich auf der Reflexionsebene, während das prä-personale Leben in unmittelbarer Unreflektiertheit sich vollzieht. Die Eigenliebe, der Egoismus, ist im Raum der Reflexion allein möglich. (Natürlich ist damit nicht gesagt, daß das reflexive Leben notwendig egoistisch, während das unreflektierte altruistisch ist.) Allein die Reflexion jedoch vergiftet — wie Sartre sagt — das spontane Leben, das unschuldig und rein vom Ursprung her ist. [12] In der Reflexion stellen sich nun die Handlungen, Zustände und Eigenschaften in einem Zentrum dar. Dieses Zentrum oder dieser Pol ist das Ich. So ist das Ich die konkrete Totalität der Zustände, Handlungen usw. Es ist den jeweiligen Eigenschaften transzendent, aber nicht als ein Bestimmtes, sondern als unendliche (indefinite) Totalität. Was für das unreflektierte Bewußtsein die Welt ist (als Gesamt der Wesenheiten), ist für das reflektierte Bewußtsein das Ich (als unendliche synthetische Totalität aller psychischen Objekte). Weil sich das Ich als undurchschaubar zeigt, sich als Gegenstand gibt, wird es jenseits der Eigenschaften usw. begriffen. [13] Im Ich liegt also eine ähnliche Umkehrung des Sachverhaltes vor wie bei der Pupille des menschlichen Auges. Das Ich bildet sich durch die Phänomene (Erlebnis usw.) als Konstitution des Bewußtseins. Im Reflexionsakt, in dem das Bewußtsein sich von der Welt abschließt, wird die Ordnung umgekehrt, und die Erlebnisse, Zustände usw. erscheinen als Produkte des Ich. [14] „Daraus folgt, daß das Bewußtsein seine eigene Spontaneität in das Objekt-Ego hineinprojiziert, um diesem die ihm absolut notwendige schöpferische Fähigkeit zu verleihen." [15] Wir haben im Ich also eine hypostasierte, objektivierte Spontaneität, die in Wahrheit passiv ist, als Projektion jedoch *magisch* wirkt. Hier gründet auch die Irrationalität des Ich. Das Ich ist damit (weil nur für die Reflexion) radikal von der Welt abgeschnitten, nicht aber das Denken. Das Ich ist die Innerlichkeit des reflektierten Bewußtseins, als Objekt aber zugleich transzendent. Das Ich ist so eine irrationale Synthese von Immanenz und Transzendenz. Es bleibt aber dabei Objekt, wenn auch in Innerlichkeit eingeschlossen.

„Als einzige Methode zu einer Erkenntnis (bleibt): Beobachtung, approximatives Erfassen, Antizipation und Erfahrung. Alle diese Verfahren jedoch, die vollkommen zureichen für alles nicht-intime Transzendente, sind gerade auf Grund der Intimität (der Innerlichkeit) nicht auf das Ich anwendbar. Es ist viel zu gegenwärtig, als daß man ihm gegenüber einen wirklich außerhalb seiner gelegenen Standpunkt beziehen könnte. Zieht man sich zurück, um Abstand zu gewinnen, so begleitet es uns bei diesem Rückgang. Es ist unendlich nahe, und ich kann nicht um es herumgehen." [16] So ist auch die Selbsterkenntnis nur möglich, indem ich dem Ego gegenüber den Standpunkt eines anderen beziehe, und das ist notwendig der falsche. Das Ich ist so eine rein ideale Totalität, und real tritt es nur dann in Erscheinung, wenn es nicht betrachtet wird. Nur im Erlebnis usw. ist es erfahrbar, nicht direkt, und daher ist es ständig „flüchtig" [17]. Das Ich erscheint erst am Horizont der Spontaneität. Sie geht auf das Ich zu, und in der Objektivität und Undurchdringlichkeit entgleitet es ständig. Weil das Ich Objekt und nicht Eigentümer des Bewußtseins ist, nimmt es an der Bezweifelbarkeit jeder Transzendenz teil. [18] Ja, Sartre geht sogar so weit, zu behaupten: „Tatsächlich ist mein Ich für das Bewußtsein nicht gewisser als das Ich anderer Menschen. Es ist lediglich vertrauter." [19]

DAS PRÄREFLEXIVE COGITO UND SEINE NICHTENDE STRUKTUR

Aus all dem Gesagten geht hervor, daß das Denken in seiner präpersonalen, präreflexiven Struktur (als Bewußtsein) *vor* dem Ich anzusetzen ist. [20] Am Horizont der ursprünglichen Spontaneität erscheint das Ich. Von ihm her läßt sich dann vom Willen und vom Verstand (reflex) sprechen. Der Wille aber — wie die Erfahrung lehrt — hat keine Macht über das vorreflexive Bewußtsein (z. B. obwohl ich einschlafen will, bleibe ich wach); er ist wie das Ich ein von diesem Bewußtsein konstituiertes Objekt. So liegen auch Wahrheit und Wert vor dem Ich; denn sie existieren als unreflektiertes Bewußtsein von Wahrheit und Wert. Dank des

Ich aber ist die Unterscheidung von Möglichem und Wirklichem, von Erscheinung und Sein, von Wollen und Müssen vollziehbar. [21] So ist das Ich nicht auf derselben Ebene wie das denkende Bewußtsein. Sartre meint, daß der Gottesbegriff der Mystiker auf der Nichtunterschiedenheit von Ich und Bewußtsein beruht. [22] (In ähnlichen Überlegungen hat heute die Zurückweisung Gottes als Person, Ich, Du usw. ihren Grund. So wird ein innergöttliches Ich oder Du [Trinitätslehre] vielfach abgelehnt, weil der Gottesbegriff präpersonal sein muß und nicht Produkt des reflektierten Bewußtseins. Gott wäre dann ja ewig nur Objekt [oder Subjekt], jedoch nie Seinsbeziehung.) Durch das präpersonale Bewußtsein sind Welt und Ich in eine Seinsbeziehung gesetzt. Nicht hat das Ich die Welt „geschaffen". Dieses „absolute" (präreflexive) Bewußtsein stiftet die Wechselbeziehung: Ich-Welt. Dieses präreflexive Bewußtsein ist so „gereinigt" vom Ich und von der Subjektivität, liegt *vor* der Differenzierung von Objekt und Subjekt, ist eine „fundamentale Seinsbedingung und ein absoluter Seinsquell" [23]. Hiermit haben wir aber das Cogito des Descartes hinterfragt, haben das Ich in der Objektivität zurückgelassen und das präreflexive Cogito entdeckt, das nicht ursprünglich (reflex) Rückkunft auf sich selbst ist, sondern weltoffene Seinsbeziehung, die als unmittelbarer Bezug auf das Transzendente (den Gegenstand) sich selbst gegenwärtig ist (gelichtet, aber nicht reflex). Es ist daher selbstverständlich, daß eine Totalreflexion nicht möglich ist (zumindest nicht unter den gegebenen Bedingungen), da das absolute oder vorreflexe Bewußtsein eine Einheit mit *dem* Bewußtsein bildet, dessen Bewußtsein es ist. Es ist ein unteilbares, unauflösliches Sein, es ist durch und durch Existenz. [24] Es ist Existenzbewußtsein. Es ist also nicht Selbstbewußtsein, keine besondere Art der Erkenntnis, „sondern es ist die transphänomenale Seinsdimension des Subjekts" [25].

Es ist also ungenau, wenn man davon spricht, daß das Bewußtsein *von etwas* stets zugleich Bewußtsein *von sich* selbst ist. Das „von sich" ist erst in der Reflexion Gegenstand. Es drückt im präreflexiven Bewußtsein nur die Seinsweise aus und ist *nicht*-setzendes Bewußtsein „von sich". Daher setzt Sartre das „von" in Klammer; denn das Bewußtsein (von) sich bezeichnet nur das „Bei-sich-Sein" in der einzigen Intentionalität der Weltoffenheit. Das Bewußtsein

(von) sich ist also „die einzige mögliche Daseinsweise
für ein Bewußtsein von etwas" [26]. Das Bewußtsein als
Seinsrelation hat nur Bestand, wenn es unmittelbare Beziehung
auf das „etwas" ist. Dieses ist konstitutiv für das (vorreflexe)
Bewußtsein (von) sich. Ohne „von etwas" Bewußtsein zu sein,
würde es ins Nichts zusammensinken. Um es nochmals klar zu
sagen: Das Bewußtsein ist nicht wie ein Behälter, der die Dinge
aufnimmt, sondern es wird durch sie begründet. Zum Beispiel
hat die Lust nur als Lust-bewußtsein Bestand, sie ist mit ihm eine
absolute Einheit wie die Erscheinung des Tisches mit dem Tischbewußtsein. Also: es gibt nicht zunächst ein „reines Bewußtsein"
ohne etwas, so wie es reines Wasser gibt, das dann später gefärbt
wird, sondern es besteht nur als Beziehung auf etwas. Diese
Beobachtung Sartres hat zwei weittragende Folgen:
a) Das Bewußtsein ist also ein Sein, das ruhend auf einem Sein
erwächst, das es nicht ist; es enthält „in seinem Sein ein nicht-
bewußtes und transphänomenales Sein" [27]. Dieses Sein ist das
Sein der Phänomene. Das Bewußtsein ist also stets auf den transzendenten Gegenstand verwiesen, ja angewiesen (um sein zu
können). Das transzendente Sein ist also für das immanente Sein
des Bewußtseins wesentlich, d. h. es gehört zu seinem Sein,
das es zu sein hat. Nur im Ergreifen der Transzendenz kann das
Bewußtsein (als Immanenz) definiert werden. Die innerste Struktur des vorreflexiven Bewußtseins wird also durch Transzendenz
(durch ein ihm Fremdes) konstituiert.
Es ist also ein wesentlich anderer Seinstypus als das An-sich, da
es von sich wegweist auf ein anderes Sein, das es nicht selbst
ist. Als Beziehung ist es nicht identisch mit sich selbst, nicht
„massiv", sondern „aufgelockert". Es ist immer „draußen" und
nur so Bewußtsein (von) *sich*. Es ist wesentlich Entwurf (projet)
und so jenseits seiner selbst: jetée hors d'elle-même.
b) Dieser Zusammenhang des Bewußtseins mit seinem Gegenstand weist uns darauf hin, daß der Inhalt, das „etwas" des
Bewußtseins, aus seiner Existenz begriffen werden muß. Das
heißt: die essentia, das Wesen, muß aus der existentia, der Existenz, verstanden werden. [28] Das Bewußtsein, und damit der
Mensch, existiert zuerst (ontologisch und nicht zeitlich verstanden!), taucht in der Welt auf, und danach erst definiert es sich. Nur

so ist der Mensch auch verantwortlich für das, *was* er ist, was aus ihm geworden ist. [29] „Das bedeutet, daß das Bewußtsein nicht entstanden ist als besonderer Fall einer abstrakten Möglichkeit, sondern es *schafft* und trägt, indem es aus dem Schoß des Seins auftaucht, sein *Wesen*, d. h. die synthetische Anordnung seiner Möglichkeiten." [30] So *ist* primär das Bewußtsein, und dieses Sein ist die Bedingung der *Möglichkeit,* die sein Wesen konstituiert. Nicht ist zuerst das Bewußtsein möglich, und dann wird es verwirklicht, sondern — ontologisch verstanden — ist es zuerst, und erst dann bildet es sein Wesen; freilich, zeitlich ist beides zugleich; denn es gibt kein Bewußtsein, das nicht durch das „von etwas" konstituiert wäre, das nicht inhaltlich bestimmt ist. So gibt es auch z. B. kein Gesetz des Bewußtseins, sondern nur Bewußtsein *von* Gesetz. „Aus denselben Gründen ist es unmöglich, einem Bewußtsein eine andere Begründung als sich selbst zuzuschreiben. Andernfalls müßte man der Auffassung sein, das Bewußtsein sei in dem Maße, in dem es eine Wirkung ist, seiner selbst nicht bewußt. Es müßte nach irgendeiner Seite hin sein, ohne Bewußtsein (von) Sein zu sein." [31] Weil das Unsinn ist, ist das Bewußtsein tatsächlich etwas Vollständiges an Existenz, kann nur durch sich selbst individualisiert (begrenzt) werden und „ist früher als das Nichts und leitet sich vom Sein her" [32]. Mit anderen Worten: das Bewußtsein existiert durch sich selbst. Das heißt natürlich nicht, daß es die Grundlage seines Seins wäre und der Kontingenz entginge, sondern nur, daß nichts seine Ursache sein kann und daß es seine eigene Seins*weise* verursacht. „Das Bewußtsein ist ein Sein, dessen Dasein das Sosein setzt." [33] Aus ihm geht das Mögliche hervor, und mit dem Möglich-sein wird das Objekt (als Erscheinung) in die Sphäre des Nicht-seins hineingezogen und als *Mangel* bestimmt. (Wir werden noch sehen, welche bedeutende Rolle der Mangel im menschlichen Dasein spielt.)

Wir können nun das ursprüngliche Bewußtsein (in seiner Intentionalität) definieren: „Das Bewußtsein ist ein Seiendes, dem es in seinem Sein um dieses selbst geht, insofern dieses Sein ein Sein in sich einbezieht, das ein anderes als es selbst ist." [34] Das eigene Sein steht also beim Bewußtsein auf dem Spiel (daher Bewußtsein [von] „sich"). Dies ist nur möglich auf der Grundlage eines ihm fremden Seins, das es in sein eigenes Sein aufnimmt, um sich so selbst zu konstituieren. Dieses Sein des Bewußtseins nennt Sartre das Für-sich-Sein (L'être-pour-soi).

Welcher Unterschied setzt die beiden Seinstypen: An-sich und Für-sich? Was sind der Mensch und die Welt in ihrer Seinsstruktur, daß ein Zusammenhang beider möglich ist, daß wir vom Menschen-in-der-Welt ausgehen mußten? Wir sahen: das reine Bewußtsein ist eine Abstraktion, denn es enthält immer ein An-sich-Sein. Aber auch das reine Phänomen ist ein Abstraktum, weil es immer einem Bewußtsein erscheint. Wodurch wird diese Zuordnung möglich? Was offenbart uns diese Zuordnung? Ich fahre z. B. mit dem Auto, und plötzlich habe ich eine Panne. Ich steige aus und befrage nun die einzelnen Teile, den Vergaser, das Getriebe, die Zündkerze usw. nach dem Schaden. Diese Befragung ist selbstverständlich nur durch die ursprüngliche Beziehung (Auto—Mensch) möglich. Im Umgang mit dem Gegenstand aber zeigt sich eine Erwartung (die sich als Frage darstellt): die Seinsart eines Seienden (oder allgemein: das Sein [ens]) soll sich enthüllen. Die Erwartung wird sich in der Antwort (die sich im Umgang mit dem Seienden zeigen wird) erfüllen oder nicht. Ja oder Nein wird die Antwort sein; die Frage ermöglichte diese Teilung von Bejahung oder Verneinung grundsätzlich. In der Frage zeigt sich also folgendes: a) mein Nichtwissen; b) das Nicht-Sein im transzendenten Seienden; c) die Einschränkung auf die Wahrheit durch das Nicht-Sein. Die Frage selbst ist die Verbindung zwischen diesem dreifachen „Nicht". Die Erwartung einer Seinsenthüllung durch die Befragung schließt notwendig ein Nicht-Sein ein. Dieses determiniert auch die Antwort. Das, was das Seiende *ist,* hebt sich von dem ab, was es *nicht* ist. Jede Antwort auf die Frage lautet in ihrer Struktur: „Das Sein ist dies da (cela) und abgesehen von diesem nichts (rien)." [35] Die Befragung also offenbart uns vor jedem Urteil (jeder Affirmation oder Negation) ein Vorverständnis für das Nicht-Sein. Dieses aber ist nur möglich auf der Grundlage einer Seinsverbindung mit dem Sein. Ohne Befragung ist dieses Nicht-Sein ein reines Nichts bzw. überhaupt nicht denkbar. Erst durch das Bewußtsein, das *Frage ist,* taucht das Nicht-Sein auf. Da es aber mit dem Sein zusammen Bestand hat, gibt es eine „Transphänomenalität des Nicht-Seins ebenso wie des Seins" [36]. Die Verneinung, die in der Frage (als konstitutives Element) als Möglichkeit angelegt ist, ist Daseinsverweigerung. Diese aber kann sich nicht vom Sein (an-sich) herleiten; denn nur wenn das Nicht-Sein ununterbrochen anwesend ist, ist Frage und als Antwort das Nein möglich. Das heißt, als ein irreduzibles Ereignis sucht das Nichts das Sein heim. [37] Von diesem Ansatz her scheint es unmittelbar einsichtig zu sein, daß das Nicht-Sein nur in dem Seienden sein kann, das sich als Frage konstituiert. Sartre lehnt also auch hier die Hegelsche Dialektik ab. Hegel meinte ja: „Der Anfang (jeder Philosophie) enthält ... beides, Sein und Nichts; ist die Einheit von Sein und Nichts — oder ist Nichtsein, das zugleich Sein, und Sein, das zugleich Nichtsein ist." [38] „Es wäre nicht schwer, diese Einheit von Sein und Nichts in jedem Wirklichen ... aufzuzeigen... Es muß vom Sein und Nichts gesagt werden, daß es nirgends im Himmel und auf Erden etwas gebe, was nicht beides, Sein und Nichts, in sich enthielte." [39] Dies gilt für Hegel auch von Gott. Für Sartre hat eindeutig das Sein den ontologischen Vorrang vor dem Nichts; denn wenn auch alle determinierten Aussagen vom Sein abstrahiert werden, so bleibt doch das eine, daß das Sein *ist,* während das Nichts *nicht* ist. [40] „Das bedeutet, daß das Sein früher (ontologisch früher) als das Nichts ist und es begründet." [41] Das Nichts darf nicht als etwas „Äußerliches" aufgefaßt werden, sondern es wird vom Sein gehalten, von dem es allein auch seine Wirksamkeit herleiten kann. Wäre das nicht der Fall, würde es sich sofort verlieren, und wir würden wieder ins An-sich-Sein zurückfallen. Das Nichts kann aber seinen „Bestand" nur dem Sein entnehmen. Es hat gleichsam ein „entliehenes" Dasein. Es verhält sich nicht so, daß das Sein vom Nichts eingekreist ist, wie es sich nach Sartre (der frühe) Heidegger vorstellt [42], sondern nur innerhalb der Grenzen des Seins kann das Nichts angetroffen werden. „Nicht-Sein gibt es nur auf der Oberfläche des Seins." [43] „Das Nichts trägt das Sein im Herzen." [44] „Das Nichts kann nur auf dem Boden des Seins nichten; wenn Nichts gegeben sein kann, so weder vor noch nach dem Sein und ganz allgemein auch nicht außerhalb des Seins, sondern mitten im Sein selbst, in seinem Herzen wie ein Wurm." [45]

Wie muß nun das Sein beschaffen sein, durch das das Nichts zu den Dingen (zum An-sich-Sein) kommt? Das Sein kann also nicht eine dumpfe Identität sein, sondern es bezieht in seinem Sein ein Sein ein, das es nicht ist. Indem es sich bezieht auf..., nichtet dieses Sein das Nichts, das es einschließt, d. h. transzendiert es wegen seines Seins. „Das Sein, das durch das Nichts in die Welt kommt, ist ein Sein, dem es in seinem Sein um das Nichts des Seins geht: das Sein, durch das das Nichts in die Welt gelangt, muß sein eigenes Nichts sein" [46] bzw. hat sein gefordertes Sein (in der Weise des Nicht-Seins) zu sein.

Indem das Bewußtsein in Frage stellt, begründet es sich als fragend, insofern es sich vom Sein (an-sich) loslöst. Dadurch umgibt das Bewußtsein den Gegenstand gleichsam mit einer Hülle des Nichts („d'un manchon de néant"), wie Sartre sagt. Durch dieses Nichts überschreitet auch das Bewußtsein jedes Objekt und bezieht es damit in sein Sein ein. So ist es klar, daß der Mensch ein Seiendes ist, „durch das das Nichts in die Welt kommt" [47], d. h. der *Mangel* auftaucht. So enthüllt sich die nichtende Struktur des präreflexiven Cogito. [48] Damit es Beziehung auf... geben kann, ist das Nicht-Sein notwendig, und damit es Transzendenz geben kann, muß das Nicht-Sein die Bedingung dafür sein. Nur im Raum dieser Beziehung ist es auch sinnvoll, von Zeitlichkeit zu sprechen. Das Für-sich-Sein ist zeitlich bzw. zeitigend.

Mit diesen Ausführungen über die Erscheinungen und ihr Sein und das Bewußtsein in seiner gelichteten Struktur als Für-sich-Sein hat Sartre die Grundprinzipien seiner Philosophie festgelegt, die auch in seiner späten Geschichtsphilosophie Gültigkeit haben werden.

Der Mensch-in-der-Welt, der der Ausgangspunkt war, kann also in seinem Für-sich-Sein, in der innersten Struktur des präreflexiven Cogito, definiert werden: „*Er ist das Seiende, das ist, was es nicht ist, und das nicht ist, was es ist.*" [49]

Der Mensch bezieht (konstitutiv) in seinem Sein ein Sein ein, das er nicht ist. Damit der Mensch Mensch sein kann, ist er auf ein transzendentes Objekt verwiesen, d. h. er ist in die Welt geworfen, die zu ihm gehört und der er doch stets fremd ist, weil er sie nur als Seins*beziehung* sein kann und nicht als Identität. Er ist also der Gegenstand (die Welt), aber nur insofern er sie eben nicht ist bzw. er das Nichts in die Welt trägt, d. h. sie auf Grund der Frage und Möglichkeit determiniert. Der Mensch *ist* also, was er nicht ist. Aber mit all dem, was der Mensch ist, was er geworden ist, damit ist er wiederum nicht identisch.

Das Wesen des Menschen ist ja, was man mit dem Wort „das *ist* der Mensch" angeben kann. Er ist aber stets von diesem „ist" durch ein Nichts getrennt, er ist darüber hinaus, transzendiert es ständig. (Vgl. dazu die falsche Redensart: „So ist er eben, man konnte nicht mehr erwarten!") In diesem Sinn stimmt Sartre Hegels Definition vom Wesen zu: „Wesen ist, was ist gewesen; ist gewesen ist eine Vergangenheitsform von Sein, also ist Wesen das aufgehobene Sein, das Sein, das gewesen ist... Die Sprache hat im Zeitwort: sein das Wesen in der vergangenen Zeit: gewesen, behalten; denn das Wesen ist das vergangene, aber zeitlos vergangene Sein." [50] Der Mensch aber lebt jenseits seines Wesens, seiner „Gewesenheit" und übersteigt so das ihn fixierende „Ist". Er existiert „entrissen" von dem, was ist. „Der Strom unseres Bewußtseins konstituiert diese Natur (Wesen) Schritt für Schritt, aber sie bleibt immer hinter uns, sucht uns als der ständige Gegenstand unseres rückwärts blickenden Verständnisses heim." [51] So hat das Bewußtsein sein eigenes Sein zu sein, aber gerade deshalb, weil es dieses (das eigene Sein) „nur" *zu sein hat,* nicht ist (in reiner Identität), ist der Mensch das *nicht,* was er ist.

So ist also die Definition des Menschen verständlich, der ist, was er nicht ist, und nicht ist, was er ist. Er ist eine Dualität von Faktizität (ist) und Transzendenz (was er nicht ist).

DER SINN DES SEINS DES BEWUSSTSEINS

Wir sahen: Während das An-sich-Sein durch die Identität bestimmt ist, sein „Sich" im Grunde gar nicht ist, wird das Für-sich-Sein durch die Auflockerung charakterisiert, durch einen Abstand, durch den es seine eigene Koinzidenz nicht ist und der Identität entgeht, indem es beim anderen ist. Daher ist es „nur mehr" *anwesend bei sich.* Das „Sich" hat hier volle Berechtigung, weil das Bewußtsein die Seinsweise ist, „bei sich" zu sein. „Das Seinsgesetz des Für-sich als ontologisches Fundament des Bewußtseins ist, selbst zu sein in der Form der *Anwesenheit bei sich.*"[52]

Während die Identität die „Verneinung" der Beziehung ist, ist die Dualität die Ermöglichung der Seinsbeziehung, die das Für-sich-Sein ist. Jede „Anwesenheit bei..." impliziert eine Zweiheit. Freilich, diese muß keine entitative Trennung bedeuten, aber wenigstens eine *virtuelle*. [53] Wenn wir nun fragen, was das Bewußtsein von sich selbst trennt, so gibt es nur eine Antwort: nichts. Das Bewußtsein ist daher eine Dualität, die eine Einheit ist. Wäre es nicht diese Einheit, würde das Für-sich in zwei An-sich zerfallen. Daher wird die Dualität nur dann in der Einheit (der Anwesenheit bei sich) gehalten, wenn das Für-sich nicht volle Koinzidenz ist, sondern die In-Frage-stellung dieser, d. h. sein *eigenes Nichts*. Damit es also ein „*Sich*" gibt, muß die Identität mit der Differenz eine Einheit bilden, d. h. das eigene Nichts umfassen. „Nichts" trennt das Für-sich vom Sich. Es ist in seinem Sein „Seinsentdichtung". „So ist das Nichts jenes Loch des Seins, jener Sturz des An-sich zum Sich, durch den sich das Für-sich herstellt... Das Nichts ist die Infragestellung des Seins durch das Sein, d. h. eben das Bewußtsein oder Für-sich." [54] Das Nichts aber hat als Struktur des Für-sich nur Bestand, wenn es in einer Wechselbeziehung zu einem fortdauernden nichtenden Akt des Seins steht. Diesen ununterbrochenen Vollzug des An-sich in Richtung auf das Sich (bei dem es zur Anwesenheit bei sich verfällt) nennt Sartre den „acte ontologique" [55]. Dieses absolute Ereignis muß ständig vom Sein getragen werden, da es selbst kein eigenes Sein haben kann. Durch das Sein muß also das Für-sich ins Sein kommen; nur dieser Akt der Nichtung, der „nichts" dem Sein hinzufügt, kann zum Sein kommen, d. h. „das Nichts ist die dem Sein eigene und seine einzige Möglichkeit" [56]. Diese Möglichkeit erscheint aber *nur* in diesem einzigen Vollzug der Nichtung. Dieser Vollzug wird auch nicht universell vom Sein geleistet, sondern nur von einem besonderen Sein, nämlich dem Menschen.

„Die menschliche Wirklichkeit ist das Sein, insofern es *in* seinem Sein und *für* sein Sein das einzige Fundament des Nichts im Schoß des Seins ist." [57]

Ist der Mensch nun der Grund seines Seins? Wenn schon das An-sich grundlos ist, hat nicht das Für-sich wenigstens den Grund in sich? Ein Sein, das sein eigener Grund wäre, würde keine

Differenz zwischen dem, was es ist, und dem Begreifen des Seins zulassen. Im Menschen aber ist ein Abstand gegeben zwischen dem, was er ist, und der Idee des Vollkommenen. Hier stehen wir an der Wurzel des ontologischen Gottesbeweises. Das vollkommene Wesen ist durch die Identität von Verstehen und Sein gekennzeichnet. Überall, wo diese nicht gegeben ist, sondern die Differenz konstitutiv ist, ist nicht das vollkommene Wesen. Daher wird aus dieser Idee im Menschen Gottes Existenz erschlossen. In Wirklichkeit beweist sie nur, daß der Mensch nicht Grund seines Seins ist. Dieses Erfassen des *Seinsmangels* ist genau die eigene Kontingenz des Cogito. [58] Diese Kontingenz ruft das Schuldgefühl ("Ruf des Gewissens!") im Menschen hervor, da er ein nicht zu rechtfertigendes Faktum ist. Aber ist der Mensch nicht — wie wir aufgezeigt haben — Ursache dessen, daß es eine Frage nach dem Grund gibt? Genau das ist der Fall. Der Mensch ist der Grund dafür, daß nach dem Grund gefragt wird. Das bedeutet aber, daß er nicht der Grund seines Seins ist, sondern lediglich der Grund seines eigenen Nichts. [59] So ist der Mensch ein *Begründungsversuch* (seiner selbst bzw. des Seins an sich). Anstatt aber durch die Anwesenheit bei der Welt und bei sich diese zu begründen, begründet er nur sein Nichts. Die Selbstbegründung, das Causa-sui-Sein, haben wir ja schon als widersprüchlich aufgewiesen. Daraus schließt nun Sartre, daß die Kontingenz (nicht das Nichts, wie bei Hegel) nicht aufhebbar ist, so daß selbst Gott, "wenn er ist, *kontingent*" [60] sein muß. Das heißt mit anderen Worten: Der Satz vom Grund (nihil est sine ratione) hat nur innerhalb des Für-sich Bedeutung, das Ursprung aller Begründung ist, aber nur das Nichts begründen kann, weil das Sein vorausgesetzt ist, damit dieser Vollzug sich im Sein halten kann. So ist das Bewußtsein oder Für-sich sein eigener Grund als Bewußtes, als Für-sich, aber nicht als Sein. Das „Daß" des Bewußtseins ist eine irreduzible Kontingenz, die von der Begründung (vom Nichts) nicht eingeholt werden kann. „Das Für-sich ist das An-sich, das sich als An-sich verliert, um sich als Bewußtsein zu gründen." [61] So ist also als erster *Sinn* des Seins des Bewußtseins festzuhalten, daß es sich als Begründungsversuch darstellt. Der Sinn ist die Begründung; sie gelingt aber nicht für die Kontingenz, für das Sein, sondern nur für das Nichts.

Als Begründungsversuch tendiert das Für-sich auf eine Totalität hin; denn nur als ganzheitliche Begründung hat diese Bewegung Sinn, bzw. begründen heißt letztlich: sich begründen. Anders ausgedrückt: damit ein Begründungsversuch möglich ist, ist ein Sein gefordert, das als Mangel empfunden wird. Dies ist nur möglich, wenn das Nichts in das Sein gekommen ist, zugleich aber eine Totalität konzipiert wird, auf die hin das kontingente Seiende überschritten wird, um seinen Grund zu finden.

Fassen wir zusammen:

a) Wir haben die fortdauernde Kontingenz, die das Für-sich trägt, bzw. das flüchtige An-sich. Es läßt dem Für-sich keine Ruhe und wird von ihm doch nicht gefaßt. Sartre nennt es die *Faktizität* des Für-sich [62] oder die Geworfenheit des Menschen. Durch diese Faktizität *ist* der Mensch in die Welt hineingebunden und kann sich diese nicht auswählen. Die Bindung an die Welt ist absolut. Die Beziehung des Für-sich zu seinem eigenen An-sich ist die „faktische Notwendigkeit" [63]. Durch diese Bindung an die Kontingenz des Faktums fühlt sich das Für-sich ständig als *überflüssig*. Da das Für-sich ein ständiger Auflösungsvollzug des An-sich ist, ist das Für-sich eine nicht zu rechtfertigende Anwesenheit in der Welt. Da nämlich das An-sich faktisch bleibt, kann zwar das Für-sich Grund des Bewußt-seins (das heißt: seiner selbst als „Nichts") werden, nicht aber die Anwesenheit gründen. Das Für-sich ist so stets auf sein Sein verwiesen, für dieses *verantwortlich,* es kann dieses aber nicht verhindern. Dieses An-sich darf aber nicht mit dem An-sich verwechselt werden, das wir im erkennenden Vollzug aufsuchen.

b) Das Für-sich ist ein ständiger Akt des Begründens und daher ein Überschreiten des Unbegründeten (Kontingenten). In der Beziehung auf die Erscheinung, den Gegenstand, wird der Gegenstand auf die Welt (als Gesamtheit) hin transzendiert, und in der Reflexion wird die Anwesenheit bei der Welt und bei sich thematisch und überstiegen.

c) Indem sich so das Für-sich fortwährend als Nicht-an-sich bestimmt, konstituiert es sich als Mangel. Dem Für-sich fehlt in seiner Begründung ununterbrochen das Sein, und es konstituiert sich daher, da ihm das „Sich" fehlt, d. h. die vollkommene Zurückkehr auf sich selbst (redditio sub omni respectu completa), als Mangel, durch den die *Sehnsucht* auftaucht bzw. der Mangel als Vollzug ist Sehnsucht. Das Für-sich ist also Mangel an Sein [64], es läßt sich von einem Sein bestimmen, das es nicht ist. Der Mangel entsteht damit durch den Menschen.

d) Damit es Mangel überhaupt geben kann, ist eine Dreiheit gefordert:

Erstens: Es muß etwas dasein. Das *Bestehende* ist notwendig, d. h. ein An-sich-Sein.

Zweitens: Das Bestehende und Ruhende muß überschritten werden auf (neue) Möglichkeiten hin. Es muß also etwas existieren, dem etwas fehlt. In seinem Sein muß es ein Fehlendes verspüren, es muß also selbst Mangel sein. Denn würde „niemandem" etwas fehlen, dann würde eben nichts fehlen. Das Sein, das durch den Mangel bestimmt ist, ist das Für-sich.

Drittens: Durch das Für-sich wird nun das An-sich als mangelnd erfaßt, d. h. in seinem Sein durch das Nicht- oder Noch-nicht-Erreichte bestimmt. Würde nämlich das Für-sich im An-sich verweilen, gleichsam erschöpft sein, würde es in dieses verschwinden, aufgesogen werden. So ist der Sinn des Bestehenden in einem Transzendenten zu suchen, also in einem Sein, das es nicht ist. Dieses Sein wäre die Totalität, die durch das Für-sich aufgelockert ist und die real hergestellt würde durch die volle Synthese zwischen dem Bestehenden, dem An-sich, und dem dieses ermangelt, dem Für-sich.

GOTT ALS SYNTHESE (AN-UND-FÜR-SICH-SEIN)

Wir sehen also, daß der Sinn des Bewußtseins diese synthetische Totalität ist (die der Begründungsversuch anstrebt). Wir müssen aber aufpassen, dürfen nicht vorschnell Schlüsse ziehen; denn bei dem Erscheinen des Mangels geht es nicht primär um einen Mangel an Objekten, an Gegenständen, sondern dieses Transzendieren des An-sich ist ein Mangel an Sein; in seinem innersten Sein ist das Für-sich heimgesucht von dem Sein, dessen Verlangen es ist. Dieses Sein aber ist die Totalität, die synthetische Einheit, auf deren Grund überhaupt erst der Mangel erscheinen kann. Die Totalität ist aber konstitutiv für den Mangel. An verschiedenen Beispielen kann das Sartre ausführen: Der Venus von Milo fehlt ein Arm nur, wenn sie von der Totalität her gedacht wird. Dem Mond fehlt ein Viertel, um Vollmond zu sein, dem Menschen fehlt Mut, um ein mutiger Mensch zu sein usw. Sie alle werden nur durch das Überschreiten auf die Totalität hin als Mangelwesen begreiflich. [65] Eine wesentliche Feststellung muß nun bezüglich der Totalität gemacht werden: Das An-sich muß existieren, um erscheinen zu können, das Für-sich muß existieren, um ein Begründungsversuch sein zu können. Damit das Nichts ins Sein kommt, muß es von diesem im ständigen Vollzug unterhalten werden. Die Synthese von An-sich und Für-sich muß aber nicht existieren, um wirksam zu sein, sondern das Für-sich erklärt sie vollauf in ihrer Idealität.

Nochmals: Der scheiternde Begründungsversuch des An-sich hat zum Für-sich geführt, das Grund seines eigenen Nichts ist. Dieses Scheitern konstituiert das Für-sich. Es hat aber nur Sinn, wenn es sich als Scheitern erfaßt, und dies ist nur möglich, indem es über sich hinaustendiert auf die Totalität hin, d. h.: nur in Anwesenheit des Seins, das es zu sein verfehlt (als Nichts), nämlich als Grund des Seins, hätte es Sinn. Das Für-sich existiert also als Mangel und zugleich als synthetische Verbundenheit mit dem, was ihm mangelt, nämlich dem Grund seines Seins. [66]

Was also dem Für-sich fehlt, ist die Totalität bzw. das Sich-selbst-Sein als An-sich-Sein. Der Mensch ist daher „unvollständig", die Koinzidenz ist niemals gegeben. Der Mensch ist ein unvollkommenes Sein und überschreitet sich (in seiner intentionalen Struktur) ständig auf das vollkommene Sein hin. „Das Sein, das nur Grund seines Nichts ist, überschreitet sich zu dem Sein, das Grund seines Seins ist. Jedoch ist das Sein, auf das hin die menschliche Wirklichkeit sich überschreitet, nicht ein *transzendenter* Gott: es ist im Herzen ihrer selbst, es ist nur sie selbst als Totalität." [67] Gott ist also diese hypostasierte Totalität, die der Mensch anstrebt und die konstitutiv für das Cogito bzw. das Bewußtsein ist. Konstitutiv nicht als reale, sondern nur als ideelle Existenz. Der Mensch ist gleichsam ständig bewohnt, ja besessen von dieser Synthese des An- und Für-sich. Die Illusion dieser Totalität ist nicht auszulöschen. [68] Diese Synthese aber ist nie realisierbar, da sie zudem in sich widersprüchlich ist. Denn diese Totalität ist ja nicht die Rückkehr zum An-sich-Sein, nicht der Wunsch der

Vernichtung des Bewußtseins, „sondern das Für-sich beansprucht als solches ein An-sich-Sein... so wäre es sein eigener Grund nicht als Nichts, sondern als Sein und würde in sich die notwendige Durchsichtigkeit des Bewußtseins bewahren und gleichzeitig auch die Koinzidenz mit sich wie das Sein an sich. In ihr würde es jene *Rückkehr zu sich* bewahren, die alle Notwendigkeit und jede Gründung bedingt. Jedoch würde dieser Rückzug auf sich ohne jeden Zwischenraum geschehen, es wäre keine Anwesenheit bei sich, sondern Identität mit sich selbst. Kurz, dieses Sein wäre genau das *Sich,* das... nur als dauernd entschwindende Beziehung existieren kann, aber es wäre sie als *substantielles* Sein. Die menschliche Wirklichkeit taucht somit als solche auf in Anwesenheit ihrer eigenen Totalität als Mangel an dieser Totalität. Und diese Totalität kann überhaupt nicht gegeben sein, da sie in sich die unvereinbaren Eigenschaften des An-sich und des Für-sich vereinigt." [69]

Als Transzendenz jenseits der Welt extrapoliert, ist diese Totalität: Gott. Und Sartre fragt: „Ist Gott nicht sowohl ein Sein, das ist, was es ist (an-sich), insofern es ganz Positivität und Grund der Welt ist, als auch ein Sein, das nicht ist, was es ist, und das ist, was es nicht ist, insofern es Bewußtsein (für-sich) und notwendiger Grund seiner selbst ist?" [70] Hegel drückt sich ähnlich aus: „Gott ist Selbstbewußtsein, er weiß sich in einem von ihm verschiedenen Bewußtsein, das a n   s i c h das Bewußtsein Gottes ist, aber auch f ü r   s i c h, indem es seine Identität mit Gott weiß, eine Identität, die aber vermittelt ist durch die Negation der Endlichkeit... Gott ist dies: sich von sich selbst zu unterscheiden, sich Gegenstand zu sein, aber in diesem Unterschiede schlechthin mit sich identisch zu sein — der ‚Geist'." [71] „Gott (ist) das a b s o l u t   W a h r e, das a n   u n d   f ü r   s i c h   A l l g e - m e i n e." [72] Während hier für Hegel die Dialektik vollkommen ist, geht sie für Sartre in der Realität nicht auf. [73] So ist zwar Gott für ihn tatsächlich auch die Vollendung des Menschen, der Sinn des Seins des Bewußtseins, die letzte Deutung des Cogito, das uns von unserem Ich weggeführt hat über die Gegenstände (Erscheinungen) auf die Totalität hin. Diese Totalität ist der erlittene Mangel des Menschen, auf die hin sich das Bewußtsein notwendig engagiert. So ist sie zugleich im tiefsten Herzen des Menschen ihm innerlicher als er selbst, d. h. die absolute *Immanenz,* und zugleich ihm unendlich voraus, außerhalb seiner, wie nichts ihm stärker außerhalb sein kann, also die absolute *Transzendenz.* Nichts jedoch beweist in dieser Finalität des Menschen die reale Existenz dieser Ganzheit, sondern nur die ideale, die nur innerhalb der Grenzen des Für-sich-Seins ihren Bestand hat. Ja, die Idee selbst ist, bezogen auf die reale Existenz, sogar widersprüchlich und daher nicht zu *verwirklichen* (zumindest in den gegebenen Verhältnissen). Der Mensch kann also das Erstrebte selbst nicht werden. Der Mensch kann nicht Gott werden bzw. besser: nicht Gott *gleich* werden. Von diesem Standpunkt aus ist die Blochsche ὁμοουσία ein unrealisierbarer marxistischer Traum. [74] So liegt es in der Struktur des Menschen, ein „unglückliches Bewußtsein" (Hegel) zu sein, ohne diesen Zustand überwinden zu können.

In der Beweisführung Sartres heißt dies aber nicht, daß Gott nicht existiert, sondern nur, daß das Cogito weder in der Außenwelt noch in sich seine reale Existenz aufweisen kann, daß der Mensch nicht „wie Gott" werden kann, daß aber wohl die Idee Gottes als Totalität und Vollendung des Menschen unausrottbar ist. So endet diese Erfahrung wieder mit der Frage: „Es gibt keinen Gott, nicht wahr?" „Ich fürchte, es gibt keinen: das ist mitunter sogar ziemlich unangenehm." [75] Der Sinn des Seins des Bewußtseins ist von seinem Ursprung her ins kontingente und daher absurde Sein eingebettet, aber nicht nur aus dem Sinnlosen erhebt der Mensch sein Haupt, sondern auch seine Sehnsucht, das Ziel all seiner Wünsche und Werte, die Erfüllung, der höchste Wert [76] existiert *für ihn* nicht real. Der Begründungsversuch ist „für nichts" (pour rien), „zuviel" (de trop), und unser Streben und Sehnen geht in die vollkommene Leere, in das Nichts („vers le vide, vers le rien"). [77] So malt Sartre in seinem Drama „Der Teufel und der liebe Gott" die Erfahrung dieses Nichts Gottes in aller Leidenschaft aus: „Ich komme zu Dir, Herr, ich komme, ich wandere durch die Nacht: reich mir Deine Hand. Sag doch ganz offen: die Nacht, das bist Du, nicht wahr? Die Nacht, diese herzzerreißende Abwesenheit aller Dinge! Denn Du bist der, der gegenwärtig ist in der weltweiten Abwesenheit, der, den man hört, wenn alles schweigt, der, den man schaut, wenn nichts mehr sichtbar ist. Alte Nacht, große Nacht, die vor dem

Menschen war, Nacht des Nichtwissens, Nacht des Unglücks und der Unseligkeit, hülle mich ein... denn der Mensch ist gemacht, um den Menschen in sich zu vernichten und sich aufzutun wie ein Schoß dem gewaltigen schwarzen Leib der Nacht." „Ich werde den Menschen vernichten, da Du ihn für die Vernichtung geschaffen hast." [78] In der ganzen Aussichtslosigkeit nimmt dann Gott immer mehr die Gestalt des Nichts (an Sein) an, um schließlich aus dem menschlichen Leben als Toter ausgeschieden zu werden (was natürlich nicht gelingt, zumindest nicht hinsichtlich der Gottesidee): „Ich flehte, ich rang um ein Zeichen, ich sandte dem Himmel Botschaften zu, doch es kam keine Antwort. Der Himmel weiß nicht einmal, wer ich bin." [79] „Der Himmel ist nur ein Loch!" [80] „In jedem Augenblick fragte ich mich, was ich in den Augen Gottes wohl sei. Ich kenne die Antwort jetzt: nichts. Gott sieht mich nicht, Gott hört mich nicht und Gott kennt mich auch nicht. Du siehst diese Leere zu unseren Häupten? Diese Leere ist Gott. Du siehst die Öffnung in der Tür? Ich sage dir, sie ist Gott. Du siehst dieses Loch in der Erde? Gott. Das Schweigen ist Gott. Die Abwesenheit ist Gott, die Verlassenheit der Menschen ist Gott. Was da war, war einzig ich... Er existiert nicht. Halleluja!" [81] „Gott ist tot." Und darauf Götz' Geliebte, Hilda: „Tot oder lebendig, was macht das mir! Ich kümmere mich längst nicht mehr um ihn." [82] Nichts ist also zu unseren Häupten — den Menschen bleibt allein die Erde. Aber unsere Sehnsucht ist unendlich und verlangt danach, gestillt zu werden. Da die Erfüllung unmöglich ist, ist unser Leid unendlich, und unsere Krankheit ist eine „Krankheit zum Tode".

ZUSAMMENFASSUNG

Die Analyse des Cogito selbst hat uns die Struktur des präreflexiven Bewußtseins gezeigt und seinen Vorrang vor dem Ich. Sie hat uns nochmals auf die Intentionalität hingewiesen und durch die Frage das Nichts enthüllt. Das einzige Abenteuer, das dem An-sich widerfährt, ist das absolute Ereignis des Für-sich. [83] In seiner Leidenschaft, das Sein zu begründen, begründet das Für-sich nichts und verzettelt sich so in der Zeitlichkeit.

Für den Fortgang unserer Arbeit ist die Ausführung der zeitlichen Ekstasen des Für-sich nicht entscheidend. [84] Hier ist vielleicht nur so viel anzumerken, daß Sartre bei allen Schwankungen [85] in „Das Sein und das Nichts", gegen die philosophische Tradition von Kant über Hegel zum frühen Heidegger, den Vorrang der Zukunft bestreitet. Für ihn sind Vergangenheit, Gegenwart und Zukunft gleichbedeutend, was leicht verständlich ist aus der nicht erreichbaren, je zukünftigen Totalität. Wenn man von Vorrang jedoch sprechen will, gebührt dieser der Gegenwart (nicht als „Jetzt-Augenblick" verstanden!), die gerade als Anwesenheit bei sich [86] das Für-sich charakterisiert. [87] Im psychischen Bereich jedoch (in dem das Ich die entscheidende Rolle spielt) hat die Vergangenheit (Wesen) den Vorrang. [88]

In dieser zeitlichen Zerstreuung richtet sich der Mensch zugrunde und erreicht letztlich nichts. [89] So sucht das Für-sich die absolute Koinzidenz auch der zeitlichen Dimension, d. h. die Ruhe der Unzeitlichkeit. Dies ist die Ewigkeit, die der Mensch ersehnt, die aber wie die Totalität notwendig ausbleibt. [90] In allen Dimensionen der menschlichen Wirklichkeit beunruhigt das An- und Für-sich den Menschen als irrealisierbar. [91] Immer hat das Für-sich seine Totalität in der Weise der Detotalisierung (des Mangels) zu sein. [92] Dem Menschen ergeht es wie dem Tantalus oder wie dem Esel, der die am Ende einer Deichsel befestigte Karotte erreichen will. Bei jedem Versuch bewegt sich das ganze Gespann mitsamt der Karotte vorwärts, die in stets gleicher Entfernung vom Esel bleibt. [93] So schnell er läuft, sie ist für ihn unerreichbar. Nie gelangt der Mensch zur Totalität seines Seins, obwohl diese der Sinn des Seins des Cogito überhaupt ist.
Den Realisten räumt so Sartre ein, daß dem Cogito das Sein selbst in der Erkenntnis gegenwärtig ist und daß das Für-sich dem An-sich nichts hinzufügt, ausgenommen die Tatsache der bejahenden Verneinung bzw., daß es das An-sich „gibt" [94]. „In diesem Sinn ist das Für-sich unmittelbare Anwesenheit beim Sein, und zugleich schiebt es sich wie ein unendlicher Abstand zwischen sich und das Sein. Das Erkennen hat nämlich als Ideal das was-man-erkennt-zu-sein und als ursprüngliche Struktur was-erkannt-ist-nicht-zu-sein." [95] Wir stehen wieder bei der Synthese, die nicht zu erreichen ist. Wohl aber ist die Erkenntnis wahr, da das Bewußtsein (Cogito) beim Sein ist. Es gibt also Wahrheit (der

Erkenntnis), sie hält sich aber immer nur innerhalb der Grenzen des Menschen, des Für-sich. [96]

Um es nochmals zu sagen: Der Sinn dieser ganzen Struktur des Für-sich ist die Totalität (die ganzheitliche Begründung), die ein ideeller Gott ist.

Wir haben hiermit eine weitere Dimension des Gottesbegriffs bei Sartre kennengelernt: Die Kontingenz des Seins hat uns zu der Frage nach der Kausalität geführt, der Frage nach dem Grund des An-sich. Er ist nicht aufweisbar. Als Gedanke ist dieser Gott das *notwendige Sein,* das den Grund und Ursprung in sich hat und der Ursprung allen Seins wäre. Dieser Gedanke ist aber auch in sich widersprüchlich. Dies ergab die Analyse der Phänomene. Jetzt haben wir das Für-sich-Sein durchleuchtet und eine Finalität im Menschen entdeckt, die sein Sein konstituiert. Dieses Aus-sein-auf... kündigt sich als Vollendung des Menschen an, es kommt aber nicht zur Realität. Gott wäre hier ebenfalls der Grund seiner selbst und die Totalität des Menschen bzw. die Synthese: An-sich-Für-sich-Sein. Auch diese ist widerspruchsvoll, hat keine aufweisbare Realität (auch wenn es sie geben sollte), wäre aber bzw. *ist* als Idee dem Menschen das Innerste und Äußerste zugleich. Gott als notwendiges Sein, das Grund seiner selbst ist, ist für den Menschen die absolute Immanenz und absolute Transzendenz.

(Was den ontologischen Gottesbeweis betrifft, den Sartre streift, liefert auch er nur die Idee Gottes wie der kosmologische und der aus der Finalität.)

Wir sehen, Gott als Grenzerfahrung, sei es des Menschen, sei es der Natur, ist nach Sartre nur eine Idee, die zudem Widersprüche enthält, wenn sie auch gleichsam für das Bewußtsein des Menschen notwendig ist (als Totalität).

4. GOTTES ABWESENHEIT IN DER MENSCHLICHEN FREIHEIT
(tertia via negationis Dei)

DER NEUANSATZ VON DESCARTES

Am Beginn unserer Darlegungen betonten wir, daß für Sartre die Begriffe: Praxis, Existenz und Freiheit gleichbedeutend sind. Wir sahen, daß sich menschliche Existenz im Unterschied zum An-sich-Sein nur durch einen dauernden Vollzug am Leben halten kann. Dieser Vollzug ist die ständige Nichtung, durch die der Mangel ins Sein kommt. Dieser Vollzug ist die menschliche Praxis. Ist diese frei oder im Grunde notwendig und determiniert? Wenn Freiheit überhaupt erscheint, auf welcher ontologischen Ebene ist sie anzusetzen? Ist sie die menschliche Seinsweise selbst oder ein sekundäres „Vermögen" des Menschen, das einem reflexen Schiedsspruch (liberum arbitrium) gleichzusetzen ist?

Nach Sartres Urteil war Descartes der erste, der am Anfang der Neuzeit die menschliche Freiheit zu denken begonnen hat. Er schreibt in der vierten Meditation von der umfassenden Freiheit, die keine qualitativen Unterschiede zuläßt: „Es gibt einzig den Willen, den ich in mir so groß erfahre, daß ich die Vorstellung eines größeren und umfassenderen Willens nicht zu begreifen vermag: vorzüglich durch ihn also erkenne ich, daß ich das Ebenbild Gottes bin. Denn obwohl er in Gott unvergleichbar größer ist als in mir — dank dem Wissen und der Macht, die in ihm sind und ihn fester und wirksamer machen, oder auch dank dem Objekt... wenn ich ihn exakt-*formal an sich* betrachte, scheint er dennoch nicht größer zu sein." Bei Gott und beim Menschen ist die Freiheit gleich absolut und unbegrenzt. [1] Diese Aussage legt nahe, daß der Mensch in seiner ontologischen Struktur (formal) nicht von seiner Freiheit zu unterscheiden ist bzw. Freiheit ist. Da aber Gott vor mir die Ordnung der Wahrheit gegründet hat, der Wert außerhalb meines Entwurfs existiert, besteht die Autonomie des Menschen für Descartes nur in der Weigerung. Das Nein-Sagen ist in der Freiheit des Menschen gelegen. Der Mensch bestimmt nicht, was gut ist, sondern dies ist nach Descartes vorgegeben. Im Grunde ist der Mensch so nur frei für das Böse, nicht für das Gute, „da die Wahrheit im Sein besteht und die Falschheit nur im Nicht-Sein" [2]. Malum est privatio boni. Dagegen protestiert Sartre. Dieses Apriori Gottes ist nicht möglich, ohne die Freiheit selbst anzutasten, ja zu zerstören. So kritisiert er die Deutung der Freiheit bei Descartes, obwohl dieser im Ansatz zum ersten Mal in der Geschichte die Freiheit als absolut und gleich ursprünglich mit dem menschlichen Sein gesehen und den Menschen in seiner Freiheit Gott gleichgestellt hat. „So schwankt Descartes ständig zwischen der Gleichsetzung der Freiheit mit der Negativität oder Negation des Seins — was die Freiheit der Indifferenz bedeuten würde — und der Vorstellung von der Willensfreiheit als einfacher Negation der Negation. Kurz: er hat versäumt, die Negativität als schöpferisch zu verstehen." [3] „Wir wollen es Descartes nicht zum Vorwurf machen, daß er Gott gegeben hat, was eigentlich uns zukommt; wir wollen ihn vielmehr bewundern, daß er in einer *autoritären* Zeit die Grundlagen der Demokratie gelegt hat (ihr Grundprinzip ist ja, daß jedem Menschen die freie Entscheidung zwischen ja und nein zukommt, die nicht quantitierbar ist in tiefere und weniger tiefe Einsicht), daß er die Forderungen des Gedankens der Autonomie bis zum Ende verfolgt hat und daß er lange vor Heideggers Vom Wesen des Grundes erkannt hat, daß die einzige Grundlage des Seins die Freiheit ist." [4]

Sartre, der ohne Antinomie zwischen Gottesfreiheit und Menschenfreiheit denkt, der beim Menschen allein anfängt, gibt dem Menschen, was des Menschen ist, nämlich seine ungeteilte Freiheit. Nur die verkannte menschliche Freiheit kann überhaupt in den Auxilienstreit eintreten. Wie ist nun diese grundlegende Freiheit zu verstehen, die Descartes zwar erkannte, aber nicht durchhalten konnte?

MENSCH SEIN HEISST FREI SEIN

Die bisherige Analyse des Cogito hat uns alle Elemente geliefert, es braucht nun nur mehr als Praxis, als Vollzug entfaltet zu werden, um sich als Freiheit zu enthüllen.

Wir sagten, daß der Mensch das Seiende ist, durch das das Nichts ins Sein kommt. Diese Möglichkeit, sich der Identität des Seins zu entziehen, d. h. das Nichts hervorzubringen, ist die menschliche Freiheit. [5] Was muß aber diese Freiheit sein, daß durch sie das Nichts in die Welt kommt? Das Nichts, wie wir gesehen haben, entzieht sich notwendig der Kausalreihe, hat den Grund in sich selbst und kann nicht durch das Sein erklärt werden. Das Nichts also ist eine Bewegung der Befreiung, der Selbstbefreiung, da es in sich gründet, wenn es auch ein entliehenes Sein hat. So muß also ganz selbstverständlich das Nichts mit der Freiheit zu tun haben. Die Freiheit muß also die Bedingung dafür sein, daß das Nichts genichtet werden kann. So ist die Freiheit nicht als ein Vermögen der anima anzusehen, nicht als Eigenschaft, sondern radikaler anzusetzen, dort, wo der Begründungsversuch des Menschen seinen Ursprung hat; und dieser ist der Sinn des *Seins* des Cogito, so daß die Freiheit im Sein des Bewußtseins liegen muß, das heißt: „Die menschliche Freiheit geht dem Wesen des Menschen voraus und ermöglicht es, das Wesen des menschlichen Seins ist hineingehalten in dessen Freiheit. Was wir Freiheit nennen, kann also unmöglich v o m S e i n der menschlichen Realität unterschieden werden. Der Mensch ist keineswegs z u n ä c h s t, um d a n n frei zu sein, sondern es gibt keinen Unterschied zwischen dem Sein des Menschen und seinem Frei-Sein."[6] „Geht ... (so) die Existenz der Essenz voraus, so kann man nie durch Bezugnahme auf eine gegebene und feststehende menschliche Natur Erklärungen geben; anders gesagt, es gibt keine Vorausbestimmung mehr, der Mensch ist frei, der Mensch ist Freiheit."[7] Freiheit ist durch und durch Existenz. Wir kennen freilich unsere reflexive Umkehrung dieses Sachverhaltes! Wir verlegen die Freiheit in unser Wesen, in das Ich, das wir wie einen kleinen Gott betrachten. Dieses Ich besitzt eine Freiheit als seine unaufgebbare Eigenschaft. So ist nicht mehr mein Sein, sondern mein Ich frei [8], während es ontologisch die Grenze und der Umschlag der Freiheit ist, sie gerade objektiviert (wie wir beim „Ich" gesehen haben), d. h. als Freiheit des Anderen erfaßt. Wir werden noch darauf zurückkommen. Jetzt gilt es, bei der Struktur des Für-sich selbst anzusetzen. Sie ist ja der nichtende Bruch mit der dumpfen Identität der Welt. Durch diesen ist es zugleich bei der Sache und über jedes Gegebene hinaus. Durch diese Nichtung, durch Möglichkeit und Mangel, entrinnt das Für-sich in seinem Sein jeweils dem Wesen, es ist immer zugleich „woanders". Dies findet seinen Grund in der Befragung, die durch das Nichts ermöglicht ist. Dieses Nichts kann unter der Last des Seins nicht erstickt werden, weil es den Grund in sich trägt. Die Freiheit ist daher nichts anderes als dieses Nichts, das das Für-sich konstituiert. Dieses Nichts enthebt den Menschen der Identität und versetzt ihn in die Differenz zum Sein als Seinsbeziehung. So wird der Mensch dadurch gezwungen, nicht einfach zu *sein,* sondern sich zu *machen.* Die Differenz stößt den Menschen in die Praxis, in die Veränderung. Als Anwesender bei sich, ständig vom Mangel heimgesucht, muß der Mensch verändern, sich verändern, sich selbst *machen.* Gerade durch diese Diastase vom Sein kann der Mensch nicht in sich ruhen, sondern ist in die Praxis getrieben, die sein Sein (als Für-sich, das mit dem Nichts vermählt ist) konstituiert. Ist aber so das menschliche Sein durch den Vollzug, die Praxis, gegründet, ist der Mensch in seinem Sein ein *Sich-wählen.* [9] Indem durch das Nichts der Mangel und die Möglichkeit in das Sein eingelassen werden, ist Wählen nicht nur möglich, sondern notwendig für den Bestand des Für-sich; denn die Wahl erhält die Möglichkeit im Vollzug und verhindert dadurch, daß das Für-sich in ein An-sich aufgeht. Also ist die Freiheit nicht *eine* Seinsweise des Menschen, sondern das *Sein* des Menschen, d. h. sein Nichts an Sein (son néant d'être) [10]. Weil also der Mensch sich nicht genug ist, weil er immer über sich hinaus ist, weil er in seinem Sein Mangel ist und erleidet, darum ist er notwendig frei, ist sein Sein mit der Freiheit identisch, und diese ist Veränderung, Vollzug, Praxis. So ist der Mensch notwendig *immer* frei, er kann sich von seiner Freiheit und Verantwortung nie dispensieren.

Zwei Ansichten wollen diese radikale Freiheit, die der Mensch ist, reduzieren bzw. zerstören. Die Deterministen leugnen die Möglichkeiten, durch die das Für-sich gegründet ist, spannen den Menschen in eine unabänderliche Kausalreihe und vernichten so das Für-sich, indem sie es nach Art eines An-sich auffassen. Der Mensch ginge so vollkommen im Sein auf, alle Seinsbeziehung, das Nichts und der Mangel wären ein falscher Schein. Auch die Erklärung, daß jedes Tun des Menschen einen Anlaß, ein Motiv hat, beweist nicht den Determinismus, sondern weist nur darauf hin, daß das Für-sich den Phänomenen, dem Ding den Wert eines Anlasses (dies oder jenes zu tun) beilegen muß. Und dieser Anlaß kann wiederum nur vom Ziel her verstanden werden, das der Mensch sich gesetzt hat. Aus diesen Andeutungen geht schon hervor, daß diese Struktur: Anlaß und Ziel, wodurch das Tun des Menschen ermöglicht wird, nur durch die Freiheit möglich ist, soll die Kausalkette nicht ins Unendliche fortgesetzt werden und der Mensch im An-sich aufgehen.

Aber auch die Verteidiger der Wahlfreiheit (liberum arbitrium) setzen zuwenig radikal an, weil sie entweder einem motivlosen Handeln nachjagen, das es nicht gibt, oder in der Freiheit eine Eigenschaft sehen, die nicht notwendig all das menschliche Tun durchwaltet, so daß die Affekte z. B. nicht in den Freiheitsbereich fallen. Für Sartre gibt es nur eine Alternative: entweder ist der Mensch vollkommen determiniert (was ausgeschlossen ist), oder „der Mensch ist vollkommen frei" [11]. Er kann nicht bald frei sein und dann wieder Sklave (seiner Leidenschaft, gegen die er nicht aufkommt). Die Willensfreiheit ist vielmehr nur *eine* Bekundung der radikalen Freiheit. Ja, der Wille setzt eine ursprüngliche Freiheit voraus. Er ist ja — wie angedeutet — ein reflektierter Entschluß. Das Ziel ist für den Willen vorgängig schon festgelegt, er hat nur die Mittel zu wählen. Ich stehe z. B. vor einer Todesgefahr. Ich werde vor ihr fliehen oder ihr mutig entgegentreten. Die Mittel wähle ich reflex oder auch affektiv aus, das Ziel jedoch, die Erhaltung des Lebens, wird nicht als Wert in Frage gestellt. Wenn wir dieses ursprüngliche Ziel nicht als „vormenschlich", als eine apriorische Grenze ansetzen wollen, dann ist auch dieses Ziel (Lebenserhaltung) ein Entwurf unserer Freiheit (jedoch nicht des sekundären Willens). Indem das Für-sich auftaucht, definiert sich dieses durch sein Ziel, d. h. das menschliche Sein wird durch das Ziel konstituiert. „Also wird mein Sein durch die Setzung meiner letzten Ziele gekennzeichnet und identifiziert sich mit dem ursprünglichen Hervorbrechen der Freiheit, die die meine ist. Und dieses Hervorbrechen ist eine Existenz, es hat nichts von einer Essenz oder von der Eigenschaft eines Seienden, das in Verbindung mit einer Idee erzeugt worden wäre. So ist die Freiheit, da sie meiner Existenz gleichsetzbar ist, die Grundlage der Ziele, die ich zu erreichen suche, sei es durch den Willen,

sei es durch affektive Kraftanwendungen." [12] Wir erinnern uns
an die beiden Verhaltensweisen, die der Mensch an den Tag legt,
insofern er die Welt als Zeugzusammenhang auffaßt und ihr
seinen Willen aufpreßt, oder sie mythisch versteht und mit Affekt-
handlungen reagiert; beide sind abgeleitet, nicht ursprünglich,
sondern auf die grundlegende Freiheit zurückzuführen. „Unter
(dieser) ursprünglichen Freiheit darf man, wohlgemerkt, nicht
eine Freiheit verstehen, die früher als der willentliche oder affektive Akt wäre, sondern eine streng *gleichzeitige* Begründung des
Willens oder des Affekts." [13] Durch beide Verhaltensweisen
offenbart sich der menschliche Grundentwurf, die optio fundamentalis, die radikale Freiheit. Aber diese „Freiheit ist nichts
anderes als die Existenz unseres Willens oder unserer Affekte,
insofern diese Existenz die Nichtung der Faktizität ist (d. h. das
Überschreiten [als Vollzug] der Geworfenheit), d. h. die eines
Seienden, das sein Sein in der Weise *ist*, daß es zu sein *hat*" [14].
Weil das Für-sich stets zu sein hat und nie einfach ist, ist es ein
ständiges Sichentwerfen, eine Urwahl, die sich als magisch-affek-
tive oder rational-willentliche in der Welt darstellt. Für beide
Seinsweisen ist der Mensch gleich verantwortlich, da beide nur
durch eine Grundwahl bestehen können. Beginne ich willentlich
zu überlegen, ob ich mich so oder anders verhalten soll, ist im
Grunde schon längst alles entschieden. Der Einsatz ist schon geleistet, die Kugeln rollen, die Zahl offenbart nur mehr, was schon
entschieden war. Denn wenn wir reflektieren, kann durch den
folgenden Willensentscheid das Ziel nicht mehr geändert werden.
„Wenn die Kugeln einmal rollen, kann man den Einsatz nicht
mehr ändern" [15], les jeux sont faits [16]. Wenn also der Wille
auftritt, ist der Entschluß schon gefaßt; denn es gehört zu meiner
Grundwahl (optio fundamentalis), daß ich mir über meine Motive
und Ziele durch Überlegungen und den darauffolgenden freien
Schiedsspruch (liberum arbitrium) klar werde. Der Willensentscheid kündigt also den individuellen Grundentscheid nur an.
Er wird von der ursprünglichen und ontologischen Freiheit getragen [17]; diese bildet mit dem Sein-für-sich eine Einheit und
ist nur als je konkreter Entwurf existent. Diese Freiheit ist ihr
eigener Anlaß; denn damit ein An-sich Anlaß werden kann, muß
es aus dem undeterminierten Hintergrund der Welt gelöst wer-

den und in eine besondere Beziehung zu diesem Menschen (Für-sich) treten; diese Beziehung wird aber durch den Menschen ge-schaffen, indem das Objekt auf ein Ziel überschritten wird, das nicht existiert, aber vom Menschen in der optio fundamentalis anvisiert wird und diese konstituiert. Über die Art und Weise, wie sich das Für-sich verwirklicht, entscheidet der Wille. Im Willen wird der Antrieb, der Anlaß und das Ziel objektiviert, zum Quasiobjekt, wie es bei jedem reflexen Akt der Fall ist. Die Wahl aber betrifft die Mittel bzw. Einzelobjekte, die auf das Ziel hin-geordnet werden. Aber diese Wahlfreiheit, diese oder jene Mög-lichkeit zu wählen, ist nur auf dem Hintergrund meiner äußersten und ganzen Möglichkeit verständlich. Die Welt als Ganzheit aber ist nicht jenseits des Bewußtseins und damit jenseits der Freiheit, sondern zugleich mit dem Auftauchen des Für-sich wählt dieses seinen Gesamthorizont, der aber nie abstrakt und leer ist, sondern *eine* konkrete Weise des In-der-Welt-Seins. Indem der Mensch bei seinem Auftauchen sich selbst wählt, wählt er die Welt und gleichzeitig seine Weise ihrer Entdeckung (Enthüllung). Es handelt sich also hier vor jeder reflexen Willensentscheidung um einen Grundakt (l'acte fondamental) [18], der der Mensch selbst ist. Diese optio fundamentalis ist aber nicht unbewußt, sondern *bewußte Wahl* (freilich nicht reflektiert). Sie ist eins mit dem Be-wußtsein als nichtsetzendes Bewußtsein (von) sich. Sein und Grundwahl bzw. Freiheit sind ein und dasselbe. Das Bewußtsein ist mit der Wahl identisch. Der Mensch ist in seinem Sein frei. „Ich bin weder Herr noch Knecht (Jupiter), ich *bin* meine Frei-heit." [19]

DIE GRENZE DER FREIHEIT

Obwohl der Mensch also durch diese grundlegende Freiheit kon-stituiert wird, bedeutet dies natürlich nicht, daß der Mensch das erreicht, was er will; frei sein bedeutet vielmehr, sich dazu be-stimmen, durch sich selbst zu wollen. Der Erreichung des Zieles kann das Gegebene im Wege stehen. Aber das Vorgegebene steht nur im Wege, wenn ich es unter ganz bestimmten Gesichts-punkten betrachte bzw. überschreite. In sich ist alles Vorhandene ambivalent. Einen Berg muß ich besteigen wollen, damit er sich als „zu schwer zu ersteigen" enthüllt. Ein Stein versperrt mir den Weg, weil ich ein Ziel jenseits dieses Steines anstrebe usw. Immer stoße ich auf ein An-sich-Sein nur unter einem bestimmten Ziel, das ich gewählt habe. Freiheit gibt es nur, indem das Für-sich in eine ihm Widerstand leistende Welt eingesetzt ist. [20] Freiheit ist daher immer in *Situation*. Die Situation ist aber nicht das „reine An-sich", sondern das An-sich, das in Relation zur Freiheit steht. Es ist praktisch unmöglich zu entscheiden, was Freiheit und was naturhaftes Sein ist. „Es gibt Freiheit nur in Situation, und es gibt Situation nur durch Freiheit." [21] „Das Gegebene als solches enthüllt sich als Widerstand oder als Hilfe nur im Lichte der projektierenden Freiheit. Aber die pro-jektierende Freiheit schafft eine solche Beleuchtung, daß das An-sich in ihm entdeckt wird, wie es ist, d. h. widerständig oder günstig, wobei wir uns darüber einig sind, daß der Widerstand des Gegebenen nicht direkt als Eigenschaft an sich des Gegebenen aufgefaßt werden kann, sondern nur als Anzeige eines unerfaßbaren quid, und zwar durch eine freie Erhellung und eine freie Strahlenbrechung hindurch." [22] So ist eigentlich das Gegebene nicht die Grenze der Freiheit, da dieses nur unter den frei gewählten Zielen erscheint; nur insofern die Freiheit selbst sich in Situation diese Grenze setzt, konstituiert das Gegebene diese Grenze mit, aber stets eben als „freie Grenze", d. h. als Grenze, die als solche von der Freiheit verursacht ist.

So ist die Freiheit immer zugleich Freiheit *von* etwas (wie das Bewußtsein immer nur Bewußtsein von etwas ist). Das „etwas" ist wesentlich für die Freiheit, damit sie nicht ein leeres Nichts ist; sie ist aber mit diesem auch nicht identisch (Determinismus), sondern stets jenseits, durch das Nichts getrennt. So kann dieses „etwas" nur Anlaß und Motiv sein. Freiheit als Freiheit *von* etwas ist nur dann möglich, wenn dieses „etwas" transzendiert wird, d. h. auf ein Ziel projektiert. So ist die Freiheit immer *zugleich* auch Freiheit *für* etwas, wobei hier das „etwas" das Ziel ist und noch nicht existieren muß. Wir finden hier die Struktur des Cogito wieder, das sich als Freiheit im Raum der Praxis darstellt. Es hat keine Grenze als allein sich selbst, da es vom An-sich durch nichts getrennt ist. Freilich wird diese Aussage zu ergänzen sein, wenn eine Freiheit auf die andere trifft, so daß die Freiheit nicht nur sich selbst, sondern auch des Anderen Freiheit Grenze ist. Wie ist nun die Grenze in sich selbst zu verstehen? Wir kennen die Redensart: „Ich hätte auch anders handeln können". Niemand wird das bestreiten, aber die entscheidende Frage ist: um welchen Preis hätte ich es anders machen können? Als Gefangener bin ich z. B. auf dem Todesmarsch ins Lager. Ich halte es vor Müdigkeit nicht mehr aus. Ich weiß, wenn ich mich fallen lasse, werde ich erschossen. Ich gehe weiter. Ein anderer gibt der Müdigkeit nach. Die Möglichkeit abzusacken hat ihren Sinn durch die Rangordnung, die ich den Möglichkeiten, von der letzten bzw. anfänglichen Möglichkeit her gesehen, gebe. So wird es sein, daß ich nur dann nachgeben werde, wenn ich meinen ursprünglichen Lebensentwurf radikal ändere, während der andere vielleicht diese radikale Änderung seines Lebensentwurfes notwendig hätte, um weitergehen zu können. Das gegensätzliche Verhalten wird nur dann verstehbar, wenn es auf die äußerste Möglichkeit, die ich bin, zurückgeführt wird. Ich habe mich als Ganzer in einer ganzen Welt gewählt. Der einzelne Akt wird nur von dieser Totalität her begreifbar; denn ich bin nur *ein* Sein „in-der-Welt". Natürlich immer in der Weise einer detotalisierten Totalität. Ich weiß daher, daß ich meine Grundwahl (optio fundamentalis) ändern kann, und so stellt sich die *Angst* ein: ich könnte nicht durchhalten, vielleicht versage ich usw. Hier muß ich aber tatsächlich mein „In-der-Welt-Sein" revidieren, um im einzelnen willentlich anders handeln zu können. Ich muß also meine Grundwahl umgestalten, d. h. ich muß mich selbst und mein Ziel ändern. Ohne tiefgehende, ja radikale Änderung meines ursprünglichen Michselbstwählens hätte das Verhalten nicht geändert werden können. Diese Möglichkeit bestand und besteht aber. „Die Angst, die, sobald sie enthüllt ist, unserem Bewußtsein unsere Freiheit offenbart, bezeugt jene ständige Wandelbarkeit unseres anfänglichen Sichentwerfens." [23] Nichts kann uns hindern, uns radikal neu zu wählen, und diese Grenze, die wir uns selbst setzen, verursacht die „ethische Angst" [24]. Die Freiheit stellt sich selbst in Frage, sie weiß darum, daß sie sich nur selbst die Grenzen auferlegt hat und sich nirgends anklammern oder aber eine Rechtfertigung der optio fundamentalis finden kann. (Daher die Flucht in die Unwahrhaftigkeit, die diesen Sachverhalt zu verschleiern sucht und im menschlichen Sein, zwar vermeidbar, wurzelt.) [25] Unsere Grundwahl (Selbstwahl) ist also zerbrechlich. Obwohl sie identisch mit der Zeitigung des Bewußtseins ist, die Zeit entfaltet und die drei Dimensionen umspannt, ist sie doch beständig vom Jetzt bedroht, das als Bruch meiner Einheit auftauchen kann. [26] Diese Wahl ordnet die Welt, die Anlässe, Antriebe und Ziele, aber diese Ordnung kann wie ein Kartenhaus zusammenstürzen. Nun, woher kommt dies? Der ursprüngliche Entwurf hat eben nur sich selbst als Grund.

Aber stützt sich diese radikale Freiheit nicht auf Werte, und erhält sie nicht von diesen Sicherheit und Bestand? Ganz im Gegenteil. Gerade wenn ich auf den Urzusammenhang zwischen der Freiheit und der Welt achte, stellt sich die Angst ein, und ich erkenne ihre ganze Ungeschütztheit. Der Wert ist nämlich eine Forderung. Wer aber verleiht dem Ding die Forderungsstruktur, wenn nicht der Mensch? Ein Wecker fordert mich nur dann auf aufzustehen, wenn ich darin einen Wert erblicke, bzw. ihn als Forderung an mich gestellt habe. Der Wert hat nur als Forderung Bestand, und diese verleihe ich durch meine Freiheit dem Ding. So ist das Sein des Wertes nicht a priori dem Menschen vorgegeben, sondern mit seinem Grundentwurf schafft der Mensch die Werte und ihre Rangordnung. Der Mensch kann aber nicht wert-frei sein, sondern mit der Grundwahl tritt der Wert auf, und der Mensch kann sich ihm nicht entziehen. Die Freiheit des Menschen ist notwendig *wertend*. Aber wie der Sinn und die Frage nach ihm durch das Bewußtsein erscheint, so mit der Freiheit der Wert. Die Forderungsstruktur aber verleihe ich ihm, und so ist der Wert durch die Freiheit gehalten, und er entsteht durch mich. Meine Freiheit ist die alleinige Begründerin der Werte, und nichts, absolut nichts rechtfertigt mich, diese und nicht jene Werte mir zu eigen zu machen. [27] Aber *daß* ich in meinem Für-sich Werte hervorbringe, ist unabdingbar. Und alle „banalen und alltäglichen Werte leiten ihren Sinn … von einem ersten Entwurf meiner selbst her, der gleichsam meine Erwählung meiner selbst in der Welt ist" [28]. Ich bin so notwendig der Grund der Werte, und vor mir ist keine Zufluchtsstätte offen, auf die ich meine Verantwortung für die Wahl abwälzen kann. Wie über den Sinn so entscheide ich über den Wert, und allen

Grund hat er in mir. Wir können daher sagen, daß der Sinn der Freiheit der Wert ist (den sie sich selbst gibt).

GOTT — DER HÖCHSTE WERT

Das Ideal bzw. der Grundwert ist auch für die Freiheit das An-und-Für-sich, d. h. der höchste Wert ist Gott. [29] Dieser Grund-entwurf ist aber nicht zu verwirklichen, weil der Wert nur in den Grenzen des Für-sich gültig ist und das An-sich nie einholen kann. Mit anderen Worten: das wertende Sichselbstwählen und -ent-werfen ist dieselbe Bewegung wie die der Sinnfrage. So grund-legend das freie Sich-entwerfen für mein Sein ist, so bleibt der höchste Wert immer nur als Ideal und ist nie realisierbar. Das absolute Ziel meiner Urwahl (optio fundamentalis) ist stets (nur) ein konkreter Aspekt des An-und-Für-sich. [30] Nur als kon-kreter Entwurf hat die Idealität des höchsten Wertes Existenz; anders ausgedrückt: Die Idee Gottes als höchster Wert und abso-lutes Ziel hat nur im Selbstvollzug des Menschen Bestand und (reale) Existenz, insofern der Mensch die Grundlage des Wertes ist. Das An-und-Für-sich stellt aber keine Grenze der Freiheit dar, vielmehr ist es durch die wertende Freiheit geschaffen (allerdings da notwendig). Die Freiheit jedoch stößt an eine Grenze, insofern das selbst geschaffene Ideal nicht *erreichbar* ist, d. h. insofern der Mensch *nie* die Grundlage seiner eigenen Freiheit ist (die ja der höchste Wert ist) oder sein wird. Sicher, die Freiheit bleibt absolut, und als Nichts hat sie ihren „Seinsgrund" in sich. Sie begnügt sich selbst und ist grenzen-los. Aber sie ist von einem Sein ge-halten, dessen Grund die Freiheit bzw. die Grundwahl nicht ist.

DIE UNAUFHEBBARE KONTINGENZ DER FREIHEIT

Die Freiheit „ist weder frei, nicht zu existieren, noch nicht frei, zu sein" [31]. Auch die Freiheit rettet den Menschen nicht vor der Kontingenz der eigenen Existenz. Die Freiheit kann durch ihre Ziele hindurch, die sie setzt, nicht über die eigene Existenz entscheiden. Zwar wählt die Freiheit die Existenz, ist aber nicht ihre Grundlage. Zwar kommen alle Gründe (und Werte) durch sie zum Sein, zwar ist die ursprüngliche Kontingenz durch die

Ziele gelichtet, aber die eigene Seinsgrundlage ist die Freiheit nicht. Über sie verfügt die Freiheit nicht. Ja, sie würde ihren Sinn verlieren, wenn sie selbst als Freiheit ihre Existenz hervorbrächte. Sie wäre nämlich dann entweder ein reines Nichts oder ein An-sich, beides aber hebt die Freiheit auf. Nur als ständiger Vollzug, als Veränderung, als Tun (Praxis) kann sie bestehen; dies setzt ein An-sich voraus, aus dem etwas gemacht werden kann. Weil die Freiheit sich vom Gegebenen nicht loslösen kann, weil sie Bezug auf das Kontingente ist, kann sie ihrer Existenz nicht entrinnen. Sie ist also nicht frei, nicht zu existieren. Sie ist zur Existenz gezwungen. Die Freiheit ist ja nichts anderes als das Transzendieren dieses Faktums ihrer eigenen Geworfenheit. Zwar wendet sich die Freiheit angesichts ihrer Ziele ihrer eigenen Existenz zu, kommt auf diese zurück, kann sie aber nie in die Freiheit aufnehmen, sondern muß stets jenseits dieser, durch ein Nichts getrennt, verweilen. Der Begründungsversuch des Menschen durch den freien Grundvollzug des Seins scheitert. Der Mensch muß sich so notwendig wählen und kann sich nicht weigern zu sein. Denn auch die Verneinung und Verwerfung des eigenen Seins (wie im Selbstmord) schließt die Bejahung dieses Seins (als Faktum) in sich. „Durch dieses Sein, das der Freiheit gegeben ist, nimmt sie an der allgemeinen Kontingenz des Seins teil und dadurch an dem, was wir Absurdheit nannten." [32] Die Wahl ist aber nicht deshalb absurd, weil sie keinen Grund hat, sondern weil sie keine Möglichkeit hat, nicht zu wählen, d. h. weil sie notwendig ist. „Die Wahl wird, was sie auch sein mag, begründet und in Besitz genommen vom Sein; denn sie ist Wahl, welche *ist*." [33] „Sie ist aber absurd in dem Sinne, daß sie das ist, wodurch alle Grundlagen und alle Gründe zum Sein kommen, das, wodurch auch der Begriff des Absurden einen Sinn erhält." [34] Die Freiheit ist, wie schon gesagt, nicht einfach diese Kontingenz, sondern ihr Entrinnen, ihre Nichtung, und als solche (als das Nichts) der Grund ihrer selbst (causa sui). Die Freiheit ist die Flucht vor der Kontingenz, vor dem Absurden, eine ständige Bewegung, die als Praxis vom Zufälligen auf das Notwendige hin geschieht. Sie bleibt aber verwurzelt und angekettet an die reine Kontingenz. Aus der sinn-losen und wert-losen Faktizität erhebt sie sich, richtet sich empor zum höchsten Wert als Ideal und kann sich nicht lösen von ihren Ketten, ohne selbst ins Nichts zu versinken.

Dies wird noch deutlicher, wenn wir darauf achten, daß diese Bindung der Freiheit in die Kontingenz mit sich bringt, daß sie nicht nur notwendig *ist,* sondern zugleich nicht frei ist, frei zu sein, d. h. auch notwendig frei ist. Denn wäre es der Freiheit möglich, darüber zu entscheiden, frei zu sein oder nicht, wäre eine vorläufige Freiheit notwendig, die zu sein wählt, was sie schon ist (denn sonst könnte sie nicht wählen). So sind wir eine Freiheit, die wählt, aber wir wählen nicht, frei zu sein. [35] „Der Mensch ist *verurteilt,* frei zu sein. Verurteilt, weil er sich nicht selbst erschaffen hat, anderweit aber dennoch frei, da er, einmal in die Welt geworfen, für alles verantwortlich ist, was er tut" [36], obwohl er nicht gefragt wurde, ob er frei sein will. „Frei sein ist also nichts anderes, als verurteilt zu sein, frei zu sein" [37]; der Mensch ist zur Freiheit verdammt. Ihr Horizont verheißt ihr zwar den absoluten Wert, Gott, aber er bleibt ewig eine Verheißung und wird nie zur Erfüllung, da er nur ein Ideal ist, das der Mensch selbst entwirft und das ihn als mitwandernder Horizont ewig zum Scheitern verurteilt. Zwischen Ursprung und Ziel ist die Freiheit, die der Mensch zu sein hat, eingekerkert, ohne Hoffnung, daraus entfliehen zu können. Dies zeigt auch seine Grenzsituation — Geburt und Grab — an. Das Leben hat a priori keinen Sinn. [38] Es liegt vollkommen bei uns, unserem Leben einen Wert zu geben; denn Gott existiert nicht, bzw. er kann unsere Freiheit nicht erklären. Und jeder Wert ist nichts anderes als der Sinn, den ich in die Dinge lege und den ich wähle. Gerade dadurch kann die Freiheit Gemeinschaft stiften und in ihr eine höhere Seinsweise empfangen [39], weil sie vom Menschen abhängt. Durch den Menschen wird Sinn und Wert geboren. Der Mensch ist der freie Erfinder und Schöpfer aller Werte, und meine Freiheit ist notwendig *wertsetzende* Freiheit, aber nur durch den Wert hindurch als Entwurf meiner Freiheit erfasse ich meine Existenz. Freilich, meine Geburt als *reines* Faktum steht nicht in meinem Belieben — ich habe nicht verlangt, geboren zu werden, und bin völlig ungefragt ins Dasein geworfen worden. Aber ich bin gezwungen, zu ihr Stellung zu nehmen, ich kann meine Geburt verfluchen oder mich ihrer freuen, und so wähle ich auch meine Geburt. Als Gegebene ist sie aber nur die Kehrseite meiner Möglichkeit, ich kann sie nie „einholen", und daher stellt sie auch keine wirkliche Grenze meiner Freiheit dar. Ebenso ist der Tod für das Für-sich nie erreichbar. Natürlich muß ich in meinem Leben mit dem Tod rechnen, aber da er nicht meine Möglichkeit ist, kann ich ihn nicht erwarten. [40] Sicher, insofern er *mein* Tod ist, kann ich ihn bejahen oder mit allen Mitteln gegen ihn ankämpfen, aber als Gegebenheit ist er stets die Nichtung aller Möglichkeiten. [41] Während der Tod des Christen von Gott kommt [42], ist er für Sartre „die Wiederaufnahme der menschlichen Ganzheit durch das An-sich" [43]. Der Tod nimmt dem Leben Sinn und Wert. [44] Nur in der Existenz der Anderen hat mein Leben noch eine Bedeutung. Der Tod ist das Erlöschen des konkreten Nichts im Sein und die Rückkehr zur vollen Kontingenz und Koinzidenz. Der Sinn des Lebens ist absolut festgelegt, ohne neue Möglichkeit. [45] Das Bild des „jüngsten Gerichtes" gibt dieses Verständnis wieder. Nichts können wir mehr tun, man *ist* unwiderruflich das, was man geworden bzw. gewesen ist [46], und der Andere legt den Sinn meines Lebens fest, bzw. im Anderen existiert er weiter. Das Für-sich, das von seiner Struktur her immer ein „Hernach" fordert (da es sonst versinkt) [47], wird im Augenblick des Todes aufgelöst, und mit ihm ist das Spiel aus — nichts erwartet uns. Auch von der Vorstellung her, daß der Körper das Individuationsprinzip der Seele ist, „wäre es töricht anzunehmen, daß die Seele sich von dieser Individuation losreißen könnte, indem sie sich durch den Tod vom Körper trennt" [48]; denn die Seele *ist* ja der Leib. Der Tod ist daher der Untergang des Für-sich und nimmt alle Freiheit mit sich. Nie stößt die Freiheit auf den Tod, und daher kann er ihr auch keine Grenze setzen. Nichts hat das Für-sich mit dem Tod gemeinsam. Jeder Sinn und jeder Wert wird durch den Tod geraubt. Tod und Geburt, die als Existenz der Freiheit entgehen, sind die beiden absurden Pole, zwischen denen sich das Leben bewegt in seinem freien Entwurf. „Es ist absurd, daß wir geboren sind, und es ist absurd, daß wir sterben." [49] Ja, da wir den Zeitpunkt unseres Todes nicht bestimmen können, entgeht uns durch ihn der Sinn und Wert unserer Handlungen, unserer Freiheit [50], so daß wir tatsächlich immer noch obendrein sterben. [51] „Immer verpfuscht man sein Leben, wenn man stirbt"; denn „man stirbt immer zu früh ... oder zu spät" [52]; aber auch der Selbstmord hat keinen Sinn und gibt dem Leben keinen Wert; denn er ist „eine Absurdität, die mein Leben im Absurden versinken läßt" [53]. Die Freiheit, unsere Existenz, unsere Praxis, durch die wir uns entwerfen, offenbart uns so nicht die leiseste Spur eines *realen* Gottes.

ZUSAMMENFASSUNG

In der weiteren Analyse des Cogito selbst haben wir das Bewußtsein als Freiheit entdeckt. Der Mensch ist nicht einem deterministischen Schicksal ausgeliefert, vielmehr ist es so, „daß die freie Wahl, die der Mensch in sich selbst trifft, genau mit dem zusammenfällt, was wir Schicksal nennen" [54]. Die Freiheit ist auch nicht nur eine zeitweilige Eigenschaft des Menschen, von der reflexen Wahlfreiheit (liberum arbitrium) ist sie streng zu unterscheiden. Wir müssen von einer Grundwahl (optio fundamentalis) sprechen, die das Menschsein konstituiert, so daß der Mensch in seinem Sein Freiheit ist. Diese Grundwahl hält sich nur in den konkreten Vollzügen, in der Praxis, und der ursprüngliche Entwurf gilt auch nicht notwendig für das ganze Leben des Für-sich, sondern ist stets zu erneuern und schließt so in sich die ständige Möglichkeit, völlig neu zu werden. [55] Daher die Angst und zugleich die Einsicht, daß *diese* (konkrete) Urwahl nicht zu rechtfertigen ist. Alle neuen Wege sind daher nicht nur zu „wählen", sondern gleichsam zu „erfinden". „Ein Ausweg wird erfunden. Und wer seinen eigenen Ausweg erfindet, der erfindet sich selbst. Der Mensch ist tagtäglich zu erfinden." [56] Sicher, er ist an die Situation gebunden und kann seine Geworfenheit nicht abschütteln wie das Wasser, sondern sie klebt an ihm, ja ist seine Kette, die ihn an das absurde Sein fesselt. Sie stellt aber keine eigentliche Grenze der Freiheit dar, da sie stets über sie hinaus ist. Sicher, es ist wahr, daß die freie Existenz, die der Mensch ist, ihm notwendig zukommt. Aus dieser Notwendigkeit heraus erhebt sich die Freiheit, und in ihrem Tun verwirklicht sich der Mensch als Praxis (der nicht einfach ist, sondern *zu sein hat*). Der freie Entwurf aber, weil er als Freiheit sich selbst be-

gründende Bewegung ist, schafft sich notwendig durch das Ziel seine Werte. „Und der grundlegende Wert (der höchste Wert), der diesen Entwurf leitet, ist eben das An-und-Für-sich, d. h. das Ideal eines Bewußtseins, das die Grundlage seines eigenen An-sich-Seins wäre, und zwar mittels des reinen Bewußtseins (bzw. Freiheit), das es von sich selbst gewänne. Das ist jenes Ideal, das man Gott nennen kann. Man kann also sagen, daß das, was den grundlegenden Entwurf der menschlichen Realität am besten verstehbar macht, der Umstand ist, daß der Mensch das Seiende ist, das die Absicht hegt, Gott zu werden ... was den Menschen verkündet und ihn in seinem äußersten und grundlegenden Entwurf bestimmt (ist Gott im Herzen der Freiheit des Menschen). Und wenn der Mensch ein vorontologisches Verständnis vom Sein Gottes besitzt, so ist es ... Gott, der *Wert* und das *oberste Ziel* der Transzendenz" [57], der die ständige ideelle Grenze der menschlichen Freiheit darstellt und von der her der Mensch sich verkünden läßt, was er ist. So ist die Freiheit die Zeugin des Menschen, der Sehnsucht ist, Gott zu werden. Dieser Grundentwurf des Menschen, ein An-und-Für-sich zu sein, ist aber nur eine ideale, *abstrakte* Struktur, „die in keiner Weise als die Natur oder das Wesen der Freiheit angesehen werden kann; denn die Freiheit ist Existenz, und die Existenz an sich geht dem Wesen voraus; die Freiheit ist unmittelbar *konkretes* Auftauchen und unterscheidet sich nicht von ihrem Wählen, d. h. von der Person. Aber die fragliche Struktur (An-und-Für-sich, Gott) kann Wahrheit der Freiheit genannt werden, d. h. sie ist die menschliche Bedeutung der Freiheit." [58]
Die Untersuchung der Freiheit hat uns einen neuen Aspekt des Gottesbegriffes eingebracht. Zwar bleibt auch hier Gott eine reine Idee, sie ist aber für die menschliche Freiheit konstitutiv. Ja, Gott als oberster Wert ist nicht nur der Sinn, sondern zugleich die Wahrheit der Freiheit, die der Mensch ist. Die Idee Gottes wird also legitim als höchster Wert angesprochen. Gott ist (wiederum) die Grenzerfahrung der menschlichen Freiheit. Da der Mensch sie wählt, hat sie nur innerhalb der Freiheit, die der Mensch ist, Bestand.

In seinen Dramen gestaltet Sartre besonders eindrücklich diese
Freiheit, indem er sie mit Gott in den Dialog treten läßt und sie
so nicht nur Zeuge der reellen Abwesenheit Gottes, sondern zugleich Auflehnung gegen ihn ist.
Der Mensch als Freiheit erfährt keine bergende Macht, die ihn
trägt. Er kann nicht zur Natur zurückkehren. Gegen die Freiheit
des Menschen, die ihn in Einsamkeit stürzt, vermag kein Gott
etwas. Und selbst wenn Gott die Macht hätte, den Menschen zu
Staub zu zermalmen, so ist des Menschen Freiheit ein trotziger
Pfeiler, der in den Himmel ragt. Die Götter haben ein schmerz-
liches Geheimnis, nämlich das Wissen, daß die Menschen frei
sind. „Wenn einmal die Freiheit in einer Menschenseele aufge-
brochen ist, vermögen die Götter nichts mehr gegen diesen Menschen." [59] Zwar gibt Orest im Drama „Die Fliegen" zu, daß
er von Gott erschaffen ist, aber in seiner Freiheit ist er notwendig
von Gott getrennt. Wenn auch Jupiter die Herrlichkeit der Welt
geschaffen hat, der Mensch ist sein eigener Herr: „Du bist der
König der Götter, Jupiter, der König der Steine und der Sterne,
der König der Meereswogen. Aber der König der Menschen
bist Du nicht." [60] Und Jupiter darauf: „Ich bin nicht Dein
König, schamloser Wurm, wer hat Dich denn erschaffen?" Orest:
„Du, aber Du hättest mich nicht frei erschaffen sollen!" Jupiter:
„Ich gab Dir Deine Freiheit, damit Du mir dienst." Orest: „Möglich, aber sie hat sich gegen Dich erhoben." [61] Auch der Mensch,
der aus Gottes Hand hervorgegangen ist, steht wegen seiner Freiheit in keinem Lebenszusammenhang mit ihm, und die Absurdität der Freiheit findet in Gott keine Lösung. „Plötzlich ist die
Freiheit auf mich herabgestürzt, und ich erstarrte, die Natur tat
einen Sprung zurück, und ich hatte kein Alter mehr und ich habe
mich ganz allein gefühlt, inmitten Deiner kleinen harmlosen Welt,
wie einer, der seinen Schatten verloren hat, und es war nichts
mehr am Himmel, weder Gut noch Böse, noch irgendeiner, um
mir Befehle zu geben." [62] „Kaum hast Du mich geschaffen, so
habe ich auch schon aufgehört, Dein eigen zu sein, ... ich bin
dazu verurteilt, kein anderes Gesetz zu haben als mein eigenes.
Ich werde nicht zu Deiner Natur zurückkehren. Tausend Wege

sind darin gezogen, die zu Dir führen, aber ich kann *nur meinem Weg* folgen. Denn ich bin ein Mensch ... und jeder Mensch muß seinen Weg *erfinden* ... was gibt es von Dir zu mir? ... Du bist ein Gott und ich bin frei: wir sind gleichermaßen allein und unsere Angst ist die gleiche." [63] „Denn frei bin ich und gegen den freien Menschen vermag selbst ein Gott nichts." [64] Alle Brücken zwischen den Menschen und Gott (wenn es je einen solchen gab) sind durch die unwiderstehliche, unbeschränkbare und doch nie begründbare Freiheit abgebrochen. Es gibt keinen Weg von hier nach drüben. So kommen alle Werte, ja Gut und Böse allein aus der Hand des Menschen. Die Religion schiebt das Gute, was der Mensch tut, Gott zu, das Böse dem Täter selbst. Für das Böse „lehnt Gott dann jede Verantwortung ab, das geht ihn nichts an, den Armen. Ja, Herr, Du bist die Unschuld selbst. Wie solltest Du das Nichts begreifen, Du, der Du die Fülle bist? Dein Blick ist Licht und wandelt alles in Licht: wie solltest Du das Halbdunkel meines Herzens kennen? ... Haß und Schwachheit, Gewalt, Tod, Ärgernis, das alles kommt nur vom Menschen; dies ist meine Domäne, und ich allein bewohne sie auch. Alles, was darin geschieht, geht zu meinen Lasten. Gut, ich nehme es auf mich und sage kein Wort." [65] Oder wie Bariona fortfährt: „Es gibt keinen Frieden für den Menschen auf Erden. Ich will ein Mensch schlechten Willens sein!" [66] Gewiß, Sartre bestreitet diese religiöse Einengung, er läßt sich diese Anmaßung Gottes und der Religion nicht bieten, nur das Böse selbständig tun zu können. „Niemand hat je Gutes getan?" fragt Götz. „Niemand", erhält er zur Antwort. „Ich wette also mit Dir, daß ich Gutes tun werde. Es scheint mir schließlich die beste Art, für mich allein zu bleiben. Ich war ein Verbrecher, ich wandle mich ... und es wird noch ein Heiliger aus mir." [67] Freilich, auch diese neue Urwahl ist zum Scheitern verurteilt, es gibt nichts absolut Gutes oder Böses, sondern beides nur in menschlicher Zweideutigkeit. Und das menschliche Leben und mit ihm die Freiheit erlischt im Tod. Gott muß sich vor sich selbst nicht nur deshalb ekeln, weil es unnötiges Leid und Qual der unschuldigen Kinder gibt [68], sondern noch radikaler, weil der Todeskeim bei der Geburt in jeden Menschen gelegt ist. „Das erste Verbrechen habe ich (Gott) begangen, als ich die Menschen als Sterbliche

schuf." [69] Die Freiheit ist stets durch die Absurdität zersetzt.
Alle Sehnsucht hat im Tod ihr Ende, da die Person, die in ihrem
Kern Freiheit ist, von der sinnlosen Natur aufgesogen wird.
„Nichts anderes steht uns bevor als der Tod ... Die Welt ist ein
müder Absturz ohne Ende. Die Menschen und die Dinge erscheinen plötzlich in einem Punkt des Absturzes, und kaum aufgeschienen, reißt sie das allgemeine Fallen mit sich. Sie fangen
an zu stürzen, sie zersetzen sich und sie fallen ..." [70] Hier
gibt es nicht eine liebende Hand (Gottes) wie bei R. M. Rilke,
die unendlich sanft das Fallen hält. S. Beckett hingegen denkt
ähnlich wie Sartre: „Eines Tages wurden wir geboren, eines Tages
sterben wir, am selben Tag, im selben Augenblick ... rittlings
über dem Grabe und eine schwere Geburt. Aus der Tiefe der
Grube legt der Totengräber träumerisch die Zangen an... Sie
gebären ... über dem Grabe, der Tag erglänzt einen Augenblick
und dann von neuem die Nacht." [71] So ist das Leben eine
Niederlage. „Alle sind Besiegte, und der größte Wahnwitz ist die
Hoffnung." [72] Gerade die Freiheit offenbart so die den Menschen erdrückende Absurdität ihrer selbst und des Lebens. Kein
Gott begegnet ihr, nichts rettet sie. Allem ist sie entfremdet.
Freilich, deshalb gilt es, nicht zu verzweifeln, sondern die Freiheit in Verantwortung zu durchleben; denn „das menschliche
Leben beginnt jenseits der Verzweiflung" [73].
Vor wem und mit wem ist die Freiheit in Verantwortung zu
leben? Dem Menschen ist weder von Gott noch durch ein Jenseits nach dem Tode eine Verheißung gegeben. Bleibt ihm also
nichts? Oder kann er im Diesseits, hier und jetzt, von der Begegnung eines menschlichen Du etwas erwarten? Ist das Wort
der Liebe eine Hoffnung für ihn? Oder gibt ihm die Freiheit,
die ihm die Gesellschaft schenkt, eine Chance?
Alle Wege zu Gott, auch der der Freiheit, die in ihm den höchsten Wert sieht, sind uns verschlossen. Bleibt der Weg zum Anderen offen? Ist er ein Ausweg? Ist in der Liebe zum Du ein letzter
Sinn und damit Gott zu finden? Enthüllt uns die Begegnung mit
dem Anderen die Wirklichkeit Gottes?

5. GOTTES ABWESENHEIT IM ANDEREN
(quarta via negationis Dei)

DIE FREMDEXISTENZ

In unserem Leben begegnen uns Menschen. Wir werfen einen Blick aus unserem Fenster, wir gehen auf der Straße spazieren und entdecken andere Menschen. Oberflächlich gedacht sind diese Menschen Dinge, die sich bewegen, Phänomene, die gleich den Gegenständen ein transphänomenales An-sich-Sein brauchen, um nicht in der Subjektivität aufzugehen. Kann ich aber von diesem Ansatz her je die Klippe des Solipsismus vermeiden? Es geht uns hier nicht um die ganze Entfaltung des Sartreschen Ansatzes, sondern lediglich um den Aufweis jener Grundlagen, die die Gottesfrage brennend machen. Bleibe ich nicht, solange ich den Anderen als Objekt betrachte, in der Einmaligkeit meines Für-sich-Seins eingeschlossen? Wenn das Cogito uns nur diese Dimension des Mitmenschen vermittelt, dann enthüllen sich im Denken zwar andere Gegenstände und ich selbst, aber niemals der Andere. Als Anderer, d. h. als ein Für-sich, wie ich es selbst bin, würde er nur *wahrscheinlich* sein; denn ich könnte durch ähnliche Reaktionen, durch verschiedene Verhaltensweisen begründet vermuten, auf Grund einer ins Unendliche gehenden Kongruenz, daß er so wie ich eine Subjektivität ist. [1] Damit wäre in unserem Sein der Andere keine neue, konstitutive Dimension meiner Existenz, sondern auf die der Gegenstände reduzierbar. Die Fremdexistenz wäre nur eine Wahrscheinlichkeit. Diese aber würde uns nie zur Gewißheit einer anderen Subjektivität führen; im Cogito wäre ich allein das Subjekt, von jedem anderen auf ewig so getrennt, daß ich die ursprüngliche Wirklichkeit des Anderen nie erfassen könnte. Nun sagen wir aber, wenn wir ein solches Objekt erfassen, es sei ein Mensch. Was wollen wir damit sagen, wenn wir von diesem Objekt behaupten, daß es ein Mensch sei? [2]

Zuerst ist festzuhalten, daß das Problem des Anderen von *meinem* Sein aus gestellt wird. „Der einzige sichere Ausgangspunkt ist die Innerweltlichkeit des Cogito." [3] In ihm muß das Sein des Anderen als Transzendenz gefunden werden. Um von der Existenz des Anderen Kunde zu erhalten, muß ich die objektivierende Erkenntnis überschreiten und ein grundlegendes Seinsverhältnis zwischen mir und dem Anderen eröffnen. „Meine Beziehung zum Anderen ist zunächst und von Grund aus ein Verhältnis zwischen Sein und Sein, nicht zwischen Erkennen und Erkennen." [4] Wenn die Bezeichnung eines Objekts als Mensch mehr als eine konkrete Tautologie sein will, muß ich damit ein „vorontologisches", freilich nur implizites Verständnis der Fremdexistenz haben, und dieses muß im Cogito grundgelegt sein, bzw. es muß mein Sein mitkonstituieren. [5] Und weist uns nicht tatsächlich der Objekt-Mensch schon — freilich nur mit Wahrscheinlichkeit — auf ein grundlegendes Ergreifen des Anderen hin, indem der Andere nicht mehr als Objekt verstanden wird, sondern „bei mir anwesend ist", und zwar als Person? Ist nicht die Bedingung dafür, daß ich dieses Objekt als Mensch (Für-sich-Sein) bezeichnen kann, eine grundlegende Verbindung mit dem Anderen, in der die Anwesenheit direkt gegeben ist? Wir selbst entdecken uns ja nur angesichts des Anderen. Mein Urteil über mich selbst ist stets durch den Anderen vermittelt, insofern er in Beziehung zu mir, mir eine Eigenschaft zuerkennt oder aberkennt. Bösartig, eifersüchtig, liebend usw. ist man nur durch die Vermittlung des Anderen, indem ich mit ihm verkoppelt bin. „Um irgendwelche Wahrheit über mich zu erfahren, muß ich durch den Anderen hindurchgehen. Der Andere ist meiner Existenz unentbehrlich, ebensosehr wie er der Erkenntnis, die ich von mir selbst habe, unentbehrlich ist. Unter diesen Bedingungen enthüllt mir die Entdeckung meines Innersten gleichzeitig den Anderen als eine mir gegenübergestellte Freiheit, die nur für mich oder gegen mich denkt, für oder gegen mich will. Somit entdecken wir sogleich eine Welt, die wir Inter-Subjektivität nennen wollen, und in dieser Welt entscheidet der Mensch, was er ist und was die anderen sind." [6] So ist der Andere die Bedingung meiner Existenz. Da ich im Urteil anderer lebe, ist der Andere sofort nicht mehr nur Objekt, sondern ein „Gruppierungszentrum", das mir entgeht. Indem ich mich durch den Anderen als alleiniges Zentrum verdrängt weiß, erkenne ich ihn schon als ein Subjekt an. Daß dies möglich ist, verrät eine vorgängige Beziehung, ein „Urverhältnis" zum Anderen, in welchem der Andere mir direkt als Bewußtseinssubjekt verbunden sein muß, so daß wir tatsächlich von einem *Sein-für-Andere* sprechen können. Von diesen Überlegungen her ist es nicht mehr möglich, zwischen Ich und Du so radikal zu trennen, daß man von zwei selbständigen Substanzen ausgehen könnte. Gewiß, Ich bin nicht Du, aber diese Differenz als Trennung zweier Subjekte hat die grundlegende Verbindung zur Voraussetzung, die die Anerkenntnis des Anderen als Subjekt ermöglicht. Schon an diesem Punkt muß klar darauf hingewiesen werden, daß Gott keineswegs die Mittlerrolle zwischen mir und dem Anderen übernehmen kann. Schon der Gedanke der Vermittlung setzt notwendig die Fremdexistenz voraus, die ja vermittelt werden soll. Philosophisch ist von daher ein Ansatz, wie ihn uns E. Troeltsch [7] und andere bieten, für Sartre unhaltbar. Nicht über Gott komme ich zum Anderen, sondern nur, wenn bei aller Differenz eine direkte Beziehung zum Nächsten gegeben ist. Noch weniger ist Gott die Zuflucht, um *in* ihm den Anderen zu erhalten. Hier stoßen wir nämlich nach Sartre auf den unhaltbaren Gedanken des Schöpfungsaktes Gottes, in dem ich und die Fremdexistenz aus seiner Hand hervorgegangen sind. Mein eigenes Dasein zerrinnt in dieser Hand wie Schnee an der Sonne, und die ganze Schöpfung versinkt — wie wir gesehen haben — letztlich in Gott. So kann Gott nicht als Bürge für das Dasein anderer gelten. [8] Durch den Gottesbegriff wird der Solipsismus nicht vermieden. Ja, Gott ist auch gar nicht notwendig, um die Existenz des Anderen aufzuweisen.

In der Tiefe meiner eigenen Existenz muß ich den Anderen selbst finden, der nicht Ich bin. Nicht Argumente, die den Glauben an den Anderen wecken, sind ausfindig zu machen, sondern in meiner immanenten Subjektivität muß das transzendente Subjekt anwesend sein.

Dieses Postulat allein verbürgt uns wirklich die Fremdexistenz. So nämlich bilde ich mit den Anderen eine Ganzheit, und diese sind nicht nur eine mir fremde Ansammlung. Dieser Totalität gegenüber gibt es aber keinen Standpunkt außerhalb ihrer, sondern ein Verhalten oder eine Aussage gegenüber dem Anderen impliziert mich selbst. So ist es deutlich, daß die Differenz zwischen Ich und Du keine rein äußere Negation ist wie: der Baum ist kein Auto, sondern eine innere Negation, durch die ich selbst angesichts des Anderen konstituiert werde, indem ich mich vom Anderen absetze. Die synthetische Verbindung mit dem Anderen ist aber bei dieser Verneinung die Voraussetzung, da es sonst zwischen Ich und Du keine wahre Beziehung geben könnte, nur eine rein äußerliche, die „obendrein" gegeben ist. Damit der Andere unmittelbar als Subjekt erfahren wird, damit wir also so etwas wie eine Erfahrung der Person des Anderen haben können, ist es notwendig, daß ich selbst durch diese Beziehung konstituiert bin, d. h. daß hier eine transzendentale Beziehung vorliegt und nicht nur eine prädikamentale. Diese Seinsbeziehung aber als Ganzheit einer synthetischen Personeneinheit hat faktisch die Struktur einer detotalisierten Totalität, d. h. die Voraussetzung dieser Beziehung ist andererseits die *Nichtidentität* bzw. die Differenz zwischen Ich und Du. [9] Mit anderen Worten: Damit diese transzendentale Beziehung, durch die ich in Anwesenheit des Anderen bin, eine Relation ist, ist das Trennungs-Nichts notwendig, durch das Ich *nicht* Du bin. Dieses Nichts ist „als Ur-Abwesenheit von Beziehung ursprünglich die Grundlage jeder Beziehung zwischen dem Fremden und mir" [10].

DIE ENTDECKUNG DES DU ALS SUBJEKT (DER BLICK)

Diese abstrakten Behauptungen bedürfen nun der Verifikation. Welche Erfahrung läßt den Anderen als Subjekt auftauchen, durch das ich unmittelbar betroffen bin? Das präreflexive Cogito offenbart uns die Fremdexistenz im *Blick* und im dazugehörigen *Schamgefühl*. Beides sind Bewußtseinsphänomene, die nicht nur zur mythischen Verhaltensweise gehören, insofern diese ein „reines Gefühl" besagt, sondern das Verstehen einschließen bzw. eine Weise des Sich-selbst-Verstehens vor dem Anderen sind.

Ich stehe z. B. am Fenster und betrachte jemanden, der in die Lektüre eines Buches vertieft ist. Zwar weiß ich nicht, was er liest und welche Gedanken ihn dabei bewegen, aber dieser Komplex ist von seiner Außenseite her als Objekt fest in meinen Händen. Da plötzlich blickt er auf. Es durchzuckt mich, ich werde gesehen. Mein Erblicken wird gestört, ich schäme mich, daß ich ihn ruhig (wie einen Gegenstand) betrachtet habe, und trete schnell vom Fenster zurück. Was ist da geschehen? Die objektive Betrachtungsweise wird durchkreuzt, ich erfahre unmittelbar, daß der Andere mich ebenso anblicken kann wie ich ihn, d. h. ich verstehe den Anderen als Subjekt. Indem ich selbst für den Anderen Objekt werde, erfasse ich die Anwesenheit des Anderen als Subjektsein. [11] Kein anderer „Gegenstand" bringt dies fertig, mich zu objektivieren; nur der Mensch, den ich durch meine eigene Vergegenständlichung hindurch als Subjekt erfahre. Die Wahrheit, daß ich den Anderen als Subjektivität erkenne, liegt in der Erfahrung, vom Anderen gesehen zu werden. Dies ist ein „irreduzibles Faktum" [12], das ich nicht in den Objekt-Anderen auflösen kann, vielmehr ist es die Bedingung für meine Vergegenständlichung. Aber auch auf mein Für-sich-Sein kann der Andere nicht zurückgeführt werden, da das „Erblicktwerden" ein inneres Ausfließen meines Seins bewirkt. Der Blick des Anderen trifft mich in meinem Sein. Der Andere nimmt mir meinen Raum weg, dringt in diesen ein. Er bohrt ein Loch in meine Welt, durch das er mich mit den Blicken aussaugt. Erfahre ich mich als ungeschützt, werde ich in einer Situation vom Blick des Anderen überrascht, die mir unangenehm ist, weil sie mich von einer Seite zeigt, die ich vor dem Anderen verbergen wollte, dann schäme ich mich. Ich bin verletzlich vor dem Anderen. *Vor* der Reflexion bin ich vom Anderen getroffen, und diese Erfahrung ist die Urstruktur des „Sich-schämens vor jemandem" [13]. Die Scham ist das präreflexive Geständnis, daß ich dieses Ausfließen auf den Anderen hin durch den Anderen *bin*. So *entfremdet* mich (mir selbst) der Andere in meinem Sein. Ich habe Bewußtsein (von) mir, insofern es Objekt für den Anderen ist. Mein Sein wird vom Anderen affiziert, insofern es mir entgeht. Es entgeht mir aber nicht, weil ich die Grundlage meines eigenen Nichts bin, sondern „insoweit ich meine Grundlage außerhalb meiner selbst habe" [14]. So ist mein Sein-für-mich angesichts des Anderen reine Verweisung auf den Anderen. Der Andere, auf den mein Sein bezogen wird, entfremdet mich, und ich beginne in einer Welt zu existieren, die nicht Ich bin. Beziehung und Abwesenheit charakterisieren mein Verhältnis zum Anderen. Ich bin dieses Sein, das mir in Richtung auf den Anderen entflieht. Ich bin „draußen", und der Andere ist die Transzendenz, die ich nicht einholen kann. Der Andere lehrt mich so, was ich bin; und vom Anderen her werde ich „existiert". Was heißt dies anderes, als daß ich von meinem eigenen Sein getrennt bin. Nicht nur so, wie es die Struktur des Bewußtseins besagt, daß ich stets das Mir-Fremde einbeziehe (wie wir gesehen haben), sondern insofern ich einbezogen werde, ich also in einer anderen Subjektivität zu existieren beginne, mir selbst entfremdet. Diese Entfremdung kann ich selbst nie leisten, sondern nur die Fremdexistenz. Ich blute unaufhörlich aus. Der Andere setzt so meiner Freiheit eine absolute Grenze, die ich nicht übersteigen kann, in der der Fremde über mich verfügt. Ich erfahre so in dieser Beziehung (in dieser Totalität), daß der Andere nicht Ich ist. Dies erfasse ich durch die Entfremdung meines Seins. Der Andere ist das, „was nicht ich ist" [15]. Die Bezogenheit auf den Anderen wird durch eine Negation konstituiert, die die Struktur des „Fremd-Seins" ausmacht. Die Abwesenheit des Seins ist für die zwischenmenschliche Beziehung entscheidend. Das Du ist *nicht* das Ich. Diese Aussage hat, wie gezeigt, nur als innere Negation (einer Totalität) Sinn, insofern das Du und das Ich jeweils das Sein des Anderen einbezieht, dadurch aber nicht zur Identität gelangt, sondern gerade entfremdet, bzw. die Differenz gründet, die in dem Satz „Ich bin *nicht* Du" angegeben wird. Dieses „nicht" zeigt ein Nichts als gegebenes Element zwischen mir und dem Du an, das uns fortwährend trennt und gegenseitig entfremdet. „Zwischen dem Fremden und mir gibt es ein Trennungsnichts." [16] Für die Beziehung von Du und Ich ist also nicht nur das Einbeziehen des Fremd-Seins charakteristisch, sondern auch die spontane und vornumerische Negation; durch das Wort „Fremd-Sein" ist dieses Nichts schon ursprünglich angedeutet. Würde die Entfremdung aufgelöst, würde zugleich das Du mit dieser verschwinden; denn nur in der detotalisierten Totalität hält sich die Inter-Subjektivität. Zugleich bejahe ich, indem ich das Du Du sein lasse, die Grenze meiner Subjektivität und damit meiner Freiheit. Das Nichts nämlich, das mein Sein von mir trennt, ist die Freiheit des Anderen, die mich begrenzt. Mein Sein liegt in den Händen der unberechenbaren Freiheit des Du; so ist dieses der Tod meiner Möglichkeiten, bzw. ich bin diese Möglichkeiten, die der Andere mir entfremdet. [17]

Könnte diese Trennwand des Nichts niedergerissen werden, erhielte ich mein Sein-für-Andere begründet durch das Du wieder, und mein Sein erhielte Sinn. Dies wäre möglich, wenn in einer dauernden Schöpfung Gott zu uns eine Beziehung unterhielte und wir durch ihn bis auf den Grund unseres Daseins gelichtet würden. Die Unmöglichkeit dieses Gedankens haben wir schon wiederholt gesehen. [18] So wird meiner Seinsflucht auf den Anderen hin kein Einhalt durch eine dritte Größe geboten. Sicher, es ist richtig, daß auch ich das Du in mein Sein einbeziehen kann, daß auch ich durch meinen Blick den Anderen vergegenständliche und so auch von mir her ein ständiges Objektivieren auf Grund der Subjektivität geschieht, aber dies alles kann nicht darüber hinwegtäuschen, daß mein Sein-für-Andere stets im Anderen ist, der nicht ich bin. So ist im Grunde meine Beziehung zum Anderen durch den Widerspruch gekennzeichnet, der mich auf Kollisionskurs bringt. Festgeklebt im Du, bin ich doch von diesem getrennt, ohne dies „Nichts" je überschreiten zu können. So widerspricht Sartre Heidegger: „Das Wesen der Beziehungen zwischen Bewußtseinsindividuen ist nicht das Mitsein, sondern der Konflikt." [19] Der Andere als Fremder ist die Voraussetzung, daß ein „Mitsein", ein personales „Wir" überhaupt erst möglich wird. „Das Sein-für-den-Anderen (hier im Sinne der Entfremdung) geht dem Sein-mit-dem-Anderen voraus und begründet es." [20] „L'être-pour-l'autre précède et fonde l'être-avec (Mitsein)-l'autre." [21] Mein Außer-mir-Sein auf den Anderen hin, d. h. meine Transzendenz, überschreitet der Andere, d. h. er transzendiert sie, und so bin ich im Anderen die genichtete Möglichkeit. So ist die Existenz des Anderen, der ich unmittelbar in meinem Sein gewiß bin, mein Sturz ins Leere oder, biblisch gesprochen, „mein eigentlicher Sündenfall" [22]. Weil ich so in die Welt (des Du) gefallen bin, weil ich wesentlich der Vermittlung des Anderen bedarf, um zu sein, was ich bin, darum „schäme" ich mich vor dem Du, erfahre an mir den Sündenfall (ohne besondere Fehler begangen zu haben). Durch den Blick des Anderen erfahre ich ein „Jenseits" meiner Welt, und ich versuche, mich dem Anderen zu entziehen; denn er setzt ja meinem Sein (meiner Freiheit) die Grenze, er ist die Grundlage meines Seins (für-Andere), obwohl es mir doch darum geht, in ihm die Begründung meines Seins zu erhalten und durch den Anderen identisch zu werden. So werde ich durch den Anderen von neuem *überzählig,* und dies erfahre ich als Schuld. „Angesichts des Anderen bin ich schuldig. Schuldig zunächst, wenn ich unter seinem Blick meine Entfremdung empfinde und meine Nacktheit als meinen Verlust, den ich auf mich nehmen muß; das ist der Sinn des berühmten: ‚Sie erkannten, daß sie nackt waren' der Heiligen Schrift. Schuldig ferner, wenn ich meinerseits den Anderen anblicke, weil ich ihn auf Grund meiner Selbstbejahung als Gegenstand und Werkzeug konstituiere und weil ich ihm jene Entfremdung zukommen lasse, die er auf sich nehmen muß. So ist die Erbsünde mein Auftauchen in einer Welt, wo es den Anderen gibt, und welches auch meine sonstigen Verbindungen mit dem Anderen sein mögen, sie sind nur Variationen über das Originalthema meiner Schuld." [23] So verstrickt mich die Beziehung zum Du, mein Sein-für-Andere (le pour-autrui) noch tiefer als das An-sich- und das Für-sich-Sein (wie ich es allein bin) in die Absurdität des Daseins. An den Anderen gekettet, ohne je von ihm loszukommen, ohne aber auch je mit ihm ganz eins zu sein, existiere ich mich mit dem Anderen als zerbrochene Ganzheit. [24] Wie immer ich mich unter dem Blick des Anderen fühle, ob geborgen oder verlassen, immer trennt uns „Nichts", immer ist das Du ein Fremd-zentrum, und durch seinen Blick wird meine Welt *entweltlicht.* Nicht nur das An-sich verweigert mir die Grundlage meiner selbst, sondern noch viel mehr ist meine Existenz, insofern sie in Begegnung steht, extrapoliert, d. h. ich erfahre meine Grundlage als Für-mich-Sein nochmals außerhalb meiner selbst. Die Objekt-Subjekt-Spaltung durchzieht meine Bezogenheit auf den Anderen. Mein Sein, das ich vom Anderen zurückfordere, werde ich nie heimholen. Das „Nicht-Du-Sein" schließt jede wirkliche Einigung aus. Wo ich bin, kann nicht der Andere sein. Dies gilt nicht nur im sekundären Bereich, räumlich, primär ist es das Verhalten vom Für-sich zum anderen Für-sich. In dem Augenblick, wo ich für den Anderen Objekt bin, ist er das Subjekt, das mich in seine Welt aufnimmt. Erwacht mein Blick, so erstarrt der Andere zum Objekt und ich bin das Subjekt. Bin ich also Subjekt, ist der Andere Objekt und umgekehrt. Nie ist es möglich, daß wir zugleich und in derselben Hinsicht zwei Subjektivitäten sind. So ist echte Identifikation ausgeschlossen, und alle menschliche Beziehung durch den „Sündenfall" verderbt. Die zwischenmenschliche Beziehung, die durch das Trennungsnichts gespalten ist, offenbart uns geradezu die Gott-losigkeit dieser menschlichen Verbindung, dieses Seins-für-Andere, das ich als Für-sich im Angesicht des Anderen bin.

GOTT ALS REINES SUBJEKT (ALLGEGENWART)

Eröffnet uns aber dieses Scheitern, das im menschlichen Sein angelegt ist, nicht den Ausblick auf ein anderes Sein, das über diese gebrochene Beziehung hinausweist auf ein *reines Subjekt* (das nicht wieder im Zirkel des Objekt-Subjekt-Schemas aufgeht)? Wenn wir die Analyse des Blicks voll ausschöpfen, dann merken wir, daß in ihm der Andere unmittelbar gegenwärtig ist (d. h. für das Cogito unbezweifelbar); er wird als eine Transzendenz, die nicht die meine ist, erfahren. Diese ist aber nicht nur vom Augenblick abhängig, sondern der Blick wird so grundlegend als eine ständige Möglichkeit erfaßt; denn ich existiere ja stets mein Sein-für-Andere. So wird diese ungreifbare Transzendenz des Anderen zur *Allgegenwart,* der keine Grenze eigen ist. Wenn ich nun vom Konkreten dieser Erfahrung abstrahiere, wenn ich die Gegenwart des Anderen rein *formal* fasse, dann gelange ich zum Begriff des unendlichen Subjekts, das niemals Objekt wird. Diese vornumerische Gegenwart des Subjekts, die konkret erfahren wird, heißt das „ M a n". „Ununterbrochen, wo ich auch sein mag, sieht m a n mich an. M a n wird *niemals* als *Objekt* ergriffen, es löst sich augenblicklich auf." [25] Wenn ich nun dieses „Man" als Subjekt begreife, dann verewige ich in diesem Bereich mein Objekt-Sein, und ich muß „vor Scham versinken" — vor diesem Blick bin ich stets nackt. „Es ist die Scham vor Gott, d. h. die Anerkennung meiner Gegenständlichkeit vor einem Subjekt, das niemals Objekt werden kann; zugleich realisiere ich meine Gegenständlichkeit im Absoluten und hypostasiere sie: Die Setzung Gottes ist von einer Verdinglichung meiner Objektheit begleitet; mehr noch, ich setze mein Für-Gott-Objekt-Sein als realer als mein Für-sich; ich existiere mir entfremdet, und ich lasse mich von meinem Draußen darüber unterrichten, was ich sein soll.

Das ist der Ursprung der Furcht vor Gott." [26] Wir erinnern uns an Sartres Jugenderlebnis, in dem er den „Blick Gottes", der seine Schwächen aufdeckt, als feindlich empfunden hat. Vor diesem „Auge Gottes" würde ich also eine radikale Entfremdung erleiden, ich würde ins Unendliche abfließen. Ich hätte keine Waffe mehr wie gegen den Anderen, der durch meinen Blick objektiviert werden kann, ich wäre wehrlos ausgeliefert, und alle Versuche, diesem Gott (als hypostasiertes Man) zu entfliehen, müßten scheitern. „Die schwarzen Messen, die Entweihungen von Hostien, die Versammlungen unter dem Zeichen des Teufels sind lauter Bemühungen, dem absoluten Subjekt den Charakter eines Objekts beizulegen. Indem ich das Böse um des Bösen willen will, versuche ich, die göttliche Transzendenz — deren eigentliche Möglichkeit das Gute ist — als eine bloß gegebene Transzendenz, die ich auf das Böse hin transzendiere, zu betrachten. Also beleidige ich Gott, ich erzürne ihn usw. Diese Versuche, die sich in die absolute *Anerkennung* Gottes als eines Subjektes einschließen, das nicht Objekt sein kann, tragen ihren Widerspruch in sich und befinden sich in einem fortwährenden Scheitern." [27] So sind wir bei den Überlegungen über das Sein-für-Andere wieder auf einen Gottesbegriff gestoßen. Gott wird hier als allgegenwärtiges, unendliches, reines Subjekt verstanden, für das ich existiere. [28] Er ist so der genaue Gegenbegriff zum Toten, der fortwährendes Objekt ist, ohne jemals Subjekt zu werden; daher auch die Verwendung des Begriffes „L e b e n" für Gott. [29] Er ist so der absolut Andere, insofern der Begriff des Anderen bis an seine Grenze getrieben ist und als Grenzbegriff real gesetzt wird. Gott ist so der Grenzbegriff der zwischenmenschlichen Erfahrung. Als absolut Anderer ist er zugleich der *ganz Andere* (vgl. K. Barth!). Dieser Begriff ist aber als Realität nicht erfahrbar, vielmehr ist er die Hypostase des anonymen Menschseins im allgemeinen (des „Man"). Als Grenzbegriff kommt ihm nur ein ideelles Sein zu. Die Destruktion des Menschen durch ein absolutes Subjekt, auf das hin er ununterbrochen ausblutet, zeigt die Unmöglichkeit einer solchen *Existenz* an. Auf jeden Fall ist sie durch keine reale Erfahrung belegbar. Niemand blickt den Menschen vom „Himmel" her an.

Wenn unsere menschliche Situation uns auch angesichts des

menschlichen Du keine Hoffnung auf ein erfülltes Dasein schenkt, dann wird die Frage brennend: Warum existiert der Andere überhaupt?

DIE GRUNDLOSIGKEIT DER EXISTENZ DES ANDEREN

„Die Existenz des Anderen ist, wie wir gesehen haben, keine Folge, die sich aus der ontologischen Struktur des Für-sich ergeben könnte. Sicher ist es ein *Urereignis,* aber von metaphysischem Range, d. h. es gehört zur *Kontingenz des Seins.*" [30] Die Frage hat also wiederum nur den Sinn, uns auf die irreduzible Kontingenz zu stoßen, der keine Metaphysik ausweichen kann. Jede Metaphysik muß mit der Feststellung enden: Dieses *ist!* Sie kann zwar berechtigt über die Ontologie, die die Erklärung der Struktur des Daseins in seiner Ganzheit ist, hinausfragen und vielleicht die Existenz des Anderen auf eine noch grundlegendere Kontingenz zurückführen, die in Zukunft zur Sprache kommen kann, aber wesentliche Veränderungen (gesellschaftlicher, gnoseologischer und seinsmäßiger Art) voraussetzt. [31] Heute müssen wir festhalten, daß ich selbst und die Existenz des Anderen, die genauso unbegründet ist wie meine, Strukturen „ein und derselben Seinsganzheit" [32] sind. Das Nichts, wie gesagt, stellt die Verneinung dieser synthetischen Ganzheit dar, so daß die Faktizität der Vielheit nicht weiter zurückführbar ist. Die vielen Menschen sind *nicht* im Hinblick auf *einen* verstehbar. Sie sind ein irreduzibles Faktum. Zudem ist es nicht möglich, diese detotalisierte Totalität, diese zerbrochene Ganzheit als Ganze in den Griff zu bekommen; denn dies würde einen Standpunkt jenseits dieser Ganzheit voraussetzen. Ich selbst aber existiere nur auf der Grundlage dieser Totalität. Daher hat es keinen Sinn zu fragen, warum Andere da sind. „Kein Bewußtsein, sei es selbst das göttliche, kann ‚die Rückseite' sehen, d. h. die Ganzheit als solche erfassen. Denn wenn Gott Bewußtsein ist, bildet er mit der Ganzheit ein Ganzes. Und wenn er auf Grund seines Wesens ein Sein über das Bewußtsein hinaus ist, d. h. ein An-sich, das die Grundlage seiner selbst ist (ens causa sui), kann die Ganzheit ihm nur als ein Objekt erscheinen, — dann verfehlt er ihre innere Auflösung als das objektive Bemühen, sich selbst als Subjekt wiederzuerfassen, dann kann er aber, da er dieses Subjekt nicht ist, es nicht erfahren, ohne es zu erkennen. Also ist über der Ganzheit kein Standpunkt verstehbar: Die Ganzheit hat keine ‚Außenseite‘, und die Frage nach ihrer ‚Rückseite‘ ist bedeutungslos.‘‘ [33] Natürlich *in* dieser Ganzheit wird mein Für-Andere-Sein durch das absolute Sein (Gott) heimgesucht, das die Synthese von meinem und des Anderen „Sein-für-Andere wäre, d. h. daß es es selbst wäre, insoweit es ein Anderes ist, und ein Anderes, insoweit es es selbst ist, und das, indem es sich sein Selbst-Sein als ein Anderes und sein Anders-Sein als sein Selbst frei gegeben sein läßt, das Sein des ontologischen Beweises selbst wäre, d. h. Gott" [34]. Dieses Ideal (wie wir es beim Für-sich gesehen haben) kann nicht verwirklicht werden. Die zwischenmenschliche Beziehung ermöglicht es uns nicht, „Gott zu werden". Die Einheit mit dem Anderen, die dieses Gottsein begründete, ist de facto und de iure ausgeschlossen; denn durch diese vollständige Ganzheit würde der Andersheitscharakter des Anderen ausgelöscht. Das „Wir" von Ich und Du können wir nur in der Gebrochenheit sprechen, und die Menschheit als eine ungebrochene Totalität kann nur durch einen Dritten, der außerhalb ihrer steht, verwirklicht werden. Dies ist aber genauso widersprüchlich wie das Bemühen um die Einheit von Ich und Du. Um den Zusammenhang zwischen der Menschheit und der Gottesidee nochmals zu klären, ist zu sagen: „Dieses Bemühen um eine Zurückgewinnung der menschlichen Ganzheit kann nicht stattfinden, ohne die Existenz eines Dritten zu setzen, der sich grundsätzlich von der Menschheit unterscheidet und in dessen Augen sie ganz und gar Objekt ist. Dieser *nicht* zu verwirklichende Dritte ist einfach der Gegenstand des Grenzbegriffs der Andersheit. Es ist das, was Drittes ist in bezug auf alle möglichen Gruppierungen, was in keinem Fall mit irgendeiner menschlichen Gruppe eine Gemeinschaft bilden kann, es ist das Dritte, mit Bezug auf welches kein Anderer sich als Dritter konstituieren kann; dieser Begriff fällt zusammen mit dem des Erblicken-Seins, das niemals erblickt werden kann, d. h. mit der Gottesidee. Aber da Gott als etwas rein Abwesendes zu kennzeichnen ist, so wird die Anstrengung, die Menschheit als die unsrige zu verwirklichen, unablässig wiederholt und endet unablässig bei einem Mißerfolg. So stellt sich das Menschheits-‚Wir' — soweit es Objekt-Wir ist — jedem individuellen Bewußtsein als ein unmöglich zu erreichendes Ideal dar, wenn sich auch jeder der Täuschung hingibt, er könne zu ihm gelangen, indem er Schritt für Schritt den Kreis der Gemeinschaften, denen er angehört, erweitert; dieses Menschheits-‚Wir' bleibt ein inhaltsloser Begriff, eine bloße Anzeige einer möglichen Ausdehnung des gewöhnlichen Gebrauches von Wir. Jedesmal, wenn wir das ‚Wir' in diesem Sinne benutzen (um die leidende Menschheit ... zu bezeichnen, um einen objektiven Sinn der Geschichte zu bestimmen ...), beschränken wir uns darauf, eine gewisse konkrete Erfahrung anzuzeigen, die in Gegenwart des absoluten Dritten, d. h. Gott, erduldet werden muß. So beinhalten sich der Grenzbegriff einer *Menschheit* (als Ganzheit des Objekt-Wir) und der *Gottes* gegenseitig und sind zueinander *korrelativ*." [35]

ZUSAMMENFASSUNG

1. Indem wir im Cogito die Fremdexistenz entdeckt hatten, haben wir gesehen, daß ein Gott uns nicht vor dem Solipsismus retten kann, wenn zwischen mir und dem Du nicht eine unmittelbare Seinsbeziehung besteht. Gott darf sich also nicht zwischen mich und den Anderen drängen, da sonst der Andere nie wirklich erfahren werden kann.
2. Auch die Möglichkeit einer ununterbrochenen Schöpfung Gottes, in der er als Dritter zu mir und zum Anderen eine reale Beziehung unterhält und die Einheit beider schafft, ist von der Blickanalyse und dem Schöpfungsgedanken her unmöglich.
3. Wohl aber haben wir in der Beziehung der Menschen untereinander ein Denkmodell entwickelt, in dem Gott das *reine, unendliche, allgegenwärtige* Subjekt ist. Er ist das hypostasierte „Man", der absolut Andere bzw. *ganz Andere* als Grenzbegriff. So ist er stets korrelativ zum Begriff der Menschheit.
4. Insofern Gott Bewußtsein ist, gehört er *in* diese Ganzheit der Menschheit, aber als absolutes Subjekt steht er zugleich der Menschheit (als Objekt) gegenüber.
5. Zugleich ist Gott das Ideal der Identität von Ich und Du, die nie verwirklicht werden kann.

6. So können wir in der Inter-Subjektivität keine *reale* Erfahrung Gottes machen. Die zwischenmenschliche Beziehung bleibt gottlos, auch dann, wenn Gott sie als Ideal und ständiger Grenzbegriff begleitet.

Bevor wir die Gemeinschaftsstrukturen des „Wir" noch näher untersuchen und für die Gesellschaft in ihrer Geschichtlichkeit die Gottesfrage stellen, sind diese allgemeinen Ausführungen über Ich und Du an einem konkreten Beispiel zu verdeutlichen. Denn gegen Sartres Blick-Theorie läßt sich doch sofort einwenden, daß es doch auch ganz andere Verhaltensweisen gibt als den „aussaugenden Blick"! Es gibt doch den Blick der Liebe, und in ihr gibt es doch Geborgenheit und Glück. Ist die Liebe nicht über alle Gebrochenheit hinaus ein ϑεῖον, in dem Gott erkannt werden kann? Und ist Gott nicht die Liebe?

AUCH DIE LIEBE ZEUGT NICHT VON GOTT

Wenn Gott ein Dritter ist, der die Liebesbeziehung beobachten kann, dann gefährdet, ja zerstört er nach Sartre nur die Liebe. Er wäre dann das jenseitige Subjekt, das der Liebe wie ein Vampir ihr Blut aussaugt. Im Drama „Der Teufel und der liebe Gott" wollen die beiden Hauptdarsteller Götz und Hilda in ihrer Liebe zueinander die Vereinzelung und Trennung aufheben, aber Gott gefährdet sie: „Soll ich mit dir schlafen unter Gottes Augen? Nein. Ich mag solche Teilhaberschaft nicht. Wüßte ich eine Nacht, die tief genug wäre, uns zu verbergen vor seinem Blick . . ." Und Hilda antwortet Götz: „Die Liebe ist diese Nacht: die, die sich lieben, sieht Gott nicht mehr." [36] In der Liebe stört nach Sartre jede dritte Existenz. Ist aber nicht in der Beziehung von Ich und Du etwas, was beide über die Kontingenz und Zufälligkeit der Existenz hinaushebt und in Gottes Nähe bringt? Wird nicht beiden in der liebenden Einheit die Grundlage der Existenz geschenkt? Ereignet sich Gott in der Liebe selbst, ohne ein Dritter zu sein? Dann wäre doch zumindest, solange die Liebe währt, die Fraglichkeit der Existenz aufgehoben, und der Mensch würde in seiner Existenz sinnvoll. Was geschieht aber nach Sartre in der Liebe selbst? Wir haben gesehen: das Verhältnis zu einem Menschen ist wesentlich anders bestimmt als zum An-sich, zur Natur, zu einem Stein, Baum oder Tier. Der Natur trete ich als Subjekt gegenüber, und nie hat sie die Gewalt, mich zu objektivieren. Durch den Blick und die Scham erfahre ich aber jemand, der die gleiche Gewalt hat wie ich, nämlich „Objekte" zu schaffen. Der Andere ist Subjekt. Wodurch aber hat er diese Macht? Genau durch das, was ihn vom An-sich-Sein (Stein, Pflanze, Tier) unterscheidet, d. h. durch das Für-sich, durch die Freiheit, die er ist. Die Freiheit des Anderen ist es, die mich vergegenständlichen kann, die mich durch den Blick ergreift und zu einem An-sich-Objekt erstarren läßt. Durch die Freiheit des Anderen wird meine Freiheit, soweit als möglich, vom An-sich wiederergriffen. Der Andere begrenzt sie. Für den Anderen bin ich unabänderlich das, was ich bin, und auch meine Freiheit ist darin eingeschlossen. Der Andere hat daher den Sinn meines Seins in den Händen, der mir, insofern er im Wissen des Anderen Existenz ist, verschlossen bleibt. Würde ich nun den Subjekt-Anderen, d. h. ihn als Freiheit erlangen, ohne seine Freiheit dadurch zu zerstören — denn nur als Freiheit ist der Andere die Begründung meines Seins —, dann würde die Freiheit des Anderen die Grundlage meines Seins werden, insofern ich sie in mich aufgenommen habe. Ich wäre ganz bejaht, und das Du würde sich mir ganz schenken. Die Grundlage meiner Existenz würde in mir gegenwärtig werden, d. h. was Gott genannt wird, würde sich im Liebesgeschehen ereignen. [37]

Das Liebesgeschehen entsteht also aus dem Verlangen, meine Kontingenz durch den Anderen *begründet* wiederzuerlangen. Getrennt vom Anderen (durch das „Nichts", das mein Sein gleichsam in zwei Teile spaltet) und doch in tiefster Seinsbeziehung mit ihm, erwächst die Liebe und mit der Liebe ihr Ideal, das Trennungsnichts aufzuheben, vollständig eins zu werden und doch die Individualität zu bewahren. Genau das „ist das Ideal der Liebe, ihr Beweggrund und ihr Ziel, ihr eigentlicher Wert" [38]. Sartre wird nicht müde, den Wunsch der Liebe zu wiederholen, der sich anfangs darin ausdrückt: „Ich werde, wenn Du mit mir sprichst" [39], und in dem Ziel gipfelt: „Ich bin Du!" [40] Aber es bleibt ewig nur ein Ideal, denn unsere Kontingenz ist unüberwindlich. Die Liebe kontingenter Wesen trägt notwendig den

Todeskeim in sich. Warum? Die Liebe mag einem glücklichen Lächeln gleichen, nach dem sich alle Menschen sehnen. Aber was ersehnen sie wirklich? Der Liebende will wieder geliebt werden. Die Liebe will keineswegs den bloßen physischen Besitz des Geliebten, sondern sie will auf die Freiheit des Anderen einwirken, sie will das „Herz" d. h. die Freiheit des geliebten Wesens. Also nicht den Leib will die Liebe sich aneignen, sondern durch alle Zeichen des Gebens und Schenkens hindurch soll die Subjektivität des Du erschlossen werden, soll die Person des Anderen sich ganz öffnen. Nicht jedoch so, daß sich die Freiheit in einen Determinismus verwandelt und das geliebte Wesen einfach sklavische und bewußtlose Leidenschaft wird. Die vollkommene Unterwerfung des Geliebten tötet die Liebe der Liebenden. Tristan und Isolde, die durch den Liebestrunk sklavisch aneinander gekettet sind, bedeuten eigentlich die Zerstörung echter Liebe. Ebenso ist es ein Schlag ins Gesicht des Liebenden, wenn er hören muß: Ich liebe dich, weil ich mich freiwillig dazu verpflichtet habe. Nein, die Liebenden wollen, daß jeweils der Andere sich selbst in Freiheit dazu bestimmt, Liebe zu werden. So trachtet der Liebende danach, für den Geliebten „alles in der Welt" zu werden. Er will für den Geliebten die Welt versinnbildlichen, er will Objekt sein, in das sich hinein die Freiheit des Anderen verliert und ihn so begründet. „Die Liebe des Anderen ist Fundament und Garantie der Objektivität des Wertes." [41] Der Liebende muß so den Geliebten verführen, sich als „bezaubernd" darzustellen. Er will ein absolut Erwählter sein. Verdinglicht heißt dies: Gott hat uns füreinander geschaffen. Wohl bezieht sich dies zugleich auf eine grundlegende Wahl, in der der Andere mich zur absoluten Grenze der Freiheit gewählt hat. So kann er dann Sätze sprechen wie: „Ich würde für dich alles tun, ich würde für dich sogar töten." Ich bin so der absolute Beziehungspunkt, aus dem alle Werte herausfließen, ich werde so durch die Liebe der absolute Wert, die „unüberschreitbare Grenze". In diesem Geschehen setzt das Du mich als absolute Wirklichkeit (als göttlich). Das alles ist aber nur möglich, wenn sich eben die Freiheit des Anderen dafür hingibt, sich in die Liebe zu verwandeln, sich zu fesseln, und mich im Angesichte des eigenen Nichts als Seinsfülle konstituiert. [42] So zieht sich der

Andere für mich geistig (und körperlich) völlig nackt aus, um ganz genommen zu werden. Das Sein des Anderen bekommt so seinen einzigen Zweck durch mich, d. h. der Andere wählt, so zu sein, um meine Objektheit, um meine Faktizität zu begründen. [43] Die Absurdität meiner Existenz verschwindet dadurch, sie wird mit Sinn erfüllt. Ich bin in meiner Existenz durch den Anderen gerechtfertigt und höre auf, in meinem Sein „überflüssig" (de trop), „zu viel" zu sein. Ich bin nicht mehr „unnütz", sondern werde für den Anderen „absolut notwendig". So verschenkt sich die Existenz des Anderen an mich, und ich verliere mich im Du, das mich durch seine Freiheit begründet. Die Liebe erfüllt uns daher mit Freude. Und tatsächlich: „Wenn wir das ganze System in unser Inneres verlegen könnten, wären wir die Begründung von uns selbst." [44] Wäre dieses Geschehen die Aufhebung der Trennung (des Nichts), würde sie überwunden, dann wäre Gott in dieser Beziehung Wirklichkeit und das Ideal der Liebe erreicht: Ich wäre Du und bliebe doch Ich. Aber wir bleiben in alle Ewigkeit getrennt. Nicht nur, daß das Ideal in sich widersprüchlich ist, sondern zugleich wird ja verlangt, daß der Andere genau das gleiche Bemühen an den Tag legt; denn sonst liebt er ja nicht. „So will im Liebespaar jeder das Objekt sein, um deswillen die Freiheit des Anderen sich in einer Ur-Intuition (Ideal) entfremdet ... jeder will, daß der Andere ihn liebt, ohne sich darüber klarzuwerden, daß lieben heißt: geliebt sein wollen." [45] So ist die Liebe ein widerspruchsvolles Bemühen, und statt daß die Verneinung überwunden wird, wird sie nur vertieft. So wird die anfängliche Freude der Liebe in die ewige Unbefriedigtheit der Liebe getaucht; denn die unmittelbare liebende Erkenntnis bleibt das unerreichbare Ideal der Liebe. Ich bleibe in meiner Existenz ohne Rechtfertigung. Gott ist in der Liebe nicht gegenwärtig. Die Liebe ist in alle Ewigkeit zum Scheitern verurteilt. In der Filmszenerie „Das Spiel ist aus" dürfen die Toten ein neues Leben beginnen: „Wenn es ihnen gelingt, sich in vollem Vertrauen und mit allen Kräften ... zu lieben, haben sie ein Anrecht auf ein vollständiges menschliches Leben." [46] Zuerst hat es den Anschein, als gelänge es ihnen nach der Rückkehr auf die Erde, aber (in der Verflochtenheit mit der Gesellschaft) ist das Ideal unmöglich, sie scheitern und kehren ins vollständig sinnlose Jenseits zurück. Das Ungenügen am Geliebten wird natürlich auch nicht dadurch beseitigt, indem ich glaube, daß der *eine* „mir nichts mehr bieten könne und eine Vielzahl anstrebe". Auch die Wahl, Gott meine ganze Liebe zuzuwenden, Gott, der ja aus seinem Begriff heraus das Sein, die absolute Wahl und der absolute Wert ist, läßt mich nicht ans Ziel kommen. Denn abgesehen davon, daß nichts von seiner realen Existenz zeugt, ist er nur der „Übergang zur Grenze" [47] bzw. ein Grenzbegriff für den Anderen, wie wir gesehen haben.

Dieses Scheitern der Liebe in sich aber ist nicht ihre einzige Gefahr. Das Du als solches ist stets gefahrvoll, weil es jederzeit aus dem Liebesgeschehen ausbrechen und jederzeit mich zu einem reinen Objekt degradieren kann (das ich ja dann als Ganzer bin, genauso wie als Subjekt). Dazu kommt noch, daß jederzeit eine dritte Fremdexistenz durch ihren Blick die Liebenden aussaugen und ihr Sein ausbluten lassen kann. Daher der Wunsch der Liebenden nach Dunkelheit und nach Abgeschiedenheit. Sie wollen „allein auf der Welt" sein.

Eine dreifache Vernichtbarkeit ist also der Liebe eigen:
1. Sie setzt sich ein Ideal, das nie verwirklicht werden kann; denn die zwei getrennten Subjekte können nie eins werden — auch nicht in der Liebe. Jeder muß in ihr das gleiche wollen: geliebt werden, und das ist von der Seinsstruktur her unmöglich. Jeder wird so seinem eigenen Seinkönnen überlassen und büßt durch die Liebe nur *Sein* ein.
2. Ganz abgesehen davon, daß Liebe ganz ausbleiben kann [48], kann stets der Andere aus seiner Liebe erwachen, mich zum Gegenstand degradieren. Daher die ewige Unsicherheit der Liebe.
3. Der Andere ist der stets durch einen Dritten *relativierte* Absolute. Der störende Dritte ist nicht wegzulieben.

Aus dieser dreifachen Vernichtbarkeit der Liebe rettet auch kein Gott. Denn in der Liebe scheint er nicht als eine Wirklichkeit auf, und als ein Dritter stört er sie nur, und zwar radikal.

So endet die Freude totaler Offenheit dem Du gegenüber, die restlose, unbekümmerte, fraglose Hingabe im „Sündenfall". Der Mensch erkennt seine Nacktheit und bedeckt sich so mit Tüchern — schiebt etwas zwischen Ich und Du ein, damit die wahre obszöne Existenz verborgen werden kann. So wird das Du des anderen Menschen statt zur Beglückung zum Leid, statt zur Erfüllung der Existenz zur Leere, statt zum Sinn des Lebens zur Sinnlosigkeit, statt zur Antwort auf die Lebensfrage zum tiefsten Nein, statt zur Rechtfertigung zum Sündenfall, statt zum „Himmel" zur „Hölle".

So sind die Menschen eingeschlossen in ihrer Hölle, wie Sartre es eindrucksvoll im Drama „Bei verschlossenen Türen" schildert. Jeder degradiert den Anderen zum Objekt und macht so die Liebe unmöglich, so daß er schließen kann: „Die Hölle, das sind die Anderen!" G. Marcels Antwort: „Der Himmel, das sind die Anderen", kann in diesem Zusammenhang kaum überzeugen, wenn nicht eine radikale Wende eintritt. Kann der Mensch dieser Hölle entrinnen? Sartre verweist ausführlich auf die verschiedenen anderen Verhaltensweisen des Menschen, die aber im Prinzip genauso zum Scheitern verurteilt sind; seien es die verschiedenen Formen der Laster, des Hasses, der Gleichgültigkeit, ja des Masochismus und des Sadismus. Aber auch die Kontaktnahme der Sprache oder die Sehnsucht kommt nicht zum Ziel. [49] Denn die Verwirklichung des Zieles liegt außerhalb unserer Möglichkeit, sie wäre Gott.

Es wäre aber eine Täuschung, wenn man meinte, Sartre bliebe in der reinen Negation stecken und versuchte nicht auch, zu einer positiven Bewältigung unseres Lebens zu kommen. „Diese Betrachtungen schließen die Möglichkeit einer Erlösungs- und Heilsmoral nicht aus. Zu einer solchen gelangt man aber erst am Schluß einer radikalen Umkehr." [50] Ansätze finden wir im Drama „Der Teufel und der liebe Gott", im Filmdrehbuch „Im Räderwerk" und zum Teil vielleicht auch in „Die schmutzigen Hände".

Um uns diesen Ansätzen zuwenden zu können, ist ein Einblick in Sartres Sozialphilosophie unerläßlich.

6. GOTTES ABWESENHEIT IN DER GESELLSCHAFT *(quinta via negationis Dei)*

DER GESCHICHTS- UND SOZIALPHILOSOPHISCHE AUSGANGSPUNKT

Auf Grund eingehenden Studiums des Marxismus sucht Sartre in seinem zweiten Hauptwerk „Kritik der dialektischen Vernunft. Theorie der gesellschaftlichen Praxis" den Individualismus, den man ihm in seinem ersten Hauptwerk „Das Sein und das Nichts" vorwarf, zu überwinden. Ohne den konkreten Menschen vernachlässigen zu wollen, entwickelt er eine ganze Sozialphilosophie, die sicher zu den stärksten und tiefsten Abschnitten seiner Philosophie zählt. Sie fällt in die Zeit seiner „Kehre" (1960), in der Sartre den Absolutheitsanspruch seiner „Berufung" aufgibt. Diese neue Einstellung durchzieht das Werk und hat bedeutende Folgen für seine wissenschaftlichen Schlußfolgerungen. Die Gottesfrage, da sie Frage nach dem Absoluten bzw. der Synthese ist, wird als solche zurückgestellt, obwohl sie latent auch in diesem Werk anwesend ist. Für uns ist Sartres Gesellschaftslehre nur insofern interessant, als sie auf eine neue Weise den Gottesgedanken impliziert. Die geschichtliche und gesellschaftliche Entwicklung, der Prozeß der „Vermenschlichung" der Welt ist ein Vorgang, der eine Tendenz auf eine Wahrheit zeigt. Sartre spricht beinahe stereotyp von der „Totalisierung", die sich in diesem Prozeß ereignet. In ihr kann man die „Ganzheit" von „Das Sein und das Nichts" sehen, das Bemühen um die Synthese von An-und-Für-sich, d. h. ein Streben nach letzter Identität, nach Gott.

DIE DIFFERENZ VON BEWUSSTSEIN UND MATERIE

Auch im sozialen Bereich bleibt Sartre — bei aller Erweiterung — seinem ursprünglichen Ansatz treu. Kein anderer Ausgangspunkt als das Cogito wird dem Menschen in seiner ganzen Existenz gerecht. Unmöglich kann die Materie bzw. das An-sich-Sein — so entscheidend sie für eine Soziallehre ist — den einzigen Grund der geschichtlichen Bewegung bilden; denn „das Bewußtsein eines jeden von uns ist irreduzibel auf die Materie" [1]. Mit dieser Behauptung steht und fällt der Existentialismus, da nur so die Intentionalität und Freiheit des Menschen gewahrt bleibt. Die Vernunft gründet auf der Unterscheidung (ohne damit die radikale Trennbarkeit zu behaupten) von Wissen und Sein. [2] Nur durch diese Differenz ist Raum für die Freiheit gegeben. Kein Wunder, bemerkt er bitter, wenn die beiden Institutionen, die die menschliche Freiheit beschneiden, ihn verurteilen. Zu gleicher Zeit, als Rom seine Bücher indizierte, verurteilte die Prawda „ex cathedra" seine Werke. [3] Zwar kommt als Grund im kirchlichen Denken noch Sartres Überzeugung dazu, daß Gott nicht existiert [4], aber Sartre meint, daß die Leugnung Gottes nicht absolut notwendig zur Existenzphilosophie gehört („Aujourd'hui, l'existentialisme français *tend* a s'accompagner d'une déclaration d'athéisme, mais cela *n'est pas* absolument *nécessaire*"[5]), wohl aber das Bekenntnis zur Freiheit. Die Freiheit des Menschen ist in Sartres Augen das einzige Dogma seiner Philosophie („L'unique dogma est l'affirmation de la liberté humaine" [6]). Wird diese aufgehoben, wird der Mensch auf die Materie reduziert, wird sein Leben und die Geschichte jeder Sinngebung beraubt. Gegen R. Garaudy verteidigt Sartre gerade so die Bestimmung des Menschen durch die Praxis (die der Marxismus hervorhebt) [7]; sie übersteigt ständig die Materie. So ist der sachgerechte Ausgangspunkt auch für die gesellschaftliche Praxis das Cogito, die Freiheit. Durch sie wird der Mensch gerade nicht (wie bei Descartes) in einem gesellschaftslosen Subjektivismus eingeschlossen, weil — Sartre betont es mit allem Nachdruck gegen G. Lukács — sie die Existenz des Anderen impliziert. [8] So bleibt Sartres Philosophie eine Philosophie des Cogito auch im Raum der gesellschaftlichen Praxis.

Was ist nun der Sinn der gesellschaftlichen Verfaßtheit des Menschen? Was erreicht er durch die Gemeinschaft? Kann sich der Mensch in ihr echt verwirklichen, und gelangt er in ihr zum Ziel? Zu welchem? Sartre stimmt Hegel voll und ganz zu, wenn er meint, daß kein Mensch wirklich frei ist, wenn die Freiheit nicht *allen* Menschen geschenkt ist: „Personne, nul homme ne peut être libre, si tous les hommes ne sont pas libres." [9] Die menschliche Freiheit führt nicht zur Selbstwerdung des Menschen, wenn die Unterdrückung durch andere Menschen kein Ende findet und keine radikale Befreiung im politischen und sozialen Bereich vollzogen wird. [10]

Welche Praxis ist hier einzuschlagen? Während Sartre in „Das Sein und das Nichts" mehr die Ontologie des Seienden, des Vorgegebenen, behandelt — ohne freilich darauf zu verzichten, schon hier den Menschen als Praxis zu bestimmen —, will er in „Kritik der dialektischen Vernunft" eine Ontologie der Praxis geben.

DAS GESELLSCHAFTLICHE WIR

Wir sahen, daß im Sein-für-Andere, durch das der Mensch konstituiert wird, ein tiefgehender Antagonismus grundgelegt ist. In der Ich-Du-Beziehung steckt ein Mangel, der uns einen Zugang zu einem Gott versperrt. Kann diese Beziehung nicht auf eine Gemeinschaft hin überstiegen werden, in der man ein „Wir" sprechen kann? Ist der Mensch wesentlich dialogisch (ζῷον συνδυαστικόν [11]), oder ist er als ein soziales Wesen (ζῷον πολιτικόν [12]) angelegt? Ist nicht schon in der Beziehung zweier Menschen ein Mit-sein enthalten, das eine gesellschaftliche Beziehung ermöglicht? Damit der Andere erfahren werden kann, ist eine wesentliche Bezogenheit auf ihn notwendig. Ohne sie käme der Andere nicht in unser Blickfeld. Diese Beziehung aber trägt in sich die unüberbrückbare Differenz zwischen Ich und Du. Erst auf dieser Grundlage kann im Bezug auf eine Aktionseinheit das Subjekt-Wir zustande kommen. Durch einen Unfall z. B., der auf der Straße passiert, wird die Aufmerksamkeit auf das Geschehen gelenkt und die Erfahrung des Wir gemacht. „Wir sind erschüttert von diesem Unfall", „wir ergriffen Partei für den anderen", „wir waren unzufrieden mit der Rettungsarbeit" usw., oder ein glücklicher Umstand bewirkt, daß ich mit anderen zusammengeschmiedet werde: „Dieses Erlebnis wird uns unvergeßlich bleiben", „wir waren so glücklich in Rom" usw. Alle diese Wir-Erfahrungen sind aber nur möglich, weil ich vorgängig durch das Sein-für-Andere mit diesen verbunden bzw. getrennt bin. Das Wir ist so nur eine besondere Erfahrungsweise des Für-den-Anderen-Seins. So ist es nicht legitim, im Wir, im Mit-sein die

ursprüngliche Weise zu sehen, in der ich mich zum Anderen ver-
halte. „Das Sein-für-den-Anderen geht dem Sein-mit-dem-
Anderen voraus und begründet es." [13] Erst das Wissen vom
Anderen und um den Anderen ermöglicht die Verbindung mit
ihm in der Form des „Wir", des Mit-seins. [14] Dieses Subjekt-
Wir ist stets auf ein Drittes hingeordnet, das eine Aktion oder
ein Widerfahrnis sein kann, durch das es konstituiert wird. Ebenso
wird durch ein anderes Subjekt diese Gemeinschaft geschaffen,
die für dieses Subjekt aber ein Objekt-Wir ist. In der Welt des
Dritten treten das Du und das Ich in einer gleichwertigen soli-
darischen Struktur auf, wobei das Subjekt-Wir natürlich nicht
auf zwei Menschen beschränkt bleibt, wie die Beispiele zeigten,
sondern als *pränumerische* Einheit zu verstehen ist. In dieser Gemeinschaft wird die Verantwortlichkeit für den Anderen und zugleich für die Ganzheit erfahren, die durch das Dritte von außen
eine tiefgreifende Entfremdung empfängt. Ohne nun weiter auf
diese ontologischen Strukturen einzugehen, die uns im wesentlichen bekannt sind, untersuchen wir die gesellschaftliche Praxis:
Inwiefern werden dem Menschen hier neue Möglichkeiten eröffnet?

DIE DIALEKTISCHE VERNUNFT (DIE GESCHICHTE)

Der Raum der gesellschaftlichen Praxis ist die Geschichte. Den
geschichtlichen Prozeß gilt es zu verstehen. Hat Gott mit ihm
etwas zu tun? Um die gesellschaftliche Praxis zu begreifen, reicht
die analytische Vernunft nicht mehr aus. Sie braucht ja nur einen
Experimentator, einen Wissenschaftler, dessen Situation irrelevant
bleibt. Ihre Erkenntnis gilt unabhängig von der Situation des
Beobachters. So kann auch der Mensch von „außerhalb seiner
selbst" betrachtet werden, insofern er sich nach apriorischen Ge-
setzen („Natur") verhält bzw. von ihnen her (allein) beurteilt
und verstanden wird. Diese analytische Vernunft kann daher zwar
die Folge von Momenten denken, wird aber nie den Übergang,
das *Werden* selbst erfassen können, und so den Menschen immer
nur nach Art der Natur auffassen. In die Natur selbst eine Dialektik hineinzulegen, sie vom Werden her zu denken, ist nach Sartre
ein Prinzip, das zumindest heute keiner Verifikation zugänglich

ist. Die Bewegung menschlicher Geschichte kann man nur in die Natur-Geschichte hineinmanipulieren. Wer daher auf dem Standpunkt der analytischen Vernunft stehenbleibt, wird wohl auch den Geschichtsprozeß nie verstehen können, bzw. ihn als ein notwendiges „Naturgeschehen" deuten. Es gilt aber gerade, die gesellschaftliche Praxis in ihrer geschichtlichen Eigenständigkeit zu erfassen, soll uns hier überhaupt eine neue menschliche Dimension (die der gesellschaftlichen Verfaßtheit des Menschen) erschlossen werden. Nur durch die dialektische Vernunft ist Einsicht in diesen Prozeß (in das menschliche Werden) möglich. „Niemand kann (aber) die Dialektik entdecken, wenn er ‚außerhalb' des betrachteten Gegenstandes bleibt." [15] Der Vollzug, die Praxis ist also gefordert. Nur wer die Bewegung mitmacht, kann sie verstehen. Die Dialektik ist so das universale Gesetz der Anthropologie (das Sartre in der „Kritik der dialektischen Vernunft" zu erweisen sucht). Schon in „Das Sein und das Nichts" haben wir die Grundlage dafür gesehen, insofern der Mensch durch den Vollzug (die Existenz, Freiheit, Praxis) definiert wurde. Es geht nun um die Verstehbarkeit des geschichtlichen Vollzuges des Menschen. In diesem, und in diesem allein (ohne die Möglichkeit zu leugnen, daß eines Tages eine konkrete Dialektik in der Natur entdeckt wird) zeigt sich die dialektische Vernunft. Die Dialektik hat ihre Geltung, „solange sie als Gesetz der Intelligibilität und als rationale Struktur des Seins notwendig bleibt" [16]. Das heißt: es muß erwiesen werden, daß nur in der dialektischen Auffassung Geschichte verstehbar ist. Anders ausgedrückt: nur wenn die Wahrheit des Menschen, nur wenn das Humanum nicht a priori vorgegeben ist, sondern erst zu vollziehen ist, kann Geschichte überhaupt sinnvoll sein. Sonst gleicht sie einem Kartenspiel, bei dem jeder seine Karten fest in der Hand hat, und das Ausspielen nur offenbar macht, was jeder von vornherein hatte (bzw. war). Im gesellschaftlichen Vollzug gilt es zu erweisen, daß neue Möglichkeiten werden und daß die Ganzheit (die Totalität) noch nicht gefunden ist. Das ist gleichbedeutend mit der Behauptung, daß die Wahrheit des Menschen aussteht. Von ihr zu sprechen hat aber nur Sinn, wenn sie im Prozeß der Verwirklichung steht, wenn also in der Geschichte Wahrheit *wird*. „Wenn es in der Anthropologie so etwas wie eine Wahrheit geben soll, muß sie geworden sein, muß sie sich zu einer Totalisierung machen." [17] Der Mensch ist als geschichtliche und gesellschaftliche Praxis also nur dann ernst genommen, wenn er noch nicht in der ganzen Wahrheit steht (ens humanum et verum nondum convertuntur). Die Geschichte und die Gesellschaft verlieren andererseits jeden Sinn, wenn sie keine totalisierenden Bewegungen sind, wenn es also, positivistisch gesprochen, beliebig viele Wahrheiten gibt. Nur wenn beide Klippen überwindbar sind (der Mensch in Gemeinschaft sei schon in der vollen Wahrheit, und es gäbe viele Wahrheiten), gibt es so etwas wie eine dialektische Vernunft. Sie ist von der materiellen Bedingtheit grundsätzlich nicht ablösbar und bildet mit dieser die doppelte Bewegung der *Dialektik*. Diese ist ja eine *Bewegung* des *Erkennens und Seins*. Gegenüber der analytischen, betrachtenden Vernunft stellt sie eine *neue Vernunft* dar, in der die Veränderung streng wechselseitig (Erkennen $\rightleftharpoons$ Sein) ist. Wir haben hier eine völlig neue Beziehung zwischen dem Denken und seinem Gegenstand vor uns. Die dialektische Vernunft ist also eine ganz bestimmte Beziehung der Erkenntnis zum Sein. „Wenn es also eine solche Beziehung der historischen Totalisierung zur totalisierenden Wahrheit geben soll und wenn diese Beziehung eine doppelte Bewegung in der Erkenntnis und im Sein ist, so ist es legitim, diese bewegliche Beziehung eine Vernunft zu nennen." [18] Wenn sich also tatsächlich in der Geschichte, in der gesellschaftlichen Praxis Wahrheit verwirklicht, gibt es eine dialektische Vernunft, die auf eine Ganzheit, eine Totalität abzielt. Damit wird in die Geschichte das Absolute (Wahrheit) eingeführt, und die Zeit nicht durch eine Flucht transzendiert, sondern angenommen, um zu verändern. [19] „Die Praxis als Aktion in der Geschichte und auf dem Boden der Geschichte, d. h. als Synthese der historischen Relativität und des moralischen und metaphysischen Absoluten, mit dieser feindseligen und freundschaftlichen, furchtbaren und spöttischen Welt, die sie uns enthüllt — das ist unser Stoff." [20] So kommt dem Menschen eine Sonderstellung (als Für-sich, Für-Andere, als Cogito gegenüber dem An-sich-Sein) zu, weil er geschichtlich sein *kann*. [21] Sartre betont die Möglichkeit, weil es seiner Ansicht nach auch geschichtslose Gesellschaften gibt. In der Geschichtlichkeit aber ist der Mensch unaufhörlich durch seine Praxis bestimmt, im Raum erlittener und bewirkter Veränderungen. In diesem dialektischen Wahrheitsprozeß ist der Mensch, der fragt, zugleich der Gefragte bzw. der in Frage steht. Dies ist als Bestimmungsmoment der Praxis zu verstehen, die ja zugleich das Erkannte selbst ändert. „Sich verstehen, den anderen verstehen, existieren, handeln: das ist alles ein und dieselbe Bewegung, die die direkte und begriffliche Erkenntnis (= analytische Vernunft) auf die indirekte und verstehende Erkenntnis gründet (= dialektische Vernunft), ohne daß sie jemals das Konkrete, will sagen die Geschichte (= als historische Totalisierung) verläßt, oder richtiger gesagt, es ist die Bewegung, die versteht, was sie weiß. Diese unaufhörliche Auflösung der Einsicht im Verstehen, und umgekehrt, der unaufhörliche Rückgang, der das Verstehen als die Dimension des rationalen Nicht-Wissens innerhalb des Wissens selbst einführt, macht die Doppeldeutigkeit ... aus, in der der Fragesteller, die Frage und das Infragestehende eins sind." [22] So geht die gesellschaftlich-geschichtliche Wahrheit aus dem Handeln hervor. [23] „Das heißt: der Mensch erleidet die Dialektik, indem er sie schafft, und er schafft sie, indem er sie erleidet." [24] Der Prozeß der Wahrheitsfindung erscheint dem Menschen einerseits als feindliche Macht, insofern er die Geschichte erleidet, andererseits schafft er sie. Nur so ist die dialektische Vernunft die Vernunft der Geschichte. So ist der Mensch als Ereignis in der Geschichte und als Geschichte im Ereignis zu begreifen. [25] In dieser Dialektik liegt ein widersprüchliches Element. Der Widerspruch ist aber nicht in der Idee, sondern im menschlichen Sein selbst als gesellschaftliche Praxis. So gilt es, daß der Mensch nur dann frei sein kann, wenn die ganze Menschheit frei ist, da niemand nur für sich frei ist. [26] In der Geschichte wird die Menschheit und in ihr der Mensch. Es ist aber klar, daß *der* Mensch nicht existiert, sondern daß es nur konkrete Personen gibt, die in ihrem Sein durch die Gesellschaft, in der sie stehen, und durch die historische Bewegung, die sie erleiden, bestimmt sind. „Wenn wir nicht wollen, daß die Dialektik wieder zu einem göttlichen Gesetz, zu einem metaphysischen Fatum werde, muß sie von den Individuen und nicht von irgendwelchen überindividuellen Komplexen herrühren." [27] In der gesellschaftlichen Praxis, in der Geschichte, darf das Indivi-

duum nicht auf Allgemeines reduziert werden, sondern der Ursprung und das Ziel muß die konkrete Person sein. Würde dieser Ausgangspunkt verlassen, würde menschliche Gesellschaft zu einem Ameisenhaufen, und von Dialektik könnte nicht mehr die Rede sein, ja sie verlöre ihre Denkbarkeit. So ist die Frage nach einem Sinn und Zweck der Geschichte a priori sinnlos, „denn die Geschichte ist, losgelöst vom Menschen, der sie macht, nur ein abstrakter, lebloser Begriff, von dem man weder sagen kann, er habe einen Sinn, noch er habe keinen ... Es geht ... (auch) nicht darum, ob es geschichtstranszendente Werte gibt: es wird ganz einfach festgestellt, daß, wenn es solche gibt, sie sich im *menschlichen Tun* offenbaren, das rein seiner Definition nach *geschichtlich* ist. Und für den Menschen gilt nun einmal dieser Widerspruch: er begibt sich in die Geschichte, um Ewiges zu erreichen, und entdeckt universal gültige Werte im konkreten, auf ein Einzelziel hin unternommenen Tun." [28] So ergibt sich daraus wieder der Widerspruch, daß es viele gesellschaftliche Praxen gibt, aber nur *eine* Geschichte. Diese Bedeutungsvielfalt kann sich daher nur enthüllen auf Grund einer zukünftigen Totalisierung. Die Geschichte überschreitet daher alle Strukturen und jedes soziale System. [29] Die Menschen sind im Werden, und alles Erreichte offenbart noch nicht die Totalität. Es wird darauf ankommen, täglich dieser Totalisierung sich zu nähern. Dies geschieht wiederum nicht durch reine betrachtende Erkenntnis (= analytische Vernunft), sondern nur, wenn die Vernunft dialektisch begriffen wird, insofern der Geschichte der Sinn *gegeben* wird. Im Geben selbst ist die einzige Möglichkeit, den Geschichtsprozeß zu erkennen und die Wahrheit dieses Werdens (der gesellschaftlichen Praxis) zu entdecken. [30] Dadurch wird der konkrete Mensch durch die Geschichte zu seiner Identität bzw. Freiheit gebracht. „Unsere historische Aufgabe in dieser mehrwertigen Welt besteht darin, den Zeitpunkt herbeizuführen, von dem an die *Geschichte* nur noch einen *einzigen Sinn* besitzt und von dem an sie darauf hinausläuft, in den *konkreten* Menschen, die sie gemeinsam machen, *aufzugehen*." [31]
Wie wird nun die konkrete Verwirklichung des Geschichtsprozesses, der in Gang ist, vollzogen? Welche dialektischen Bewegungen können in der gesellschaftlichen Praxis auf die eine

Geschichte hin erkannt werden? Wir stehen nun bei der konkreten Durchführung und damit bei der Aufweisbarkeit der menschlichen Praxis in Gemeinschaft, durch die — streng dialektisch — der Mensch neue Möglichkeiten erfährt. „Die Wahrheit ist das, was das Handeln als Feld realer Möglichkeiten eröffnet." [32] In ihnen soll die Wahrheit der Geschichte verwirklicht werden. Wir haben schon gesehen, daß diese Dialektik nur möglich ist, wenn sie als Prozeß der Totalisierung verstehbar ist. Diese totalisierende Bewegung ist dann überall und jederzeit intelligibel, wenn es eine dialektische Vernunft gibt. Sie muß den Ort erhellen, wo die grundlegende Identität des konkreten Menschen mit der menschlichen Geschichte aufleuchtet, bzw. es gilt, die Identität dieser beiden totalisierenden Prozesse zu erweisen. [33] „Wenn jedenfalls mein Leben durch Vertiefung zur Geschichte wird, muß es sich selbst am Grund seiner freien Entwicklung als unausweichliche Notwendigkeit des historischen Prozesses entdecken, um sich letztlich noch tiefer als Freiheit dieser Notwendigkeit und schließlich als Notwendigkeit der Freiheit wiederzufinden." [34] Wir stehen hier bei dem Widerspruch (der nicht Idee, sondern Realität ist) zwischen dem Menschen als Produzenten und dem Menschen als Produkt. Der Mensch überschreitet sich (als Produzent) in Freiheit auf die Zukunft hin, sobald er sich aber der Vergangenheit zuwendet, ist er selbst das Opfer seines verdinglichten Bildes, er ist Roboter, Produkt und als Produkt „Wesen" (essentia). „In dieser fremdartigen Welt . . . ist der Roboter das Wesen des Menschen." [35] Die Dialektik des Dinghaften und des Überschreitens ist aber zu beachten. „Der Mensch (ist) *genau* in dem Maße durch die Dinge ‚vermittelt' . . . *wie* die Dinge durch den Menschen ‚vermittelt' sind." [36]

GRUNDLEGUNG DER GESELLSCHAFTLICHEN PRAXIS

DER URSPRUNG DER DIALEKTIK: DAS BEDÜRFNIS

Wollen wir den Ursprung dieser Dialektik bzw. den historischen Prozeß verstehen, so müssen wir zugeben, daß dieser nur auf der individuellen Praxis beruhen kann, da es ja nur konkrete Menschen gibt. Diese Praxis wird aber durch das *Bedürfnis* einsichtig. „Es ist die erste totalisierende Beziehung dieses materiellen Wesens Mensch zu dem materiellen Komplex, von dem es ein Teil ist. Diese Beziehung ist einseitig und von Interiorität. Durch das Bedürfnis nämlich taucht in der Materie die erste Negation einer Negation und die *erste Totalisierung* auf. Das Bedürfnis ist Negation einer Negation, weil es sich als ein Mangel innerhalb des Organismus kundtut, und es ist Positivität in dem Maße, wie sich durch das Bedürfnis die organische Totalität als solche zu erhalten sucht." [37] Die ursprüngliche dialektische Bewegung ist also das Bedürfnis, das sich doppelt darstellt: in der negativen Komponente des Mangels und in der positiven der Totalisierung. Woran mangelt es aber letztlich? Dem lebendigen Menschen (Organismus) fehlt „totes Fleisch" (vgl. An-sich-Sein, Materie). In der ersten Totalisierung wird dieses umgestaltet durch die *transzendierende* Bewegung des Menschen, insofern dieser „sein Sein außerhalb seiner selbst im unbelebten Sein findet" [38]. Das Bedürfnis ist so der erste Widerspruch, weil der Mensch in seinem Sein als totalisierend abhängig ist vom anorganischen Sein. Die Totalisierung wird durch Mangel in Bewegung gehalten, verweist so auf die *Materie,* die als passive Ganzheit (Totalität, massive Identität) entdeckt wird. Sie schließt stets die Möglichkeit einer Reduktion auf (reine) Materie ein, so daß durch sie der Mensch in Gefahr und vom Nicht-Sein bedroht ist. Warum? Nun, weil der Mangel den Austausch, den Prozeß unterbricht. Der lebendige Mensch aber kann nur existieren, wenn der Austausch ununterbrochen weitergeht, da er nur durch stete Selbst*erneuerung* fortdauert. So tritt die dialektische Zeit ins Sein ein. Der zyklische Prozeß (in dem sich der primitive Mensch zu sein wähnt) wird aufgesprengt, und im Mangel wird zugleich die Möglichkeit und Unmöglichkeit zu sein erfahren. In der Möglichkeit (durch den Mangel gegeben) wird zyklisches Schicksal durchbrochen und der Organismus als Zweck erfahren. Existenz und Praxis sind also streng miteinander verbunden. Nun ist es klar, daß das Negative (der Mangel) als Seinsstruktur *nur* verstehbar ist „in Verbindung mit einem ablaufenden Totalisierungsprozeß" [39]. Ohne ihn existiert kein Mangel. Das Bedürfnis selbst ist die erste Negation des Mangels, indem es totalisierend diesen (von ihm gesetzten) Mangel aufzuheben sucht und so den Übergang vom Schicksal zum Zweck besorgt. Wir finden hier, nun aber echt dialektisch, die Antwort von „Das Sein und das Nichts" wieder, zumal ja die relative Autonomie der Materie (en-soi) gegenüber dem Menschen (pour-soi) aufrechterhalten wird, welche die Gesamtbewegung bremst bzw. die Hegelsche Synthese verweigert. Der Gegensatz aber, der durch den Menschen ins Sein kommt, ist zweifach: der Mensch als verstehende Praxis bringt gleichzeitig das Ganze und die Zerrissenheit des Ganzen hervor. [40] Jede menschliche Praxis existiert nur als überschrittener Widerspruch durch den Vollzug der Totalisierung, die sie selbst ist. Die ursprüngliche menschliche Praxis ist nichts anderes als die *Arbeit*. Sie ist also gänzlich dialektisch: ihre Notwendigkeit und Möglichkeit beruht auf der Aufhebung der Trennung bzw. auf der Verganzheitlichung (im Sinne von Totalisierung) und auf dem damit zugleich gegebenen Widerspruch zwischen Materie und lebendigem Menschen. Diese Differenz vermag man (heute) nicht rational zu begründen, wohl aber kann die organische Ganzheit durch die Dialektik verstehbar gemacht werden. Ja, „der Mensch als totalisierender Plan ist selbst die aktive Intelligibilität der Totalisierungen" [41]. Tun (Arbeit) und Verstehen sind unlösbar miteinander verbunden.

DIE BESTIMMUNG DES ICH UND DU DURCH DIE
BEARBEITETE MATERIE

Der Komplex des Bedürfnisses ist aber nicht genügend durch den Mangel an Materie und die insuffiziente Regeneration bzw. detotalisierte Totalität umschrieben. Der andere Mensch steht in derselben Bedürftigkeit, ist selbst vom Mangel geprägt. Daher kommt eine ursprüngliche Bedrohung meines Totalisierungsprozesses vom Anderen, insofern dieser auch auf die Materie verwiesen ist. Beide, Du und Ich, sind gekennzeichnet durch den Mangel, und jeder bedroht den Anderen, indem er ihm „Materie" wegnimmt. Durch diese wird aber der eine Mensch durch den anderen bestimmt. In die ablaufende Totalisierung integriert jeder den Anderen, und so bestimmt er sich selbst durch ihn. Diese Bestimmung durch den Anderen wird je nach dem Stand der Materie je und je verschieden sein. Mit anderen Worten: Da ich in einer Welt auftauche, in der es die Pluralität Anderer gibt, bin ich vom Verhältnis der Anderen zur Materie abhängig. Ihr Verhältnis zeichnet sich im Modus der Arbeit ab, die den Mangel abzuschaffen sucht. Das heißt: je nach den Produktionsverhältnissen wird meine Beziehung zum Anderen (und daher mein Sein) sich gestalten und je nach der geschichtlichen Situation verschieden sein. Auch bei diesen Überlegungen hält Sartre an der „Zweierformation als unmittelbare Beziehung von Mensch zu Mensch" fest. [42] Sie ist die Grundlage jeder Dreierbeziehung. „Umgekehrt aber ist diese als Vermittlung des Menschen zwischen den Menschen der Hintergrund, auf dem sich die Wechselseitigkeit selbst als wechselseitige Verbindung erkennt." [43] Die Dreierbeziehung (bzw. die beliebige Pluralität) ist durch die menschliche Praxis ins Sein selbst bzw. in die Materie eingeprägt. Diese Materialität (bearbeitete Materie) bzw. die Produktionsverhältnisse bedingen uns und lassen sich *nur* durch die Praxis, die Aktion modifizieren. Wir sind also immer schon durch die kollektive Praxis definiert, und so überschreiten wir unser Sein, bringen uns als Menschen hervor und lassen uns in strenger Wechselseitigkeit in dem Maße durch den Anderen integrieren, wie andererseits jeder Andere in unseren Plan (Entwurf) integriert wird. Wir sehen, daß bei all dieser radikalen Zuordnung der Menschen aufeinander die dialektische Materialität eine konstitutive Rolle spielt. Im Medium der Materie ist allein Kommunikation der Menschen untereinander möglich. Sie ist aber immer durchsetzt von menschlichen Spuren, d. h. sie ist *bearbeitete* Materie und als solche von einem totalisierenden Plan gezeichnet, eine *Quasi-Totalität.* Die bearbeitete Materie ist also die Vermittlung zwischen den Menschen. „Die Wechselseitigkeit tritt nur auf der Grundlage dieser negativen und inerten Einheit auf, was bedeutet, daß sie immer auf einer inerten Basis von Institutionen und Instrumenten fußt, durch die jeder Mensch schon definiert und *entfremdet ist.*" [44] Diese Welt, in die der Mensch eintritt, die ihn bedroht und schließlich vernichtet, will er verändern. Und indem er verändernd auf die Materie einwirkt, verändert er seine Lebensbedingungen und damit sich selbst. In dieser Veränderung macht sich der Mensch selbst zum *Mittel,* durch das der zukünftige Mensch möglich wird (der aus dieser Veränderung hervorgeht). Durch die Umgestaltung verwirklicht sich der Mensch als Anderer (Neuer). Auf dieser Ebene ist es dem Menschen „unmöglich, seine eigene Gegenwart als Ziel zu nehmen, oder wenn man vorzieht, der *Mensch* als *Zukunft* des Menschen ist das regulative Schema jedes Unternehmens, aber sein Ziel ist immer eine Umgestaltung der materiellen Ordnung, die d u r c h s i c h s e l b s t den Menschen möglich machen wird" [45]. Durch die Arbeit wird diese Umgestaltung möglich. Durch die Produktion schafft sich der Mensch selbst und kann sich so von den Dingen lösen (indem er verschiedentlicher Sorge entnommen ist) in dem Maße, in dem er durch die Arbeit sein Bild in sie einprägt. Durch die gemeinschaftliche Arbeit, durch die kollektive Praxis, wird das künftige Ziel, die Aufhebung der Bedürftigkeit, angestrebt. Jeder, sowohl ich wie mein Mitarbeiter, ist in Wechselseitigkeit das Mittel dieses *transzendenten* Zieles. So werde ich für ihn genau in dem Maße Gegenstand (Objekt-Mittel), in dem ich den Anderen auf mein Ziel hin vergegenständliche. In meiner Praxis also erkenne ich die ablaufende Totalisierung (Praxis), die der Andere ist, in dem Maße an, wie ich den Anderen in meinen totalisierenden Plan einbeziehe und ich von ihm einbezogen werde. So enthält die „Beziehung, d i e v o n j e d e m M e n s c h e n z u a l l e n M e n s c h e n k o m m t , i n s o f e r n e r s i c h m i t t e n u n t e r i h n e n z u m M e n s c h e n m a c h t , ... einen Widerspruch: Sie ist eine Totalisierung, die gerade von dem totalisiert zu werden verlangt, den sie selbst totalisiert; sie setzt die absolute Äquivalenz zweier Bezugssysteme und zweier Aktionen, mit einem Wort, sie setzt nicht ihre eigene Einheit. In der gegenseitigen Anerkennung, die sich im Laufe zweier synthetischer Totalisierungen vollzieht, liegt die Grenze der Vereinigung: So weit die beiden Integrationen auch getrieben werden, so r e s p e k t i e r e n s i e s i c h d o c h u n d w e r d e n i m m e r z w e i b l e i b e n , von denen jede das ganze Universum einbezieht." [46]

Auf der Ebene der gemeinsamen Bearbeitung der Materie können sich weder die Glieder der Beziehung voneinander losreißen noch zu einer Einheit kommen (vgl. die Ausführungen über das Sein-für-Andere). „Die Einheit dieser Epizentren kann in der Tat nur ein transzendentes Hyper-Zentrum sein" [47] d. h. ein Drittes.

Die kollektive Praxis wird als Wechselbeziehung durch die Materie offenbar, die auf ein transzendentes Ziel hin überschritten wird. Durch die Bedürftigkeit, das eigene Ungenügen, wird ihre Negation erneut Anlaß, um wieder angesteuert zu werden. Aber der Vorgang wird noch komplizierter, weil auch der Mensch als Dritter auftaucht und die kollektive Arbeit von außen bedroht, zugleich aber zur gemeinschaftlichen Praxis zusammenschweißt. „Die erlebte Wechselseitigkeit (im Arbeits-totalisierungs-Prozeß) verweist immer auf den Dritten und entdeckt ihrerseits das Dreierverhältnis als ihre Grundlage und ihren Abschluß." [48] Durch den Dritten, der jeden Augenblick jeder sein kann, wird die Wechselseitigkeit unterbrochen, zugleich aber ist er die synthetische Macht, die die Wechselseitigkeit der beiden Epizentren vermittelt. Wir haben hier schon eine ursprüngliche Hierarchie, die aber wegen ihrer Austauschbarkeit noch kein System begründet.

DER UNMENSCHLICHKEITSINDEX

Der Motor dieser komplexen Gemeinschaftsbildung ist die materielle Bedingung des Menschen. Durch den Mangel hat sie einen Unmenschlichkeitsindex, der eine erste tiefe Entfremdung anzeigt. Die totalisierende Einheit schließt nämlich die Negation des (heutigen) Menschen ein, so daß sie sich gegen alle Menschen kehrt. So ist der Mangel trotz seiner Kontingenz „eine grundlegende Beziehung zur Natur und zu den Menschen" [49]. Weil er den Menschen zum Kampf gegen die Natur, gegen die bestehende gesellschaftliche Umwelt (Praxis), ja gegen die eigenste Praxis aufruft, die eine andere wird (werden soll), begründet der Mangel die *Möglichkeit* der Geschichte. Der Mangel ist daher die grundlegende Beziehung unserer Geschichte. Das heißt: durch die dauernde Spaltung (Mangelerfahrung) der Gesellschaft und ihrer Praxis, durch die Gleichgewichtsstörung entsteht die Geschichte. Es ist durchaus denkbar, sich eine Erde ohne Geschichte vorzustellen, auf der die Menschengruppen im Kreislauf der Wiederholung leben (was ja der Vorstellung verschiedener Völker entspricht). Dieser Gedanke der kreisförmigen Wiederholung spielt ja auch dort eine entscheidende Rolle, wo der Kreislauf nicht als ewige Wiederkehr des Immergleichen gedacht wird, sondern ein einmaliger Egreß und Regreß ist. Nur wo die conditio humana in ihrer ursprünglichen Unmenschlichkeit gesehen wird, wo der Mangel als konstitutives Element des (bisherigen und heutigen) Menschen erfahren wird, wird die Geschichte als menschliche Möglichkeit erkannt, die den Menschen in seinem Sein trifft und (neu) werden läßt. Der Mangel allein aber erklärt nicht den Geschichtsprozeß (eine positive Totalisierungsbewegung ist notwendig). Wohl aber ist er die „negative Einheit der Vielheit der Menschen" [50]. Diese Einheit ist negativ, weil sie durch die Unmenschlichkeitsstruktur der Materie hervorgebracht wird und daher das menschliche Leben ohne Kampf nicht möglich ist. Diese erste Totalisierung durch die Materie *kann* die Vereinigung der menschlichen Gruppen nach sich ziehen. Der Mangel ist jedoch primär nur ein quantitativer Ausdruck: es gibt nicht genug für alle Menschen! Die Existenz eines jeden Menschen ist die Gefahr der Nicht-Existenz für jeden Anderen. Daher erhält er einen Unmenschlichkeitsindex, insofern er dem Anderen Materie wegnimmt und diesen in die Gefahr bringt, „zuviel", überzählig zu sein (z. B. er kann nicht mehr ernährt werden). Dieses unmenschliche Mensch-Sein ist zwar *nicht* die *Natur* des Menschen, es schließt die Menschlichkeit nicht aus, aber es gilt einzusehen, „daß es, *solange* die Herrschaft des Mangels kein Ende genommen hat, in j e d e m e i n z e l n e n M e n s c h e n u n d i n a l l e n eine inerte (träge) Unmenschlichkeitsstruktur geben wird, die im Grunde nichts anderes darstellt als die verinnerte materielle Negation. Wir müssen nämlich begreifen, daß die Unmenschlichkeit eine *Beziehung* der Menschen untereinander ist und n i c h t s a n d e r e s sein kann." [51] Die Wechselbeziehung der Menschen untereinander und das unmenschliche Mangelverhältnis (das als einseitige Beziehung eines jeden und aller zur Materie zu verstehen ist) sind faktisch streng reziprok (und dialektisch). Der Mensch macht sich zum Menschen des Mangels, und dieser Mangel ist die *objektive Sozialstruktur* der menschlichen Praxis. Er ist nichts „rein Äußerliches", sondern der Mensch ist in seinem Sein „innerlich" als gesellschaftliches Wesen (bzw. Praxis) durch ihn bestimmt. So ist der Mangel ein dialektisches Intelligibilitätsprinzip (des Menschen). Die Arbeit ist der Versuch, durch Totalisierung dem Mangel, der Unmenschlichkeit zu entgehen und die negative Verstehbarkeit durch die Praxis zur positiven Ganzheit zu führen. Diese Bewegung (der Arbeit) ist immer zugleich als gesellschaftliche Praxis zu begreifen und nur von der negativen Einheit (Quasi-Totalität) her zu verstehen. Damit ist sie aber die Grundlage der Organisation der gesellschaftlichen Verhältnisse. [52] Ihre Finalität liegt auf der Hand: die Aufhebung des Bedürfnisses und der Unmenschlichkeit in der Totalität. In einer Klassengesellschaft wird hingegen diese Aufhebung unterbunden und die Unmenschlichkeit institutionalisiert. In allen (bisherigen) Entwicklungsstufen (gesellschaftlicher Verhältnisse) spielt die *bearbeitete Materie* die entscheidende Rolle. Um es nochmals zu sagen: Nie jedoch gibt es eine reine Materie (annähernd gedacht als materia prima) für den Menschen. Die Dinge sind faktisch (bei aller Unmenschlichkeit) immer menschlich und der Mensch dinglich (bzw. unmenschlich). „Wenn er (der Mensch) in der Erfahrung auf die jungfräuliche Materie stoßen könnte, müßte er ein Gott oder ein Kieselstein sein. Und in beiden Fällen bliebe sie ohne Einwirkung auf ihn: entweder er brächte sie im unverständlichen Aufblitzen seiner Intuition hervor, oder aber die Aktion verflüchtigt sich zugunsten bloßer energetischer Äquivalenzen." [53] Während der Stein (als en-soi) nicht in Beziehung steht und Gott mit der Materie nichts zu tun hat, ist der Mensch auf sie verwiesen. „Nichts geschieht den Menschen und den Gegenständen außer in ihrem materiellen Sein und durch die Materialität des Seins. Aber der Mensch ist eben gerade diese materielle Realität, durch welche die Materie ihre menschlichen Funktionen erhält." [54] Sartre ist der Meinung, daß nur diese dialektische Bezogenheit einen echten „Monismus" begründet, in dem Einheit in der Zerstreuung möglich ist und zugleich der Mensch der theologischen Versuchung entgeht, sich von einer Fremdbestimmung her zu definieren. Der Mensch wird durch seine Praxis definiert und ist so wesenhaft offen. Allein von hier her wird seine Entfremdung verstehbar. Nichts berechtigt daher, den Menschen einer anderen Größe unterzuordnen. Auch zum Mittel Gottes darf er nicht degradiert werden. Dies ist keine ethische Forderung, sondern aus dem dialektischen Verstehensprinzip gewonnen. Wer den Menschen von ihm Fremdem her bestimmt (sei er Materialist oder Theologe), ohne die menschliche totalisierende Praxis als (noch) grundlegender zu erkennen, ist der *realen* Entfremdung (und daher Unmenschlichkeit) verfallen und kann sie weder in Theorie noch Praxis überwinden. „Aber die Entfremdung existiert nur, wenn der Mensch zunächst Aktion ist." [55] So werden wir wieder auf die bearbeitete Materie verwiesen. „Im Universum ist jede Existenz materiell, aber in der Welt des Menschen ist alles menschlich." [56]

Diese Dialektik von menschlich — unmenschlich ist der Motor der *Geschichte,* die Forderung nach Veränderung. Die frühere Arbeit aber, also die Vermenschlichung (des An-sich), die sich in die Dinge eingeprägt hat, bestimmt und beherrscht wiederum den Menschen und seine Verhaltensweisen. Insofern der Mensch jedoch beherrscht ist, rührt seine Praxis nicht mehr direkt vom Bedürfnis her, sondern von der bearbeiteten Materie. Der Mensch fügt sich (durch die bearbeitete Materie) in eine vorgegebene Ordnung ein. Sie begründet Ehrfurcht und Furcht. Sie ist eine (durch gottgewollte Arbeit) geheiligte Ordnung. [57] Der herrschende Mensch in dieser Ordnung wird zum Menschen „göttlichen Rechts". So kommen die Imperativformen zum Menschen durch diese Ordnung, die in der bearbeiteten Materie gründet. Durch den herrschenden Menschen also — weder durch Gott noch den Teufel — werden die Forderungen wirksam, die sich vermittels des Menschen wiederum auf die Materie ausdehnen. [58] Wir sehen den dialektischen Kreislauf: die bearbeitete Materie (z. B. Maschine) verhält sich zum Menschen wie der Mensch zu ihr und umgekehrt. (Das Eigentum ist eine bestimmte Weise dieses Verhältnisses.) Zugleich ist diese Wechselseitigkeit eine falsche, weil der Mensch als Anderer (z. B. die herrschende Klasse) vermittels der Materie seine Vorherrschaft über den Menschen sichert. [59] Der Mensch wieder wird dabei als unwesentlich gesetzt. Diese Unmenschlichkeit stellt aber wieder eine Bewegung her, die die Grenzen früherer Generationen sprengt. Die Geschichte ist so die je neue Aufsprengung der bisherigen Grenze des Menschen. Die Trennung der Menschen (in Klassen) ist nicht eine „natürliche" apriorische Gegebenheit, vielmehr resultiert sie aus dem Verhältnis zur Materie, aus der Produktionsweise. In ihr vollzieht sich der Mensch. Er bleibt *nicht immer gleich.* [60]

In der Veränderung geht es jedoch nicht darum, im Sinne des calvinistischen und puritanischen Bürgertums die Schöpfung fortzusetzen, so daß der Bürger ein „Mann Gottes" wäre, sondern das spezifisch Neue gilt es zu denken, das durch die Geschichte der Menschen entsteht. Das *Tun* begründet eine neue Selbsterkenntnis, eine neue Menschlichkeit, und die historische Dialektik wird so durch die Dialektik der menschlichen Praxis einsichtig. Diese Erkenntnis ist aber ohne Notwendigkeit eine transparente Erfahrung. Diese Einsicht ist deshalb nicht mit Notwendigkeit gekoppelt, weil sie vom menschlichen Einwirken auf die (bearbeitete) Materie abhängt, streng dialektisch und freie Praxis ist. Solange wir bei der analytischen Vernunft verweilen, sind wir auf der Ebene der Hypothese („wenn" du einen Lohn empfangen willst, mußt du das oder jenes tun usw.). Im Bereich der Dialektik wird versucht, das Faktische zu verstehen, das nur im Vollzug gedacht wird und allein aus dieser Dialektik die Verstehbarkeit empfängt, wenn man eben nicht verzichten will, das Werden zu begreifen, das als menschliche Praxis immer auf Gemeinschaft aus ist. Bei der Verwirklichung neuer Menschlichkeit erkennen wir aber, daß wir zugleich etwas anderes verwirklicht haben. Unsere Aktion außerhalb unser verändert sich. [61] Durch dieses andere Resultat erkenne ich mich als Anderer (z. B. „Das habe ich nicht gewollt" usw.). Wir machen da die Erfahrung des Notwendigen, das ohne Zwang begegnet und sich als unmenschlich, nicht beabsichtigt herausstellt. Diese Notwendigkeit entsteht aber durch meine Praxis, und nur in der freien Aktion ist das objektive Resultat unreduzierbar. „Die elementare Erfahrung der Notwendigkeit ist die einer rückwirkenden Kraft, die meine Freiheit von der Endobjektivität (Resultat) bis zur ursprünglichen Entscheidung untergräbt und die trotzdem aus ihr entsteht." [62] Diese Notwendigkeit aber, die ich erlebe und die mich ändert, ist — da sie durch die bearbeitete Materie geschieht — Erfahrung des Anderen; jetzt aber nicht (mehr) als gegnerisch, sondern, da seine in die Materie zerstreute Praxis totalisiert auf mich zukommt, als mich *verwandelnd* und zum neuen Werden antreibend. Auf dieser Ebene ist es zugleich noch eine Entfremdung, weil ich ja als Anderer auf mich zurückkomme. Meine eigene *objektive* Realität wird dadurch dargestellt. „Jeder von uns verbringt sein Leben damit, in die Dinge sein unheilvolles Bild einzugravieren, das ihn fasziniert und verwirrt, wenn er sich d u r c h e s verstehen will, obwohl er nichts anderes *ist* als die totalisierende Bewegung, die auf d i e s e Objektivierung hinausläuft." [63]

DAS AN-UND-FÜR-SICH
(WAHRHEIT DER GESCHICHTE — GOTT)

In der Terminologie von „Das Sein und das Nichts" heißt dies, „daß die Grundlage der Notwendigkeit praktisch ist: sie ist das Für-sich als Handelndes, das sich zunächst als inert (träge) oder besser praktisch inert in der Umwelt des An-sich entdeckt, weil... die Struktur der Aktion selbst... zunächst dem Für-sich sein entfremdetes Wesen als An-sich-Sein zurückwirft (vgl. Wesen ist, was ist gewesen). Diese träge Materialität des Menschen als Grundlage jeder Erkenntnis seiner selbst durch sich selbst ist also sowohl eine Entfremdung der Erkenntnis als auch eine Erkenntnis der Entfremdung, die Notwendigkeit für den Menschen, sich ursprünglich als Anderer, als er ist, und in der Dimension der Alterität zu begreifen. Gewiß, die P r a x i s klärt sich selbst auf, d. h. sie ist immer Bewußtsein (von) sich. Aber dieses nicht thetische Bewußtsein vermag nichts gegen die praktische Affirmation, daß i c h das bin, was ich gemacht habe (und das mir entgeht, indem es sich sogleich als einen anderen konstituiert). Die Notwendigkeit dieser fundamentalen Beziehung erlaubt mir zu verstehen, warum der Mensch, wie ich es gesagt habe, im Medium des An-sich-für-sich s i c h e n t w i r f t." [64] Damit stehen wir wieder bei der Gottesfrage. Hier aber haben wir noch keinen wesentlich neuen Gedanken, der uns weitere Einsicht in das Verhältnis von Gott und der gesellschaftlichen Praxis gibt, lediglich wurden die Erkenntnisse von „Das Sein und das Nichts" auf diese Praxis hin verdeutlicht.
Vielleicht könnte man diesen ersten Schritt so zusammenfassen: Der Mensch ist Vollzug (das Für-sich *ist* nur als Akt). Als solche Praxis ist er stets — weil selbst durch und durch von Materialität bestimmt — auf die Materie verwiesen, deren er ermangelt und die er totalisiert. Sie ist aber nie rein (nur An-sich), sondern immer bearbeitete, d. h. vermenschlichte Materie. Daher ist seine

Praxis (und sein Bewußtsein) gesellschaftlich bestimmt. Die Arbeit negiert so die Trennung des Menschen und führt auf Grund des Mangels (der beseitigt werden soll) zusammen, stiftet Gemeinschaft, indem sie verganzheitlicht, durch den Dritten totalisiert wird, der wie der Mangel (jeder kann zuviel sein) die Ganzheit bedroht. Daher wird die Arbeit zum Motor, die Zerrissenheit (die sie selbst ist) zu transzendieren. Diese zerbrochene Ganzheit, die den Menschen konstituiert, begründet das Streben nach der Totalität, die die Vergemeinschaftlichung vorantreibt. Der ursprüngliche Antagonismus zwischen mir und dem jeweiligen Anderen wird durch die gemeinsame Arbeit aufgehoben. Durch die gemeinsame Arbeit, die Gemeinschaftsproduktion, wird der eine Mensch durch den anderen bestimmt. Je stärker die Materie nun bearbeitet ist, d. h. je stärker die Produktion entwickelt ist, umso stärker ist die Bestimmung durch den Anderen, umso stärker die Vergemeinschaftlichung, die Sozialisierung. Diese Gemeinschaft wird als eine Einheit erfahren, und die Fremdbestimmung ist kein Abfließen und Aussaugen mehr, sondern ein Mit-Sein. Die Wechselseitigkeit der menschlichen Beziehung wird durch den materiellen Gegenstand vermittelt und freigelegt. [65] Sicher, durch die Institutionalisierung des relativen Mangels (in der Klassengesellschaft) wird Ausbeutung, Abfließen und Ausgesaugtwerden als Realität erhalten. Solange überhaupt Mangel den Menschen bestimmt, bleibt die Unmenschlichkeitsstruktur als Regler menschlicher Beziehungen. So vereinigt der Gegenstand die Menschen immer nur in unmenschlicher Einheit, als Einheit aber befreit er den Menschen (Produktionsteilung usw.). So produziert der Mensch, um frei zu werden bzw. zur Totalität zu gelangen. Sie ist der Entwurf, im Medium der vollkommenen Sozialisierung sich selbst zu begründen, d. h. das Allgemeine im Konkreten zu sein (universale in concreto). Die gesellschaftliche Praxis des einzelnen Menschen impliziert die Gottesfrage. Im Medium des An-und-Für-sich, Gottes (als menschlicher, freier Entwurf), vollzieht sich also die gesellschaftliche Produktion, die Totalisierung, die der Prozeß der Sozialisierung ist. Die Wahrheit der gesellschaftlichen Praxis als Bewegung auf Einheit hin, die Wahrheit des Geschichtsprozesses, insofern sie zu *erstellen* ist, ist die Totalität, ist Gott. Der Horizont der dialektischen Vernunft, insofern sie als Bewegung auf Zukunft hin intelligibel ist, ist Gott als die Ganzheit. Dieser Prozeß führt den Menschen (durch bessere Produktionsverhältnisse) zu einer größeren Freiheit, zu einer größeren Identität mit sich selbst.

DIE GESELLSCHAFTLICHE PRAXIS

Der gesellschaftliche Mensch bringt die neue Realität (die Sozialilisierung) hervor, nicht das abstrakte Individuum, aber auch nicht Gott (als Schöpfer der Zukunft des Menschen). [66] Welche Gemeinsamkeit ist aber unter den Menschen in ihrer gesellschaftlichen Praxis festzustellen?

DAS GESETZ DER SERIE

Haben wir mehr als ein Kollektiv, eine Masse? Die Einheit ist offenbar allein im Ursprung der bewegenden Kraft (in der bearbeiteten Materie) und im Ziel (in der angestrebten Totalisierung). Die Freiheit des einzelnen hat sich noch nicht in einem Entscheidungsakt in die Gemeinschaft gebunden. Ein Beispiel kann dies illustrieren: Menschen warten bei einer Haltestelle auf den Autobus. Sie sind eine Ansammlung, eine Masse; jeder steht neben dem anderen. Wenn auch Worte gewechselt werden, daß es kalt sei, der Bus zu spät komme usw., so ist die Einheit nur durch die bearbeitete Materie, das Beförderungsmittel, bestimmt und durch das Ziel bzw. die Stationen. Alle Gemeinsamkeit liegt also „draußen". Die Menschen bilden eine *Serie,* die sich jederzeit auflösen kann und zerfallen wird. Die Austauschbarkeit jedes einzelnen ist perfekt, und jeder kann „überzählig" werden (z. B. wenn der Bus zu voll ist). „Jeder wird nämlich durch den sozialen Gesamtkomplex als mit seinen Nachbarn vereinigt hervorgebracht, insofern er ihnen streng identisch ist. Mit anderen Worten, ihr Draußen-sein ist eins, als reine und unsichtbare Abstraktion und nicht als reichhaltige, differenzierte Synthese." [67] Die Wechselseitigkeit dieser undifferenzierten Identität (jeder ist der gleiche wie der Andere in bezug auf diese Einheit) ist eine falsche, uneigentliche Wechselseitigkeit von Beziehungen. Jeder ist also mit dem Anderen identisch. „Die formale und allgemeine Alteritäts-struktur wird die Vernunft der Serie ausmachen." [68] Die Praxis des einzelnen wird von dieser Vernunft geleitet und be-stimmt (z. B. kennen wir das oft unbegreifliche Verhalten der Menschen in der Masse; allein würde er das nie tun! usw.). „Die Serie ist eine Seinsweise der Individuen in bezug auf einander und auf das gemeinsame Sein, und diese Seins-weise verwandelt sie in all ihren Strukturen." [69] Der jeweils Andere (ich bin der Andere, sie, er usw. sind es) ist die dynamische Bestimmung der Serie und ihre Verstehbarkeit. „Auf dieser Stufe ist der Andere ich selbst in jedem Anderen und jeder Andere in mir und jeder als Anderer in allen Anderen." [70] Die Einheit bildet das An-sich-Sein dieser Menschen im Gegenstand. Dieses Seriengesetz als verstehbare Einheit ist eine Realität und nicht eine bloße Idee. Verstehbar ist es aber nicht als reine Summe der Einzelnen und nicht vom abstrakten Einzelnen her, sondern nur von der gesellschaftlichen Praxis, die dialektisch ist. Von hierher ist *der* Jude, *der* Kapitalist, *der* Arbeiter usw. eine Wirklichkeit und keine Abstraktion. Anders ausgedrückt: das mit der analy-tischen Vernunft als abstrakt Erkannte ist im Vollzug der gesell-schaftlichen Praxis, die dialektisch erkannt wird, konkret. In dieser ersten Sozialisierung erfahre ich meine Ohnmacht, da der Andere als Anderer darüber entscheidet, ob meine Praxis, meine Initiative Einzelakt bleibt und mich so in die Isolierung zurück-wirft oder ob sie zur *gemeinsamen* Tat der Gruppe wird. Der Andere ist also der transzendente Grund der seriellen Fortpflan-zung. Diese Alteritätsstruktur bildet das Milieu. Die Einheit dieses Milieus, der gemeinschaftlichen Situation, liegt nicht im einzelnen Glied, sondern in der Beziehung aufeinander, die jeweils vom Anderen bestimmt wird. Jeder wird zum Anderen. Auf dieser Struktur (die durch Ohnmacht charakterisiert ist) gründet die Regel des Glaubenschenkens: „Was jeder dem Anderen glaubt, ist das, was der Andere als Anderer berichtet, oder insofern er die Neuigkeit schon von einem Anderen hat." [71] Dadurch wird die Wahrheit als die Andere erfahren; und für wieder einen Anderen konstituiere *ich* mich als „bearbeiteter Übermittler" der Wahrheit. So wird die Wahrheit der Geschichte bzw. die geschichtliche Wahrheit immer wieder als die Fremde, die Andere empfunden.

Nur im Raum der serienhaften Gruppierung (nicht „vorher") hat sie ihre Verstehbarkeit (und Gültigkeit). Diese Gruppierungen, Serien, Kollektive haben ihr „Sein der Sozialität" [72] auf der Stufe des praktisch-materiellen Feldes. Daher müssen wir sagen, daß das Kollektiv (die Serie) als historischer Prozeß (nur so hat es ja Realität) *unmenschlich* ist, insofern die Menschen durch die bearbeitete Materie (Bus) in ihrer Praxis umgekehrt werden (serielle Ohnmacht); *menschlich* jedoch, insofern es auf dem menschlichen Bedürfnis beruht und die gegenwärtigen Bedingungen (nur durch den Bus komme ich zu meinem Ziel) auf Zukunft hin überschreitet; zugleich aber auch *entmenschlichend,* insofern die (totalisierende) Einheit der Serie durch das Ding hervorgebracht wird. [73]

Saitre fragt sich an Hand von Überlegungen von K. Marx [74], in welchem Maße und unter welchen Bedingungen die kollektive Entfremdung „in einer wirklichen intersubjektiven Gemeinschaft aufgelöst" wird, „in der die einzigen wirklichen Beziehungen die der Menschen untereinander sein werden, und in welchem Maße wird die Notwendigkeit für jede Gesellschaft detotalisierte Totalität... bleiben?" [75]

In der Serie entscheidet ja das Ding über die Beziehungen der Menschen. Das Sein der Serialität (der kollektiven Gruppierung) ist auf Sozialisierung hin zu überschreiten. [76] Die kollektive Praxis ist also erstens charakterisiert durch das gemeinsame Sein, zweitens durch das Überschreiten dieses Seins, drittens durch den Antagonismus, der in der Serialitätsbeziehung entworfen wird, und viertens stets von der Auflösung bedroht. [77] Diese Praxis ist irreduzierbar auf die Dialektik des praktischen Individuums. Eine Reduktion beider Dialektiken auf eine ist (zumindest hier) nicht möglich. Darin können wir nun die Richtigkeit der Behauptung erkennen, daß der Mensch als Individuum unmöglich ist. [78] „Die Unmöglichkeit des Menschen nämlich ist als individuelle Bestimmung des Lebens gegeben." [79] Die Unmöglichkeit wird in der individuellen Praxis erfahren, insofern der Mensch sich überschreitend schafft und dadurch neu schafft. Der Mensch als (in sich ruhendes) Wesen (das immer etwas Abgeschlossenes ist) ist unmöglich. Aber auch die individuelle Praxis, die sich auf Gemeinschaft verwiesen weiß und immer gesellschaftliche Praxis zugleich (dialektisch) ist, erreicht auf der Ebene der Serienhaftigkeit (im Kollektiv) keine Totalität bzw. nur eine negative Einheit. In der dialektischen, freien gesellschaftlichen Praxis, die vermenschlicht, zeigt sich bis auf den heutigen Tag in der Geschichte „die innere Unmenschlichkeit der menschlichen Gattung" [80]. Der Mensch ist in diesem Bereich aber weder auf den Tod des Anderen aus (Homo homini lupus) [81] noch auf sein Leben (Homo homini deus), sondern der Stand der bearbeiteten Materie, d. h. die materiellen Umstände, die in der Praxis vereinheitlichen, entscheiden über Leben und Tod. [82] Dieses Element der Notwendigkeit „ist jener reale, aber noch abstrakte Bereich der Geschichte, in dem die anorganische Materialität sich über der menschlichen Vielheit wieder schließt und die Produzenten in ihr Produkt verwandelt" [83]. Sartre spricht an dieser Stelle von dem „zirkulierenden Komplex der unglücklichen Materialität". Die praktische Freiheit des Menschen versucht nun, die Serie auf eine neue Einheit zu transzendieren, die durch sie geschaffen ist und in der Freiheit und Bedingtheit (bzw. Notwendigkeit) eins sind. In der Gruppe wird dies auf ihre Weise erreicht. Wir verlassen die konstituierende Dialektik (individuelle und kollektive Praxis) und wenden uns der konstituierten zu, die von der ersteren radikal abhängig ist.

DIE GRUPPENPRAXIS — DIE NEUE FREIHEIT

Wir sahen: die Serienhaftigkeit macht jeden zum Anderen auf Grund der bearbeiteten Materie, die als totalisierende Totalität (zusammenführende Ganzheit) gesetzt wird. Insofern nun jeder der Andere ist, ist jeder jeweils der Dritte gegenüber einer bestimmten Konstellation der Wechselseitigkeit. Die Serie (Kollektiv) „legt die Dreierbeziehung als freie interindividuelle Realität, als unmittelbare menschliche Beziehung frei" [84]. Der Dritte ist also strukturell die menschliche Vermittlung, damit Serienhaftigkeit möglich ist. Das serielle Wesen wird aber aufgelöst in einer freien gemeinsamen Tätigkeit, in der Aktion. Sie hat ihren Ursprung in individueller, aber gesellschaftsbezogener Praxis. Einer ruft: Auf, zur Rettung des Verunglückten! — und alle erkennen in diesem Aufruf ihren Willen und folgen ihm. Wir haben nicht

mehr das Nebeneinander einer Serie, sondern eine Praxis, die untereinander verbindet. Diese Verbindung, Vergesellschaftlichung liegt nicht mehr allein im Ziel und in der bearbeiteten Materie, sondern in den Gliedern, insofern sie sich als Gemeinschaft begreifen. Wir haben hier die *Gruppe* im Werden vor uns. In der spontanen Aktion der einen (oder einiger) erkennen sich alle anderen wieder. Sie ist die Losung, wo einer ausspricht, was alle wollen. (Ähnliches ist auch vom Bekenntnis des Glaubens auszusagen: Jesus ist Christus! ist die Losung, der alle folgen.) Die Gruppe wird aber dadurch nicht zum Objekt des einzelnen, sondern „sie ist die Gemeinschaftsstruktur meines Handelns" [85].
„Ich erfasse die Gruppe als m e i n e gemeinsame Realität und gleichzeitig als Vermittlung zwischen mir und jedem anderen Dritten... die Mitglieder der Gruppe sind d i e Dritten, das heißt, jeder als die Wechselseitigkeit anderer totalisierend." [86] Die einfache Wechselbeziehung zwischen zweien (wie immer sie sein mag) ist für das Gruppe-Sein nicht konstitutiv. Diese Dreierbeziehung, die hier nicht mehr nur die negative Möglichkeit des „zu viel" ist, sondern eine positive Totalisierung, ist eine neue Realität. Durch die Vermittlung der Gruppe ist das Mitglied weder der antagonistisch Andere noch der Identische der Serie, sondern „er kommt zur Gruppe, wie ich zur Gruppe komme, er ist d e r G l e i c h e wie ich" [87]. Und als Gleicher, durch unsere wechselseitig sich durchdringende Aktion, hat er die gleiche Freiheit wie ich. Die Freiheit, die allen gemeinsam ist und jedem eine Freiheit gibt, die er isoliert nicht haben kann, sondern *nur* vermittelt durch die Gruppe. Daher — weil jeder der Gleiche ist — hat die Losung nichts Fremdes oder Entfremdendes (Unmenschliches) an sich, sie ist kein Befehl, sondern der gemeinschaftliche Wille, die neue Freiheit eines jeden. Diese hat aber nur im Vollzug, in der Bewegung der Totalisierung ihren Bestand; während ein Organismus eine Totalität ist, die Totalisierungen „überlebt", ist die Gruppe ganz auf sie verwiesen. Nur in der Praxis besteht die neue Freiheit. In ihr aber begründet jeder Andere den Willen (die Freiheit), die Aktion des Anderen. Der Andere in seinem Tun wird als die eigene Wahrheit erfahren. In dieser (fusionierenden) Gruppe (Gruppe im Werden) bleibt jeder seinem Ursprung gleich unmittelbar und erhält sich in, durch und vom Anderen

wieder. In dieser gesellschaftlichen Praxis erkennen wir die dialektische Begründung eines jeden durch das Medium der Gruppe. Nur im Vollzug existiert sie, da aber gibt sie jedem die Grundlage einer größeren Freiheit. Durch diese Vergesellschaftung, Sozialisierung, wird im Anderen, der der gleiche wie ich ist, in der Vermittlung der Gruppe die eigene Freiheit gefunden. Wir sehen, daß es sich in der Gruppe um keine bloße Addition handelt, sondern um einen *synthetischen* Akt. Während die Serie sich ständig verflüchtigt und daher „nirgends" ist, ist die Gruppe immer *hier* mit ihrer Zeitlichkeit (die freilich vom Ziel bestimmt wird). Es gibt keinen Anderen in der Gruppenpraxis, sondern nur die gleiche gemeinsame Freiheit, die ich bin. Das heißt aber nichts anderes, als daß es in der Gruppe eine objektivierte Freiheit gibt. [88] In ihr wird mein Dasein menschlicher, die Sozialisierung steht so auf einer höheren Ebene als die Serie. Die Losung, die ausgesprochen wurde, ist in dieser Freiheit nur ein regulatives Moment; der Dritte, der „Los, retten wir ihn!" gerufen hat, ist nicht als solcher konstitutiv, sondern ich selbst bzw. jeder als Praxis, insofern er regulativ eingreift. Diese Freiheit, die die unaufhörliche Praxis der Gruppe ist, ist in ihrer Dialektik *nicht reduzierbar* auf die Dialektik der individuellen Praxis, aber ihre Existenz reicht nicht durch sich selbst aus, ihren Grund hat sie in der gesellschaftlichen Verfaßtheit des *konkreten* Menschen [89] bzw. eben in der individuellen Tat. So bringt die Praxis (Freiheit), die sich selbst bewußt ist (cogito), die Gruppe in ihrem Grund hervor, diese aber ist nicht wieder rückläufig auflösbar, sondern hebt den einzelnen auf eine neue Ebene, gibt ihm eine *neue Freiheit,* die er ist.

BEGINN DER MENSCHLICHKEIT
(EID, GEWALT, „GÖTTLICHES RECHT")

Nun ist aber die Fortdauer der gemeinsamen Losung als Aktionseinheit ungewiß. Die Sozialisierung fordert Fortdauer und stets neue Totalisierung. Die Möglichkeit des Verlustes der vorwärtstreibenden Bewegung als Selbstbegründung (Aktivitätsverlust oder zerstörende Überaktivität einzelner) fordert zur Erhaltung der gemeinsamen Freiheit eine neue Bindung. Denn die Einheit der Gemeinschaft (Gruppe) wird durch die Abhängigkeit von der individuellen Freiheit stets radikal gefährdet, so daß der Rückfall in die Serienhaftigkeit jederzeit möglich ist und der Andere wieder zum Fremden wird und durch ihn die Entfremdung auftaucht. Die ungebrochene Spontaneität bannte diese Gefahr, und jeder entdeckte in der Gemeinschaft seine Freiheit. Beginnt diese Spontaneität, dieser Identifikationsvollzug nachzulassen, sei es, weil das Ziel erreicht zu sein scheint, sei es, weil durch die (lange) Dauer die Dynamik nachläßt, muß das innere Verpflichtetsein durch äußere Verpflichtung unterstützt werden. Die Gruppe erhält eine *reflexive* und *permanente* Form. Der Begriff „Eid" mag hier für die verschiedenen Formen der Verpflichtung stehen. „Der Eid ist praktische Erfindung."[90] In einer persönlichen Entscheidung verspreche ich mich dadurch der Gemeinschaft (Gruppe). Durch ihn wird verlangt, daß jeder (Dritte) darauf verzichtet, „der Andere" zu werden. Der Initiationsritus (Eid, Taufe) verhindert die Auflösung der gewonnenen (objektivierten) Freiheit. Durch diesen Schutzwall wird die Gruppe real modifiziert. Diese Integrationspraktik setzt die Gemeinschaft als wesentlich und das Individuum als unwesentlich, insofern diesem in Zukunft die Möglichkeit versagt wird, die Gemeinschaft aufzulösen. Durch sein Versprechen läßt er die Gemeinschaft über sich verfügen und verpflichtet sich gegenüber jedem in der Gruppe, sich selbst von der Gemeinschaft als gesellschaftliche Praxis zu empfangen. In meinem Sein bin ich so verpflichtet, daß diese Pflicht für mich unüberschreitbar wird. Diese Unüberschreitbarkeit wird mir durch die Gruppe (die ich bin) als negative Schranke und als Forderung verliehen. Der Eid ist „die Freiheit eines jeden, die die Sicherheit aller sichert, damit diese Sicherheit in jeden als seine andere (= objektive) *Freiheit* zurückkommt, um in Form einer unüberschreitbaren Forderung seine freie praktische Zugehörigkeit zur Gruppe zu begründen" [91]. Die Gefahr, daß die Gruppe zugrunde geht, ihre Todesgefahr, daß sie wieder im Schlamm der Notwendigkeit versinkt, bewirkt, daß die Gruppe sich als *Druck* auf ihre Mitglieder auswirkt. So fordert die neu erworbene Freiheit die Gewalt. Wer diese Schranke der Gruppe überschreitet, wird in seinem Abfall in irgendeiner Form getötet. [92] Durch den Eid habe ich dieses Verfahren unterschrieben (der neuen Freiheit wegen, wie immer

sie als Ziel heißen mag: Himmel, klassenlose Gesellschaft usw.).
Damit ist aber eine *Transzendenz* gesetzt, die als *absolutes* Recht
(daher „göttliches Recht") aller auf jeden gegenwärtig ist. „Deshalb fügen Gott oder das Kreuz diesem Merkmal des Eides
nichts hinzu, das, wenn man will, zum ersten Mal ein Setzen
des Menschen als absolute Macht des Menschen über den Menschen in Wechselseitigkeit ist. Umgekehrt aber, wenn der Eid
in einer grundlegend religiösen Gesellschaft sich unter den Augen
Gottes vollzieht und göttliche Züchtigungen (Verdammung usw.)
für denjenigen verlangt, der ihn verletzt, so ist die Verpflichtung
gegenüber Gott nur ein Ersatz für die immanente Integrierung.
Gott macht sich zum Scharfrichter der Gruppe, er ist, wenn man
will, der Vertreter des Henkers. Man könnte sogar annehmen,
daß die Verdammung die Todesstrafe vertritt, weil sie als real
gilt und den Tod verdoppelt." [93] So hat also die Gruppe ein
absolutes Recht auf meine Praxis. Zugleich ist sie das Sein meiner
neuen Freiheit und die Garantie, daß wir nicht in die Serie zurückfallen. Die individuelle Praxis, sofern sie sich zur gesellschaftlichen (gemeinsamen) gemacht hat, entgeht der *Entfremdung.* „Der
Mensch (ist) als gemeinsames Individuum in jedem und durch
alle (und durch sich selbst) als ein n e u e r E x i s t i e r e n d e r geschaffen." [94] „Jede Organisation mit wechselseitigem Eid ist
ein erster Anfang, weil sie immer ein Sieg des Menschen als
gemeinsamer Freiheit über irgendeine Serialität ist. Genaugenommen geschieht der Sieg auf der Stufe der fusionierenden Gruppe
(= Gruppe im Werden), aber erst durch den Eid setzt sich die Gruppe
für sich... also als ihr eigenes Ziel im Unmittelbaren." [95]
Mit dieser Freiheit, die in unüberschreitbarer Permanenz gehalten
wird und so Zukunft hat, ist ein neues menschliches Sein gegründet; der Beginn der Menschlichkeit ist gesetzt. Dieser schöpferische Akt erzeugt die Brüderlichkeit der Gruppe. „Die konstituierte Gruppe wird in jedem durch jeden hervorgebracht als
s e i n e e i g e n e G e b u r t als g e m e i n s a m e s I n d i v i d u u m, und
gleichzeitig erfaßt jeder in der Brüderlichkeit, daß seine eigene
Geburt als gemeinsames Individuum innerhalb der Gruppe und
durch sie hervorgebracht wird." [96] Der Zwang, die Gewalt,
die gegen den Deserteur angewendet wird, ist daher nur die Verteidigung der eigenen Existenz als gesellschaftliche (Gruppen)-

Praxis. Der Druck, die Korrektur, richtet sich also nicht gegen die neue Freiheit, sondern nur gegen das Aufkommen der Zersplitterung durch den Willen des einzelnen, also gegen ihre Zerstörung. Im Verräter entdeckt jeder in der Wechselseitigkeit seine eigene permanente Möglichkeit zu verraten. Diese Bedrohung der Gruppe und daher die Erkenntnis, daß sie ihren Grund nicht in sich selbst hat, offenbart sie als ständige detotalisierte Totalität; der Mensch kann bei ihr nicht stehenbleiben. Auch die Ausscheidung oder Rückführung des Abgefallenen kann ihre fragmentarische Existenz nicht aufheben. Wohl aber erfährt sie in der eidlichen Verpflichtung eine Verfestigung, die zu einer juristischen Macht wird. Sartre meint, daß der Druck nichts anderes als die Freiheit ist, die als versteinerte, übermenschliche Macht auf den Menschen zurückkommt; d. h. sie ist das Heilige (der Eid ist ja „heilig"). Aus den Bruchstellen der Gemeinschaft (aus dem Nicht-Sein der Gruppe) drängt das Heilige hervor wie das Gras aus einem zerbrochenen Stein. Diese heilige Macht (das „göttliche Recht") konstituiert den Menschen in der Gruppe in seiner *Freiheit* als empfangene. Die gemeinsame Freiheit wird als *Geschenk* verstanden. Der Schritt ist nicht mehr weit, daß die Gruppe als Schöpfung anerkannt wird. [97] So legt sich die Freiheit, um sich zu bewahren, Ketten an, und Offenbarung und Anbetung, die der erfahrenen übermenschlichen Macht in der Gruppe folgen, sind nach Sartre die passive Einschränkung der Freiheit als Geschenk. Diese Form der heiligen Macht, die sich im „Sich-verdankt-wissen" niederschlägt, gilt im wesentlichen für alle Gruppierungen, nicht nur für die religiös-kultischen. Wir sehen also hier, wenn das Heilige sich als Gottesbegriff kristallisiert, daß Gott als die Macht der Grenze der Gruppe erfahren wird. Diese aber ist in Wirklichkeit nur vom Menschen in seiner gesellschaftlichen Praxis gesetzt. Eine Realität jenseits dieses Vollzuges kommt ihr nicht zu.

GOTT ALS IDENTITÄT VON MENSCH UND MENSCHHEIT

Auf Grund dieser Macht organisiert sich die Gruppe, um in Zukunft zu existieren und weiter in der totalisierenden Bewegung zu bleiben. Als Organisation und Reorganisation wirkt sie also auf die Mitglieder ein, und die negative (heilige) Macht wird Anlaß zur Aufgabenverteilung. Jeder erhält eine Funktion, ja die Funktion verselbständigt sich; noch mehr, die Funktion, einmal in sich gesetzt, bringt den einzelnen hervor, der sie aufrechterhält. Wir brauchen diese Dialektik nun nicht im einzelnen zu verfolgen. Es kommt zur wachsenden Unterscheidung von Recht und Pflicht. [98] Die Funktion im Apparat wird damit zu einer zu erfüllenden Aufgabe und ist zugleich die *Beziehung* zwischen jedem (gemeinsamen) Individuum und allen Anderen. Als Aufgabe ist sie daher in jedem die Beziehung zum Ziel als der zu totalisierenden Totalität. [99] Als Beziehung ist sie die Erfindung der gemeinsamen Freiheit (auf der Ebene der Sozialität der Gruppe) der konkreten Formen der menschlichen Relationen. Zugleich werden durch die Funktionen neue Grenzen in die Gemeinschaft eingeführt („Du darfst nur das tun, das aber mußt Du tun!"), die andererseits wiederum größere Freiheit mit sich bringen (z. B. Produktionsteilung). In der Verfestigung aber wird diese immer mehr eingeschränkt. Wie immer sich nun die Funktionen in der Gruppe verteilen, sie sind eine Bewegung, die ein Ziel anstrebt, das *überindividuellen* Charakter hat. Die Totalität, zwar vom Individuum als Ziel gesteckt, wird nun durch die Gemeinschaft realisiert. Die gesellschaftliche Verfaßtheit der menschlichen Praxis (des Cogito) offenbart uns das angestrebte Ziel als Ganzheit und Erfüllung jedes einzelnen als nur in der Gemeinschaft realisierbar. Das heißt mit anderen Worten: Die Totalität des Menschen (das An-und-Für-sich, Gott) kann *nur* in der Gemeinschaft realisiert werden. Nur in der Gruppe ist es möglich, zu Gott zu gelangen. So verweist Sartre auf die Religionsgemeinschaften, die sich dieser sozialen Struktur bewußt sind (Reich-Gottes-Idee), und er verteidigt die Kindertaufe als vom Gruppenstandpunkt aus richtiges Verhalten. [100] Die Taufe schafft ja — nach Sartre — die gemeinsame Freiheit als die wirkliche Macht der individuellen Freiheit. In die Vorentscheidung der Gruppe wird jeder Mensch hineingeboren — entweder empfängt das Kind die Taufe des Atheisten oder die christliche Taufe. Auch die Ungläubigen können sich nicht auf reine Individuen reduzieren, sondern stehen in einer Gruppe und erkennen daher den Horizont der Ganzheit an. Das gemeinsame Ziel manifestiert sich freilich nur in der individuellen Praxis als gemeinsames Jenseits. [101] Aber das Individuum integriert sich in der fortschreitenden Gemeinschaft immer mehr in die Gruppe, während die Gruppe ihre reale Schranke im Individuum hat. Jeder also realisiert sich selbst, indem er die Gemeinschaft realisiert, als der jeweils Gleiche.

So ist die Wahrheit sowohl ein dialektisches Entziffern der Objektivität als auch die Bestimmung der Sozialisierung, indem die Alterität (das Anderssein, der Antagonismus) aufgelöst wird. [102] Die individuelle Wahrheit würde im Ziel von der gemeinsamen Wahrheit (immer als Praxis verstanden) nicht mehr zu unterscheiden sein, sie wäre eins. So ist bei genauer Betrachtung nicht die Gruppe der praktische Zweck, sondern sie wird auf das Ziel hin transzendiert. Die Gruppe organisiert sich für dieses gemeinsame Ziel. Ist diese Identität der Wahrheit das Ziel, dann transzendiert die gemeinsame Praxis nicht prinzipiell die individuelle Praxis. Vielmehr würde sich die Wirklichkeit als wahr erweisen, wenn die Dialektik beider Praxen eine Einheit bildet. Da aber das organische Stadium (die Materialität) nicht überschritten wird, bleibt der Mangel und mit ihm die (faktische) Unerreichbarkeit (zumindest bis heute).

INSTITUTIONALISIERUNG UND AUFLÖSUNG

Das In-der-Gruppe-sein ist also durch ein doppeltes Scheitern gekennzeichnet: „nicht aus ihr herauskönnen und sich nicht in sie integrieren können... sie weder in sich auflösen können... noch sich in ihr auflösen können" [103]. Zugleich ist damit die Bedrohung durch den Dritten gegeben, der aus ihr herausfällt oder sie von außen relativiert (sie zu einer beliebigen Gruppe macht oder als eine andere Gruppe auf sie wirkt). Wir sehen also, daß die Gruppendialektik einen tiefen Widerspruch in sich enthält. „Dieser unüberschreitbare Konflikt des Individuellen mit dem Gemeinsamen, die sich einander entgegensetzen, gegeneinander bestimmen und jedes in das andere als seine eigentliche Wahrheit zurückkehren, überträgt sich natürlich innerhalb der organisierten Gruppe durch neue Widersprüche. Und diese Widersprüche äußern sich durch eine neue Umwandlung der Gruppe: die Organisation verwandelt sich in *Hierarchie,* die Eide bringen die *Institution* hervor." [104] Sartre meint hier keine historische Reihenfolge, sondern eine sachliche, die durchaus zirkulär sein kann. Durch die Institution wird gerade das Übermaß an einzelner Aktivität gedrosselt, anders als beim Eid, der Steigerung der Praxis hervorruft. So wird die permanente Gefahr von dieser Seite eingeschränkt, und zur Erhaltung der gemeinsamen Freiheit die Praktik der institutionalisierten Gruppe angewandt. [105] In ihr wird die Souveränität institutionalisiert, und alle Funktion und Machtbefugnis verwandelt sich in Institution. Sie ist wiederum nicht die Bekämpfung der Freiheit, sondern die der Serialität, der Selbstauflösung. Freilich, die als Transzendenz aufgefaßte Freiheit vertreibt in der Institution die individuelle Freiheit. [106] Im neuen Ausmaß wird das Individuum als unwesentlich gesetzt. So wird der Mensch als einzelner gezähmt, um die Gemeinschaft als gemeinsame Freiheit zu erhalten. Der Souverän einer Institution ist dann der institutionalisierte Mensch, der in seiner Funktion die Einheit verspricht. Das institutionalisierte Moment in der Gemeinschaft ist die systematische Selbstdomestizierung des Menschen durch den Menschen. [107] Das Ziel der Institutionalisierung ist ja, die Menschen als solche Gemeinschaftswesen zu schaffen, die sich in ihren eigenen Augen und untereinander durch ihre grundlegende funktionale Wechselseitigkeit als Institution definieren. Durch die Institution (aus der der Staat geboren wird) dringt die Alterität (Befehl-Gehorsam usw.) wieder in die Gruppe ein, die den Mangel an Einheit ersetzen soll. [108] So ist die Institution erstarrte Praxis, der Verdinglichungsindex. Die Macht, der Druck, der in ihr herrscht, ist die Autorität. Der Souverän löst die Gleichheit der Glieder auf, aber er wehrt auch dem Rückfall in die Serie, da er das gemeinsame Individuum aller ist, jedoch anders als alle. Da er nicht wirklich das Ganze im Konkreten ist (universale in concreto), wird die gemeinsame Freiheit wieder entfremdet, und die Grundlosigkeit der Autorität legt die Wurzel der Zerstörung der Gruppe. Für den Souverän gibt es keine Begründung jenseits der Gruppe. Wird die Macht als von Gott ausgehend deklariert, so ist dies nur die hypostasierte Grenze der Gruppe (wie wir es schon beim Begriff des Heiligen gesehen haben). Auch die Gruppe selbst begründet sie nicht, weil sie nur eine unganze Totalität ist. Weder

Gott noch die totalisierte Gruppe haben eine reale Existenz. [109]
Die Bewegung der Totalisierung (der Geschichte) geht weiter,
die Institutionen bilden den „materiellen" Ausgangspunkt für neue
Gruppen. Der Halt der Institution kann nur vorübergehend sein.
Die Identität des Einzelnen mit dem Ganzen und daher mit sich
selbst wird nicht erreicht. Die Totalisierung wird weiter angestrebt. Niemals gibt es die Totalität, sondern immer nur eine
ablaufende Totalisierung, die den Anderen (die Alterität) ins
Gleiche aufzulösen sucht. [110] Auch diese Totalisierung darf
nicht von der individuellen Praxis des gesellschaftlichen Menschen in der Geschichte abgelöst werden. „Es ist absurd, den
Prozeß zu substantivieren, dieser abstrakten Grenze des Verstehens (= Totalität ist nicht erreicht) einen positiven Inhalt zu
geben und die Widersprüche der Erfahrung vorzeitig auszuschalten, indem man den Menschen vom Standpunkt Gottes aus
sieht." [111] Wir haben keinen festen Punkt, den wir als Totalität
verstehen könnten. „In einer Menschheit, die wirkliche Totalität
wäre, wären... die einen Menschen durch die anderen
Menschen, was darauf hinausliefe, daß der Begriff ‚Mensch' verschwinden würde... das Menschliche ist also nur diese unendliche Flucht (zirkulare Rückläufigkeit)." [112] Der Skandal der
Geschichte ist nicht, wie Hegel meinte, die bloße Existenz des
Anderen, sondern die Unmöglichkeit, zur Einheit mit ihm zu
kommen. So wird die Wechselseitigkeit immer bedroht, negiert,
und der Mensch ist der Mangel-Mensch. „Hier offenbart sich...
die tiefe Bedrohung des Menschen durch den Menschen auf Grund
des Mangels: der Mensch ist das Wesen, durch das (durch dessen
Praxis) der Mensch auf den Status eines heimgesuchten Gegenstandes reduziert ist, d. h. auf den Zustand einer bearbeiteten
Materie, deren Funktionieren störungsfrei ist und das von un-
wirksamen Träumen durchzogen wird, d. h. deren menschliche Transzendenz trotz allem bestehen bleibt, aber als
Illusion, die sich als solche entlarvt und *nicht* schwinden *kann*." [113]
Wenn die Geschichte also die Totalisierung aller praktischen Viel-
heiten ist, dann ist sie durch eine intelligible und unwiderrufliche
Bewegung, durch das Werden, verknüpft und verstehbar.

Wir verstehen nun das Danaidengeschenk des geschichtlichen Prozesses: die individuelle Praxis begibt sich in ein und demselben Vollzug als gesellschaftliche Praxis (gemeinschaftsbezogenes Cogito) in die Serie und in die höhere Freiheit der Gruppe. Diese neue Freiheit wendet sich zugleich wieder gegen den Menschen. Die Gemeinschaft in ihrer neuen Freiheit bleibt von den Einzelnen getragen. Weder der Einzelne kann sich in die Gemeinschaft, noch diese in den konkreten Menschen auflösen. Zwar ist in der Gemeinschaft der Beginn echter Menschlichkeit gesetzt, die Fülle wird aber nicht erreicht, sie bleibt unmenschlich. Die gesellschaftliche Gruppe in der (bisherigen) Geschichte überwindet die Entfremdung nicht. Die totalisierte Totalität steht aus. So lebt der Mensch in der Gesellschaft stets mit dem Horizont der Transzendenz. Zwar bringt der Mensch die Absurdität (Nicht-Verstehbarkeit) des Seins zur Wirklichkeit, zum Verstehen, indem der Mensch in der gesellschaftlichen Praxis das Für-sich der Synthese dem An-sich annähert. Die Synthese, und mit ihr Gott, bleibt aber eine zukommende Illusion, die für die Gemeinschaft nie Wirklichkeit wird. Sie kann inhaltlich nicht interpretiert werden. Absurd ist es, diese abstrakte Grenze zu substantivieren, ihr einen positiven Inhalt zu geben — und wäre dieser auch nur ein „zukommender" oder gar „nur zukünftiger" Gott. Der Mensch kann nicht von einem realen Gott her beurteilt werden. Wohl aber muß der geschichtliche Mensch als Gesellschaftswesen die zu totalisierende Totalität, d. h. den ideellen Gott, anerkennen. Weil er sich nicht aus der Geschichte herausbegeben kann, darum bleibt ihm dieser Horizont für die ständige Aufhebung der Entfremdung. So ist *Gott,* der aus der dialektischen Vernunft, aus dem geschichtlichen Entwicklungsprozeß des Menschen erkannt wird, der Horizont der Ermöglichung des Fortschritts (Gruppenentwicklung) und der Produktion. Er ist mit dem Raum der absoluten Freiheit, die vom Menschen intendiert wird, identisch. In der gesellschaftlichen Verfaßtheit des menschlichen Cogito begegnet den Menschen aber kein realer Gott. Er ist allein auf dieser Erde, in dieser Heils- und Unheilsgeschichte.

7. DER ETHISCHE NEUANSATZ

Am Ende von „Das Sein und das Nichts" schrieb Sartre, daß sein nächstes großes Werk eine Ethik sei. Inzwischen sind fast dreißig Jahre vergangen. Sartre erkannte, daß die Basis für eine Ethik in „Das Sein und das Nichts" zu schmal, zu einseitig und zu subjektivistisch war. Durch sein Studium von Marx und Marxismus brachte er die Dimension der Sozialisierung, der gesellschaftlichen Praxis, in seine Philosophie ein, auf die sie allerdings schon ohne Zweifel angelegt war. Sein zweites Hauptwerk wurde, wie wir wissen, die „Kritik der dialektischen Vernunft". Die Anwendung seiner Theorie im konkreten Vollzug der Geschichte, die Deutung und Interpretation der historischen Ereignisse, wie sie ein zweiter Teil dieses genannten Werkes noch entwickeln müßte, wird wahrscheinlich wegen der ungeheuren historischen Arbeit, die zu leisten wäre, nie erscheinen. „Un second volume de la Critique qui ne paraîtra probablement jamais." [1] In dem 1971 erschienenen Werk über G. Flaubert (L'Idiot de la famille), das über zweitausend Seiten umfaßt und noch nicht abgeschlossen ist, sehe ich ein konkretes Beispiel für diesen zweiten Teil. An diesem Beispiel zeigt Sartre, welche synthetische Kraft seine Philosophie hat. Es ist eine „Illustration" zu seinen beiden Hauptwerken, wobei er besonders stark auf sein erstes zurückgreift und die Motive seiner Gottesidee eindrücklich verwendet. Inzwischen ist nun auch die Ethik konzipiert, so daß in den nächsten Jahren mit dem dritten Hauptwerk zu rechnen ist. Die verstreuten Ansätze und Publikationen Sartres auf diesem Gebiet lassen den Weg ahnen. Für die Gottesfrage wird kaum ein wesentlich neuer Aspekt erschlossen werden, den wir nicht schon jetzt skizzieren könnten. Bevor wir uns die Möglichkeiten für ein ethisches Handeln, das die Gottesfrage nicht stellt, ansehen, ist es wohl angebracht, Sartres philosophisches Anliegen noch einmal zusammenzufassen.

Eine „revolutionäre Philosophie" hat den Mythos der christlichen Philosophie wie des Materialismus beiseite zu schieben und folgendes nachzuweisen:

„1. daß der *Mensch* nicht zu rechtfertigen ist, daß sein Dasein *zufällig* ist, da weder er noch irgendeine *Vorsehung* dieses Dasein geschaffen haben;

2. daß folglich jede von Menschen errichtete kollektive *Ordnung* zugunsten anderer Ordnungen *überwunden* werden kann;

3. daß das geltende *Wertsystem* einer Gesellschaft die innere Struktur dieser Gesellschaft widerspiegelt und sie zu erhalten strebt;

4. daß dieses Wertsystem also jederzeit zugunsten anderer Systeme, die wir bis jetzt erst undeutlich erkennen, *überwunden* werden kann, da ja die Gesellschaft, deren Ausdruck sie sein werden, noch nicht besteht, die aber vorhergeahnt und schließlich auch erfunden werden eben durch das *Streben* der Glieder der Gesellschaft nach Überwindung dieser Gesellschaft." [2]

Wir haben gesehen, wie Sartre dieses Programm zu verwirklichen suchte. Der Mensch in seinem Sein als Bewußtsein bzw. gesellschaftliche Praxis ist ein *Ruf* nach *Sein*. Durch sein Auftauchen wird die dumpfe Identität des Seins zerbrochen, und das Nichts taucht auf. Durch das Für-sich kommt der Mangel ins Sein. Der Mensch, der das Nichts in seinem Herzen trägt, ist ein Mangelwesen. Alle Kategorien: tun, machen, haben und seine ganze Praxis, die er ist, sind Ausdruck und Schöpfung dieses Mangels. Die Synthese zwischen An-sich und Für-sich, zwischen bearbeiteter Materie und gesellschaftlicher Praxis wird angestrebt, bzw. die menschliche Realität ist dieser Versuch. Keineswegs, wie Freud sagt, ist die sexuelle Begierde das Irreduzible, von dem sich alles andere ableitet, sondern das Für-sich stellt sich ontologisch als Seinsmangel dar. [3] So lassen sich alle unsere Verhaltensweisen, angefangen vom ersten Bewußtseinsvollzug bis zur ausgeprägten gemeinschaftlichen Aktion, auf diesen grundlegenden Seinsentwurf zurückführen. Es ist jedoch nicht so, daß zuerst ein allgemeiner Seinsentwurf gegeben ist und dann später die individuell-konkreten Entwürfe und Bedürfnisse „dazukommen", sondern in ein und demselben Akt stellt sich die Totalisierungsbewegung, die Sehnsucht als unerfüllt bzw. als privativ dar und ist damit zugleich Suche nach der Totalität, der Seinsfülle, der menschlichen Ganzheit. [4] Was dem Für-sich abgeht, um Seinsfülle zu sein, ist das An-sich; der Mensch leidet Mangel an (bearbeiteter) Materie, ein Hiatus zerreißt beide. Dabei ist aber festzuhalten, daß die Zersplitterung nicht einen vollkommenen Dualismus hervorbringt, sondern das Für-sich ist ein „unselbständiges" Absolutes, es ist reine Beziehung und Vollzug, der zwischen seiner idealen Synthese und dem An-sich im *Werden* ist. Ohne die ontologische Priorität des An-sich vor dem Für-sich aufzuheben, die Kontingenz zu vertreiben, ist die menschliche Realität das Bemühen, die Identifikation herzustellen. So zielt der Mensch auf das An-sich, um die reine, absurde Kontingenz aufzuheben, das „Zuviel" in der Notwendigkeit zu überwinden und der Begründung des Seins Raum zu geben. Dieser Raum ist aber nichts anderes als das Nichts bzw. die Nichtung, die das Für-sich darstellt. Die Identifikation, die begehrt wird, ist also das *An-sich,* insofern es seine *eigene Begründung* ist, den Grund der eigenen Existenz in sich trägt. Wir haben dies schon alles in seinen wesentlichen Zügen gesehen. Wir wissen auch, daß diese Sehnsucht nach Ganzheit nie Rückkehr zur Kontingenz, also Auflösung in das An-sich bedeutet, sondern der Sinn dieser Synthese ist eine Totalität, in der das An-sich bzw. die bearbeitete Materie im Für-sich bzw. im gesellschaftlichen Menschen ihren Grund findet, so daß nichts ohne Sinn und Grund bleibt; d. h. diese Einheit wäre Gott.

DER SINN DER SEHNSUCHT IST GOTT

Ist aber von daher nicht der Einwand berechtigt: Wenn der Sinn der Seinssehnsucht des Menschen Gott ist und dies für alle Menschen gilt, ist dann Gott nicht *notwendig* dieser letzte Sinn eines jeden Menschen? Ist er nicht aus dem „Wesen", der „Natur" des Menschen oder besser aus der „Struktur" des menschlichen Vollzugs zu beweisen? Ist die reale Existenz des Menschen nicht der lebendige Zeuge des wirklichen Seins Gottes? Sartre antwortet: Nein, keineswegs! Denn „wenn auch der Sinn der Sehnsucht letzten Endes der Entwurf ist, Gott zu werden, (so wird) die Sehnsucht niemals durch diesen Sinn konstituiert... sondern sie (ist) vielmehr immer eine b e s o n d e r e E r f i n d u n g ihrer Ziele"[5]. Niemals realisiert sich der Mensch als Seinssehnsucht schlechthin, sondern immer nur als Totalisierungsbewegung auf eine konkrete Seinsart hin. Das Allgemeine, und damit die Totalität bzw. die Erfüllung der Sehnsucht, existiert nur als *Sinn*, der nicht (oder noch nicht) verwirklicht ist. Es existiert nur das Konkrete als menschliche Realität, als Vollzug (bzw. als Tendenz auf die Synthese hin), der sich, genötigt durch die soziologische Bedingtheit, diesen letzten Sinn geben muß — paradox formuliert —, insofern er unbegründbare, volle Freiheit ist.

In den *empirischen Tendenzen,* Vollzügen und Sehnsüchten des Menschen können wir also den Ausdruck und das Symbol einer *grundlegenden* und *konkreten* Sehnsucht erkennen, die die *Person* ist und die Art und Weise darstellt, in der es dem konkreten Individuum um das Sein geht. Diese Bewegung stellt die Urwahl (optio fundamentalis) dar. In ihr drückt sich wiederum eine *abstrakte,* allgemein bedeutsame *Struktur* aus, die die Seinssehnsucht im *Allgemeinen* ist, d. h. désir d'être Dieu. [6] Von diesem Sinnhorizont her ist die Bestrebung der Geschichte nach Einheit der Menschen zu verstehen. Nur so ist es möglich, von den Menschen als Gattung (species) zu sprechen und nicht von völlig unähnlichen Atom-Individuen. Nur von der konkreten Person aber, die Vollzug bzw. Freiheit ist, erhält diese ersehnte Ganzheit ihre Existenz. Diese abstrakte, ontologische Struktur der „Seinssehnsucht" macht die grundlegende Struktur der menschlichen Person verstehbar. Ihr konkretes Auftauchen ist aber *nicht* unterscheidbar von ihrem Wählen. Die menschliche Person ist reine Existenz, Vollzug Freiheit, immer jedoch in ihrer dialektischen Bindung an das An-sich, das dem Absurden verhaftet ist. Ohne das An-sich, ohne die immer schon bearbeitete Materie, ist das Für-sich eine reine Abstraktion. In der Beziehung auf dieses aber ist es dessen Begründung. Das An-sich, das sich also zum Für-sich gemacht hat, ist der Versuch, die Ursache seiner selbst zu werden. [7] Wir können so das Bewußtsein als ein bestimmtes Stadium auf dem Weg des Vorwärtsschreitens „in Richtung auf die Immanenz der Kausalität, d. h. auf c a u s a - s u i - S e i n " [8] interpretieren. Diese Bewegung der Totalisierung macht aber bis heute (beim Für-sich) auf halbem Wege halt infolge von „Seinsinsuffizienz". Sartre meint, daß hier die Ontologie keinen Schritt weitergehen kann, da sie nur die Strukturen der Wirklichkeit aufweisen kann. Eine künftige Metaphysik müßte diesen Übergang vom An-sich zum Für-sich denken bzw. dieses *Ereignis* zur Sprache bringen. Das (absolute) Ereignis des Auftauchens des Für-sich ist von den Strukturen her nicht begreifbar. [9] Die gesellschaftliche Praxis ist ein Versuch, den Übergang, das Werden zu denken. So ist auch die Geschichte als Sinngebung des Sinnlosen zu deuten. Sie stellt ja einen konkreten, dialektisch verstehbaren Totalisierungsprozeß dar. Nach dem Ursprung dieses Ereignisses darf insofern gefragt werden — im Bereich des An-sich hingegen ist es völlig sinnlos —, insoweit das Für-sich Selbstbegründung sein will. „Das Sein, durch das das *Warum* zum Sein gelangt, hat das Recht, sein eigenes Warum zu setzen; denn es ist selbst eine Fragestellung, ein Warum." [10] Weit entfernt, auf die Frage, die der Mensch ist, eine Antwort (im Ganzen) zu erhalten, ist die menschliche Realität nicht einmal fähig, die Frage als Ereignis zu denken. Wenn das Sein aus dem Ereignis gedacht würde, würde es möglich werden, das Werden wirklich zu denken, und nicht nur in der Weise der Geschichte. Diese ist ja von der Zeitlichkeit abhängig, die wiederum eine Seinsweise des Für-sich besagt. Die Erklärung des geschichtlichen Werdens kann uns daher das Ereignis des Für-sich nicht erschließen. Wir sahen ja, daß die individuelle Praxis stets unreduzierbarer Grund für die geschichtliche Bewegung bleibt und nicht eingeholt werden kann. Sicher, die Totalität als Realität, das An-und-Für-sich, das der tatsächliche Entwurf des Für-sich ist, wäre eine Antwort. Sie läge aber auf einer Ebene, die jedenfalls heute nicht als realisierbar und daher auch nicht als Realität zu denken ist. So kann man sagen, daß es im heutigen Stadium des Menschen und seiner Geschichte nicht zu erkennen ist, wie *Gott* möglich ist. So ist es sachgerecht, *heute* Atheist zu sein; denn nur aus der Verwirklichung (aus dem actus) ließe sich die Möglichkeit (die potentia) denken bzw. als aufgehoben erfahren. „Die Ontologie wird sich also auf die Erklärung beschränken, daß alles so verläuft, *als ob* das An-sich in einem Entwurf, sich selbst zu begründen, sich die Modifikation eines Für-sich gäbe. Aufgabe der Metaphysik ist es, Hypothesen aufzustellen, die es möglich machen, diesen Prozeß als das *absolute*

Ereignis zu verstehen, was jenes individuelle Abenteuer, nämlich die Existenz des Seins, bekrönt." [11] Sartre sieht vorläufig keine Möglichkeit, dieses Ereignis zu verstehen. Trotzdem ist klar zu erkennen, daß das An-sich und das Für-sich nicht nebeneinander stehen, sondern daß das Für-sich ohne An-sich eine reine Abstraktion ohne Realität, das Phänomen des An-sich ohne Bewußtsein aber ebenso rein abstrakt ist. Als „reines" Sein-an-sich hat es jedoch eine ontologische Priorität. „Aber wenn das Bewußtsein durch eine innere Beziehung an das An-sich gebunden ist, bedeutet das dann nicht, daß es sich mit ihm verbindet, um eine *Ganzheit* zu bilden, und kommt dieser Ganzheit nicht die Bezeichnung Sein oder Realität zu?" [12] Sicher, diese Ganzheit ist der Mensch als Versuch, der Bruch in ihr kann aber nicht aufgehoben werden. Der Mensch als Ganzes im Fragment bleibt, solange er lebt, diese Sehnsucht, den Grund in sich selbst haben zu können. So definiert sich der Mensch durch ein ereignishaftes, vorontologisches Verstehen des ens causa sui bzw. der Identifikation von Sein und Sinn. Vom Ursprung her ist also festzuhalten, daß der Mensch in der Welt a priori keinen Sinn hat. Die Welt als An-sich ist primär *sinnindifferent,* vom *Menschen* her gesehen daher absurd. Der Mensch selbst ist durch und durch konkret und in seiner *Existenz* nicht zu rechtfertigen. Der Sinn liegt allein im Bereich des Für-sich, insofern dies Vollzug der freien Sinngabe oder Sinnschöpfung ist. Die ganze Konkretion empfängt sie vom An-sich; denn abstrahiert von diesem ist das Für-sich nichts. So ist der Sinn durch „Nichts" vom Sein getrennt, das Abstrakte ist nicht *im* Konkreten (verwirklicht), sondern ein Riß durchzieht beide Seiten der ganzen Wirklichkeit. Die unmittelbare Seinserkenntnis wird aber deshalb nicht in Frage gezogen (anders als bei Kants Noumenon), sondern als *Prozeß* verstehbar, freilich auch nur als solcher, wobei das Ereignis des Für-sich ungeklärt bleibt. In diesem Prozeß ist die Tendenz auf Totalisierung (auf Aufhebung dieses Hiatus) klar zu erkennen. Daraus darf aber nicht geschlossen werden, daß die Ganzheit existiert oder auch nur verwirklichbar ist. Wohin diese Bewegung des Seins, die vermenschlicht Geschichte heißt, führt, haben wir zur Genüge gesehen. Es ist das Ideal der Vereinigung der Gegensätze, der Widersprüche zwischen Sein und Sinn, zwischen Mensch und Materie und zwischen

Mensch und Mensch. Dieses Ideal der Einheit und des Friedens wäre die gelungene Synthese beider, wäre der Grund in sich selbst, wäre Gott. [13] Dieses ideale Sein, von dem her sich der Mensch in seiner Unmenschlichkeit stets verkünden läßt, offenbart die realisierte Totalität (Mensch) als eine „verunglückte Bemühung", zur Würde der vollkommenen Ganzheit zu gelangen. „Alles geht so vor sich, als ob es der Welt, dem Menschen und dem Menschen-in-der-Welt nur gelänge, einen *mangelhaften Gott* zu realisieren. Alles geht so vor sich, als ob das An-sich und das Für-sich im Zustande der Auflösung in bezug auf eine ideale Synthese sich darböten. Nicht, weil der Zusammenschluß zur Synthese jemals stattgefunden hätte, sondern im Gegenteil, weil er immer angekündigt wird und immer unmöglich ist." [14] Der faktische Übergang vom An-sich zum Für-sich (und umgekehrt in der Verinnerlichungsbewegung) wird nicht bewerkstelligt. Die Ganzheit ist stets wie enthauptet, eben eine detotalisierte Totalität. Der Übergang als Ereignis ist noch nicht gedacht. In der dialektischen Vernunft haben wir erfahren, daß das menschliche Erkennen, die Praxis des Menschen das An-sich nicht unberührt läßt und daß die Reibung aneinander beide verändert, so daß die Wahrheit als tätiger Zuspruch des Menschen den Anspruch des Seins modifiziert. [15] Indem wir die Welt verändern, erkennen wir sie. [16] Aber alles bleibt insuffizient. Der Mensch scheitert am Seinsmangel, den er als Beziehung konstituiert. Zwischen An-sich-Sein und der idealen Synthese ist er festgenagelt; der Kontingenz nicht entrinnend, streckt er seine Arme aus nach der Illusion, die Gott heißt. In dem Augenblick, wo der Mensch das Ideal erreicht hätte, würde das Bewußtsein zur Substanz, und diese Substanz wäre eine Beziehung, die die eigene Begründung ist; der Mensch wäre nicht allein, sondern in seiner Unmenschlichkeit getilgt, er wäre „Gott-Mensch" [17]. Diese Sehnsucht wäre also erfüllt im „totalen Menschen", in totaler Gemeinschaft bzw. Einheit. [18] Sie wird aber nicht erfüllt; zumindest haben wir heute noch kein reales Anzeichen dafür. Der Mensch ist ein gescheiterter Gott. [19] Er will Sinn in das Sein bringen, er sehnt sich in seinem tiefsten Herzen, zur Erfüllung zu gelangen, er bemüht sich um ein sinnvolles Leben, in dem Sinn und Sein austauschbar sind, aber dieses Bemühen reißt seine

Wunde nur immer wieder neu auf, und das Streben in der Gemeinschaft, das eine größere Freiheit schafft, führt faktisch nur wieder in noch größere Zerrissenheit und Unfreiheit. Es macht wenig aus, ob wir dieses Ideal, wie es uns in S. Becketts „Warten auf Godot" geschildert wird, Gott oder die Revolution nennen. Eines steht fest: Gott *kann* nicht kommen, solange der Mensch *so* ist; [20] denn im heutigen Zustand gibt es nur eine Wahrheit: „das Entsetzen zu leben" [21].

DIE ETHIK ANGESICHTS DES MENSCHLICHEN
SCHEITERNS (DAS WERTSYSTEM)

Hiermit stehen wir bei der Frage nach der Ethik. Welches ethische Verhalten ist angesichts des Scheiterns der menschlichen Versuche auf allen Gebieten möglich? Wohin führt uns die Philosophie, in der Gott aussteht? Was gibt es für Möglichkeiten, im Prozeß des Werdens zu handeln und ihn umzugestalten? Die widersprüchliche Idee Gottes hat ja in der Wirklichkeit (die der Mensch ist) ihre Wurzel. Wie ist dieser Widerspruch des Daseins zu bewältigen?

Dieser Widerspruch des Daseins ist ein ontologischer Sachverhalt, aus dem nicht als solchem die ethischen Forderungen hervorgehen. Seinsaussagen tragen nicht den Charakter eines Imperativs unmittelbar in sich. Wohl aber deckt die Ontologie die ethische Situation auf. Diese wiederum wird im Raum der Geschichte die Ontologie unter ihren Einfluß bringen, da geschichtlich eine strenge Wechselwirkung besteht. Schon in „Das Sein und das Nichts" hat Sartre die Weichen für eine Ethik gestellt. Besonders in seiner Auseinandersetzung mit dem Humanismus [22] wird sie akut, und in dem Drama der fünfziger Jahre „Der Teufel und der liebe Gott" erreicht sie einen Höhepunkt. Seine künftige Ethik wird die Einheit, die zwischen seinem philosophischen Schaffen und seiner Dichtung überall zu erkennen ist, sicher auch in diesem Punkt erweisen. Sartres Theater ist ganz von seinen philosophischen Ideen geprägt. Es wurde oft als „Philosophie in konkreter Situation" bezeichnet. Wir dürfen uns daher seinen ethischen Skizzen in den Dramen besonders zuwenden und seine Ethik im Angesicht der Gottesfrage umreißen. Es geht uns hier nicht darum, seine ganze Ethik zu entfalten [23], vielmehr soll nur die Frage nach dem konkreten Handeln in der heutigen geschichtlichen Situation gestellt werden, in der sich Gott der Verständigung unter den Menschen entzieht. [24] Die ontologischen Voraussetzungen sind uns bekannt.

Der Mensch in seinem freien Entwurf ist stets wertend. Denn der Mensch ist nicht a priori durch Werte auf Grund eines „Wesens" oder einer „Natur" bestimmt, sondern indem der Mensch zu sein *hat,* wird der Wert geboren. Wir haben dies alles im Kapitel über die Freiheit des Menschen gesehen. Der Mensch ist ja die einzige Realität, die nicht nur einfach ist, sondern sich zu entwerfen hat. Seine Existenz geht darum seiner Essenz voraus. Dieser Aufbruch der ontologischen Differenz zwischen der Existenz und der Wesenheit ist der Mensch in seinem Bewußtsein. In dieser Differenz ist der Grund der Freiheit geortet. Wählend bestimmt daher der Mensch, *was* er ist, was er sein wird. Er macht sich zu dem, was er jeweils in der Situation ist. A priori ist, wie wir wissen, weder Sinn noch Wert dem Menschen vorgegeben. Im Vollzug wird der Wert konstituiert, und der Mensch ist verantwortlich für das, was er aus sich macht. Ja, er ist zur Verantwortung verurteilt, weil er auf nichts Vorgegebenes, auf keine Natur und keinen Gott rekurrieren kann. Ist diese Verantwortung aber nicht nur eine Leerformel, wenn sie sich an nichts orientieren kann? Ist sie nicht reine Willkür des Menschen? Nun, der Mensch schwebt auch als Freiheit, die die Werte setzt, nicht im luftleeren Raum, sondern er steht in einer bestimmten Situation. Die Freiheit ist immer situierte Freiheit, mit allen Folgen, die wir schon gesehen haben. Seine Situation ist aber zweideutig, nicht festgelegt und daher immer durch den Eigenvollzug mitbestimmt. Dieser ist aber nicht eine abgeschlossene Individualität, sondern er ist auf *Allgemeinheit* hin orientiert. Zwar gibt es keine allgemeinen Vernunftgesetze, kein vorgängig bindendes Wertsystem, aber die absolute Freiheit ist konkret auf das Allgemeine hin ausgerichtet. „Jeder Entwurf, wie individuell er auch sei, hat einen allgemeinen Wert." [25] Der Mensch kann nicht für sich allein leben —dies ist ontologisch unmöglich—, sondern er muß für den Anderen und vor ihm existieren. Sein Sein-für-den-Anderen kann er nicht abstreifen. Das Individuum lebt so das Allgemeine, Universale und kann dem nicht entrinnen. „Wenn wir sagen, daß der Mensch für sich selber verantwortlich ist, so wollen wir nicht sagen, daß der Mensch gerade eben nur für seine Individualität verantwortlich ist, sondern daß er verantwortlich ist für *alle* Menschen." [26] Diese Allgemeinheit hat schon darin ihre Grundlage, daß absolute Freiheit jedem Menschen zukommt und die menschliche Seinslage betrifft. Weil die Wahl nicht nur eine individuelle Modifikation meines Seins ist, sondern Wesenswahl, wird durch mein konkretes Verhalten über das Wesen entschieden. Aber nicht nur über mein individuelles Menschsein, sondern zugleich über das Wesen des Menschen im allgemeinen. Gerade indem kein Mensch in seinem Wesen von vornherein festgelegt ist, sondern im Vollzug gerade die Negation dieser Festlegung ist, gerade darum wird in meiner Wahl über das Wesen des Menschen entschieden. Der Wählende bestimmt also (mit), was die Menschheit sein wird. Der Mensch schafft so das Bild des Menschen. Indem der Mensch sich wählt, wählt er alle Menschen. [27] Die Verantwortung tritt damit klar zutage, die in der Reflexion auf den Allgemeinheitsanspruch hinweist. Nicht nur die Ontologie, die philosophisch „durch begriffliche Annäherung so gut wie möglich den Stand des konkreten Allgemeinen... einzuholen" [28] sucht, ist auf Allgemeinheit in ihrer konkreten Ausarbeitung gerichtet, nicht nur der Sinn, auch der Wert als ethischer Vollzug ist „der Ort des einzelnen Allgemeinen oder des konkreten Allgemeinen" [29]. Da diese Allgemeinheit wiederum nur Bestand hat im konkreten Vollzug und in der konkreten Situation, steht sie im Verhältnis zu den anderen Menschen. Jede Wahl geschieht angesichts des Anderen. Den ontologischen Konflikt, der daraus entsteht, kennen wir. Der ethische Widerspruch soll uns noch beschäftigen. Jedenfalls geht schon jetzt aus diesem Ansatz hervor, daß der Andere stets irgendwie durch meinen ethischen Entscheid mitgebunden wird, da das Wesen des Menschen durch ihn konstituiert wird. Meine freie Wahl wird also mit der Freiheit des Anderen konfrontiert. Die Realisierung meiner konkreten Freiheit ist also der Freiheit der Anderen verpflichtet. Die Hinordnung meiner individuellen Freiheit auf das Wesen des Menschen (auf das Allgemeine) verpflichtet, die Freiheit der Anderen zu wollen. Damit sind aus dem ethischen Handeln die totalitären Tendenzen verbannt. Damit ist aber die Ethik nicht inhaltlich festgelegt, konkrete moralische Gesetze sind daraus nicht ableitbar, wohl aber die Tendenz auf die Allgemeinverbindlichkeit der Freiheit. Diese Freiheit als allgemeine im konkreten Individuum ist aber nicht etwas Gegebenes, sondern, wie wir bei der gesellschaftlichen Praxis gesehen haben, den Menschen aufgegeben. Die Freiheit als *gemeinsame Freiheit, als Freiheit aller* ist zu vollziehen, ist ein in der Zukunft zu realisierendes Ideal. In der heutigen Situation ist es nicht realisierbar. Bevor wir uns diesem Widerspruch zuwenden, ist noch zu fragen, ob durch diese skizzierten Gedanken der Mensch nicht doch zum absoluten Wert wird.

Auch der Mensch selbst kann nicht als höchster Wert angegeben werden, wie es der klassische Humanismus tat. „Der Existentialist wird den Menschen nie als einen *Zweck* nehmen; denn der Mensch ist immer neu zu schaffen." [30] Daher darf der Glaube an Gott auch *nicht ersetzt werden* durch den Glauben *an den Menschen*. Es geht in der Ethik nicht darum, an den Menschen (wie er ist) zu glauben, „sondern den Menschen zu *wollen*" [31]; denn der Mensch ist — wie wir gesehen haben — tagtäglich zu erfinden. [32] Der Mensch ist somit der Schöpfer seiner selbst und aller Werte. Der Mangel begründet und ermöglicht sie. In der Bewegung auf das Ziel des An-und-Für-sich hin entdeckt der Mensch gleichzeitig, „daß alle menschlichen Tätigkeiten *gleichviel* wert sind — denn sie zielen alle darauf ab, den Menschen zu opfern, um die Ursache ihrer selbst auftauchen zu lassen — und daß grundsätzlich alle zum Scheitern verurteilt sind" [33]. Gerade der Wert offenbart dem Menschen den Mangel, und daher ist der Wert nichts anderes als die „Entfremdung der Praxis" selbst. [34] So ist — in Abwandlung des Goethewortes „Wer immer strebend sich bemüht..." — nach Sartre der Mensch auf der Suche nach dem Menschenwürdigen immer schon moralisch („l'homme qui cherche est déjà moral" [35]). Würde der Mangel aufgehoben, würden die Werte verschwinden und „die Praxis in ihrer freien Entfaltung (wäre) als *einzige ethische Beziehung* des Menschen zum Menschen wieder zu entdecken, insofern sie gemeinsam die Materie beherrschen. Die Mehrdeutigkeit jeder bisherigen und gegenwärtigen Moral kommt dadurch zustande, daß die Freiheit als menschliche Beziehung in der Welt der Ausbeutung und Unterdrückung sich selbst gegen diese Welt und als Negation des Unmenschlichen vermittels der Werte entdeckt, aber daß sie sich in ihr als entfremdet entdeckt und sich in ihr verliert und daß sie durch die Werte trotz allem die unüberschreitbare Forderung verwirklicht, die ihr das praktisch-inerte Sein (die bearbeitete Materie) aufzwingt." [36] So ist jedes Wertsystem nicht nur durch den grundsätzlichen Mangel und den absolut höchsten Wert (den der Mensch in seiner Freiheit setzt) bedingt, sondern wesentlich auch durch den geschichtlichen Ort. Denn jedes Wertsystem gründet auf einer bestimmten geschichtlichen Entfremdung des Menschen, negiert und bestätigt sie in einem. Jedes Wertsystem verliert im Augenblick der revolutionären Wirksamkeit seine Unüberschreitbarkeit, löst sich auf und konstituiert sich angesichts neuer Werte wieder neu. So werden die Werte immer wieder umgewertet, und „gut und böse" variiert. Der Wert ist ja in seinem Wesen die menschliche Praxis, „insofern sie ihre eigenen Schranken (die durch die menschliche Bedingtheit, durch die bearbeitete Materie gesetzt sind) unter dem falschen Schein einer positiven und unüberschreitbaren Fülle (höchster Wert, Gott usw.) begreift" [37].

Auch der Inhalt, (heutiger) Mensch, ist also relativ. Absolut ist die formale Tendenz auf das Allgemeine (als Fülle). Aber dieses existiert wiederum nur konkret, als Vielzahl konkreter Entwürfe, und wird von daher wieder relativ.

WAS SOLLEN WIR TUN?
(DER VERZICHT AUF DAS ABSOLUTE)

Nun müssen wir unsere Frage vom Anfang wiederholen: Was kann der Mensch angesichts dieses Prozesses des Scheiterns tun? Wie kann er sich gegenüber den Werten, die die Spaltung von gut und böse bedingen, verhalten? Eindrücklich schildert Sartre angesichts bestimmter Verhältnisse die Dialektik von gut und böse in seinem Filmdrehbuch „Im Räderwerk". Was soll der Mensch tun, wenn er das Gute will, für die Menschen eintritt und doch an ihnen schuldig wird? Jean, der Diktator, hat für die Rettung des Landes selbst seinen besten Freund deportieren lassen. Bevor Lucien stirbt, besucht ihn Jean noch einmal: „Lucien, ich habe das ganze Land gegen mich. In einem Jahr, in zwei Jahren werde ich gestürzt und füsiliert werden. Ich habe fünf Jahre durchgehalten. Meine Nachfolger können keine andere Politik als die meine machen... In einigen Jahren werden die Deportierten zurückkehren, die Petroleumfelder werden nationalisiert und die Menschen werden glücklich sein. Dank meiner. Dank dem Tyrannen, den sie weiter verfluchen werden. Und du, was hast du getan? Was nützt es, von der Gerechtigkeit zu sprechen, wenn man nicht versucht, sie zu verwirklichen?" Lucien blickt Jean mit gewisser Verzweiflung an. „Warum sagst du mir das? Willst du, daß ich verzweifelt sterbe?" „Nein, nein, Lucien." Jean setzt sich wieder auf den Schemel, neben Lucien, das Haupt zwischen die Hände gepreßt. „Glaubst du, ich sei nicht selbst verzweifelt? Ich habe alles auf mich genommen. Alle Toten und selbst deinen Tod. Und ich jage mir Entsetzen ein." Lucien hebt eine Hand und nimmt Jeans Hand in die seine. „Jean, ich glaube, daß ich dich verstehe." Jean blickt wieder auf. Lucien fragt ihn mit einer Art Unruhe: „War es *schlecht,* daß ich *rein* bleiben wollte?" „Ich... ich denke nicht. Ich denke, es muß Menschen geben wie dich und Menschen wie mich. Lucien, wir haben getan, was wir konnten, wir waren beide bis zum Äußersten konsequent. Hör zu! Eines Tages werden sie in den Palast eindringen und mich zum Tode verurteilen. Ich wünsche es fast. Aber es gibt nur eins, das zählt: ich möchte wissen, ob du mich freisprichst?" Lucien drückt Jeans Hand kräftig: „Du hast getan, was du konntest!" Jean legt seinen Arm um Luciens Schulter und zieht ihn fest an sich: „Mein kleiner Bruder!" [38]

Wer ist zu verurteilen? Der eine behielt reine Hände, tat nichts Böses, der andere machte seine Hände schmutzig, um eine andere Gesellschaftsordnung und die Befreiung der Menschen herbeizuführen. Nach Sartre werden beide schuldig, und beide handelten doch so, wie es richtig war, wie es kommen mußte.

Ist dann aber eine Ethik überhaupt möglich und sinnvoll? Sartre meint, daß das Gute ohne das Böse das Sein des Parmenides sei, nämlich das tote Sein. Das Böse aber ohne das Gute sei das reine Nicht-Sein. Es könnte nicht als privativ gedacht werden. Das menschliche Sein steht in der radikalen Zweideutigkeit. Die Synthese würde über die negative Freiheit zur absoluten Freiheit führen. Es handelt sich da nicht um ein „Jenseits von Gut und Böse", wie es Nietzsche dachte, sondern annähernd um eine Hegelsche „Aufhebung". Die heutige Teilung beider Begriffe ist nur in abstracto möglich (Jean und Lucien sind eins) und drückt nur die Entfremdung des Menschen aus. Unser moralisches Tun ist notwendig und doch unmöglich. Jede Ethik, die heute die Unmöglichkeit leugnet, wirklich schuldlos zu bleiben, mystifiziert nur die Entfremdung des Menschen. Wir müssen diesem Widerspruch klar ins Auge sehen, die Zerrissenheit von Gut und Böse geht mitten durch unser Herz, und die Synthese ist für uns nicht möglich. So läßt B. Brecht Shen Te zu Gott sprechen:

„Ja, ich bin es, Shui Ta (der böse Mensch) und Shen Te (der gute Mensch), ich bin beides. Euer einstiger Befehl, gut zu sein und doch zu leben, zerriß mich wie ein Blitz in zwei Hälften. Ich weiß nicht, wie es kam: gut sein zu andern und zu mir konnte ich nicht zugleich... Die Hand, die dem Elenden gereicht wird, reißt er einem gleich aus! Wer den Verlorenen hilft, ist selbst verloren! Denn wer könnte lange sich weigern, böse zu sein, wenn da stirbt, wer kein Fleisch ißt?... Etwas muß falsch sein an eurer Welt..." [39]
„Was könnte die Lösung sein?
Wir konnten keine finden, nicht einmal für Geld.
Soll es ein anderer Mensch sein? Oder eine andere Welt?
Vielleicht nur andere Götter? Oder keine?
Wir sind zerschmettert und nicht nur zum Scheine!
Der einzige Ausweg wäre aus diesem Ungemach:
Sie selber dächten auf der Stelle nach,
Auf welche Weise dem guten Menschen man
Zu einem guten Ende helfen kann." [40]

Für uns ist ethisches Verhalten in unserer historischen Situation heute nicht möglich, und trotzdem sind wir zu ihm verpflichtet. („Le ‚problème' moral naît de ce que la Morale est p o u r n o u s tout en même temps inévitable et impossible." [41]) Jean und Lucien stellt Sartre im Götz („Der Teufel und der liebe Gott") in einer Person dar. Im ganzen Stück geht es um eine mögliche Ethik, um die Relation der menschlichen Realität zum Absoluten. [42] Der ethische Neuansatz (in diesem Drama) besteht im Verzicht auf die Verwirklichung des Absoluten, sei es gut oder böse, im Verzicht darauf, daß sich in der liebenden Beziehung der Menschen Gott ereignet. Die Aufgabe des Absoluten und die Bejahung der kontingenten, gebrochenen Existenzweise des Menschen ist gefordert; denn im Versuch, das absolut Gute oder Böse zu tun, erreicht der Mensch nichts anderes als die Zerstörung des menschlichen Lebens. [43] Zuerst glaubt Götz durch das Böse, den Menschenhaß, Gott zu erreichen. Da „Gottvater" alles gut, ja sehr gut gemacht hat, gilt es, das Böse zu tun. [44] Als er erkennen muß, daß dies kein Weg ist, und er erfährt, daß *niemand* das absolut Gute je getan hat, will er mit dem Gut-sein Gott den Rang ablaufen, „Gott in die Enge treiben" [45]. Dazu hilft ihm das Elend der Menschen, gegen das Gott entweder nichts tun kann oder nichts tun will. [46] Das ganze Sein liegt im argen. „Die Erde sendet üble Gerüche empor... Die Sonne beklagt sich bei Gott: Herr, ich werde erlöschen. Ich habe genug von diesem Aas. Je mehr ich es erwärme, desto grausiger stinkt es. Die Spitzen meiner Strahlen werden schmutzig davon. Wehe! sagt die Sonne, mein schönes goldenes Haar schleift im Kot." [47] So ist der Glaube an einen guten Gott absurd [48], und das Gute ist in die Hand der Menschen gelegt. Es ist lächerlich, wenn der Mensch — wie Sartre es Camus vorwirft — Gott zur Rechenschaft zieht, weil ein unschuldiges Kind stirbt. Nicht der Absurdität der Welt und dem blinden Gott können wir ins Angesicht speien, sondern die gesellschaftlichen Umstände bewirken, daß zweimal so viele Kinder in den Elendsvierteln sterben als in den Vierteln der Reichen. [49] Aber freilich, auch der Mensch kann *heute* nicht das absolut Gute tun, auch die Liebe kann es nicht, und so sagt Götz schließlich Ja zur Absurdität beider Versuche. „Unmöglich (ist) die Liebe, unmöglich Gerechtigkeit! Versuche doch, deinen Nächsten zu lieben, und sage mir, ob es dir glückt!" [50] Diese Unmöglichkeit kann nicht verwirklicht werden, auch wenn Götz meint: „Das Gute ist die Liebe" [51]. Hilda, die *mensch*gewordene Liebe, belehrt ihn, daß das absolut Gute ohne Abstriche nicht möglich ist: „Man kann nur auf *Erden* lieben und nur *gegen* Gott" [52], d. h. gegen jeden Absolutheitsanspruch, gegen den Versuch, der Sinnlosigkeit zu entrinnen. Dann aber und nur dann findet der Mensch in der Liebe einen Schein, der sein Dasein erhellt. Er muß Gottes Verzeihung gegen das Verzeihen der Menschen eintauschen, Gottesliebe für menschliche Liebe aus Fleisch und Blut. [53] Eine Moral, die sich auf Gott (den Absoluten) stützt, ist immer gegen den Menschen, *unmenschlich!* „Aber Götz... akzeptiert (schließlich) die *relative* und begrenzte Moral, die dem menschlichen Geschick zukommt" [54], d. h. er ersetzt das Absolute durch die Geschichte bzw. durch die historische Bewegung. An Gott glauben bedeutet des Menschen Ruin. Er muß auf das Absolute verzichten und sich mit dem Relativen zufriedengeben. Ja, jede Liebe ist gegen Gott, gegen das Absolute. „Menschen, die alles wollen... sie können nicht lieben." [55] Die absolute Liebe ist durch das „Politische" zu ersetzen. [56] In der Geschichte ist die Liebe nicht auf das Absolute zu richten, die direkte Gottesliebe zerstört den Menschen. Sie verhindert, daß der Mensch den anderen Menschen, der Mann die Frau in ihrer *Begrenztheit* liebt. Aber: die *menschliche* Liebe hat das Absolute in sich selbst, im Relativen. [57] Sartres Ethik will also keine Abkehr vom Guten, will nicht eine Hinordnung zum Bösen, sondern die Entdeckung der menschlichen *Wahrheit* im *Relativen.* So kommt der Mensch aber nicht um die Schuld herum, er muß Gewalt gebrauchen und schließlich (in welcher Form auch immer) töten. Das Reich des Menschen ohne Gott beginnt mit Gewalt. „Je le sais bien", sagt Sartre, aber die Geschichte beweist uns zur Genüge, daß auch das Reich Gottes Gewalt gebraucht. [58]

DIE NEUE, ABSOLUT-RELATIVE LIEBE

Sartre spielt diese neue, relative Liebe in allen Variationen aus. Sie bedeutet den Verzicht auf den Himmel, sowohl in der diesseitigen wie jenseitigen Bedeutung. Ich will auch „Deinen Himmel nicht... Ich hege nur Verachtung für Deine einfältigen Erwählten, die das Herz haben, sich zu freuen, so lange es noch Verdammte in der Hölle und auf Erden Arme gibt; ich stehe auf seiten der Menschen und gehe nicht davon ab". [59] Mit den Menschen will Hilda sich ganz identifizieren, und sie wird so zur personifizierten Nächstenliebe, in der Gott ausgeklammert ist. Götz findet Liebe in Hilda, die spricht: „Du hast niemals Schmerzen empfunden... ich aber fühle meinen Körper kaum, ich weiß nicht, wo mein Leben beginnt und wo es aufhören mag... aber ich leide in jeglichem Leib, man schlägt mich auf jedes Menschen Wange, und wo ein Tod gestorben wird, da sterbe ich ihn mit; alle Frauen, die du jemals mit Gewalt genommen hast, hast du besessen in meinem Leib." [60] Und Götz ruft aus: „Die Erste, die mich liebt!" Aus den Aussagen der Identifikation des einzelnen mit allen Menschen, die wieder an die Grenze des Absoluten führen, wird es schwer, das einfache Ja der kontingenten Liebe zu sprechen. „Ich begreife nicht, weshalb wir zwei Wesen sein müssen. Ach könnte ich doch die Menschen mit deinem Herzen lieben. Du bist nicht ich... ich wollte, ich wäre du und bliebe dabei doch ich selbst." [61] Nie kann der grundlegende Antagonismus aufgehoben, nie dies Zusammensein verwirklicht werden. Der Wunsch ist ein Trugbild. Die Liebe ist nur absolut *im* Kontingenten. Götz will es nicht wahrhaben. So weist er die Liebe ganz zurück, er will auf sie verzichten, da sie die Existenz nicht tragen und heilen kann. „Geh", ruft er Hilda zu, „suche anderswo Elend und Leben für dich!" Sie bleibt aber in ihrer Liebe: „Das Allerelendste bist für mich du. Hier gehöre ich her und hier bleibe ich." [62] Wer dies kontingente Geschenk nicht annehmen will, der quält den anderen Menschen mit seinem Absolutheitsanspruch und kommt doch vom anderen nicht los. „Ich liebe dich ja", antwortet immer wieder Hilda. Götz darauf: „Du merkst, daß ich mich bemühe, dich in den Staub zu zerren?" „Ja, denn ich bin dein kostbares Gut." Solange eine solche Liebe dem Menschen gegeben ist, solange ist er nicht verloren und darf hoffen. Zögernd fragt er: „Wenn ich dich in die Arme nehme, stößt du mich da zurück?" „Nein." „Selbst wenn ich zu dir komme mit einem Herzen voll Unreinheit?" „Wenn du mich zu berühren wagst, so ist dein Herz rein." Langsam versteht er, daß Liebe nur dann in sich sinnvoll und absolut ist, wenn der Absolutheitsanspruch erloschen ist. Das bedeutet dann: „Tod Gottes". So „tötet" Götz den Gott *über* ihm und *in* ihm. Sicher, dieser Tod stößt den Menschen in tiefste Einsamkeit. Sein absoluter Orientierungspunkt ist weggewischt. Das Meer, in das er hinaussegelt, hat keinen Horizont mehr. „Wenn Gott nicht ist, warum bin ich allein, ich, der ich mit *allen* sein möchte?" Und der Mensch schreit auf: „Ich habe Gott getötet, weil er mich von den *Menschen* trennte, und nun versetzt mich sein Tod in umso größere Einsamkeit. Ich dulde nicht, daß dieser gewaltige Leichnam mir meine Menschenfreundschaft verseucht." Die rein menschliche Liebe aber antwortet ihm: „Ich werde bei dir sein." Zu zweit einsam, in ungesicherter Geborgenheit, antwortet er: „Du bist ich: wir sind dann zusammen einsam." [63] Beide Dimensionen der Liebe, daß sie das Absolute in sich ist und dabei völlig kontingent und brüchig, gilt es zu bejahen. So ist der ganze Mensch in seiner Verweslichkeit zu lieben: „Ich habe deine Wunden gepflegt, ich habe dich gewaschen, ich weiß, wie du riechst, wenn du Fieber hast. Liebe ich dich deswegen nicht? Jeden Tag wirst du dem Leichnam, der du einmal sein wirst, ähnlicher, und immer liebe ich dich noch. Wenn du stirbst, will ich bei dir liegen und bei dir bleiben bis an den Tod, ohne Speise und Trank, in meinen Armen sollst du verwesen, und noch dein Aas will ich lieben... denn wenn man nicht alles liebt, liebt man nichts." [64] Die Liebe, die also auf das Absolute verzichtet, das Verhalten, das für Gott nicht mehr den Menschen opfert, ist bei all seiner Relativität ein ganzes, volles Ja, das etwas Letztes in sich schließt. Sicher, das Scheitern kann der Mensch in der heutigen Situation nicht ausschließen.

DIE MENSCHWERDUNG GOTTES

Wir werden Sartres Philosophie und seinem ethischen Ansatz nicht gerecht, wenn wir uns nicht noch eine letzte Frage stellen: Würde der Begriff und das Verständnis menschlichen Verhaltens und menschlicher Liebe nicht eine neue Dimension bekommen, wenn Gott nicht nur das unglückliche Ideal des Menschen wäre, wenn er nicht Gott bliebe, sondern Mensch würde und so eine Realität für den Menschen bedeutete? Ist der Satz wirklich wahr: „Für den jedoch, der das Leben *verwandeln* und wieder zur Liebe zurückfinden will, ist *Jesus* nur ein Hindernis"? [65] Das 1940 geschriebene und 1970 zum ersten Mal allgemein veröffentlichte erste Theaterstück von Sartre, das er im Konzentrationslager schrieb, spricht eine doch etwas andere Sprache.
„Bariona oder der Donnersohn" zeigt die Möglichkeit einer ungeheuren Hoffnung auf. Nach Sartre ist der christliche Mythos imstande, der menschlichen Bedingtheit in ihrer *Totalität* Rech-

nung zu tragen. [66] Sartre glaubt und glaubte auch in dem Augenblick, als er das Weihnachtsspiel „Bariona" schrieb, nicht an die Wirklichkeit der Menschwerdung als objektives Faktum, aber er wollte, wie er selbst sagt, einen Gegenstand finden, in dem sich Christen und Ungläubige verständigen können und eine tiefe Einheit finden. [67] Und diese ist die Menschwerdung Gottes. Auf Anregung der gefangenen Priester Abbé Page und anderer wurde am Heiligen Abend 1940 im Gefangenenlager (Stalag XII D) bei Trier „Bariona" uraufgeführt. Sartre selbst spielte einen der Heiligen Drei Könige, Balthasar, der wesentlich zur Sinnesänderung des „Donnersohnes" beiträgt. Es wird berichtet, daß viele auf Grund dieses Weihnachtsereignisses den Glauben an die Menschwerdung wiedergefunden haben. Simone de Beauvoir berichtet, daß unzählige Diskussionen um die Menschwerdung vorausgegangen waren. „Sartre sprach viel vom Lager, von (den) Kameraden und vor allem von einem jungen Priester, dem Abbé Page, der durch seinen Charme und durch die Strenge, mit der er seinen Überzeugungen lebte, Sartres Sympathie gewonnen hatte. Vor achtzehn Monaten, als sich alle anderen Priester auf die übrigens trügerische Chance einer Freilassung stürzten, hatte er abgelehnt: das Priesteramt sollte ihm kein Privileg verschaffen. Er hegte auch keine Fluchtgedanken, sein Platz war im Lager. Er ging immer den Weg des stärksten Widerstandes, er war Pfarrer in einem Cevennen-Nest, das er wegen seiner abschreckenden Wildheit gewählt hatte. Er besaß einen ausgeprägten Freiheitssinn. Da der Faschismus den Menschen zum Sklaven machte, spottete er in seinen Augen dem Willen Gottes. ‚Gott achtet die Freiheit so sehr, daß er seine Geschöpfe lieber frei will als makellos', sagte er. Diese Überzeugung und auch ein tief verwurzelter Humanismus näherten ihm Sartre. Im Verlaufe endloser Diskussionen, für die Sartre sich begeisterte, verfocht er gegen die Jesuiten im Lager die integrale Menschennatur Christi. Jesus sei wie alle Säuglinge in Schmutz und unter Schmerzen geboren, und die Jungfrau sei nicht auf wunderbare Weise niedergekommen. Sartre stützte ihn. Der Mythos von der Fleischwerdung bewahre seine Schönheit nur, wenn man Christus mit allem Elend des Menschseins belade. Abbé Page hatte nichts gegen den Zölibat der Priester; aber er konnte sich nicht damit abfinden, daß die

Hälfte des Menschengeschlechtes für ihn tabu sein sollte. Er hatte rein platonische, aber intime und zärtliche Freundschaftsbeziehungen zu Frauen angeknüpft, was seinen Vorgesetzten ein Dorn im Auge war. Er sprach sich Sartre gegenüber gern aus, er mochte ihn so sehr, daß er aufbrausend erklärte: ‚Wenn Gott Sie verdammen sollte, würde ich seinen Himmel nicht annehmen.' Er blieb bis Kriegsende in Gefangenschaft. Nach seiner Freilassung kam er nach Paris... Er trug keine Soutane, ich fand ihn sehr attraktiv. Er kehrte wieder in seine tristen Cevennen zurück." [68]

Der einzige Beweis dafür, daß Gott existiert, daß er die Macht der Liebe ist, wäre seine Ankunft bei uns Menschen. Nur im Menschen könnte Gott begegnen. Hier würde er sich als wirklich und als liebend erweisen. „Ein Gott-Mensch, ein Gott aus unserem gedemütigten Fleisch gebildet, ein Gott, der den Salzgeschmack auf unserer Zunge kennenlernt, da uns die ganze Welt verläßt, ein Gott, der im voraus alles das Leid auf sich nimmt, das ich heute leide... ach, das ist ein Unsinn! ... Wenn ein Gott Mensch würde, für mich, ich liebte ihn, ihn ganz allein, es wären Bande des Blutes zwischen mir und ihm, und um ihm zu danken, reichten alle Wege meines Lebens nicht aus." [69] Aber Bariona, der leidende Mensch, kann nicht glauben, daß Gott, der Gott des Zornes und der Rache des Alten Testaments, das „Ungeziefer" Mensch so lieben kann, daß er sich mit ihm identifiziert. „Was kann ein Menschenherz tiefer bewegen als der Anbruch einer neuen Welt... als der Beginn der Liebe, wenn noch alles möglich ist...? Ich gäbe mein Leben hin, wenn ich glauben könnte, glauben wenigstens für einen Augenblick! ... Ich (aber) bin in jener Welt, die zu Ende geht." [70] Der Mensch ohne Glauben ist wie ein hohles Faß, das auf dem Meer einhertreibt. Aber wo ist die Wirklichkeit, die von dieser Ankunft zeugt? Ein Blick in die Welt genügt, um diese Herrlichkeit in finsterste Nacht zu verwandeln. Nichts ändert sich. Unendliches Leid wird immer wieder geboren, und das menschliche Leben ist ein ewiges Scheitern. [71] Die ganze Empörung, die wir von Sartre schon kennen, spricht sich auch hier aus. Das menschliche Leben ist unmenschlich. Hoffnung ist ein Luxus und der größte Wahnwitz. [72] In der ursprünglichen Empörung gegen Gott und das

Elend ist die menschliche Freiheit ein trotziger Pfeiler, ein Turm zu Babel, der sich auch gegen Christus wenden und ihn töten will. Der „Weise aus dem Morgenland" (Balthasar) zeigt Bariona die Möglichkeit der Umkehr, die neue Ethik. Er zeigt ihm, daß der Haß viel näher der Liebe steht als die Gleichgültigkeit und daß wir nicht passiv dem eigenen Leid und dem Leid der Menschen ausgeliefert sind. Der Mensch kann hoffen, „die Hoffnung ist unsere Pflicht" [73]. Jenseits der Verzweiflung beginnt das neue Leben. [74] Durch unsere Freiheit, die sich in Hoffnung anstatt zum furchtbaren Jetzt der Verzweiflung verwandelt, ist es in unsere Hände gelegt, den Sinn des Leides zu wählen und die Welt umzugestalten. Denn die Einheit von Gott und Mensch im *Menschen* wäre durch die Inkarnation gegeben. Christus, Gottes Liebe im Menschen, zeigt uns diese Möglichkeit. „Hör zu! Christus wird in seinem Fleisch leiden; denn er ist Mensch. Aber er ist auch Gott und mit seiner Gottheit steht er jenseits des Leides. Und wir anderen, wir Menschen ... gemacht nach dem Bild Gottes, wir stehen jenseits all unserer Leiden in dem Maße, als wir Gott ähnlich sind." [75] Christus offenbart uns, daß wir das Leid unendlich übertreffen. Auch als „Geschöpf des Überflusses" können wir unser Leid durchbohren und in der Nähe Gottes leben; denn das Reich Gottes ist im Himmel *und* auf Erden. Das Reich Gottes wird in Christus mit dem Reich der Menschen identifiziert. [76] Christus ist für alle Kinder dieser Welt, Bariona, geboren, und jedesmal, wenn ein Kind zur Welt kommt, wird Christus in ihm und durch es geboren, für die Ewigkeit geboren, und er wird in ihm und durch es einmal allem Leid entnommen. „So kommt er zu den Blinden und Heimatlosen, zu den Krüppeln und Kriegsgefangenen mit der Botschaft: gebt euer Leben dennoch weiter. Denn auch für Blinde und Heimatlose, für Krüppel und Kriegsgefangene gibt es noch Freude." [77] Überwältigt von dieser guten Nachricht, sinkt der ungläubige Bariona nieder und macht sich auf, für diese Wahrheit, für Christus, zu sterben. „Ich ging auf krummen Wegen, doch nun hält uns das Ziel vereint." [78] Der gläubige Bariona läßt für sein Kind, dessen Geburt nun sinnvoll geworden ist, die Botschaft zurück: „Verbirg meinem Kind nicht das Elend der Welt. Bewaffne es dagegen. Und sag deinem Kind die Botschaft von mir. Nicht gleich, nicht schon beim ersten Liebesleid, bei der ersten Enttäuschung, sondern viel später, wenn es seine große Einsamkeit und seine Verlassenheit spürt, wenn es zu dir von einem bitteren Geschmack in seinem Munde spricht, dann sag ihm: dein Vater hat dies alles erlitten, was du erleidest, und ist dennoch in der Freude gestorben." [79] Im Einsatz für den kontingenten Menschen, im Kampf auf Leben und Tod erfährt der Mensch, daß das Leben Sinn hat; denn Gott ist Mensch. Das Engagement gilt nicht mehr einem fernen Gott, nicht der Idee des Absoluten, sondern der menschlichen Realität als verwirklichter Totalität in Christus.

Aber ist das eine Wirklichkeit und nicht nur ein Mythos, den das Christentum den Menschen als Lebenshilfe anbietet? Das Passionsspiel des Menschen geht weiter, der Mensch kreuzigt Gott in den Menschen und wird am unendlichen Leid Gottes selbst unendlich. [80] Ja, wäre er selbst für den Menschen gestorben, es wäre doch umsonst, und eine Ewigkeit im Paradies würde dieses Leid nicht erlöschen. „Bist du, ja oder nein, für die Menschen gestorben? Siehe, die Menschen leiden! Du mußt noch einmal für sie sterben." [81] Der Mitvollzug Gottes ist heute nicht erkennbar. Gott schweigt. Eine *vergangene* Menschwerdung als einmaliges Faktum nämlich — ob es stattgefunden hat oder nicht, spielt keine Rolle — gibt *heute* den Menschen keine Wirkkraft. *Heute* müßte Christus mit uns leben und sterben, *heute* müßte die Erfahrung der Totalität im Menschen gemacht werden — sie aber steht aus. Der Mensch zerbricht immer wieder am Gottesgedanken, am tiefsten jedoch an der Menschwerdung Gottes, die sich nicht ereignet. Gott existiert weder *über* uns noch *in* uns noch hat er *als Mensch* gelebt. Der Kreis des Schweigens, des Nichts, schließt sich.

Die fünf Wege, die wir auf der Suche nach Gott durchschritten haben, erwiesen sich als Holzwege. Auch die Ethik und der Gott-Mensch Christus eröffnen keine Möglichkeit der Gotteserfahrung. Das moralische Handeln des Menschen muß vielmehr bewußt darauf verzichten. Alles also, angefangen von der leblosen Natur über das Bewußtsein, die Freiheit, die Liebe und die Gesellschaft bis zu dem Gott, der Mensch wird, zeugt davon, daß nichts den Menschen vor sich selbst retten kann, daß er nur im Kontingenten

Wahrheit verwirklichen kann, daß nichts auf ihn zukommt, ihm von „außen" her begegnet. Alles schweigt, niemand antwortet, keine Begegnung wird dem Menschen geschenkt; denn „Gott ist tot" [82].

ZUSAMMENFASSUNG

WELCHER GOTT IST ALSO FÜR SARTRE TOT?

1. „Tod Gottes" bedeutet für Sartre das Ende des Glaubens an die reale Existenz Gottes. Obwohl wir nichts an Realität, an Sein in Gott erkennen noch erfahren können, ist der Mensch als Vollzug seiner Existenz stets auf die Gottes*idee* verwiesen, ob er sie so nennt oder nicht.

2. Diese Gottesidee enthält verschiedene Züge:
a) Von der Außenwelt her wird die Idee eines allmächtigen, in sich seienden Herrn der Menschen nahegelegt. Er ist der Weltenschöpfer, der den Menschen von seinem Ende her versteht, bevor der Mensch sich selbst zu schaffen begonnen hat. Dieser Gott ist das notwendige Sein, dem alles seinen Ursprung verdankt, der selbst ohne Ursprung ist bzw. den Grund des Seins in sich hat. Es ist der Gott, der „causa sui" ist. Für Sartre ist diese Idee aus dem Selbstbegründungsversuch des Menschen geboren, der in das Sein (en-soi) die Frage hineinträgt. Die Idee der Weltschöpfung, die dadurch entsteht, zerstört als Realität das kontingente Sein, das „Geschöpf", da es entweder den Selbstand verliert oder *in* Gott aufgeht oder mit ihm keine Beziehung unterhält. Im letzteren Fall erklärt der Schöpfer jedoch nichts. Theismus, Pantheismus und Deismus sind also abzulehnen.
b) Vom Bewußtsein her, insofern es Intentionalität besagt und daher bei der Sache ist, offenbart sich Gott als Idee der synthetischen Einheit der zwei Seinstypen, des An-sich und des Für-sich. In dieser Synthese wäre eine ganzheitliche Begründung des Seins gefunden, und die Identität von Sinn und Sein wäre gegeben. Diese Gottesidee bringt die Einheit von Immanenz und Transzendenz. Gottes Name ist: An-und-Für-sich-Sein. Er ist die absolute Grenzerfahrung des Menschen. Sie ist aus dem „unglücklichen Bewußtsein" des Menschen geboren, der in seiner existentialen Struktur auf diese Synthese hin sich entwirft; der Mensch ist in seiner Existenz Gottwerdung, die bisher mißglückt ist.

Nichts bezeugt die reale Existenz dieser synthetischen Einheit, vielmehr ist sie in sich widersprüchlich.

c) Die menschliche Existenz als Freiheit bringt die Gottesidee als höchsten Wert hervor. Als letzter Wert des Menschen ist Gott die Wahrheit unseres Seins. Auch diese Wahrheit ist noch nicht konkret gefunden, sondern nur als Idee, der bisher keine Realität zukommt. Gott als höchster Wert bleibt am Ideenhimmel.

d) In der zwischen-menschlichen Beziehung zeigt sich die Idee eines reinen Subjekts, das nie für den Menschen Objekt werden kann. Dieses reine Subjekt ist Gott als Idee. Es ist das hypostasierte Man, dem die Allgegenwart (in seinem Blick) zukommt. Diese Grenzerfahrung erweckt die Bildung des Grenzbegriffes des ganz Anderen, der Gott ist. Jeder Grenzbegriff wird in Richtung auf ein ideales Sein (idea entis) hin gebildet; seine Realität (esse reale) hat er nur in der Existenz des Menschen, in der er als ein Zu-Verwirklichendes aufgefaßt wird (z. B. die Aufhebung der Gegenständlichkeit des Menschen, seines Objekt-Seins u. a. m.).

e) Im Geschichtsprozeß wird die Idee einer geschichtlichen Totalität hervorgebracht. Gott ist die Wahrheit der Geschichte. Die Grenze der Gruppe realisiert sich in dieser Gemeinschaft als Macht, die von Gott kommend gedacht und von ihm sanktioniert wird (Eid, Taufe u. a.). Gott wird so im Sozialisierungsprozeß als die Identität von Mensch und Menschheit begriffen. Er ist damit die Synthese von Konkret und Abstrakt. Als diese ideale Einheit, in der der Geschichtsprozeß als seine Wahrheit mündet, ist Gott der Horizont der Ermöglichung des geschichtlichen Fortschrittes als Ideal absoluter Freiheit.

3. Diese fünf konkreten Transzendenzentwürfe des Menschen bringen also in ihren verschiedensten Ausfaltungen die Gottesidee mit Notwendigkeit hervor, Gottes *reale* Existenz aber wird dadurch nicht bezeugt. So gehört die *Idee* Gottes zur konkreten „ontologischen Struktur" des Menschen, so wie er bis heute existiert, Gottes *wirkliche* Existenz erfährt er jedoch nicht. Dieser Wesenszug des Gottesbegriffs bei Sartre, der stark der *Seinsidee* (idea entis) gleicht, wird noch durch den Glauben an die Menschwerdung Gottes und den Heiligen Geist ergänzt.

a) Die Idee der Inkarnation als Synthese von Mensch und Gott hätte aber nur dann eine Wirklichkeit, wenn sie *heute* konkret als Ereignis erfahrbar wäre. So ist sie aber nur ein Mythos, der real setzt, was rein ideal gedacht ist, und aus der Sehnsucht des Menschen, Gott zu werden, geboren wird.

b) Die Idee des Heiligen Geistes bedeutet die Kraft (Gottes), die den Auftrag bzw. die konkrete Berufung des Menschen garantiert. Auch diese Garantie ist nur eine Idee menschlicher Hoffnung, ohne reale Erfahrungsbasis.

4. Alle diese Gottesideen sehen in Gott das reine Absolutum bzw. das Grenzenlose, das Grund von allem ist. Diese Idee hat nur Sinn, wenn der Absolutheitsanspruch aufgegeben wird und wenn im Relativen, Kontingenten, das Absolute gefunden wird, bzw. wenn versucht wird, in der Welt das Humanum zu verwirklichen. Auch die Liebe hat nur als kontingente absolute Bedeutung. Gott als das schlechthin Absolute ist daher tot.

Auch der ethische Neuansatz, in dem die *menschliche* Liebe relativ-absolut ist, auch die Bejahung des Kontingenten (sosehr sie überhaupt die einzige Lebensmöglichkeit ist) kann nicht die unglückliche Situation des Menschen aufheben. So gilt auch heute noch bzw. *bis heute noch* der Satz aus „Das Sein und das Nichts", mit dem Sartre das unmögliche Menschsein charakterisiert: „Jede menschliche Realität ist direkter Entwurf, das eigene Für-sich zum An-sich-Für-sich zu verwandeln und zugleich Entwurf zur Aneignung der Welt als der Totalität des An-sich-Seins... Jede menschliche Realität ist eine Passion, insofern sie entwirft, sich selbst zu vernichten, um das Sein zu gründen und um zugleich das An-sich zu konstituieren, das als eigener Grund der Kontingenz entgeht, das Ens causa sui, das die Religionen Gott nennen. Die Passion (Sehnsucht) ist somit die Umkehrung der Passion *Christi;* denn der Mensch richtet sich als Mensch zugrunde, damit Gott entstehe. Aber die Idee Gottes ist widerspruchsvoll, und wir richten uns umsonst zugrunde; der Mensch ist eine unbrauchbare Passion" [83], eine sinnlose Leidenschaft, eine nutzlose Sehnsucht! *„L'homme est une passion inutile."* Der Mensch ist im Widerspruch der Wirklichkeit gefangen. Erliegen wir nicht unserer Praxis, indem wir den Menschen stets opfern, damit Gott zu seiner Existenz kommt? [84] Bedingt ist ethisches

Verhalten möglich, indem wir die Absurdität akzeptieren und in unserer (gesellschaftlichen) Praxis versuchen, die Wahrheit zu tun und in der Praxis zu erkennen.

Was uns bleibt, ist die Erde, nichts ist über unserem Haupt. Auf dieser Erde gibt es zwar bei aller Unmenschlichkeit Verwirklichung der Menschlichkeit, der Liebe, jedoch nur der, die keinen Absolutheitsanspruch erhebt, die geschichtlich ist, mit dem Menschen aufgeht, erblüht und wieder verwelkt, also kontingent und ohne bleibenden Sinn ist. Der Mensch bleibt von Gott verlassen, nur ein Schein des Lichtes der Erfüllung ist den Menschen geschenkt.

Trotzdem meint Simone de Beauvoir, die Sartre selbst als einen frohen Menschen bezeichnet, daß auch die anderen Menschen die Möglichkeit haben, das bedingte Glück zu entdecken, sich ihrer Freiheit bewußt zu werden und ebenso eine begründete Freude zu spüren. [85] So hat es vielleicht doch einen Funken Berechtigung, wenn wir die Darstellung der Philosophie Sartres beenden mit dem Lichtblick, der in Barionas Worten aufleuchtet, wenn er den gefangenen Menschen — und das heißt: allen Menschen — sagt: „Ihr seid nicht glücklich, und mehr als nur einer hat diesen Geschmack von Galle, diesen bitteren und salzigen Geschmack in seinem Mund gespürt, von dem ich gesprochen habe. Aber ich glaube, daß es auch für euch in diesen Weihnachtstagen — und allen anderen Tagen — Freude gibt!" [86]

Kritische Auseinandersetzung mit Sartre im Hinblick auf eine künftige Gotteslehre

„Jetzt sehen wir wie durch einen Spiegel... noch ist meine Erkenntnis stückweise... Dann aber werde ich so erkennen, wie ich erkannt bin."

(Kor 13, 12)

1. GRUNDLEGUNG DER KRITIK

Um Sartres Philosophie hat sich ein Chor von Ablehnung gebildet. Mehr als 1300 Titel über Sartre könnte man anführen, die sich mit Einzelfragen oder Gesamtbetrachtungen beschäftigen und bei denen die Negativa bei weitem überwiegen. Als beinahe typisch für die Haltung derer, die die Existenz Gottes (vielleicht zu unkritisch) bejahen, mag dieses Zitat stehen: „Ob man Sartre derartig ernst nehmen soll, weiß ich schon deswegen nicht, weil es nicht ohne weiteres durchsichtig ist, ob er sein Werk ‚L'être et le néant' heute noch selbst ganz ernst nimmt. Allerhand Journalismus und Konstruktion steckt schon in diesem Werk, und Sartre ist wohl klug genug, das selbst zu sehen... Vielleicht nimmt die vorliegende Schrift bei all dem Sartre doch noch zu ernst. Aber das wäre wohl eher zu verzeihen als der Mangel an Ernst." [1] Ich glaube nicht, daß heute, wo man das Sartresche Gesamtwerk besser überblickt, eine solche philosophische Haltung dem Denken nützen kann. Wenn man an Thomas von Aquin denkt, der seine „adversarii" an der stärksten Stelle packte, deren Argumente vielfach noch präziser formulierte, als seine Gegner dies konnten, dann orientiert man sich auch heute noch wohl besser an der Haltung dieses großen Philosophen und Theologen. Gerade eine so radikale Ablehnung der Existenz Gottes, wie sie sich bei Sartre findet, muß ernsthaft bedacht werden, zumal er in keinem Werk auf eine Auseinandersetzung mit Gott verzichtet. Sicher ist der dichterischen Gestaltung manche Tiefe seiner Ansicht zum Opfer gefallen, aber es ist nicht zu vergessen, daß Sartre sich in seinen ersten Veröffentlichungen als Philosoph und nicht als Dichter präsentierte, ja daß gerade (vielleicht zu Recht) seinen Dramen, Romanen und Erzählungen „philosophische Konstruktionen" vorgeworfen werden; die Lebendigkeit der Darstellung würde unter der Last der philosophischen Gedanken leiden. So ist es wohl sachgerecht, wenn wir den Grund aufspüren, von dem her Sartre denkt und zu seinen Schlüssen gelangt. Wir haben hier der Weise des Thomas von Aquin zu folgen, der von jeder philosophischen Beweisführung verlangt, daß sie nicht auf den Urkunden des Glaubens, sondern auf philosophische Erweise selbst gegründet sein muß.

Ein System auf innere Widersprüche zu prüfen, ist meist nicht sehr erfolgreich, da aus dem System heraus stets leicht Argumente gefunden werden, die die Einwände als nicht gerechtfertigt entlarven. Die Kritik von einem anderen System her wird allzu leicht als fremd und vorschnell empfunden. [2] So scheint mir eine Kritik, die vom falschen Gottesbegriff bei Sartre ausgeht oder die in der Unterscheidung von Essenz und Existenz, in der Bestimmung der menschlichen Freiheit oder der Dualität des Bewußtseins usw. die Quelle der Irrtümer sieht, nicht radikal genug Sartres Ansatz zu treffen. Sicher läßt sich von einer anderen Position aus in diesen Punkten mit Sartre treffend streiten, aber es wird wohl immer ein Spiegelgefecht bleiben. Auch eine Entgegensetzung des scholastischen Systems, die verschiedentlich unternommen wurde [3], führt m. E. nicht zum Ziel.

Nur wenn wir von Sartre für den Gottesbegriff und die Gotteserfahrung lernen, hat es Sinn, sich mit ihm zu beschäftigen, auch wenn er als „Modephilosoph" bereits abgetan ist. [4]

SARTRES HERKUNFT

Die Einflüsse, die sich bei Sartre geltend machen, helfen viel, seine Philosophie zu verstehen. Allen voran scheint mir E. Husserl zu stehen, den er 1933 in Berlin eingehend studierte und dem er seinen phänomenologischen Ansatz verdankt. Die Einsicht in die Psychologie geht weitgehend auf S. Freud zurück, den er in „Das Sein und das Nichts" zu überwinden sucht. Die Dialektik seiner Werke fußt wohl größtenteils auf G. W. F. Hegel, wenn auch mit beträchtlichen Korrekturen. Die ständige Auseinandersetzung mit M. Heidegger, von dem er die Betonung der Existenz (freilich sehr stark in Richtung auf den scholastischen „esse"-Begriff abgewandelt) übernimmt, ist nicht zu verkennen. Seine Sozialphilosophie ist ohne die jahrelange Beschäftigung mit K. Marx und dem Marxismus nicht verständlich. Die Lektüre von W. Faulkner und F. Kafka wie von F. M. Dostojewski und S. Kierkegaard hinterließ tiefe Spuren in seinen Werken. Sartre selbst weist darauf hin, daß neben Proust, Valéry u. a. ihn besonders zwei Werke katholischer Autoren beeindruckten: G. Bernanos' „Le Journal d'un curé de campagne" und P. Claudels „Le Soulier de satin"; Sartre schreibt dazu: „...la lecture avait un charme et une puissance d'envoûtement que je ne lui si connus que dans mon enfance." [5] Die Frontstellung gegen diese beiden katholischen Autoren ist besonders stark in seinen Dramen zu spüren. Wir wollen nun nicht diesen Einflüssen im einzelnen nachgehen, so fruchtbar es auch sein mag. Der philosophische Ansatz, den Sartre vom cartesianischen Cogito her nimmt [6] und durch Husserl korrigiert, führt uns schon näher an die Grundfragen heran.

DER CARTESIANISCHE ANSATZ

Descartes schrieb am 28. VI. 1643 an Elisabeth: „Enfin, comme je crois qu'il est très nécessaire d'avoir bien compris, une fois en sa vie, les *principes* de la *métaphysique*, à cause que ce sont eux qui nous *donnent la connaissance de Dieu*." [7] Damit lag für ihn die Möglichkeit der Gotteserkenntnis in den metaphysischen Prinzipien. Diese wurden auf das Cogito zentriert. Jede Philosophie, die an der Seinserkenntnis festhält, wird gezwungen sein, zumindest insofern eine Identität von Denk- und Seinsgesetzen zu behaupten, als das Denken in seiner Gesetzlichkeit, in seiner Struktur fähig ist, die Seinsgesetze bzw. -strukturen zu erkennen oder wenigstens in irgendeiner Form zu verstehen. Für Thomas von Aquin war dies eine logische Selbstverständlichkeit, insofern der Erkennende mit dem erkannten Seienden in einer Gleichartigkeit steht, die eine echte Seinsbeziehung ausdrückt. [8] Die Seinsweise und die Erkenntnisweise sind proportional. Sobald das Seiende als Seiendes erkannt wird, bzw. sobald die Wesenserkenntnis möglich ist, ist auch die Offenheit auf das Sein hin gegeben. Die Affirmation des Seins, „es ist nämlich Sein", ist grundsätzlich die Bedingung dafür, daß das Phänomen Wirklichkeit erschließt. Die Intentionalität (des Bewußtseins) ist bei der Sache. Die kantische Trennung von Noumenon und Phänomenon wird weder von Heidegger noch von Sartre bejaht. Wohl erweist sich im Vollzug des Verstehens der Wirklichkeit in der Identität von Sein und Erkennen eine Differenz, die die Unterscheidung von Sein und Seiendem aufbrechen läßt. Diese Differenz ist jedoch nur denkbar, wenn die Seins- und Erkenntnisstrukturen sich in irgendeiner Weise berühren, das Denken also beim Sein ist (was vielleicht im Urteil erst zur Reflexion gebracht wird, so daß das Urteil als reflexer Ort der Wahrheit bezeichnet werden kann). Wir müssen hier Sartre noch auf der gleichen Linie mit der thomistischen Philosophie sehen, und einen gewissen Realismus können wir ihm nicht absprechen. Ein Urteil über Sartre wie: „Das Sein des Phänomens ist einzig und allein postuliert" [9], verkennt das „transphänomenale Sein" völlig, das eben nicht auf die spezifisch menschliche Erkenntnisweise eingeschränkt werden darf, aber auch nicht der verborgene Grund aller Phänomene ist, sondern die sich erschließende Erkenntnisbedingung im Vollzug des Verstehens, die sich ständig dem begründenden Denken des Menschen entzieht. So ist es richtiger, wie R. Troisfontaines [10] es tut, Sartre in der Nähe des Realismus zu sehen, obwohl auch hier eine wesentliche Differenz festzuhalten ist: Indem im Urteil dem Seienden Sein zugesprochen wird, d. h. „unificatio" (Vereinigung) stattfindet, wird das Seiende in die Lichtung der Wahrheit gestellt, bzw. wird es verifiziert. Das begründende Denken ergründet so das Seiende und trifft im Begründen das Sein. Der ergründende Vollzug des Denkens ist aber nicht *mehr* als die Absprungsbasis, da der Denkvollzug das Sein nur in der Weise der Indifferenz trifft. Das Seiende, das dem Bewußtsein intentional begegnet, ist als Existierendes radikal zweideutig: es muß nicht sein, sein esse ist nur ausgeliehen — das Sein des Seienden ist *kontingent*.

DIE KRITISCHEN PUNKTE

In meiner Kritik möchte ich nun einen bisher nicht üblichen Weg beschreiten. Meine Bedenken gegen eine immanente Kritik und meine Ablehnung einer systemfremden Kritik von außen veranlassen mich dazu. Daher verstehe ich hier unter einer kritischen Auseinandersetzung, verschiedene Gesichtspunkte aus der Geschichte des Gottesgedankens eigens zu entwickeln, die in bezug zu Sartres fünf Wegen der Ablehnung Gottes stehen. Sie können uns vielleicht auf eine Plattform bringen, auf der eine ernsthafte Diskussion mit Sartre möglich ist, bei der das Positive bei ihm richtig geschätzt werden kann, gleichzeitig sich aber klarer und gründlicher herausstellt, was Sartre offenbar nicht genügend berücksichtigt, ja wo er sogar den Gedankengang vorschnell abbricht und so die Tiefe der Gottesfrage nicht mehr in den Blick bekommt. Die zu entwickelnden Gesichtspunkte sind nur im Hinblick darauf gewählt und wollen nicht den ganzen Reichtum des Gottesgedankens in seiner Fülle sichtbar machen. Noch weniger ist damit intendiert, andere Gesichtspunkte zu entwerten oder als abgetan beiseite zu lassen. Das Interesse, das Sartre jedoch erweckt hat, und der Einfluß, den er noch immer besonders durch seine Sozialphilosophie und seine ethischen Perspektiven ausübt, sind ein klares Zeichen dafür, wie sehr er den modernen Menschen anspricht und sein Bedürfnis nach einem neuen Selbstverständnis zum Ausdruck bringt. Daher ist man aufgefordert, jene Elemente in der Tradition des Gottesgedankens hervorzuheben, die darauf Bezug nehmen, und vielleicht manche halbvergessene Wahrheit wieder ins Licht zu rücken, die Impuls für eine Neubesinnung sein könnte.

In Sartres fünffacher Ablehnung Gottes geht es meines Erachtens um zwei grundlegende kritische Punkte:

a) Ist in der menschlichen Intentionalität die Differenz so grundlegend, ist jede Identitätserfahrung so gebrochen, daß eine letzte Wirklichkeit (Gott) nur als Idee erfahren wird? Ist in der Begegnung mit dem Anderen (Außenwelt, menschliches Du etc.) wirklich keine Einheitserfahrung möglich, in der sich eine letzte Antwort zeigen kann?

In der Kritik möchte ich zeigen, daß es eine Gegenwartserfahrung Gottes gibt, die selbstverständlich vermittelt ist, aber ihn als eine Realität erfaßt. Das griechische Modell ist ein Hinweis auf diese Erfahrung, die Gott als ein „Er" erkennt. In der heutigen engagierten Erkenntnis ist besonders in der zwischenmenschlichen Begegnung solche Erfahrung nachvollziehbar. Aus ihr ergibt sich eine grundlegende Identität, die die Einheit von Gottes- und Nächstenliebe bezeugt. In diesen drei Schritten, ausgehend von der abendländischen „Urerfahrung" über die Begegnung des

Nächsten zur Identitätserfahrung, soll eine Dimension der menschlichen Erkenntnis angedeutet werden, die Sartre nicht oder nur verkürzt sieht. Dabei spielt sein Ausgangspunkt ohne Zweifel eine Rolle. Wir erinnern uns, daß er die *Frage* als eine Grunderfahrung sieht, in der sich die Verneinung zeigt. Dabei liegt der Akzent allerdings auf der Verneinung. Es geht nun nicht darum, die Bedenken gegen einen solchen Anfang der Philosophie zu äußern. Ich meine, daß er nicht unbedingt illegitim sein muß, wenn man bedenkt, daß z. B. etwa auch E. Coreth [11], K. Rahner [12] u. a. m. bei der *Frage* des Menschen ansetzen, während allerdings andere dem *Urteil* als Ausgangspunkt den Vorzug geben. [13] Wohl aber scheint mir — wie immer man den Ansatz wählt — eine ursprüngliche Identitätserfahrung einzubringen zu sein. Ob man sie wie G. Siewerth als „exemplarische Identität" im „Staunen" des Menschen sieht [14] und von hier her zu philosophieren beginnt [15], ist eine eigene Frage, die in unserer Kritik nicht behandelt werden muß. [16]
Die philosophischen Überlegungen über das Staunen führen uns aber zum „überraschenden Ereignis" hin, das den Griechen vertraut ist und etwas von Gott bzw. Gott selbst aussagt. Sartre spricht von dieser menschlichen Erfahrung nie thematisch, und so kommt es meines Erachtens auch zur Absolutsetzung der Verneinung, die im Vollzug des Fragens stets mitgesetzt wird.
b) Der zweite kritische Punkt liegt in seiner Sozialphilosophie; er wurde allerdings schon in „Das Sein und das Nichts" in seinen Bemerkungen zur Metaphysik vorbereitet. Was geschieht durch gesellschaftliche Umgestaltungen? Inwiefern ermöglichen solche Veränderungen neue Erkenntnisse, neue Vollzüge? Sartre sieht hier eine Tendenz, die die unvollkommene Totalität des Humanum zu einer größeren Einheit bringt, in der den Menschen eine neue Freiheit eröffnet wird, ohne daß diese Ganzheit je erreicht werden muß. Die Geschichte ist noch offen, radikal zweideutig. Das Sein aber wird durch diese menschlichen Vollzüge realisiert bzw. verifiziert. Dieser Prozeß ist durch die Differenzerfahrung (Mangel, Bedürfnis usw.) möglich. Sartre betont sie wie kein anderer und sieht in ihr die Bedingung der Möglichkeit, daß menschliche Praxis (in der Vollbedeutung des Wortes) wirklich ist. Es ist unrichtig, in seine Spätphilosophie eine Aufhebung der indivi-

duellen Freiheit zugunsten der Menschheit hineinzulesen. [17] Vielmehr sieht und betont er die Differenz, auch zwischen dem Einzelnen und der Gesellschaft, die bisher noch nicht aufhebbar war und ein wesentliches Element für die menschliche Umgestaltung, besonders im gesellschaftlichen Raum, darstellt.

Meine kritischen Überlegungen wollen gerade die Bedeutung Gottes für die Differenzerfahrung im ontologischen Bereich aufzeigen. Der Gottesbegriff kann so fungieren, daß er gesellschaftskritisch eine Realität bedeuten kann. Dabei muß aber ein statisches Verständnis der Absurdität des Seins, wie es Camus und zum Teil der frühe Sartre nahelegt, überwunden werden. Beweist die menschliche Praxis nicht, daß das Sein versteh-*bar* ist, zumindest insofern Neues hervorgebracht werden kann? So möchte ich zuerst einige Gedanken zur Differenzerfahrung darlegen, um anschließend die Identitätserfahrung zu exemplifizieren.

2. DIE DIFFERENZERFAHRUNG

DIE ABSOLUTE DIFFERENZ

Anders als bei Sartre (zumindest in seiner späten Periode) ist für A. Camus die Erfahrung der Differenz und die Absurdität der Existenz absolut. Die Logik, die uns von der Welt zu Gott führt, läßt uns auf einfachste Weise das Paradox der absurden Existenz loswerden. „Weil ihr es müde geworden seid, gegen den Himmel zu kämpfen, habt ihr euch mit diesem zwecklosen Abenteuer beruhigt, bei dem es eure Aufgabe ist, Menschen zu verstümmeln und die Erde zu zerstören. Um alles zu sagen: Ihr habt die Ungerechtigkeit gewählt, ihr habt mit den Göttern gemeinsame Sache gemacht, ihr seid nur scheinbar logisch." [1] Denn was wirklich evident ist, ist die Absurdität, die sich nicht zerstreuen läßt. „Es (das Absurde) ist jener Zwiespalt zwischen dem sehnsüchtigen Geist und der enttäuschenden Welt, es ist mein Heimweh nach der Einheit, dieses zersplitterte Universum und der Widerspruch, der beide verbindet." [2] Das Absurde liegt also im Verhältnis von Welt und Mensch. Es ist die erste Wahrheit. [3] Dieses absurde Verhältnis ist, etwas abgewandelt, nichts anderes als die ontologische Differenz. Nach Camus geht es nicht darum, wie ich aus diesem „Verhältnis" herauskomme, wie ich es verstehbar machen kann, wie bei Sartre, sondern ob ich damit leben kann. Die Versuche der Aufhebung dieses Zwiespaltes sind für die menschliche Existenz nur destruktiv, da sie verstümmelt und geschwächt wird. „Die Doktrinen, die mir alles erklären, (schwächen) mich gleichzeitig... Sie befreien mich von dem Gewicht meines eigenen Lebens, und ich muß es dennoch allein tragen." [4] Es gilt also, das Absurde der konkreten Existenz im Verhältnis zur Welt zu leben, und das bedeutet Revolte, Auflehnung, wenn man will: Antitheismus. Nur wenn das Absurde durchgestanden wird, nicht von Gott her auflösbar ist, nur dann sind wir Menschen auf der Erde frei. [5] So sagt der absurde Mensch ja, er affirmiert das Sein, und mit diesem Ja weiß er, daß seine Mühsal auf dieser Erde kein Ende nehmen wird. So rollt der Mensch unaufhörlich seine „Steine". „Seine Last findet man immer wieder. Nur lehrt Sisyphos uns die größere Treue, die die Götter leugnet und die Steine wälzt. Auch er findet, daß alles gut ist. Dieses Universum, das nun keinen Herrn mehr kennt, kommt ihm weder unfruchtbar noch wertlos vor. Jedes Gran dieses Steines, jeder Splitter dieses durchnächtigten Berges bedeutet allein für ihn eine ganze Welt. Der Kampf gegen Gipfel vermag ein Menschenherz auszufüllen. Wir müssen uns Sisyphos als einen *glücklichen* Menschen vorstellen." [6]

Hier bildet die Absurdität die letzte Erkenntnis des Menschen. Sie hat ohne Zweifel weiteste Strecken der konkreten Erfahrungen der Menschen für sich. Aber die Vernunft fordert die Verstehbarkeit der konkreten Existenz, und der Mensch versucht in seinen Entwürfen, das Absurde zu relativieren, zu überwinden. Sartre verwirft daher eine statische Absurdität, auch wenn er keine endgültige Antwort gibt. Er kann nur auf ein „Noch-nicht" verweisen, ohne ein Argument dafür finden zu können, daß das „Noch" je in ein „Schon-jetzt" übergeführt werden kann.

Könnte dem Gottesbegriff hier eine Funktion zukommen?

DIE RELATIVIERUNG DER DIFFERENZ

In den Aussagen von Camus wird eine Voraussetzung gemacht: der menschliche Intellekt ist gegenüber dem absurden Sein rein manifestativ. In seiner Aktivität eröffnet er das Vorgegebene. Er macht bekannt, was ist, ohne echt umgestaltend eingreifen zu können. Ändern sich aber Mensch *und* Ding im Erkenntnisprozeß, dann ist dieser und mit ihm die Geschichte ein Verhältnis-*prozeß,* und in ihr geschieht wirklich etwas, bzw. der Verstehens-vorgang begründet als Praxis eine Geschichte, in der Seiendes verändert wird. Die faktische Veränderung durch das Tun ist nur ein Ausspielen dieses Verstehens. Die Erfahrung bezeugt Veränderung. Jedoch nicht nur ein leeres, unveränderliches Zusammenspiel der Dinge, sondern planende Veränderung. Ist diese Erfahrung wahr, dann bedeutet der Vollzug des Menschen eine wirkliche Veränderung, die gedacht werden muß. Diese Veränderung ist aber, wie gesagt, kein motorisch-automatischer Ablauf, sondern nur dort gegeben, wo die Differenz zwischen Sein und Seiendem gesehen (bzw. gelebt) wird. Auf Grund der Seinserkenntnis ist das Seiende in die Veränderung gestellt. Nur dadurch wird es verifiziert, und zwar planmäßig, und daher so in einen neuen Zusammenhang gestellt, daß es eine Sinnveränderung erfährt. Ist diese Sinnveränderung legitim, dann wird das intelligible Seiende durch den Menschen zur Wahrheit gebracht, die es „vorher" noch nicht hatte (z. B. ein Holz wird zum Tisch gemacht). Dieser schlichte Vorgang wird als Vorgang doch offenbar dann verstanden, wenn das Holz verifiziert wird, den Sinn des Tisches erhält. Sicher, eine gewisse Verstehbarkeit ist ihm auch vorher eigen, zur Wahrheit kommt es aber erst, wenn es als Tisch usw. begriffen und zum Tisch gemacht wird. Gewiß, auch hier stehen wir nicht am Ende, sondern neue Prozesse sind zu erwarten. Der *Entwurf* des Menschen aber ist ein konstitutiver Bestandteil der Wahrheit des Seienden. Noch eindrücklicher wird dies in der zwischenmenschlichen Beziehung. A hat B beleidigt. A ist der Beleidigende, B der Zurückgestoßene. Vergibt nun B dem A, d. h. spricht B dem A Vergebung zu, dann ist B nicht mehr unversöhnlich, hat sich also geändert, und es ist nicht mehr wahr, daß er noch beleidigt ist. Ebenso verändert sich aber auch A (wenn er den Zuspruch annimmt); denn er ist einer, dem vergeben wurde, er ist nicht mehr schuldig. Diese Beispiele können nur illustrieren, was im menschlichen Vollzug geschieht. Es findet eine Verifikation statt; Sinn wird gefunden bzw. neu geschaffen, natürlich immer nur unter Anhörung des Vorgegebenen.

Da diese Veränderung auf Grund der Seinserkenntnis vollzogen wird und sich nur dieser verdankt (ein Tier „ändert" nichts!), hat diese Wandlung ohne Zweifel etwas mit dem Sein (esse commune) zu tun und nicht nur mit dem „Seienden als solchem". Das bedeutet, daß der Mensch in seiner Seinserkenntnis vom Sein her verändernd auf das Seiende übergreifen kann (Technisierung). In dieser Veränderung verifiziert er das Seiende, das sich bisher auf dem Hintergrund der Seinsidee als verstehbar erwiesen hat.

Mit einem Wort: das verstehbare Seiende wird durch den Menschen zur Wahrheit gebracht, die dem Seienden zugleich einen neuen Ort anweist. Damit hat die weltverändernde Funktion des Menschen nicht nur dedektorischen Charakter, sondern das, was nur „sinn*bar*" ist, wird sinn*voll*. Die menschliche Verfügungsgewalt reicht damit so weit, daß durch sie das Seiende zum Sinn kommt. Nicht, als wäre es „vorher" sinnlos (wie Sartre meint), sondern sein Sinn ist „noch nicht" da, er muß erst verwirklicht werden, und nur dann kann man von seiner Wahrheit sprechen. Damit die Welt also zu ihrem Sinn kommt, ist die menschliche Verifikation gefordert, nicht als reine Perzeption, sondern als aktive Umgestaltung. Die Kontingenz ist also variabel, weil neue Verifikationen möglich sind. Damit aber stehen wir vor der neuen und alten Frage: Ist wirklich der Satz „Alles ist versteh*bar*" gleichbedeutend mit „Omne ens est verum"? Stehen wir jetzt nicht vor der Frage nach dem Grund? Ist der Vollzug des Menschen, sein Entwurf, nicht so, daß er für den Grund konstitutiv ist? Wird das Bedürftige, Zufällige, nicht dadurch von „Grund" auf geändert? Gründet es dann nicht im Menschen? Wenn dies wahr ist, dann würde tatsächlich erst in der menschlichen Totalverifikation das Ding zu seiner ganzen Wahrheit kommen. Menschliche Erkenntnis und menschliches Tun (als Folge) hätten dann eine solche Weltbedeutung, daß durch den Erkenntnisprozeß des Menschen diese Welt erst zu ihrer Bedeutung, zu ihrem Sinn gebracht wird. Der Satz „Omne ens est verum" wäre freilich „dann" erst wahr, wenn ihn der Mensch verifiziert hat, und zwar so, daß er durch sich hindurch alles in die Wahrheit gestellt hat.

Erst von diesen Überlegungen her könnten zwei Positionen abgewehrt werden: erstens, daß alles letztlich im Absurden gründet und mündet und zweitens, daß das menschliche Tun nur rezeptiv und ihm so keine *eigene* Sinnhaftigkeit *(konstitutiv)* eigen sei, die über Vorgegebenes hinausgeht. Geschichte hätte so in sich einen Sinn als Verifikationsprozeß, in dem die Dinge und der Mensch zu ihrer Wahrheit gebracht werden.

Dadurch wird also der Mensch Mitgrund einer veränderten, neuen Welt. Die Wahrheit wird sich erst erweisen, aber nicht so, als wäre sie schon jetzt gegeben, vielmehr ist nur die Verstehbarkeit gegeben, die das definitive Verstehen offen läßt, so daß Mangel, Fehlentwicklung usw. eintreten können. Sein in der Gesamtheit kann sich also bewahrheiten (ist „intelligibile" und nicht absurd), es ist aber noch nicht zu seiner Wahrheit gekommen, vielmehr realisiert es sich durch den Menschen. Erst im abgeschlossenen, vollendeten Prozeß, in dem alles zu seiner Wahrheit gekommen ist, kann man davon sprechen, daß Sinn und Sein identisch sind.

Es handelt sich hier nicht um eine freie Verfügungsgewalt des Menschen, sondern er ist in den Dialog mit der Sache gezwungen. So gibt er hörend und hört gebend. Sein (des Seienden) und Denken, *beide* sind in „Bewegung" und beide kommen erst durch den dialogischen Prozeß zu ihrer Wahrheit.

Sicher, daß dies möglich ist, liegt an der Verstehbarkeit, aber Wahrheit bedarf menschlicher, d. h. geschichtlicher Verifikation, und dieser Prozeß ist *notwendig,* damit „alles" zu seiner Wahrheit, zu seinem Sinn kommt.

In diesem Prozeß, in dem in der Geschichte Sein verifiziert wird, könnte der Gottesbegriff als Grundlage der Versteh*bar*keit bedeutend und zukunftsweisend sein.

Zur vollen Wahrheit aber wird unsere Welt erst durch die menschliche Erkenntnis bzw. den Seinsvollzug gebracht. So wäre der Mensch *Mitgrund* für eine künftige Welt.

Zugleich würde durch den menschlichen Entwurf hindurch das „Ist" (Sein) nicht mehr primär die Gegenwart angeben, sondern auf Grund zukünftiger menschlicher Verifikation Zukunft mitandeuten. Damit läge dann im Seinsbegriff eine ungeheure Vollzugskraft für die Zukunft. Die Affinität des „Ist" als Gegenwart mit der Vergangenheit (als „conservare") würde der Affinität mit der Zukunft weichen, die eben *auch* in der Hand des Menschen liegt und von seiner Affirmation abhängig ist.

Wahrheit als verstehbare fordert uns zur Gestaltung, zur Verifikation, durch die Zukunft erschlossen wird. Die gegenwärtige Seinserkenntnis treibt uns dazu, ihr Neues abzugewinnen und so das, was sein *wird,* mitzukonstituieren.

So erhält in unserer Wahrheitserkenntnis Gott auch eine Nähe zur Zukunft. Unser Gottesbegriff wäre dann allerdings in eine wesentlich neue Perspektive gestellt. Könnte in ihr Sartre seine „fünf negativen Wege" aufrechterhalten?

Würde sich eine *solche* Gotteserkenntnis verifizieren lassen? Es soll nun die Frage behandelt werden, welchen Sinn es haben kann, heute von Gott zu sprechen unter den angegebenen Voraussetzungen. Anders gefragt: Hat in der heutigen Gesellschaftsstruktur Gott für das Leben noch eine Funktion? Welche kann ihm zukommen? Weil Gott ein „nomen operationis" [7] ist, ein Vollzugsbegriff, darum, meine ich, kommt dieser Frage höchste Bedeutung zu; denn ohne geschichtlich-gesellschaftliche Funktion würde heute Gott tatsächlich als „tot" angesehen, bzw. seine Gegenwart würde als Vergangenheit begriffen.

Ist heute Gott also nur Gott, wenn er uns über das „Noch nicht" unterrichtet?

DIE FUNKTIONALITÄT GOTTES

DIE HEUTIGE SITUATION

Zwei Erfahrungen bilden den Ausgangspunkt für den heutigen Menschen: die Säkularisierung und das Ende eines gewissen Seinsverständnisses. Zum Seinsverständnis ist zu bemerken:

1. Wenn in dem vorangegangenen Aufriß Wahrheit steckt, dann ist die heutige Abwehr gegen ein geschichts- und zeitloses Denken sachgerecht. Alle Erklärung des Seins, die nicht den Horizont der Zeitlichkeit menschlichen Daseins erhellen kann, wird zurückgewiesen. Aus diesem Grund wird das Sein von einem Programm her begriffen und gestaltet (Planwirtschaft). Ein Seinsverständnis, das nicht „programmiert", ist am Ende, ist in seiner „Ruhe" ausgelaufen.

2. Weil in dieser Perspektive neu die Differenzerfahrung erscheint, ist das Ende eines undifferenzierten Denkens gekommen. Die „Seinsvergessenheit" hat aufgehört. Die Geschichte des „Seinsentzuges", die nach Heidegger das abendländische Denken und seine „Metaphysik" gefangen hielt, ist abgeschlossen. Hierher gehört der Verzicht des heutigen Menschen auf einen Gott, der die Gesamtbegründung als Bestandteil eines Systems leistet. Gott kommt in einem „onto-theo-logik"-haften Denken zu früh und zu unvermittelt zum Menschen und wird so freundlich hinaus-

komplimentiert oder als unerwünschter Gast ausgetrieben. Die Parole „Gott ist tot" ist als Aufbegehren (auch bei Sartre) gegen einen zu „früh", zu vordergründig angesetzten Gottesglauben zu verstehen. So ist die heutige Situation, die sich gegen den bisherigen Gott wehrt, zwar als a-theistisch charakterisiert, sie darf aber nicht als Entscheidung gegen den wahren Gott aufgefaßt werden. Die heutige Situation ist ambivalent geworden, sie bewegt sich einerseits auf den Nihilismus zu und versucht sich definitiv im Atheismus einzurichten, andererseits nimmt sie die Richtung auf die Seinsfrage, auf offene Umgestaltung, und ist aufgeschlossen für eine neue Gestalt „Gottes", für ein neues Sich-Zuschicken der Gotteswirklichkeit.

Wenn auch Sartre sich mehr der ersten Tendenz verbunden weiß, so haben wir doch genügend Belege gefunden, die „offene Stellen" in seinem System angeben.

3. Wir stehen heute zugleich am Ende eines Seinsverständnisses, das das Sein läßt, wie es ist. Die Frage nach dem Wesen der Dinge steht nicht mehr im Vordergrund, sondern es herrscht die Tendenz, alles Seiende zu verzwecken. Der vom Menschen den Dingen aufgeprägte Sinngehalt raubt der Wesensbestimmung ihre Lebenskraft. Die Frage ist nicht primär: *was* ist das?, sondern: *wozu* kann es dienen? Welche Umgestaltung kann es erfahren, damit es in einem neuen Sinnzusammenhang „besser" seinen Zweck erfüllt? Technik und Zivilisation fragen nach *Funktion* und nicht nach dem vorgegebenen Sinn des Seins. Sicher ist damit Kant nicht widerlegt, der den Menschen als „homo metaphysicus" bezeichnete und damit die Erforschung der Bedingungen der Möglichkeit des Erkennens meinte, aber heute wird vielfach stärker die Funktion und damit die Bedeutung für die Weltumgestaltung betont.

Die philosophische Gottesfrage und ihre Antwort muß diesem Befund Rechnung tragen, will sie nicht ortlos (atopos) dahinvegetieren. In der Gottesfrage muß sie das Ende eines gewissen Seinsverständnisses anerkennen, das a) das Ende der Zeit- und Geschichtslosigkeit eines bestimmten Denkens bedeutet; b) das Ende eines undifferenzierten Denkens, das das Sein beinahe „vergessen" hat; c) das Ende, vom Vorgegebenen her zu denken und zu handeln; daher die *Funktionalisierung,* und in diesem Kontext: Entreligiosierung und Säkularisierung. Solange nämlich die Seienden als religiös vergründet erscheinen, gilt es, sich ihnen nur zu „fügen". Ein „Verfügen" wird beinahe als sakrilegisch empfunden. Säkularisierung bedeutet dann die Freigabe in die Ambivalenz, in der zukünftiger Sinn des Seins entdeckt werden kann. So ist die zweite Voraussetzung einer Ortsfindung, wo man von Gott noch sprechen kann, die *Säkularisierung.* Das Faktum liegt auf der Hand: in unserer Welt der Technik und Zivilisation begegnen wir den Spuren der Menschen, die ihren Willen der Materie aufprägen, den Spuren Gottes begegnen wir (meist) nicht. Die Urbanisation und die Großstadtkulturen sind immanent orientiert und bergen kein transzendentes Geheimnis.

Nicht mehr Pan schreitet durch die Wälder, sondern die Autos rasen über die Autobahn. Sachkenntnis und Sachwissen sind gefragt, aber nicht idyllisch-meditative Frömmigkeit. Da philosophische Rede von Gott Rede von Mensch zu Mensch über Gott ist, und in der zwischenmenschlichen Kultursphäre „theologia naturalis" weitgehend ausfällt, ist die Erfahrungsbasis für Gott minimal, da er zudem neu begriffen werden müßte; denn die Aussagen über ihn wurden unanschaulich, arm und leer. Konnte Jesus in seinen ländlichen Gleichnissen von Gottes Sorge sprechen, so sind diese für uns fast keine Erfahrungswelt mehr, und Gleichnisse aus der Technik wirken banal oder lächerlich. Zwar ist der philosophische Gottesgedanke in das westliche kulturelle Leben eingegangen und hat es geformt und eine Symbiose vollzogen, lautlos aber hat sich die Kultur selbständig gemacht, und der Gottesgedanke erweckt oft nur mehr den Eindruck eines Relikts aus einer vergangenen Epoche.

Die Grundeinstellung des modernen Denkens hat eine Wurzel in der Französischen Revolution. Der klassisch gewordene Satz von Pierre Simon Laplace ist bekannt. Der große Astronom überreichte seinem Freund, dem damaligen ersten Konsul Napoleon, 1796 sein Buch „Exposition du système du Monde". Es war ein epochemachendes Werk. Als Napoleon es gelesen hatte, beglückwünschte er seinen Freund: „Diese Erklärung der Welt ist großartig", aber, fügte er hinzu, „ich finde in diesem Buch jedoch kein einziges Mal Gott erwähnt!" Darauf Laplace: „Je n'avais pas besoin de cette hypothèse." Die Hypothese brauche ich nicht! Gott ist ein „Geschöpf des Überflusses" (de trop, überzählig). So ist die bürgerliche Entwicklung des 19. Jahrhunderts charakterisiert mit dem Satz: „Auf dem Marktplatz brauchen wir Gott nicht!" Der Faktor der Wirtschaft zählt allein im Leben. Für das Geschäft ist Gott belanglos. Für die Arbeit, für den wirtschaftlichen Erfolg ist Gott nicht von Bedeutung. Die langsame Wandlung von der Konsumgesellschaft zur Produktionsgesellschaft, die mit der Industrialisierung einsetzt und selbstverständlich in der Struktur auch die westliche Gesellschaftsordnung affiziert, drängt Gott zu einer Chiffre ab. Im Produktionsprozeß ist Gott uninteressant. Säkularisierung und Produktionsgesellschaft sind ein und dasselbe. So ist in diesem Raum Leugnung Gottes nicht mehr wesentlich, weil der Mensch auf den bisherigen Gott gar nicht mehr reagiert, ja vielleicht gar nicht mehr reagieren kann.

Wir sehen, wie eng das Ende eines gewissen Seinsverständnisses mit der Säkularisierung verknüpft ist. Auf Grund dieser doppelten Vorgabe unserer Zeit möchte ich hier eine denkbare Funktion des Gottesgedankens aufzeigen.

EINE MÖGLICHE FUNKTIONSBESTIMMUNG GOTTES FÜR DIE HEUTIGE GESELLSCHAFT

Martin Marty (der amerikanische Soziologe und Theologe) weist darauf hin, daß die Behauptung „Gott ist" oder „Gott ist nicht, bzw. tot" eine trans-säkulare Behauptung ist. Denn als universale Aussage läßt sie sich empirisch nicht verifizieren und kann daher nicht im wissenschaftlichen Sinnbereich der Soziologie liegen. Wohl aber ließe sich eine Funktionsmöglichkeit für die eine wie die andere Behauptung im säkularen Raum aufzeigen.

Die Ausdrucksformen des philosophisch-gläubigen Bewußtseins sind wesensmäßig in die herrschende Kultur eingebettet. In einer Konsumgesellschaft ist das hergestellte Produkt entscheidend, d. h. die jeweilige produzierte Vergangenheit bestimmt den „Wohlstand". Der Gottesbegriff ist folglich stets in Verbindung mit der Vergangenheit gebildet. Wenn also Menschen, die in einer Kultur leben, die auf die Vergangenheit gerichtet ist, von Gott sprechen, wird seine Transzendenz von selbst eine Affinität mit der Vergangenheit haben, wenn er auch als gegenwärtig gesehen wird. Ewigkeit ist dann unwandelbar gemachte, geronnene, versteinerte, „verewigte" gegenwärtige Vergangenheit. Gott ist als eine primordiale Wirklichkeit vom „Anfang" her konzipiert. Selbstverständlich war man nie philosophisch so naiv der Vergangenheit verfallen — man sah genau, daß Gottes Ewigkeit Vergangenheit, Gegenwart und Zukunft des Menschen umfaßt, daß Gott der „Erste" und „Letzte" ist —, aber in der Kultur, die an der Vergangenheit orientiert war, bestand (und besteht) eine wechselseitige Affinität zwischen der „ewigen Transzendenz" und der „verewigten Vergangenheit". Gott ist dann wesensmäßig der „je Größere" des Bestehenden, er ist und garantiert so den (legitimen) Anfang und ist als Ewiger zugleich der „ganz Andere". Im Ausdruck „der ganz Andere" kann eine Analogie intendiert sein oder auch ihre Ablehnung — dies spielt jetzt für diese Überlegung keine Rolle.

Nun ist es wohl richtig, wenn die Kultur einer Produktionsgesellschaft durch eine dynamische Orientierung auf die Zukunft gekennzeichnet ist. So hat die Philosophie von Kant bis Heidegger den Primat der Zukunft vor den anderen zeitlichen Dimensionen zu erweisen gesucht. Diese Kultur projiziert für die Menschheit eine bessere Zukunft. [8]

Der mehrdeutige Begriff der „Transzendenz" wird weiter gebraucht, er vollzieht aber diesen Umschwung mit und erhält eine besondere Verwandtschaft mit der Zukunft. Wenn nun die Philosophie von der Transzendenz als einer Kategorie des Göttlichen spricht, wird sie Gottes Transzendenz von der Zukunft her verstehen müssen. Schillebeeckx sagt mit Recht: „Er (der denkende Mensch) wird Gott deshalb in Zusammenhang mit der Zukunft des Menschen und, weil dieser Person in einer Gemeinschaft von Menschen ist, letztlich mit der Zukunft der Menschheit überhaupt bringen. Das ist dann der besondere Nährboden des neuen Gottesbildes in unserer neuen Kultur..." [9] In diesem kulturellen Leben manifestiert sich mögliche Gotteserfahrung als Zukunftsdimension. Gott ist der, „der kommt", und als kommender (Gott) ist er Gott unserer Zukunft. Als Möglichkeit unserer Zukunft ist er aber nicht der je „ganz Andere", sondern der je „ganz Neue". „Ganz neu" und „ganz anders" unterscheiden sich wesentlich. „Ganz anders" ist am Bestehenden gemessen und bedeutet: „je größer"; das Überraschungsmoment kommt von „oben", von dem, was „über mir" ist. Das „ganz Neue" zerreißt das Bestehende, denn der „neue Wein" zersprengt die alten Schläuche; es ist mir je voraus, ist gleichsam das Erwartete: „Ja, das ist es!" — „Siehe da!", als Eintretendes aber doch unerhört, wider alles Erwarten, das Unvorstellbare: „Mara natha!" Der „ganz Neue" verheißt „Gelobtes Land", das wir uns aber aneignen, erobern, kultivieren und ausbauen müssen.

Nun ist es klar, daß dieser vorläufig umrissene „neue" eschatologische Gottesbegriff dem „Verifikationsprinzip" der Sprachanalytiker nicht zu Willen ist, denn er fällt anerkanntermaßen nicht unter das empirisch-objektiv Kontrollierbare, wohl aber unter die Kategorie menschlicher Existenzmöglichkeit. Damit gilt für diesen Gottesbegriff die indirekte Verifikation, d. h. seine Funktion ist bestimmbar. Seine Funktion als „ganz Neuer" ist für den Menschen als Praxis bestimmbar. Ist also Gott, vom Menschen gelebt, imstande, jetzt schon so zu fungieren, daß die Welt verändert wird? Ist also der Gottesgedanke so funktionsfähig, daß sich menschliche Geschichte dem Heil nähern kann? Anders ausgedrückt: Ist Gott als der Kommende, ganz Neue, als die Zukunft der Personengemeinschaft in der Welt, als zukunftsöffnendes Prinzip wirksam? Macht er Geschichte neu?

Diese Funktionsbestimmung schließt natürlich an der bisherigen Gottesidee und Praxis radikale Kritik ein. Das bedeutet jedoch nicht, daß Gott auf eine reine „Funktion" des Menschen „reduziert" wird. [10] Seine Lebensbedeutung ist nur von der Weltveränderung her legitim und nicht von der „fertigen" Schöpfung. Wenn Gottes Zukommen so vom Menschen gelebt wird, daß es sich als fähig erweist, *im Heute bessere Zukunft der Menschheit zu bringen, dann* hat Gott Funktion, nur dann Zukunft, die auch einen „nachirdischen" Index haben kann. In diesem Sinn kann man dem Satz von Spinoza, den E. Bloch [11] aufgreift, zustimmen: „Verum nondum index sui, sed sufficienter iam index falsi." Wahrheit von Gott erweist sich nicht in sich selbst, sondern nur als Index des „Noch-nicht", der entfremdeten Produktionsverhältnisse. Welchen Sinn könnte es haben, von Gott zu sprechen, der „später" (transirdisch) alles neu machen wird, wenn aus der

Funktion des Gottesgedankens unter den Menschen nicht hervorgeht, daß der „ganz Neue" die eschatologische Hoffnung schon jetzt neu zu machen beginnt, schon jetzt den Lauf der Geschichte zum Guten ändert? Eine Wurzel dieser Funktionsbestimmung liegt in einem Wahrheitsverständnis als Geschehen, als Selbsterweis der Wahrheit. Heilszukunft ist nicht Gottes Zukunft senkrecht von oben hinein in das irdische Geschehen, das als „Einschlagstrichter" (K. Barth) fungiert, sondern eschatologische Hoffnung verifiziert sich nur (und hat Funktion), indem irdisches Geschehen zu einer Heilsgeschichte wird (sicher nicht geradlinig, weil Vereitelung stets möglich ist, aber doch der Tendenz nach).

So hätte der Gottesgedanke (vom Menschen vollzogen) weltverändernde Funktion.

Ist dieser Gottesbegriff als weltverändernde Funktion eine Ideologie? Ist er ein Interessensprinzip oder Realprinzip? (Es geht jetzt nicht darum, mögliche Definitionen zu geben.) Wenn aber weltverändernde Funktion nur dann real ist, wenn sie sich weigert, ein konkretes Stadium der Geschichte als Endpunkt anzugeben, dann fällt ein so verstandener Gottesgedanke nicht unter das Verdikt einer Ideologie. Z. B. ist der Marxismus der Meinung, daß die Ideologie des Proletariats in der klassenlosen Gesellschaft ihre Wirklichkeit findet (also ihren Endpunkt).

Von unserem Gottesgedanken her müßte aber die Neuheit so radikalisiert sein, daß die Funktion nicht durch ein Ergebnis angegeben werden kann, d. h. konkret: der Einsatz für eine menschenwürdige Welt müßte jedes Erreichte, jedes Ergebnis relativieren; alles Denkbare und Erhoffbare kann nur ein Stadium auf dem Lebensweg der Menschheitsgeschichte sein. Der Mensch, der Gott denkt, wollte er sich in seinem Denken nicht selbst aufheben, kann in keinem erreichten Ergebnis die Erfüllung der Verheißung des Gottesgedankens sehen, unmöglich „die neue Erde" erkennen.

Die kommende Enderfüllung kann nicht positiv genannt werden. Das heißt: in diesem Sinne ist der Gottesgedanke keine Ideologie. Er kann sich als weltverändernder Prozeß nicht aufhalten und in einem Endplan die Erfüllung sehen. Zukunft hat also ein Maß größtmöglicher Offenheit. Zugleich, da kein „Endplan", keine

„Endlösung" als Möglichkeit gegeben ist, ist die Funktion des Gottesgedankens bezüglich allen Planens und Verplanens kritisch. Diese Kritik hat aber nur den Anhaltspunkt in der Hinwendung zur Geschichte, in der auf Grund des Gottesgedankens die Gerechtigkeit (bzw. das Heil) für alle gesucht wird. In der kritischen Funktion wird diese Haltung „weltlich", d. h. sie wird die Gestalt der Menschenliebe annehmen, die in Widerstand gegen die Unheilsgeschichte gerät und sie zu einer Geschichte des Heils umformen will. Der zukommende Gott hätte also kritische Funktion gegenüber der noch unerfüllten Geschichte, die sich nicht durch Distanz, sondern durch menschliche Mitformung der Geschichte äußert. Dies kann und muß rückhaltlos geschehen, ohne einen Bereich aufzusparen, da die kritische Funktion negativ sein muß. Dies mag nun überraschen; es ist aber selbstverständliche Folge aus dem Gesagten. Der Entwurf einer Weltumgestaltung, Weltveränderung, ist stets ein bestimmter Plan (auch die Planlosigkeit des Bleibens im Alten gehört dazu, weil es für einen Teil der Menschen die beste Weltgestaltung zu sein scheint). Der Beitrag des Gottesgedankens kann nun nicht eine neue Form, ein neuer, vielleicht vollkommenerer Plan sein, kein Ersatz innerweltlicher Ordnung und innerweltlichen Änderungsbemühens, auch nicht so, daß er menschliche Zukunftsentwürfe ergänzen oder durchkreuzen würde. So wäre Gott lächerlich und funktionslos, ja menschliche Anmaßung. Eine solche intervenierende Funktion (Gottes) ist also auszuschalten bzw. heute von selbst gestorben.

Darum, weil also nicht positive Planung vorliegt, ist sie mit dem Wort „negativ" zu umschreiben. Zugleich ist damit die Offenheit für vielgestaltige Planung möglich. So hat der Gottesgedanke die Funktion „kritischer Negativität" [12].

Diese Funktionsbestimmung Gottes im Zeitalter der Säkularisierung meint eine positive Kraft, ein Voll-machtsereignis, das als ständiger Druck auf die Gesellschaftsstrukturen wirkt, um den „Unmenschlichkeitsquotienten" der Gesellschaft zu verringern, d. h. um eine bessere Welt zustande zu bringen, ohne daß das Menschsein selbst geopfert wird.

Es ist selbstverständlich vorausgesetzt, daß die Menschheit in ihrer Geschichte auf der Suche nach dem Menschenwürdigen ist, daß Pläne aufgestellt und verworfen werden und daß häufig nur an der Kontrasterfahrung menschenunwürdige Situationen sich enthüllen.

So wäre die Funktion des Gottesgedankens ein ständiger Beitrag, die Welt im Werden zu erhalten, nicht in einem beliebigen Werden, sondern mit der Tendenz auf das Menschenwürdige, das noch nicht gefunden ist und angestrebt wird, das mit Hilfe der Kontrasterfahrung erkennbar und in Teilplänen teil-verwirklicht ist.

a) Diese kritische Funktion hätte der zukommende Gott beim gegenwärtigen Menschen gegenüber jeder „rechts"-politischen Strömung, welche die erreichte, konsolidierte Ordnung verabsolutiert und mit dem „ewigen Gott" sanktioniert.

b) Aber auch „links"-politische Versuche, die dem Menschenwürdigen einen positiven, endgültigen Namen geben, zum Revisionismus nicht bereit sind, werden als Ideologien entlarvt und in ihre relative Bedeutung gewiesen.

c) Dieser „neue Gottesbegriff" hätte auch die Funktion der kritischen Instanz gegenüber einem Revisionismus, der sich als „negative Dialektik" herausstellt und in seiner „kritischen Negativität" unfähig ist, positiven Druck auf die Menschheitsverhältnisse auszuüben, um sie zu vermenschlichen und den Menschen zu seiner Identität zu bringen.

d) Überdies enthält dieser Gottesgedanke die Kritik an allen Versuchen, die auf Grund rein wissenschaftlicher und technologischer Planung eine vollkommene Zukunft der Menschheit schenken wollen. Gegen jede Reduktion der Möglichkeiten des Menschen würde er eine kritisch-negative Position darstellen.

Also nochmals: Die Funktion des Gottesgedankens ist als Druck oder Voll-macht zu verstehen, die die Tendenz hat, die Begrenzungen auf das undefinierbare, maximal Menschliche hin zu übersteigen, das über alle menschlichen Erwartungen hinausgeht.

Jeder menschliche Entwurf einer Gesellschaftsform gründet, wie H. Marcuse [13] schreibt, in einem Menschen- und Weltbild. Die Organisation jeder zeitlichen Gesellschaft hat also auf Grund dieses geschichtlich bestimmten Welt- und Selbstverständnisses ihre Begrenztheit bezüglich ihrer sozialen Formen und Institutionen.

Diesem jeweiligen „impliziten Menschenbild" gegenüber hat der Gottesgedanke seine kritische Funktion, da auf der Suche nach dem Menschenwürdigen noch nirgends aus der Geschichte (die Gegenwart eingeschlossen) hervorgeht, daß das Menschenwürdige möglich ist (weil kein Faktum dafür spricht).

Daher, um es nochmals zu verdeutlichen, ist der Gottesgedanke gegenüber jeder historischen Realisierung eine kritische Instanz. Er drängt dazu, das schon Erreichte bis hin zum größtmöglichen Heil für den Menschen zu transzendieren. Dies schließt aber in der Beziehung auf die geschichtliche, innerweltliche Wirklichkeit wesentlich und konsequent Gesellschaftskritik ein. (Dies scheint mir auch der Sinn zu sein, warum z. B. die Bibel direkt keinen sozialpolitischen oder gesellschaftlichen Aktionsplan hat, sondern „nur" zum radikalen Einsatz für Mensch und Gesellschaft zwingt, so daß sie einen Druck auf die faktische Gesellschaft ausübt.) Jede Planung ist wesenhaft „alt" in ihrer Durchführung, während die Funktion des Gottesgedankens, weil formal, wesenhaft „neu" ist. Das heißt: seine Affirmation ist wesentlich programmlos, aber nicht tendenzlos (sie ist auf das Menschenwürdige aus). Dieser kritische, funktionale Gottesgedanke, der sich am zukommenden Gott orientiert, hat keine spezifische Anthropologie und ebensowenig eine spezifische Politik.

Er wird aber, auf Heil ausgerichtet in der Erkenntnis der nicht bzw. noch-nicht verwirklichten Identität des Menschen, jeder Form des Individualismus oder kollektiven Totalitarismus kritisch gegenüberstehen und seine Funktion als Korrektiv ausüben, natürlich jetzt nicht in diesem Mißverständnis einer universalphilosophischen Vereinnahmung, sondern in voller Respektierung der (menschlich-sozial-wirtschaftlich-politisch-kulturellen) Autonomie, jedoch mit dem Hinweis auf die Offenheit einer menschenwürdigen Zukunft.

Eine solche Funktion des Gottesgedankens hätte mit den revolutionären Ideen eine gewisse Affinität. Wo das Menschenwürdige nicht mehr gewahrt wird bzw. innerlich Revolution erfordert ist, erhält dieser Gottesbegriff seinen ethischen Imperativ. In wirklichen Unheilssituationen hat der, der seine Hände rein bewahren will, tatsächlich die „schmutzigeren Hände" [14].

Die kritische Funktion Gottes scheint hiermit auf die Humanisierung der Welt hin bestimmbar zu sein, nicht schon in einer fest umrissenen Inhaltlichkeit, wohl aber formal als Druck und Vollmacht, die das Humanum, die Identität des Menschen zu verwirklichen sucht.

ZUSAMMENFASSUNG

In der Beantwortung der heutigen Situation haben wir von unserer Grundlegung aus eine Funktionsbestimmung Gottes unternommen. Die Voraussetzung war die Säkularisierung und das Aufbegehren gegen bisherige Gottesvorstellungen. In der Spannung, in der der Mensch leben muß und die sich zwischen Verifikationsmöglichkeit (verstehbar) und der verifizierten Realität (Wahrheit) bewegt, suchten wir den Ort Gottes. Vielleicht ist es gelungen, einen möglichen Ort aufzuzeigen. Gott hat in der heutigen Gesellschaft eine Funktion. Wenn Menschen den Gottesgedanken leben, dann hat die Rede von Gott als Funktion Sinn. Gott als Funktionsrealität hat einen Platz in der menschlichen Gesellschaft. Er heißt: kritische Negativität, die sich als Druck mit der Tendenz auf Menschlichkeit, auf das Humanum hin erweist. Es ist selbstverständlich klar, daß damit kein schlüssiger „Gottesbeweis" geliefert wird, sondern nur eine Funktionsrealität aufgewiesen werden konnte. Wenn also die oben beschriebene Spannung, in der der Mensch lebt, philosophisch anerkannt werden muß, dann kann sie dem heutigen Menschen für Gott einen Ort aufzeigen. Gott ist nicht die Begründung der bestehenden Ordnung, aber auch nicht der Grund einer zukünftigen, heute konzipierbaren Ordnung, sondern das kritische Korrektiv, das den Menschen daran hindern könnte, seine Pläne und damit sich selbst absolut zu setzen. Freilich nicht so, daß der Mensch dadurch belanglos würde, sondern so, daß nur durch diese Funktionsrealität er überhaupt zu sich selbst kommen kann, indem er alles Erreichte transzendiert. So ist es sinnvoll, gerade in der so eindrücklich erkannten Spannung bzw. Differenz von Gott zu sprechen. Alles Selbstgemachte, Erstellte, wäre dann auch verdankt, als Geschenk zu begreifen, gegeben durch die menschlich vermittelte Wirksamkeit des Gottesgedankens. Der Weg vom Verstehbaren zum Begriffenen wäre der Ort möglicher Gotteserfahrung. Gott würde also mitten im Leben, als Funktion für dieses Leben erfahrbar sein.

Wieso kommt Sartre nicht zu diesem Schluß, obwohl er in seiner Sozialphilosophie nahegelegt wird? Für Sartre hat eine ähnliche Funktion die „absolute gemeinsame Freiheit aller", die noch nicht erreicht ist. In ihr finden wir zwar diese Dynamik auf das zu erstellende Humanum hin, sie kann aber offenbar nicht die Spannung austragen. Das Versteh*bare* kommt nur als Absurdes in den Blick und wird auch bei der Verifikation nicht zur Aufhebung gebracht. So zeigt „Gott", obwohl noch nicht als real aufgewiesen, mehr Wahrheit an als diese Freiheit, solange sie univok der bisherigen menschlichen Freiheit als „causa sui" begriffen wird.[15] Nur in der Überschreitung der Absurdität ließe sich eine Annäherung an die Funktion Gottes finden.

Was berechtigt uns aber, für diese Funktion den Namen „Gott" einzusetzen? Ist Gott als ständiges Korrektiv der Dynamik der menschlichen Gestaltungs- und Umgestaltungskraft genügend umschrieben, um den Namen berechtigt gebrauchen zu können? Die Erfahrungsbasis scheint noch zu schmal zu sein.

3. DIE IDENTITÄTSERFAHRUNG

DAS GRIECHISCHE MODELL

Wir greifen nun auf den Ursprung abendländischer Gotteserfahrung zurück. Wir brauchen uns nicht in die ganze mythische
Götterwelt hineinzudenken, sondern es genügt, einige *Grund-
erfahrungen* der Griechen nachzudenken. Es handelt sich hier auch
nur um *eine* Interpretationsmöglichkeit, von der ich glaube, daß
sie besonders für die heutige Gotteserfahrung fruchtbar gemacht werden könnte. In der heutigen Philosophie und Theologie ist vielfach das *griechische* Denken verpönt. Ihm wird die
abstrakte, blutlose Art, Philosophie zu treiben, unterschoben.
Ihm verdanken wir den „actus purus", der uns ein Leerbegriff
zu sein scheint; ihm die ganze Gottesphysiologie der Natur-
und Personenlehre. So muß das griechische Denken die Sün-
den aller Philosophen tragen. Als Sündenbock wird es in die
Wüste geschickt, und wir sind glücklich mit unserem jüdischen „Geschichtsgott" allein, der von all dieser Metaphysik
angeblich nichts wissen soll. Aber ist das jüdische Denken wirklich besser als das griechische? Vielleicht können wir es gar
nicht so simpel gegeneinander ausspielen, weil sie sich gegenseitig viel zu stark durchdringen? Nun sehen wir uns das griechische
Gottesbild an! Gerade die Erfahrung der Differenz eines „Noch
nicht" scheint mir hier in einem „Schon jetzt" „aufgehoben"
zu sein.

DIE GRIECHISCHE ERFAHRUNG

Der griechische Polytheismus ist nicht eine naive Primitivität,
wie ihn christlich-jüdisches Denken darzustellen versuchte und
schließlich überspielte, ohne das Grundanliegen wahrzunehmen.
So überschwenglich und durch und durch mythologisch die Götterwelt des Homer ist, sosehr im Laufe der Zeit der Götterhim-
mel sich immer mehr bevölkerte, so waren doch immer all diese

vielen Gestalten auf *einen* Gott zurückgebunden. Ja, noch mehr: um des Gottes willen, um seine Größe ausdrücken zu können, waren die vielen notwendig. Der Monotheismus wird als eine Minderung Gottes aufgefaßt. Im dritten nachchristlichen Jahrhundert begründet dies Plotin gegen die christlichen Gnostiker und faßt so das polytheistische Denken des Altertums zusammen: „Man muß die Götter der verstehbaren Welt preisen, vor allem aber den *großen König* dort. Denn durch die Vielheit der Götter wird seine Größe offenbar. Denn nicht, indem man das Göttliche (τὸ ϑεῖον) in einem Punkt zusammenquetscht, sondern indem man es (das Göttliche) in seiner Vielfalt ausbreitet, in seiner (ganzen) Ausdehnung, in der er (König) es selbst offenbart, zeigt man, daß man die Macht (δύναμις) Gottes kennt, der, wenn er viele (Götter) schafft, bleibt, der er ist; denn alle sind von ihm abhängig, sind durch ihn und von ihm." [1] Gott erweist sich also in der Vielfalt des ϑεῖον als Gott. Die Götter sind dann die Vergegenständlichung (Konkretisierung) des *göttlichen Gottes*. Daß die Götter existieren, ist für den Griechen Voraussetzung. Schon für Homer und Hesiod sind sie *geworden,* gleichen Ursprungs wie die Menschen, trotzdem aber ewig im Sein. Man kann sie wohl als „himmlische Menschen" ansprechen, wie ja dann auch zum Teil die Heiligen ihre Funktion einnehmen konnten.

Wichtig ist noch festzuhalten, daß diese Götter nie mit ihrem Bild oder ihrer Statue gleichgesetzt wurden. Sosehr die ἱερὰ ἀγάλματα verehrt wurden, ja selbst vom Himmel fielen, nie wurden sie mit dem Abgebildeten identifiziert. [2] Die Differenz zwischen den Göttern und ihrem Bild darf deshalb nicht übersehen werden. (Die Polemik des AT verwischt sie bewußt und kann so umso leichter das Bilderverbot begründen.)

Zu diesen Göttern sagt nun der Grieche „Du". Das Du-Sagen aber bleibt so völlig im Raum der Mythologie. Es ist die Sprache der Mythen und des Kultes. Der allgemeine religionsgeschichtliche Befund, wie Götter gebetet werden, versöhnt werden usw., realisiert sich auch im griechischen Bereich, und zwar in der Dimension der Anrede, d. h. des „Du" der Götter. Interessant ist noch, daß sowohl in Griechenland wie in Rom die *Dreiheit* bekannt ist und die Zwölfzahl der Götter (οἱ δώδεκα ϑεοί). [3] Es wird damit die Einheit und Universalität der weltregierenden Götter bewiesen.

Für den Griechen ist aber diese Götterwelt etwas Abgeleitetes, Sekundäres. Diese „geistigen Vergegenständlichungen" werden *transzendiert*, sobald das Du-Sagen aufgehoben wird. Dies geschieht in zwei Richtungen:

a) Auf den philosophisch gereinigten Gottesbegriff hin, der im Grunde die Götterwelt so lange abstrahiert, bis der reine Begriff übrigbleibt (z. T. Platon, Aristoteles). Diese Abstraktionsmethode, um sich vom Mythos abzusetzen, verwendeten dann auch die christlichen Kirchen, so daß im griechischen Raum (unter Einfluß des AT!) der Monotheismus viele Züge eines reduzierten, abstrahierten, entgegenständlichten und spiritualisierten Polytheismus hat (daher die Bezeichnung der Christen als ἄ—ϑεοι!).

b) In Richtung auf das namenlose *Ereignis* hin, das uns nun beschäftigen soll. Dieses Überschreiten bedeutet aber keinesfalls, daß die Götter als Du ursprünglicher sind, vielmehr sind sie meines Erachtens das Abgeleitete gegenüber dem *Ereignis*.

GOTT ALS EREIGNIS

Es geht hier um den griechischen Begriff von Gott: ϑεός oder ὁ ϑεός in der *Einzahl*. (Da es keine Abhandlung über den ϑεός-Begriff bei den Griechen gibt, ist der Befund nur sehr schwierig zu erheben.) Es ist auffallend, daß die klassische griechische Grammatik den Fall des Anrufes, den Vokativ, zu ϑεός nicht bildet. Auch die Anrufung im Nominativ ϑεός ist sehr spät. Erst im Spätgriechischen, bei jüdischen und christlichen Schriftstellern, findet man den Vokativ: ϑεέ! Die einzelnen Götter werden angerufen, nicht aber ὁ ϑεός. Warum? Θεός ist im griechischen Denken ein Prädikatsbegriff, der uns fast ausschließlich nur im Epos erhalten ist. Es wird nichts *über* ihn noch *von* ihm etwas ausgesagt — die Rede sowohl *über Gott* wie das Sprechen *von Gott* (was heute so gerne gegeneinander ausgespielt wird [4]) ist ausgeschlossen —, vielmehr wird *Gott* selbst ausgesagt. Wird Gott selbst zur Aussage gebracht, ist ϑεός der, der etwas bestimmt, der *von etwas* ausgesagt wird. Nicht aber geschieht dies ursprünglich, daß ϑεός von einem unsichtbaren agens, von einem im Verborgenen Wirkenden ausgesagt wird — dies wäre ein ἄῤῥητον, ein Unaussprechliches —, sondern ϑεός wird immer *von einem Ereignis,* einem *Geschehen* ausgesagt, und zwar im *Umgang* mit diesem Ereignis.

Im Bekenntnis in den Hiketiden 732 wird nach der Befreiung der Leichen ausgerufen: νῦν ϑεοὺς νομίζω, dem Sinne nach: „Was wir nicht mehr hoffen konnten, ist eingetreten, geschehen: ja, es ist ein gerechter Gott!" Das klassische Zitat findet sich bei Euripides, der Helena im gleichnamigen Drama (560) ausrufen läßt, als sie, überwältigt von Freude und Überraschung, ihren Gatten erkennt: ὦ ϑεοί· ϑεὸς γὰρ καὶ τὸ γιγνώσκειν φίλους.

Karl Kerényi [5] übersetzt: „O Götter! Denn es ist Gott, wenn die Lieben erkannt werden!" Also sinngemäß: O Götter! Ja, das Erkennen (im Sinne von Wiedererkennen als Erfahrung der Huld) der Liebenden ist Gott!

Die Götter werden angerufen, sind aber wesentlich von ϑεός unterschieden. Das *Ereignis,* die Erfahrung, das Geschehen des „γιγνώσκειν" in der Liebe ist ϑεός. Ein anderes Beispiel ist uns lateinisch bei Plinius dem Älteren überliefert, der wahrscheinlich einen Spruch von Menander aufgreift: „Deus est mortali iuvare mortalem!" „Es ist Gott dem Menschen, wenn der eine Mensch dem anderen hilft." Hier Gott als „Du" anzurufen, ist undenkbar. Wohl aber wird ϑεός als „Er" ausgerufen. So ist eine Begrüßungsformel wie: „Ecce Deus!" „Siehe, Gott (ist da)!" möglich. Der *Aus*ruf (nicht *An*ruf!) gilt dem Gott als „*Er*" (nicht zu verwechseln mit einem Es!), als *göttliches Ereignis.* Was in der Sprache als Prädikat gebraucht wird (nämlich ϑεός), wird in der Erfahrung als Ereignis verstanden. Nicht der allgemeine Spruch, nicht allgemein das „Helfen" oder „Einander-Lieben" ist ϑεός, sondern was je und je geschieht. Auch wenn es allgemeiner formuliert werden kann, wie bei Sophokles im „Ödipus auf Kolonos", so meint er auch hier, daß an den Sterbenden auf verschiedene Art der Ruf des ϑεός ergeht. *„Καλεῖ γὰρ αὐτὸν πολλὰ πολλαχῆι ϑεός."* „Es ruft ihn fort und fort auf manche Weise Gott." (Hier haben wir schon einen Übergang von ϑεσς als Prädikat auf die Götter Hermes und Persephone als Subjekt.) Dieses Ausrufen Gottes ist als ein einbrechendes göttliches Ereignis zu verstehen; durch den Umgang mit ihm wird der Mensch überwältigt, gepackt: Siehe, Gott geschieht! Gott, ϑεός, kann also nur in einem Tatbestand geschehen, nur in einem *Widerfahrnis Ereignis* werden.

Das verbindet aber Gott in doppelter Weise mit der Welt:

a) Θεός besagt nur das, was in der Welt geschieht, nichts „außerhalb" der Welt. Nur in einem konkreten Ereignis geschieht Gott.

b) Nur im Umgang mit diesem Ereignis kann er als ϑεός erkannt werden, „ist Gott".

Der Inhalt des Wortes ϑεός ist also ein göttliches Ereignis im Umgang mit dem Menschen. Das heißt: ϑεός ist nicht *vor* dem eintretenden Ereignis, sondern Gott ist der, den man aus den Ereignissen kennt. Ohne Ereignis, Geschehen, wäre er ein „Arrheton". Im AT wird Gott auch vor dem Ereignis gedacht, er schafft das Geschehen erst, indem er spricht: Er sprach und es ward! Kerényi [6] meint, daß der Johannesprolog eine Synthese versucht: Das Wort war am Anfang und es war auf Gott hin, d. h. auf den Gott, der *vor* allen Ereignissen war, auf den AT-Gott. Und dann der Nachsatz: „καὶ ϑεὸς ἦν ὁ λόγος". Hier wird „*Gott*" prädikativ gebraucht (nach dem griechischen Wortinhalt könnte man übersetzen): „Und ein göttliches Ereignis war das Wort."

Diese Verbindung soll uns jetzt nicht näher beschäftigen; wir wollen nur festhalten, daß griechisch vor dem Ereignis ὁ ϑεός nicht ist, d. h. *keine* welt-*jenseitige Existenz hat*.

Dieses „Geschehen Gottes" ereignet sich „*im Umgang*". Ohne Umgang gibt es kein göttliches Ereignis. Bevor wir über das Faktum hinaus das „Ereignis" (als göttliches qualifiziert) näher bestimmen, müssen wir uns fragen, was „*Umgang*" bedeutet. Über ϑεός bzw. das „Göttliche" läßt sich nur im Umgang mit ihm eine Aussage machen. Wer mit Jemandem oder Etwas *um*geht, um*geht* es nicht. Umgang besagt stets etwas Vertrautes. Umgang pflegt man mit Personen, an denen einem etwas liegt. Auch mit Gegenständen kann man umgehen, und es unterscheidet sich wesentlich vom „Handhaben" dieses Gegenstandes.

1. Umgang aber im eigentlichen Sinne hat man nur mit *Personen*. Der Umgang ist eine höchst persönliche Angelegenheit, die eine Vertauschbarkeit von Objekt und Subjekt beinhaltet. Das Objekt muß sich zum Subjekt des Umganges verwandeln können, sonst wäre er nur einseitig und damit kein Umgang mehr. Die Ausschließlichkeit des Umganges kann so einen Subjekt-Objekt-

Wechsel hervorrufen, so daß ein Eingehen des einen ins andere möglich ist.

2. Dies ist dann die *Ergriffenheit*. „In der Ergriffenheit wird der Gegenstand zum Subjekt, zum Ergreifenden und Richtunggebenden." [7]

3. Diese Nähe und Vertrautheit, diese Austauschbarkeit im Umgang ist aber keine schmierige, sich anbiedernde Vertrautheit, sondern zu ihr gehört die *Distanz*. Umgang ist keine mystische Verschmelzung, in der die eigene Gestalt in der anderen aufgeht, sondern Umgang hält Distanz. Der $\vartheta\varepsilon\acute{o}\varsigma$ wird nicht zur einfachen Identität mit dem Menschen; selbst wenn der Gegenstand ($\acute{o}$ $\vartheta\varepsilon\acute{o}\varsigma$ oder $\tau\grave{o}$ $\vartheta\varepsilon\tilde{\iota}o\nu$) zum Subjekt wird, gleichsam „anspricht" und „antwortet", wird die Distanz gehalten. Der Angesprochene (Mensch), der Antwort erhält, nimmt in Treue auf und weiß, daß es nicht Eigenes ist, aber auch nicht etwas Fremdes, was er im Umgang empfängt, sondern eben das, was aus dem Umgang entsprungen ist und ihn *beschenkt, reich macht*. Von der Distanz zwischen $\vartheta\varepsilon\acute{o}\varsigma$ und Mensch hat es aber *nur* Sinn zu reden im Umgang selbst und nicht a priori. Die Distanz eröffnet gerade die Möglichkeit, in der Nähe des Umganges sich als Beschenkter verstehen zu können.

4. Umgang ist aber nicht nur persönliches Ergriffensein und doch Wahrung der Distanz, sondern zugleich *Achtsamkeit*. Er reißt nicht her, ist nicht unaufmerksam, zerstreut, mit anderem beschäftigt, nicht gewaltsam, sondern er achtet auf das, womit, mit wem er Umgang pflegt. „Achtsam" heißt auf lateinisch: religiose. Religio aber hat in diesem ursprünglichen Sinne nicht notwendig einen Bezug zu religiösen Dingen. Die Achtsamkeit wird so nicht auf die religiöse Welt beschränkt. [8] Ohne diese Achtsamkeit gibt es keinen Umgang. [9] Umgang bedeutet ferner selbstverständlich, daß er richtig ist. Wer mit dem $\vartheta\varepsilon\tilde{\iota}o\nu$ personal, ergriffen, achtsam in Distanz umgeht, geht mit ihm richtig um.

5. Dieser richtige Umgang ist stets *unmittelbar*. Eine Vermittlung durch ein Drittes, das den Akt vermittelt, ist ausgeschlossen. Ursprünglicher Umgang findet nur zwischen dem ursprünglichen Subjekt und Objekt statt. Selbstverständlich schließt dies nicht

aus, daß $\vartheta\varepsilon\acute{o}\varsigma$ auch vermittelt werden kann, aber nur um zur Unmittelbarkeit zu gelangen.

Im unmittelbaren, persönlich-ergriffenen, zugleich achtsamen und distanzierten Umgang mit dem Ereignis, das dem Menschen widerfährt, geschieht $\vartheta\varepsilon\acute{o}\varsigma$, ist das $\vartheta\varepsilon\tilde{\iota}ov$ gegenwärtig. In jedem beliebigen Ereignis? Keineswegs. Nicht jedes Geschehen, das auf mich trifft, vermittelt $\vartheta\varepsilon\acute{o}\varsigma$. Gott ist immer das Ereignis als $\dot{\alpha}\gamma\alpha\vartheta\acute{o}\varsigma$.

GOTT — DAS GUTE UND ÜBERWÄLTIGENDE

Schon das Wort „$\dot{\alpha}\gamma\alpha\vartheta\acute{o}\varsigma$" bezeichnet im Unterschied zu $\varkappa\alpha\lambda\acute{o}\varsigma$, das absolut gebraucht wird, das „Gut-sein" stets *für* jemanden; also eine Hinordnung auf den Menschen. Die ursprünglichste Prädikation von $\vartheta\varepsilon\acute{o}\varsigma$ ist $\dot{\alpha}\gamma\alpha\vartheta\acute{o}\varsigma$. Vor jeder philosophischen Ausdeutung ist das „göttliche Ereignis gut". Das Böse oder der Böse ist für den Hellenen kein Gott (ein Altar wie in Rom für die Febris als Göttin ist undenkbar!). $\Theta\varepsilon\acute{o}\varsigma$ ist also immer positiv. Davon aber zu sprechen, daß Gott gut sei, ist ein völlig überflüssiger Pleonasmus. Ereignet sich in einem Geschehen „Gott", dann ist dies immer „gut", und zwar für den Menschen, der damit Umgang hat, dem dies Widerfahrnis geschenkt wird. Das Ereignis, das $\vartheta\varepsilon\acute{o}\varsigma$ ist, ist also immer gut, und der Mensch geht aus ihm beschenkt hervor.

Wohl gibt es die Moira, die $\varepsilon\dot{\iota}\mu\alpha\varrho\mu\acute{e}v\eta$, der alles Geschehen in völliger Zweideutigkeit ausgeliefert ist, und ebenso den *Zuteiler*, den $\delta\alpha\acute{\iota}\mu\omega v$, der gut und böse sein kann. Diese unausgemachte, unbekannte Wirklichkeit, das Zweideutige, ist aber nie Prädikat. Der $\delta\alpha\acute{\iota}\mu\omega v$ schickt den nächsten Tag, der charakterisiert ist nicht als $\vartheta\varepsilon\acute{o}\varsigma$, sondern mit dem Satz: „Was wird der nächste Tag wohl bringen?" „Ein göttliches Ereignis" oder Unglück, „Gottferne"? [10] So ist der $\delta\alpha\acute{\iota}\mu\omega v$ ein noch vom Himmel ausgeschlossener Gott, also ein „Noch-nicht-Gott", der sich so oder anders zeigen wird. Die $\mu o\tilde{\iota}\varrho\alpha$ ist dann der *noch nicht geklärte Anteil*, der dem Menschen durch den Zuteiler ($\delta\alpha\acute{\iota}\mu\omega v$) zukommt. Am Ende der Tragödie „Helena" singt dann der Chor, in dem der $\delta\alpha\acute{\iota}\mu\omega v$, die *Götter* und *Gott* zur Sprache kommen:

Πολλαὶ μορφαὶ τῶν δαιμονίων,
πολλὰ δ᾽ἀέλπως κραίνουσι θεοί·
καὶ τὰ δοκηθέντ᾽ οὐκ ἐτελέσθη,
τῶν δ᾽ἀδοκήτων πόρον εὗρε θεός . . .

„Viele Schicksalsformen gibt es vom Zuteiler her,
Vieles nicht mehr Erhoffte erfüllen die Götter,
Und das Vermutete erfüllt sich nicht,
Der Weg des Unvermuteten (pl!) aber fand Gott. . .“

Das unbestimmte Schicksal kommt vom zweideutigen Zuteiler
her, die Götter haben oft die Möglichkeit, etwas zu seinem
guten Ende zu bringen; vieles, was der Mensch erhofft, erfüllt
sich nicht, aber Gott findet unerwartet einen Ausweg, d. h. der
Weg, der sich *ereignishaft,* plötzlich eröffnet, ist ϑεός, ist Gott.
Wenn daher Heidegger [11] den Spruch von Heraklit (Fr. 119)
aufgreift: ἦϑος ἀνϑρώπῳ δαίμων, hat er zwar recht, wenn er die
gängige Übersetzung ablehnt: „Seine Eigenart ist des Menschen
Dämon“, er hat aber unrecht, wenn er übersetzt: „Der Mensch
wohnt, insofern er Mensch ist, in der Nähe Gottes“; zwar ist
ἦϑος primär das Wohnen, die Heimat, aber δαίμων ist doch stets
das Zweideutig-Göttliche. Der Sinn des Satzes wäre also: „Der
Mensch ist beheimatet in der göttlichen Noch-Unentschiedenheit.“
Die Nähe des ϑεός ist noch nicht eingetreten. Sie kann ihm geschenkt werden, wenn ein Ereignis ihn trifft, von dem ϑεός prä-
diziert wird.

Θεός, ἀγαϑός ist also nicht der δαίμων, sondern nur das Beglük-
kende. So ist auch der Name Zeus, der diesem Geschehenszusam-
menhang am nächsten steht, ursprünglich nicht der Erleuchtete,
sondern „das *Aufleuchten*“, das glückliche Aufleuchten, d. h. also
ein „glückliches Ereignis“. Das konkrete Aufleuchten ist also
die Epiphanie Gottes. Gott wird dort epiphan, wo den Menschen
im Umgang ein Ereignis trifft, das größer als er selbst ist, das
ihn glücklich macht, ihn überwältigt und so aus seinem zweideutigen Dasein herausreißt. So ruft er aus: „Es ist Gott!“ Nur
in diesem Sinne, insofern der Mensch über sich hinausgelangt und
im Ereignis ϑεός erfährt als für ihn Geschehenden, ist es berechtigt, ein zweites Moment von Gott auszusagen: Er ist nicht nur
ἀγαϑός, sondern zugleich: τὸ κρεῖττον! Was natürlich wieder

ein Pleonasmus ist. So formuliert Menander [12]: *Tò κρατοῦν γὰρ πᾶν νομίζεται θεός.* Das ist aber keine abstrakte Gottesbeschreibung: daß Gott also immer der Größere sei und der Gute, sondern das Ereignis, das den Menschen über seine Zweideutigkeit hinaushebt in das eindeutig *Positive*, das für ihn gut und daher *mehr* als er selbst, aber eben *für ihn* ist, ist *θεός*.

Als ein Beschenkter erfährt der Mensch *θεός*. Der Epiphaniegott ist also ausschlaggebend. Gott offenbart sich hier und jetzt, zeigt sich dem Menschen und leuchtet im Ereignis auf. Durch die Epiphanie Gottes wird dann das menschliche Sein mit dem göttlichen Ereignis zur Deckung gebracht. Epiphanie, Ereignis, ist aber wesentlich mit der Gegenwart verbunden. Erfüllte Gegenwart, in der der Mensch beschenkt ist, ist Gottes Epiphanie. Nicht die unbestimmte, noch zweideutige Zukunft ist *θεός*, sie ist noch *δαίμων*, sie kann *θεός* werden, wenn sie Gegenwart wird, die den Menschen glücklich macht, für ihn gut ist und ihn so in die Eindeutigkeit bringt, die tiefer als er ist, also *θεός*. So hat Kleinknecht recht, wenn er schreibt: „Überall dort, wo eine tiefste Wirklichkeit, ein großes und tragendes Sein in aller Herrlichkeit heraustritt, kann der Grieche nicht anders als sagen: eben dies — und nicht etwa das ‚ganz Andere' — ist Gott." [13]

Vielleicht noch älter und häufiger als Bezeichnung der Tiefe des eintretenden Ereignisses wird *τò θεῖον* verwendet. Kerényi meint, daß es der älteste Ausdruck unserer europäischen Tradition ist, durch den ein Heilsereignis angekündigt wird. [14] Es meint, daß dem Geschehen, das den Menschen im Umgang trifft, *θεός* zukommt. Ganz anders als das „Numinose", das unheimlich und unbekannt ist, ist es das „Helle", das Vertrauen erweckt, das für den Menschen Gute. Es ruft im Menschen Resonanz hervor, es ist das unmittelbar Geschenkte, das Bereichernde.

In diesem Sinn ist dann die Definition des *Anaximander* im sechsten vorchristlichen Jahrhundert zu verstehen, die uns Aristoteles überliefert hat: „*καὶ τοῦτ' εἶναι τò θεῖον· ἀθάνατον γὰρ καὶ ἀνώλεθρον, ὥς φησιν ὁ Ἀναξίμανδρος καὶ οἱ πλεῖστοι τῶν φυσιολόγων.*" [15] „Und das ist das Göttliche (der Gott): es ist doch unsterblich und unverderblich, wie Anaximander und die meisten Naturphilosophen sagen." Freilich, Aristoteles versteht es wohl schon als abstrakte, allgemein gültige Aussage, losgelöst vom Ereignis. Ursprünglich ist es wahrscheinlich der Ausdruck der Hoffnung, daß das ϑεῖον immer wieder von neuem den Menschen geschenkt werden kann, daß ϑεός sich im Geschehen immer wieder offenbaren wird.

Durch das Auftreten im Ereignis verdirbt es jedoch nicht mit dem Geschehen, wenn es vergangen ist, sondern der Mensch weiß, daß er Zukunft hat, daß er wieder in seinem Leben ein solches Ereignis, das ϑεός ist, erwarten darf. In diesem Sinne ist ϑεός dem Werden und Vergehen entnommen, also vom Tod unberührt, unsterblich. Der Hellene bekennt sich also zu *zahllosen* Geschehen, zu einer steten Möglichkeit der Wiederholung desselben. Das Datum, wann etwas sich ereignet hat, wann ϑεός erfahren wurde, ist nicht entscheidend. Wir Menschen haben *„immer noch"* die Möglichkeit, in einem Geschehen dem zu begegnen, der ϑεός genannt wird.

Von einigen solchen Möglichkeiten haben wir gesprochen: Es ist der Dienst des einen Menschen an dem anderen, es ist das Wiedererkennen der Liebenden, es ist der unerwartete Ausweg aus einer bedrängenden Situation. Θεός kann aufleuchten bei der Geburt des Kindes, er kann sich in den Hochzeiten des Lebens ereignen, aber auch Krieg und Tod können durch „Gott" qualifiziert sein, wenn das κρεῖττον als ἀγαϑόν erfahren wird. So hat jede echte Tiefe, alles Elementare als Ereignis Gott in sich bzw. kann es haben. Wird z. B. selbst das Salz als unentbehrliche, kräftige Würze erfahren, dann ist es ϑεῖον. [16] Die Liste der Heilungen von Epidauros verkündet das glückliche Ereignis als ϑεός. Ja, auch das kultische Austrinken des Weines bis auf den Grund der Schale heißt ϑεῖον. Allerdings auch alltäglich-Banales kann ϑεῖον bedeuten. Im Einanderhelfen klingt es an. Heidegger führt es an einem Beispiel von Heraklit aus: ῾Ηράκλειτος λέγεται πρὸς τοὺς ξένους εἰπεῖν τοὺς βουλομένους ἐντυχεῖν αὐτῷ οἳ ἐπειδὴ προσιόντες εἶδον αὐτὸν θερόμενον πρὸς τῷ ἱπνῷ ἔστησαν, ἐκέλευε γὰρ αὐτοὺς εἰσιέναι θαρροῦντας· εἶναι γὰρ καὶ ἐνταῦϑα θεούς. [17]

„Von Heraklit erzählt man ein Wort, das er zu den Freunden gesagt habe, die zu ihm vorgelangen wollten. Herzukommend sahen sie ihn, wie er sich an einem Backofen wärmte. Sie blieben überrascht stehen, und dies vor allem deshalb, weil er ihnen, den Zaudernden, auch noch Mut zusprach und sie hereinkommen hieß

mit den Worten: Auch hier nämlich wesen Götter an." [18] Die
Besucher sind beim ersten Anblick des Heraklit enttäuscht und
ratlos. Sie hofften wohl, den Denker im Tiefsinn versunken zu
erblicken, in einer besonderen Situation, die das Außergewöhnliche offenbart. Statt dessen steht er banal am Backofen; nicht
daß er Brot bäckt, das wäre noch etwas, sondern er wärmt sich.
Der Anblick eines frierenden Denkers hat nichts Bedeutungs-
volles an sich. Es ist die dürftige Alltäglichkeit. Jeder kann diese
Situation beliebig oft zu Hause erleben; wozu noch den Heraklit
aufsuchen? Er erkennt ihre Gedanken, die enttäuschte Neugier.
Die Sensation ist ausgeblieben. Da spricht er ihnen Mut zu und
fordert sie eindringlich auf, doch einzutreten: denn auch hier
sind die Götter! Der Gebrauch von ϑεοί kommt hier ganz nahe
an ϑεός oder ϑεῖον heran. Auch im „Sich-Wärmen" kann ϑεός
sich ereignen. Auch ein gewöhnliches Tun kann ϑεός, göttlich
sein. Das Außergewöhnliche ist nicht notwendig, um die Tiefe
zu erfahren. Auch hier ist Gott, im Umkreis des völlig Durch-
sichtigen. Auch hier kann man vom ϑεός überwältigt werden
und Großes denken. Der Vollzug des Sich-wärmens kann ϑεός
sein.
Wird dieser Umgang nicht gesehen, dann hat man entweder einen
ganz gewöhnlichen, reinen Menschen vor Augen oder im Bereich
hervorragender Taten einen „göttlichen Menschen"!
So kann es auch zum vielgeschmähten ϑεῖος ἀνήρ kommen,
indem in einem Menschen ϑεός gefunden wird. Wir sind hier
auf einer Spitze der menschlichen (griechischen) Erfahrung, die
im Nu umschlagen kann zur primitiven Abgötterei. Wird ϑεός
im Menschen, in der Sache vergegenständlicht, löst er sich vom
Ereignis und wird als Sachverhalt erfahren. So kann ein unbekannter Mensch zu Gott erklärt werden. So geschieht es dann
im Kaiserkult. Augustus ist ϑεός ἐκ ϑεοῦ (Gott von Gott) und
Domitian, der zwar wegen seiner Anmaßung der „Damnatio
memoriae" verfällt, heißt nach Sueton: Dominus et Deus meus!
(Vgl. den Thomas-Ausruf: Mein Herr und mein Gott!) In diesem
gegenständlichen Mißverständnis leben auch die Bürger von
Lystra und Derbe. [19] Als Paulus einen Gelähmten heilte, kommen Volk und Priester der Stadt mit Stieren und Kränzen, um
Paulus zu opfern; denn sie glauben, die Götter seien in Menschen-

gestalt erschienen. Paulus hilft sich, indem er ein Gottesbild zeichnet, das den Jahwe des Alten Testamentes mit dem griechischen
$\vartheta\varepsilon\acute{o}\varsigma$ verbindet. Auf Malta, bei der Erzählung mit der Gift-
schlange [20], wird Paulus ebenfalls als $\vartheta\varepsilon\acute{o}\varsigma$ bezeichnet.

In all diesem Volksglauben ist die ursprüngliche hellenistische
Gotteserfahrung vergegenständlicht und zur Karikatur geworden,
wenn auch zum Teil der Geschenkcharakter und das Heilsmoment
für die Menschen bewahrt wurden.

ZUSAMMENFASSUNG

1. Wir müssen festhalten, daß es nur im *Ereignis* sinnvoll ist, von
$\vartheta\varepsilon\acute{o}\varsigma$ zu sprechen, nie vor dem Ereignis. Gott ist nicht hinter dem
Ereignis verborgen, sondern im Ereignis wird er offenbar, gegen-
wärtig. Wird Gott vom Ereignis getrennt, so treten wir in die
mythische Götterwelt ein.

2. Gott kann im Ereignis nie angerufen, sondern nur ausgerufen
werden. „Du" sagt man zu den Göttern. „Er", d. h.: Siehe, Gott!,
sagt man zum $\vartheta\varepsilon\acute{o}\varsigma$.

3. Im Unterschied zu der Einmaligkeit der Geschichte ist das
Ereignis „Gott" nicht zeitlich bestimmt und begrenzt. Auch heute
kann Gott sich ereignen. Wenn auch dadurch Hoffnung ins
Gottesverständnis kommt, so ist doch Gott völlig *gegenwärtig,*
das Geschenk des Augenblicks.

4. Dies alles, nämlich $\vartheta\varepsilon\acute{o}\varsigma$ als Ereignis, ist nur für den Menschen, der Umgang pflegt. $\Theta\varepsilon\acute{o}\varsigma$ ist für den Menschen Ereignis,
insofern er Umgang hat.

5. $\Theta\varepsilon\acute{o}\varsigma$ ist als Widerfahrnis nichts Zweideutiges. $\Theta\varepsilon\acute{o}\varsigma$ hebt den
Menschen über seinen $\delta\alpha\acute{\imath}\mu\omega\nu$ hinaus auf das Positive hin,
nämlich auf das $\dot{\alpha}\gamma\alpha\vartheta\acute{o}\nu$. Gott ist den Menschen immer gut und so
das Anziehende, das $\varkappa\varrho\varepsilon\tilde{\imath}\tau\tau o\nu$.

6. Das heißt also: Das Beschenktsein ist $\vartheta\varepsilon\acute{o}\varsigma$. Der Mensch, der
sich im Ereignis neu empfängt, erfährt Gott. Gott wird also in
der Fülle des Augenblicks, der Gegenwart, erfahren. Gott ist
Geschenk für den Menschen.

7. Wir haben auf die Gefahr der Vergegenständlichung hingewiesen, und zwar auf die mythische Ablösung des Gottesgedankens vom Ereignis. Ebenso wird in der philosophischen Reini-
gung der Gottesidee Gott vom Geschehen abstrahiert und wird
in starre Formen gegossen. (Dies kann auch kultisch-religiös geschehen.)

8. Es ist noch eine Eigentümlichkeit des griechischen Gottesgedankens sichtbar geworden, die für uns unvollziehbar ist:
die ungeschichtliche, zyklische Zahllosigkeit des Geschehens.
Eine Einmaligkeit kommt nicht in den Blickwinkel, so daß zwar
vielleicht im Ereignis eine abstrakte „Geschichtlichkeit" angedeutet ist, konkrete Geschichte als Prozeß aber doch nicht gedacht wird.
Die Augenblicklichkeit des göttlichen Ereignisses verheißt nur
die Wiederholung in der Zukunft, aber doch keine Verwand-
lung der Zukunft selbst.

9. Positiv ist aber zu sagen, daß das ursprünglich griechisch-
abendländische ϑεός-Ereignis für jene einen Raum schafft, die
vom Verlust des Du-Sagens zu Gott geprägt sind. Um Gott denken und in seinem Leben als eine Realität erfahren zu können, ist
das Du-Sagen zu ihm nicht ein absolut notwendiges, konstitutives
Element. Der Verlust des „Du" Gottes besagt nicht notwendig
Gott-losigkeit, Atheismus, wenn auch Martin Buber u. a. dieser
Meinung sind. Das griechische Denken ist zumindest ein Beispiel dafür und ein Angebot einer anderen Denkmöglichkeit.

10. Der Ansatz einer Dialektischen Theologie, die Gott zu einem
„ganz Anderen" macht und so doch wieder vom Geschehenszu-
sammenhang mit dieser Welt löst, wird korrigiert. Die große
Bedeutung des griechischen Denkens liegt darin, daß wir hier
eine Gotteserfahrung haben, die Gott mit dem Ereignis verbindet,
die Gott als Heilsgeschehen versteht. So wird Gott nicht hinter die
Wolken verbannt und zu einem unsichtbaren agens gemacht, sondern im Weltzusammenhang erfahren. Gott wird nicht als Ferne,
nicht als das Allgemeine verstanden, sondern als das Konkrete,
ja das Konkreteste, aber nicht wiederum rein äquivok, vom Geschehen abgelöst, sondern von seiner Präsenz in der Welt her.

Gott braucht den Menschen, der Umgang hat, um in die Geschichte einzugehen.

11. In der Erfahrung des ἀγαϑόν in der Gegenwart liegt aber meines Erachtens ein Impuls für eine zukünftige Herbeiführung desselben. Im Umgang mit dem ϑεός klingt ja nicht nur das Verfügenlassen an, nicht nur die Erwartung des Heiles von außen, sondern auch der Umgang, der vermenschlicht und für die Humanisierung eine positive Dynamik ermöglicht. Zugleich ist eine Warnung enthalten, die menschliche Verfügungskraft nicht nur als τέχνη zu sehen und sie zur allherrschenden Göttin zu erheben, sondern die heillose Verfügung in den vermenschlichenden Umgang zu verwandeln, so daß Menschwerdung sich verwirklicht.

12. Die ϑεός-Erfahrung hebt den Menschen über sein zweideutiges Dasein hinaus, sie transzendiert den Menschen, wie er hic et nunc ist, auf das Positive, auf das Gute, Größere, „Menschlichere" hin.
So könnte diese Gotteserfahrung die Funktion eines solchen Gottesbildes auch für die gesellschaftliche Umgestaltung erhellen, so daß die Dialektik zwischen dem vom Menschen Herbeigeführten und dem Beschenktsein total wäre. So würde, meine ich, eine gewisse Statik, die dem griechischen ϑεός anhaftet, in die δύναμις (Dynamik) verwandelt werden.
Dieses griechische Modell gibt uns die Deutung einer Erfahrung, die den Gebrauch des Wortes „Gott", wenn auch nicht rechtfertigt, so doch als legitim erweisen kann. Sein Name: „Der *da* ist!" ist damit in gewisser Weise ein Erfahrungsbegriff. Denn nur mit diesem Begriff kann die erfahrbare Wirklichkeit in ihrer Tiefe ausgelotet werden. Der Mensch lebt zwar weiter in der ontologischen Differenz, in der Zweideutigkeit seiner Existenzschwäche, aber ihm ist eine Möglichkeit offen, in den Begegnungen des Lebens Gott zu erfahren. Gott ist hier nicht primär das „Erklärungsprinzip" der Welt, sondern die Erfahrung, in unserem Leben beschenkt, bejaht zu sein. So wird im Vollzug der Seinserfahrung Dasein (plötzlich) sinnvoll.
Bei Sartre fällt diese Identitätserfahrung aus, die den Namen „Gott" verdient. Seine Neigung, die negativen menschlichen Erfahrungen hervorzuheben, verschüttet zum Teil die Sicht für das

Sich-Einlassen, das „Beschenktsein". Ohne eine solche Grunderfahrung aber läßt sich auch kaum von einem „wirkenden" Gott
sprechen. Ist Gott aber ein Vollzugsbegriff, dann muß seine Gegenwart in den Begegnungen des Lebens erfahrbar sein. Bei allem Mangel dieses griechischen Beispiels, das eine Urerfahrung des abendländischen Denkens wiedergibt, ist zu sagen, daß hier die „Toten-
starre" Gottes gebrochen ist und die Kontingenz der menschlichen
Existenz in einem Sinnzusammenhang gesehen wird, in dem die
Absurdität „aufgehoben" wird.

Die griechische Erfahrung könnte so unser „Angeld" werden, das
uns die Möglichkeit gibt, der heute verfügbaren Welt ein Sich-
Fügen in das Ereignis abzuringen, ohne deshalb auf die Umgestaltung zu verzichten. Aber in diesem Ereignis könnte Gott
wirksam und erfahrbar werden. Ist dies für Sartre wirklich völlig
unannehmbar?

Es ist hier nun notwendig, der Erfahrung der bereichernden Begegnung nachzugehen. Ist von daher ein Aufweis Gottes möglich?

EIN INDIREKTER AUFWEIS GOTTES

DIE HEUTIGE FRAGESTELLUNG

Zwei Erfahrungen des heutigen Menschen helfen zur Weiter-
führung der Ortsbestimmung der Gotteserkenntnis:

1. Der Mensch von heute will eine konkrete Erkenntnis, in der
der Ort der Gotteserkenntnis nicht auf dem Weg der Abstraktion
erreicht wird, sondern durch personales Engagement. Die Frage
lautet nicht: Auf welchem Weg kann ich zu einer reinen Erkenntnis
Gottes gelangen, die vom Kontingenten zum Absoluten aufsteigt?
Sondern: Wo begegnet mir konkret im menschlichen Leben,
im engagierten Erkennen Gott? Wo eröffnet sich mir mitten in
meinem Leben die Wirklichkeit, die größer ist als ich? Wo begegnet mir eine Erfüllung, die ich nur als Geschenk verstehen
kann und die daher Gotteserfahrung bedeutet?

Bei einer sehr eingehenden Befragung des Seins, die durch Abstraktion vollzogen wird, *kann man* zu einem Wesen gelangen,
dem eine solche Vollkommenheit und auch Personcharakter zu-

kommt. Im Fall der engagierten Erkenntnis soll aus der begegnenden Person total verpflichtende Person erfahren werden, die den Menschen in seiner ganzen Tiefendimension umfängt. Nicht die abstrakte Erkenntnis steht im Vordergrund, sondern die verpflichtende Erkenntnis, die mit dem Akt des Anerkennens so verbunden ist, daß ohne Engagement die Erkenntnis nicht stattfinden kann. Personales Ja und verstehende Erkenntnis bilden auf dieser Erkenntnisebene noch eine solche Einheit, daß die Existenz des *letzteren* in Frage gestellt ist, wenn sich das *erstere* nicht zugleich, d. h. in ein und demselben Akt verwirklicht. Während bei der abstraktiven Erkenntnis der verneinende Wille sich nur als Hindernis zeigt und die willentliche Bejahung höchstens als Bedingung gefordert ist, damit die Erkenntnis ihren Weg gehen kann, so ist bei der engagierten Erkenntnis der personale Verstehensvollzug konstitutiv, d. h. das willentliche Anerkennen und das Verständnis der Wirklichkeit sind nicht zu trennen.

2. Aus diesem Ansatz fließt die zweite Erfahrung: Dem heutigen Menschen drängt sich die Gottesfrage nicht mehr unmittelbar auf. Trifft die menschliche Erkenntnis heute auf ein Seiendes, das in seiner Struktur eine Seinsschwäche offenbart, so fordert diese Schwäche keine Erfüllung durch ein vollkommenes Sein, sondern wird in seiner fragmentarischen Struktur als Ganzheit anerkannt und für *Zukunft funktionalisiert auf das zu erstellende Humanum hin.* Die Erkenntnis überschreitet ferner in der Fragestellung, die die Menschen heute bewegt, das kontingente Seiende vielfach nicht mehr in Richtung auf ein absolutes, göttliches Sein, wohl aber in Richtung auf das kontingente Sein, in dem die absolute Setzung erscheint, in dem Sein da ist, d. h. auf das menschliche Sein hin. Dadurch erfährt der Erkenntnisprozeß eine konkrete Konzentration auf ein grundsätzlich erfahrbares Sein, auf die menschliche Existenz (selbstverständlich in ihrer Gesellschaftlichkeit). Damit ist zugleich eine unmittelbare Erfahrbarkeit Gottes in der Natur nicht mehr möglich. So erklärt man, daß aller Seinsmangel, der in der Welt angetroffen wird — seien es ungeklärte Ursachen, seien es Grenzsituationen aller Art (Schmerz, Angst, Leid, Tod) —, nur eine Gottesidee eröffnet, die aus der träumenden Sehnsucht des Menschen entspringt (Sartre) und nicht aus der Wirklichkeit.

Die „weißen Flecken" auf der Landkarte unserer Seinserkenntnis werden nicht mit Hilfe einer letzten Erstursache gelöscht. In der Erfahrung menschlicher Ungesichertheit, Ohnmacht gegenüber der Übermächtigung der Natur, Hilflosigkeit und Hilfsbedürftigkeit begegnet der Mensch seiner Grenze, und die Schwäche seines Daseinsvollzuges wird offenbar. Der Gottesgedanke jedoch, der auf Grund dieser Begrenzung, also aus menschlicher Unzulänglichkeit entsteht, ist ein Gottesbegriff, dessen Sein in der Zweideutigkeit bleibt. Damit ist der Gottesgedanke, der aus menschlicher Sehnsucht oder aus Seinsmangel hervorgeht, nicht die Begründung des Daseins, nicht der Ursprung des Bewußtseins, nicht der Grund menschlicher Freiheit, sondern ein reines Postulat, dem, wie man meint, nur in völliger *Unbestimmtheit* Sein zugesprochen oder das als Sein angesprochen werden kann. Damit liegt aber hier keine eindeutige Gotteserkenntnis vor. Die Erkenntnis der Begrenztheit und Kontingenz des Seienden übermittelt in diesem Verstehenszusammenhang keine Gotteserfahrung. Die *Möglichkeit,* die das kontingente Seiende mitkonstituiert, ist nicht die Ermöglichung einer Gotteserkenntnis, die die *Wirklichkeit* der Existenz Gottes bezeugt. Jeder direkte Zugang zu Gott ist in diesem Erfahrungsbereich ausgeschlossen, und auch ein indirekter kann sich nicht auf *diese* Dimension des Seienden beziehen.

Welche Möglichkeit bleibt noch offen, um auf Grund dieser beiden Erfahrungen nicht dem Atheismus zu verfallen? Der Gottesgedanke, der auf Grund eines Seinsdynamismus entsteht, der sich als natürliche Sehnsucht nach Erfüllung darstellt, wurde ausgeschlossen, da er nur existenzleere Selbstprojektion des Menschen ist (Sartre). Andererseits wurde auch der Weg der Abstraktion, der vom konkreten Seienden zu dem letzten Grund alles Seienden aufsteigt, als Holzweg verstanden, der nicht in die konkrete Existenz führt und so ihre Fragen nicht beantworten kann.

GOTTESERFAHRUNG IM DIESSEITS
(DAS MENSCHLICHE DU)

1. Eine Bedingung der Möglichkeit, zur verpflichtenden Gotteserfahrung zu gelangen, ist, daß *Gott im Diesseits* erfahren wird. Eine reine Transzendenz ist für den menschlichen Bereich ausge-

schlossen, da dies die Flucht des Menschen in eine jenseitige Welt wäre, die die unsere nicht berührt. Eine reine Diesseitigkeit würde den Gottesgedanken auflösen und ihn zu einer Menschheitsidee degradieren. Gegen diese Tendenzen ist *der* Ort zu erfragen, wo im Diesseits Transzendenz und damit „Jenseitigkeit" aufleuchtet. Wo zeigt sich eine *Einheit* von Transzendenz und Immanenz an? Ein Seiendes, das keine Seinsoffenheit verwirklicht und damit ganz dem Verfall anheimgestellt ist, ein Seiendes, in dem sich der Selbstbestand des Seins in keiner Weise ankündigt, kann nicht Zeuge der Transzendenz sein, kennt keine Zukunft, sondern geht ganz in der Diesseitigkeit, in der „Jetztzeit" auf. Die Welt als solche kann nur im Schweigen die Transzendenz verkünden, d. h. einen Gott, der stets im Unbekannten verbleibt. Transzendenzerfahrung bleibt im positiven Sinn aus. Nur dort, wo Geist in Welt erscheint, wo Sein zum ersten Mal aufleuchtet, da ereignet sich letzte Wirklichkeit, *da* ist Sein und mit ihm „Weltjenseitigkeit", d. h. Transzendenz. Sie verkündigt sich daher auch nicht in der Kategorie des Habens, der Gegenständlichkeit, sondern im „Existenzial" menschlicher Personalität. In der Person wird zum ersten Mal eine absolute Erfahrung gemacht, die qualitativ nicht übersteigbar ist. Die menschliche Person ist gnoseologisch das erste absolute Ereignis, das begegnet. Jedoch ist dies nicht die *eigene* Person, das eigene Personsein. Dies ist auch auf Grund der Struktur menschlicher Erkenntnis nicht möglich und entspricht auch nicht der ontologischen Erfahrung. Vielmehr kommt die menschliche Person durch das *Du* zur Selbsterhellung und Selbstandserfahrung. Das personale Du bringt mich mir selbst als Person entgegen, und ich empfange daher mein Personsein von der Person des Anderen als Geschenk. Diese Angewiesenheit auf das Du ist für die menschliche Person *konstitutiv* und nicht nur Möglichkeitsbedingung der Erkenntnis. Diese Verwiesenheit auf eine *andere* Person als wesentlich für meine *eigene* Person läßt Transzendenz als Geschenk erfahren und weist mich stets vom Eigensinn weg, von meiner Person auf die andere, die meine Personwerdung mitbegründet. Die volle Rückkehr auf sich selbst ist zugleich Hinkehr auf das Du und Heimkehr im Du in die Transzendenz. Diese Struktur der Einheit von Diesseitigkeit und Jenseitigkeit, die in der Person des Menschen erfahren wird, teilt die Transzendenz nicht in Seinsschwäche, sondern Seinsfülle mit. Nicht durch die Abwesenheit, sondern durch die Anwesenheit des Seins wird Transzendenz offenbar und damit letzte Wirklichkeit.

2. So geschieht Gotteserfahrung im Diesseits als *Erfahrung einer Fülle* und nicht eines Mangels, und zwar einer letzten, absoluten Fülle. Das also, was uns unbedingt angeht, das Unbedingte, das uns selbst eine letzte Tiefe unserer Existenz, d. h. Person, zukommen läßt, zeigt sich als Transzendenz in unserem Lebensbezug zum Du, d. h. als das, was wir als letzte Wirklichkeit bezeichnen und Raum gibt für die Erfahrung, die das Wort Gott in einen Sinnzusammenhang stellt. Im Verhältnis, in dem sich Erfüllung (Akt, in unserem Fall: Person) zu Erfüllung (Person) verhält, wird eine Vollkommenheit offenbar, die beide als Geschenk, d. h. als über die kontingente Person selbst hinausgehend verstehen. Dabei spielt wieder nicht die Mangelhaftigkeit der menschlichen Person eine Rolle, sondern die Fülle, die ein qualitativ höheres und größeres Ereignis anzeigt, als menschliche Person in sich selbst sein kann.

3. Diese Anzeige, die wir als eine Erfahrung deuteten, in der Gott zur Sprache kommen kann, geschieht jedoch *nie direkt,* vielmehr doppelt indirekt:
a) Sie ist dem abstrahierenden Erkennen nur *nach* dem Vollzug der engagierten Erkenntnis zugänglich.
b) Sie ist der verpflichtenden Erkenntnis nur in der Vermittlung der begegnenden Person gegeben, allerdings hier nicht durch die Vermittlung eines Aktes, d. h. nicht mittels eines zweifachen Vollzuges, sondern in ein und demselben Vollzug der Begegnung wird menschliches Du und unbedingte Transzendenz erfahren. Zum *ersten* Gedanken ist noch zu sagen: Würde das menschliche Du nur als feindliche Macht auftreten, würde in ihr keine Begegnungsmöglichkeit entgegengebracht, sondern Bezugnahme stets nur abgeschnitten und vergegenständlicht, dann wäre ein Engagement in der Begegnung als Offenheit für das personale Sein nicht möglich, und die Erkenntnis des Du würde keinen Raum der Gotteserfahrung eröffnen. Transzendenz könnte sich nicht offenbaren, da die engagierte Erkenntnis ausbliebe. Der Weg einer allgemei-

nen, reflektierenden und abstrahierenden Erkenntnis wäre dann allerdings auch versperrt, da Person als Seinsoffenheit nicht erfahren wird. (Daraus ergibt sich von selbst ein Ansatz und eine Forderung für eine Vollzugslehre [Ethik], die personale Offenheit in der Begegnung fordert, d. h. die Bereitschaft, sich selbst mithineinzugeben und die andere Person verstehend anzunehmen.) Hinsichtlich des *zweiten* Gedankens muß bemerkt werden: Findet diese Erkenntnis statt, so ist die Transzendenzerfahrung als unbedingte immer nur indirekt in der kontingenten, bedingten Begegnung gegeben, die direkt auf mich zukommt. Ein *direkter* Zugang zu Gott, der menschliche personale Vermittlung verweigert, ist damit grundsätzlich ausgeschlossen. Losgelöst vom *kontingenten Du* ist danach Transzendenz nicht erfahrbar. Andererseits geschieht die Vermittlung auch nicht derart, daß der eine Vollzug durch einen anderen abgelöst werden müßte — es sei denn in der reflektierenden Erkenntnis, die über das Geschehen Rechenschaft gibt —, sondern im *Vollzug* der personalen Hinwendung zum *Du* wird letzte Wirklichkeit gegenwärtig, ist Raum für Gotteserfahrung.

Auf Grund dieser Hinweise zeigt sich deutlich: Verläßt man *diesen* Ort der Transzendenzerfahrung, das menschliche Du, dann ist der Zugang zu *der* Wirklichkeit, die wir Gott nennen, erloschen. Die *Orts*bestimmung gibt allein den Weg und damit die Möglichkeit dieser letzten Erkenntnis an. Würde der Ort verlassen, käme es notwendig zur Erkenntnis einer „Naturgottheit", die sich nicht im personalen Wort aussprechen kann, oder aber zu einem direkten Zugang zu Gott, der Intuitionismus oder Innatismus, falschen Personalismus usw. bedeuten würde. Oder als dritte Möglichkeit: Würde dieser Ort der menschlichen Begegnung als ungenügend verstanden, dann käme es zum Verlust der echten Personalität des Menschen, so daß dieser als naturhaftes Seiendes aufgefaßt würde, ohne wirkliche Offenheit auf das Sein und die Transzendenz. Alle diese Möglichkeiten sollen ausgeschlossen werden, und so ist allein die indirekte Begegnung mit Gott möglich, und zwar im begegnenden menschlichen Du, das, insofern es eine für den Mitmenschen offene Person ist, der Nächste heißt.

4. Damit ist für den *Zugang zu Gott im menschlichen Du* Raum gegeben. Das personal aufgeschlossene Du ist für philosophisches
Denken zugänglich und bedeutet die positive Qualifizierung der
menschlichen Person, insofern sie *Mit*sein und Offenheit (für das
begegnende Du) besagt. Der ontologische Akt der existentiellen
Verweigerung dieser Seinsstruktur untersagt dem personalen
Du den *Ort* der Gotteserfahrung. Damit wird andererseits offenbar,
daß eine Hinwendung zum Nächsten stets Erschlossenheit für
Transzendenz bedeutet und eine Abkehr Verschüttung der
menschlichen Struktur und damit Abbruch der Gottesbegegnung.
Über diese Qualifikation der menschlichen Person als der je
nächsten läßt sich in philosophischer Auslegung keine weitere
Zusammenführung von Gotteserfahrung und Begegnung im
Nächsten vollziehen.

Als Theologe, der durch die positive Begegnung mit der Bibel
sein Gottesverständnis entwickelt, könnte man den Nächsten in
der ganzen Weite seiner geschichtlichen Dimension verstehen,
die durch das Christusgeschehen qualifiziert ist. Es ist hier nicht
der Platz, diese Deutung näher zu verfolgen, vielmehr genügt
der Hinweis, daß Jesus Christus als Wort Gottes, das uns anspricht, sich sowohl identifiziert mit dem menschlichen kontingenten Du: „Alles, was ihr einem von diesen geringsten Brüdern
getan habt, das habt ihr mir getan" [21], und so ein „als ob" nur
der Nächste Christus wäre ausschließt, andererseits aber sagt: „Ich
und der Vater sind eins", und so Gott-Vater im Christusgeschehen
anwesend ist. Eine Ausdeutung und ein tiefes Verständnis dieser
Sätze führt zugleich zu einer absoluten Verbindung der beiden
Hauptgebote, der Gottes- und Nächstenliebe. In diesem Gedankengang wird der Anspruch des Du tatsächlich zum absoluten
Ereignis, in dem Gott gegenwärtig ist. Man kann sagen, daß in
der personalen Struktur des menschlichen Seins eine Erschlossenheit angelegt ist, die die Möglichkeit der Menschwerdung Gottes
als Geschenk erklären läßt und die die Forderung Sartres aufgreift, daß sie in der Gegenwart geschehen muß. Um noch einen
Schritt weiterzugehen, gilt es, nochmals auf den Begriff des
menschlichen Du zurückzukommen, um eine weitere Qualifikation der Transzendenzerfahrung aussagen zu können. Das Du,
der Nächste, der Verständnisbereitschaft zeigt, ist in seiner Auf-

geschlossenheit im *Mit*sein stets durch die *Liebe* qualifiziert, die ja gerade diese Offenheit und die Annahme des Du besagt. Eine Erkenntnis des Nächsten, die Engagement für die begegnende Person bedeutet, kann immer nur durch die Liebe mitkonstituiert werden. Ohne Erfahrung der Liebe ist die mitmenschliche Person als Nächster nicht verständlich.

5. Ist aber der Nächste durch die Liebe qualifiziert und ist er der Ort, an dem sich Transzendenz erschließt, so setzt die Begegnung des Du die *letzte Wirklichkeit als Liebe*. Gott begegnet damit in der Liebe und nur in ihr als Liebe. Diese letzte Erklärung versteht sich von selbst aus dem Ansatz und der Ortsbestimmung (und wird durch das Wort der Schrift bestätigt), indem Gott als Liebe begriffen wird. So offenbart sich letzte Tiefe des Menschen, d. h. Transzendenz, als personaler Vollzug *für* den Menschen, und *im Nächsten* kann Gott als Liebe erkannt werden.

ZUSAMMENFASSUNG

Damit scheint die atheistische Situation eingefangen und den beiden angeführten Erfahrungen des heutigen Menschen Genüge getan zu sein. Eine engagierte Gotteserkenntnis mitten in der Fülle menschlichen Lebens ist möglich. Sie zeigt sich in der Erfahrung des Nächsten an, in dem Gott als Liebe begegnen kann. Haben wir nun den Ort gefunden, an dem Gotteserfahrung und damit ein indirekter Zugang zu Gott möglich ist? Als Ort bezeichneten wir das menschliche Du, d. h. die Mitmenschlichkeit in ihrer vollen sozialen Dimension. In der Begegnung mit dem Nächsten ist ein indirekter Zugang zu Gott auch heute möglich. Wenn sich auch in diesem Verständnis eine echte Analogie nur in der menschlichen Person findet (wir nur *einen* Weg statt fünf Wege betrachteten), so ist doch die Erkenntnismöglichkeit Gottes, wie sie das erste Vatikanische Konzil verstand, noch offen. Es kann sich auf diesem Wege eine echte Erkenntnis Gottes vollziehen, die ihn als die Liebe bekennt.
Sartre gibt uns so Anlaß, seine Spur weiter auszuziehen und darauf hinzuweisen, wo sie sich verliert.
In der provokativen Absurdität des Seins und der mitmensch-

lichen Beziehungen zeigt sich bei Sartre eine Erfahrung, die erstmalig bei den Griechen festzustellen ist, die die Absurditä† in der Begegnung überwindet und in der Erfahrung des Absoluten einbringt, in der sie Gott erkennt. Nur so ist „philosophische Hoffnung" realistisch, hat ein „Angeld" ($\dot{\alpha}\varrho\varrho\alpha\beta\acute{\omega}\nu$) auf Erfüllung und überwindet die Zweideutigkeit der kontingenten Existenz. Sicher, die Kontingenz ist kein falscher Schein, der zerstreut werden kann, sie wird aber in der Begegnung „aufgehoben", die als Gotteserfahrung verstanden wird.

DIE IDEE DER INKARNATION UND DER GOTT DER LIEBE

DIE MENSCHLICHE VERANTWORTUNG

Wir haben versucht, im Raum des Sartreschen Denkens die Möglichkeit einer konkreten Gotteserfahrung aufzuzeigen, die einen neuen Erkenntnishorizont erschließt. Alle abstrahierende Erkenntnis kann für Sartre immer nur blutleer bleiben und keinen Gott aus „Fleisch und Blut" erschließen, keinen Gott, der Liebe ist. Er lehnt daher jede Theorie ab, die Gott als realen „Grund" und als „causa sui" sieht. Sartre findet aber keinen Ort, an dem er eine den Vollzug begleitende Erkenntnis entdeckt, in der Gotteserfahrung aufleuchtet. Es sind weniger manch falsche Vorstellungen und Bilder Gottes, die ihn zur Ablehnung zwingen, sondern mehr die Ortlosigkeit Gottes, da er nirgends hic et nunc gefunden werden kann. So wird die *Realität* Gott auf den „Sankt Nimmerleinstag" verschoben. Ein Gott, der des Menschen Freiheit als Grund und Ziel so festlegt, daß der Mensch zwischen beiden Punkten gleichsam mit Händen und Füßen auf die Folter gespannt ist und nur in einem „freien Schiedsspruch" gleichsam den Kopf drehen kann, das wäre tatsächlich ein Gott, der mit dem Menschen sein Spiel treibt. Sartres Erkenntnis der Selbstverfügung des Menschen in Freiheit ist der Ermöglichungsgrund nicht nur einer „Wahlfreiheit", sondern des ganzen Geschichtsprozesses, in dem die verstehbare Wirklichkeit verifiziert wird. Diese Verifikation wäre aber ein leeres Wort, wenn der Mensch selbst nicht „causa sui" wäre, d. h. geschichtlich gedacht, Grund der Geschichte und des „neuen" Menschen. Die Freiheit liegt tatsächlich im Herzen des Menschen und konstituiert ihn als einen, der sich selbst wählt. Denn jeder Mensch ist nicht nur frei, die einzelnen Mittel zu wählen, um zum Ziel zu gelangen, sondern er kann seine einzigartige Bestimmung als Person, als Existenz in Freiheit leugnen und verwerfen. [22] Zwar muß er die ontologische Differenz in seinem Leben ratifizieren, ob er will oder nicht, denn indem er das Einzelne bespricht und wählt, erscheint notwendig das Sein (esse commune) als Vermittlung und stellt sich als verstehbar und brauchbar heraus. Der Universalhorizont des Seins eröffnet sich in ein und demselben Akt der Wahl des Einzelnen. Aber nichts nötigt den Menschen in seinem konkreten Leben, Erfahrungen als *Gottes*erfahrung zu deuten. Atheismus ist möglich, unmöglich jedoch die Aufgabe der „idea entis". Sie vermittelt ein Doppeltes:

a) Die Möglichkeit bzw. die Notwendigkeit des Menschen, frei zu sein. Indem der Mensch den „Grund in sich selbst" hat, realisiert er in der Geschichte mittels des Seienden das Sein. Durch den Menschen kommt so die „Welt" zu sich.

b) Die „idea entis" erschließt die *Möglichkeit,* im Verifikationsprozeß einen Ort zu finden, an dem Gott erfahren und damit erkannt werden kann.

Während Sartre zur zweiten Möglichkeit keinen Zugang hat, hat er doch wie kein anderer die erste wiederentdeckt. Ich sagte: wiederentdeckt; denn bei Thomas von Aquin findet sich zwar nie die Aussage, daß Gott „causa sui" sei, wohl aber gilt diese für den Menschen. Denn aus diesem Universalhorizont heraus muß er sich in transzendentaler Freiheit bestimmen, und frei sein heißt: „causa sui" sein. „Liberum autem dicimus, quod causa sui est." [23] Es scheint hier meines Erachtens ein wesentlicher Ansatzpunkt für Sartres Theorie der geschichtlichen Realisierung zu liegen; denn die menschliche Freiheit als begründender Vollzug gründet zwar in der Geschichte Neues, dies geschieht aber legitim nie in Willkür, sondern nur in der Hinordnung auf das Vorgegebene, das im Vollzug hineingenommen und neu entdeckt wird, und damit die Konstellation einer Gotteserfahrung ermöglichen kann. Wenn wir da auf der rechten Spur sind, dann wäre hier Gott zwar am Horizont der „ewigen Wahrheit" (esse commune), er wäre aber nicht diese, sondern stellte sich als Ereignis dar, das mir — nicht immer und unter allen Bedingungen, sondern nur in bestimmten Situationen — zugänglich ist. Diese Situationen möchte ich als Situationen echter Realisierung des Widerfahrnisses charakterisieren. Gott wäre dann keine Theorie des sich ständig realisierenden Denkens, sondern dieses wäre auf das „Zu-kommen" angewiesen. Sicher, auch im Ereignis, in der Begegnung wird Gott nie unmittelbar erkannt, sondern immer „nur" ex effectibus bzw. *in* den kontingenten Dingen. Aber die Frage nach dem „Wie" ist die entscheidende. Sartre, und mit ihm heutiges Denken, lehnt hier den abstraktiven Weg als primären Weg ab. Konkrete Gotteserfahrung ist gefordert. Wir haben es in unserer Kritik kurz dargelegt. Bei unseren Begegnungen offenbart sich uns, wie wir bereits wissen, immer die Differenz von Sein und Sinn. Sie wird auch als Negatives erfahren, als Abwesenheit oder ganz einfach als Nichts. Wir müssen aber fragen, ob hier wirklich die ganze Breite der Erfahrung angesprochen ist. Es geht nicht darum, einfach positive Erfahrung entgegenzuhalten; das ist zu einfach, zu vordergründig, obwohl sie auch eine andere Beachtung bei Sartre finden müßte, um die echte Zweideutigkeit des Kontingenten klar zu sehen. Hier fragen wir aber nach dem menschlichen Ausfall bei Sartre. Welche Beziehungsdimension ist nicht gesehen? Ob gerade sie eine Basis für Gotteserfahrung bieten könnte?

DIE FEHLENDE DIMENSION UND DIE INKARNATION

Wir erinnern uns nochmals an die beschriebenen Erfahrungen. Wer hat nicht die *Natur* mit all ihrer Fremdheit erfahren? Wer hat sich nicht in seinem *Bewußtsein* und seiner Freiheit eingeengt, einsam und verlassen gefühlt? Wer wurde nicht im Leben von anderen Menschen, vielleicht vom Liebsten, enttäuscht? Wer hat nicht die Gesellschaft als fremde, ja *feindliche* Macht erfahren, obwohl er sie anfangs als Höhepunkt der Menschheit gewertet hat? Andererseits: Wer hat sich nicht an der Außenwelt gefreut, sich durch einen Gedanken oder eine Tat neu und besser gefühlt, die Liebe erfahren, die seinem Leben Sinn gegeben hat, und in der Gemeinschaft neuen Mut bekommen, weiter sein Leben und das der anderen sinnvoll zu gestalten? Nun, unsere Erfahrung und auch die Wirklichkeit, das Sein selbst, sind zweideutig. Könnte man nicht in der *Bejahung* dieser Zweideutigkeit vielleicht doch ausrufen: Ecce Deus!? Es ist wirklich Gott!? Mir scheint es nicht zufällig zu sein, daß Sartre zwar fünf Beziehungen des Menschen abschreitet und darin Gott verneint, eine aber nicht berührt. [24]

1. Er weiß um die Beziehung des Ich zum Es. Dieses Es ist die Außenwelt. Sie ist weder Gott, noch offenbart sie ihn oder läßt sich durch ihn begründen.

2. und 3. Er kennt die Beziehung des Ich zum eigenen Ich, zum Selbst. Er weiß darum, daß der Mensch nicht erlöst werden kann, indem er sich zu sich selbst verhält. Die Selbstbegründung durch Denken und Tun ist nicht letzte Antwort; er bleibt überflüssig. Die „Mystik" ist für ihn ein gescheitertes Unternehmen.

4. Er versucht, die Ich-Du-Beziehung zu durchleuchten, den Anderen in seiner Kontingenz und Notwendigkeit zu sehen. Immer aber trennt ihn ein großes Nichts vom Anderen, und der Personalismus, der sich mit dem Satz versucht: Ich bin Du, scheint eine Täuschung im Schwung der Liebe zu bleiben.

5. Er durchdenkt die Ich-Ihr-Beziehung der Gesellschaft, in der das „Wir" in voller Gleichheit ausgesprochen werden kann. Aber auch hier findet er keine Ganzheit; denn die Gemeinschaft, die sich dauernd auf Zukunft hin entwirft und handelt, erstarrt in einem defizienten Seinsmodus, in Mangel und Selbstentfremdung, zumindest ist bis heute noch keine Erfüllung gefunden.

6. Wohl aber bedenkt Sartre nicht in vollem Ausmaß die Ich-Er-Beziehung, die sich im griechischen Denken findet. Sie anerkennt die Zweideutigkeit und die Gebrochenheit unseres Lebens, weiß aber, daß es Geborgenheit in der Gegenwart gibt durch den geschehenden Gott. Im Mangel wird durch ein Ereignis, das dem Menschen geschenkt wird, Gott gegenwärtig. Die Ereignisse können vielgestaltig sein, sie können kurz oder lang dauern. Gott wird im erkennenden Ausruf des Menschen

gegenwärtig: Ja, es ist Gott! Besonders wird dies gelten für die privilegierten Augenblicke, in denen einer dem anderen hilft: „Ubi caritas et amor, ibi Deus est!" Wir können auch an die Doxologien denken, in denen der Mensch sich nicht an ein Du wendet, sondern „Ihm" die Ehre gibt. So kann Gott als „Er" im Du des Menschen erscheinen. Es wäre die Frage an Sartre zu richten, ob er hier nicht doch eine menschliche Dimension übersehen hat, die uns ins Herz des menschlichen Lebens führt: in die Bejahung der Zweideutigkeit des Seins, das im Ereignis, im Widerfahrnis sich schlagartig dem Menschen als eindeutig positiv zeigt, so daß er anbetend ausrufen kann: es ist Gott! Nicht als Satz, der unabhängig, ständig seine Gültigkeit hat, wohl aber als eine Erfahrung, mit der der Mensch sinnvoll leben kann. Wäre hier nicht auch der Platz für ein Verständnis der Inkarnation, die Sartre wegen seiner Forderung nach einer konkreten Gotteserfahrung so heftig beschäftigt? Und könnte so nicht die biblische Identifikation Christi mit dem Tun am Nächsten eine gegenwärtige Bedeutung haben, so daß die Menschwerdung Gottes nicht einfach in die Vergangenheit verbannt werden darf, sondern in der Gegenwart ein Geschehen ankündigt? Sicher, was uns das griechische Modell bietet, ist nicht *diese* konkrete Nähe Gottes, aber wir können Anhaltspunkte finden, die Sartre zur Vorsicht mahnen und ihm vorhalten können, doch zu schnell geschlossen zu haben. Hat Gott nicht doch mehr mit dieser unserer konkreten Welt zu tun, als man so meint? Kann Gott als „Er" nicht wirklich *da* sein? Sicher, nur die Menschwerdung Gottes kann ganz der Forderung nach einer konkreten Gotteserfahrung entsprechen; aber ist die Forderung nicht zugleich konkret nur möglich auf Grund christlicher Tradition, in der Sartre steht und von der er sein Sprechen über Jesus Christus nimmt?

Gerade in der modernen Philosophie von Hegel bis zu den heutigen „Gott-ist-tot"-Theologen, die wesentlich auf Hegels Inkarnationsverständnis ruhen, wird Gott mit dieser unserer konkreten Geschichte verbunden, die der Mensch vollzieht! Der Gedanke der Inkarnation ermöglicht geradezu die Zukunftsperspektive und die Affinität Gottes mit der Zukunft. Sicher, erst von der Erfüllung her, vom Ende der Geschichte her, ließe sich diese Wahrheit und die „Welt" als durch und durch bewahrheitet erkennen, aber in der konkreten Gotteserfahrung wäre Hoffnung eingeschlossen, die weltverändernd wirken könnte.

In der Wirklichkeit der Menschwerdung Gottes würde sich die griechische Idee realisieren, und die Welt hätte „gottmenschliche" Struktur. Für Sartre jedoch geschieht Gott nicht in dieser Welt, und darum muß auch die Zukunft in ein völlig zweideutiges Reich „absoluter Freiheit" einmünden, für das es hier und jetzt keine Erfahrungsbasis gibt.

Unsere Antwort meinte, in den konkreten Erfahrungen eine Gotteserkenntnis aufzeigen zu können, die allerdings ihre letzte Eindeutigkeit nur durch eine Erfahrung der Menschwerdung Gottes erhalten würde. So führte uns Sartre in seiner Philosophie in die verschiedensten Bereiche menschlichen Denkens. Für ihn ist letztlich allein die *Verifikation* der Menschwerdung Gottes eine volle Antwort auf die Frage des Menschen. Diese allerdings findet er nicht (trotz seines Weihnachtsspieles).

Warum wohl?

Könnte es nicht sein, daß sein Verständnis der Liebe den Gott der Liebe nicht findet? Wir haben es bei der Darstellung schon gesehen. Als Abschluß können uns vielleicht einige Gedanken zur „Liebe" noch behilflich sein.

DIE AUFLEHNUNG GEGEN DEN GOTT DER LIEBE

In seinem ethischen Neuansatz weiß Sartre sehr wohl um den Wert der Liebe, und bei aller Weglosigkeit sieht er in ihr den Schimmer eines neuen Lichtes. Könnte nicht durch sie das, was dunkel und sinnlos erschien, plötzlich in einen neuen Sinnzusammenhang gestellt werden? Erinnert uns Sartre nicht manchmal an Christian Morgensterns burlesken Einfall, der einen Mann eine Lampe erfinden läßt, die man nur anzuzünden braucht, und schon verwandelt sich der hellste Tag in tiefste Nacht? Aber auch in seiner Philosophie ist diese Lampe kein „ewiges Licht", sondern in der Affirmation der Liebe steckt doch das positive Vorzeichen, das bei aller Negativität dieser noch etwas abgewinnen kann.

In einem Interview, das Sartre nach der Aufführung von „Le Diable et le Bon Dieu" gab, wurde er gefragt: „Zielt Ihr Werk, das die Bedeutung der Liebe und der Schicksalsgemeinschaft unterstreicht, nicht dahin, den einzelnen von der Einsamkeit zu erlösen?" Sartre antwortete mit einem: Ja, gewiß; „eine wahre Moral sowie auch die wahre Existenz kann nur als Existenz *mit* dem Du und *für* das *Du* begriffen werden. Ich glaube ganz einfach, daß ich nun versuchen muß, die Beziehung zum Du philosophisch und dialektisch zu begründen" [25]. Wir wissen, daß dieses Versprechen Sartres erst in einer Ethik eingelöst werden könnte. Wohl aber dürfen wir nicht übersehen, daß in der Hinordnung der menschlichen Existenz auf das *Du* ein Plädoyer für die Nächstenliebe enthalten ist. Dieses ist aber bei ihm identisch mit der Ablehnung der Gottesliebe. Da die Menschwerdung Gottes ein Traum, ein Mythos ist, darum sind Gottes- und Nächstenliebe bei Sartre hoffnungslos getrennt. Ja, die eine steht sogar der anderen entgegen, wie wir gesehen haben. Für ihn ist die Entscheidung klar: für das menschliche Du, gegen Gott! Solidarität mit den Menschen, Ablehnung gegenüber Gott. Liebe für den Nächsten, Haß gegen Gott, der in Gleichgültigkeit einmünden muß.

Wir haben gesagt, daß Sartre sich in seinem Drama „Der Teufel und der liebe Gott" mit der Gottes- und Menschenliebe besonders auseinandersetzt. Den Hintergrund bildet Claudels „Seidener Schuh" und Bernanos' „Tagebuch eines Landpfarrers". In diesem Roman wird das „Sich-Lieben" in Gott abgelehnt. „Man kann sich überhaupt nur in Gott lieben, man liebt sich *nicht* mehr. Und so wird man sich nie mehr lieben, weder in dieser noch in der anderen Welt — in aller Ewigkeit nicht mehr." Der Mensch, der meint, nur „in Gott" lieben zu können, liebt also nicht mehr. Er ist in der Hölle. „Die Hölle ... ist das Nichtmehrlieben ... Nicht mehr lieben, nicht mehr verstehen und doch leben ..." [26] Aber für Bernanos besteht diese Alternative nicht; denn unsere Welt ist nicht von Gott getrennt, vielmehr sind Gottes- und Nächstenliebe in dieser gottmenschlichen Ordnung identisch. „Wenn unser Gott der Gott der Heiden oder der Philosophen wäre — für mich ist das dasselbe —, er könnte selbst in den höchsten der Himmel flüchten, unser Elend würde ihn von dort herunterzwingen. Sie wissen aber, unser Gott ist dem zuvorgekommen. Sie können ihm die Faust weisen, ihm ins Angesicht speien, ihn mit Ruten streichen und schließlich an ein Kreuz schlagen, was macht das schon aus? Das alles ist bereits geschehen ..." [27] Hier gibt es diese Trennung von Gottes eigener Glückseligkeit und einsamem Menschenleid nicht, sondern der Gott der Liebe ist uns Menschen unendlich nahe, und auch der menschliche Tod ist in dieser gottmenschlichen Welt noch eine Tat der Liebe. „Wenn der Ausspruch nicht sehr kühn wäre, würde ich sagen, daß bei einem wirklich liebenden Wesen das Stammeln eines ungeschickten Bekenntnisses schwerer wiegt als das schönste Gedicht. Und wenn man es sich richtig überlegt, ist dieser Vergleich nicht unangebracht; denn das Sterben des Menschen ist vor allem anderen eine Liebestat." [28] Erst ım inkarnatorischen Denken wird Gott eindeutig als Gott der Liebe erkannt, und erst da ist die Alternative: Gottes- oder Menschenliebe aufgehoben. Diese Identität denkt aber Sartre nicht, und ihr Mangel ist wohl der letzte Grund, warum er Gott nicht Gott sein läßt, sondern ihm jede Spur von Existenz raubt.

Wie Bernanos will auch Claudel die Einheit der Liebe aufzeigen, in der in ein und demselben Akt der Mitmensch geliebt und Gott bejaht wird. Im Vollzug der Liebe zwischen Mann und Frau erfüllt sich augenblickhaft diese Liebeseinheit: „Dann werde ich einen Gatten haben, *einen Gott* in meinen Armen halten! Mein Gott, ich werde seine Seligkeit erleben! Ich werde ihn *mit Dir* zusammen sehen und ich werde selbst *die Ursache* sein! Er hat Gott gefordert von einer Frau, und sie war imstande, ihm Gott zu geben; denn nichts gibt es im Himmel und auf Erden, was die Liebe nicht schenken könnte." [29] Der Mensch bringt so dem Menschen tatsächlich Gott. [30] So ist es unsinnig zu meinen, daß Gott eifersüchtig sein könnte, wenn der Mann die Frau in seinen Armen hält. [31] Ebenso geschmacklos wäre es aber auch, wenn die Frau sich in den Armen ihres Geliebten nach dem Jenseits oder nach Gott sehnte. All das zerrisse das Band der Einheit von Gottes- und Nächstenliebe. Wohl aber ist der Augenblick dieser Einheit (die sich selbstverständlich in den verschiedensten menschlichen Situationen zeigt) nicht für immer geschenkt, und daher ein „Noch nicht" gegeben, wie es etwa heißt: „Jeder deiner Küsse schenkt mir ein Paradies, aus dem er mich bitter vertreibt." [32] Sartre vertreibt auch im Ereignis der Liebe so das

Absolute, daß die Liebe Gott austreibt. Bei Claudel sehen wir diese Möglichkeit in der Figur des Don Camillo, dem in vielem Götz stark ähnelt, wie Hilda der Proëza. Die Liebe, die diese Frauen verkörpern, wird von Gott abgeschnitten, der sie zerstören würde und daher bekämpft werden muß. „... Wenn ich, der Begrenzte, nur standhaft bleibe, stelle ich der Allmacht eine Schranke entgegen, das Unendliche leidet an mir Grenze und Widerstand, das füge ich ihm gegen seine Natur zu, ich vermag in ihm eine Qual und ein Leid zu bewirken, die grenzenlos sind." [33] So erkämpft sich der Mensch anscheinend einen Raum der Liebe, in dem er ungestört und allein ist. Zwar ist dadurch das Leid des Menschen nicht aufgehoben, aber an der Gegenbewegung des Menschen leidet Gott ebenso: „Ich leide im Endlichen an Ihm, er aber leidet an mir im Unendlichen und in aller Ewigkeit." [34] So ist ein Trennungsstrich zwischen beiden Bereichen gezogen, und will der Mensch die menschliche Liebe, dann muß er den anderen Bereich streichen und kann auch gar nicht wünschen, daß Gott Mensch wird; denn dadurch würde alles verwischt und durcheinanderkommen. „Ich wünsche nur, daß er Gott bleibt. Ich wünsche nicht, daß er sich irgendeine Vermummung wähle ... Gott kann ich nicht werden, und er nicht Mensch." [35] Die gleichen Worte spricht Bariona vor der „Bekehrung", und Götz braucht für seine Liebe den gottlosen Raum. Nach Claudel entspricht aber der Forderung der Liebe genau die Aufgabe getrennter „Räume". „Die Liebe will, daß nicht mehr zwei Plätze seien, sondern nur einer" [36], und dies gilt gerade für Gott und Mensch. So hat die menschliche Verneinung, das Nichts, gerade von Gott gefordert, dem Menschen unendlich nahe zu sein. „Das Nichts also hätte Gott im Schoß des Weibes gesucht?" „Woran hätte er sonst Mangel gelitten?" „Und so meint Ihr, selbst dieses Nichts gehört seither nicht mehr uns und es sei nicht länger unser Eigentum?" [37] Gerade die kontingente Liebe der Menschen untereinander hat nur dann einen letzten Wert, eine letzte Tiefe, wenn sie nicht ein rein menschlich aufgesparter Bereich, sondern wenn sie göttlich qualifiziert ist. „Du wärst bald am Ende mit mir, wenn ich fürder nicht eins wäre mit dem, der keine Grenzen kennt." [38] Für Sartre bedeutete das die Ablehnung der menschlichen Liebe, wie sie wirklich ist, nämlich begrenzt; er macht jedoch immer die Voraussetzung, daß die Menschwerdung nicht geschehen ist und nicht geschieht. Er führt einen ganzen Katalog bedeutender Männer der katholischen Kirche an, die ihm Beweis für die Ablehnung der kontingenten Liebe sind. So habe Odilo von Cluny den Menschen und besonders die Frau als einen „Sack von Absonderungen" betrachtet (wie Sartre Götz es sagen läßt). Auch Bernhard von Clairvaux hat über menschliche Liebe in diesen Vorstellungen gedacht. Ja, die Nähe Gottes taucht alles Menschliche in die Nacht ein, von der, wie Sartre meint, Johannes vom Kreuz in seiner „dunklen Nacht" spricht. Was Götz [39] sagt, das ist nichts anderes als das Gebet dieses spanischen Heiligen. Aber eben diese „Nacht" verdirbt den Menschen, und nur wenn er sie zu „Nichts" erklärt, kann der Mensch in seiner kontingenten Liebe wieder aufatmen und diese voll ernst nehmen. [40] So steht Sartre auf der Seite der Menschen, da er meint, beide Sphären trennen zu müssen. Daher die heftige Ablehnung des Himmels, weil man dort das Herz hat, sich zu freuen, wo auf der Welt Menschen elendiglich zugrunde gehen. Wir erinnern an Iwan Karamasoff, der die Seligkeit im Angesicht des Leides nicht annehmen will, und an G. Green (in dem Roman „Brighton Rock"), der in der Szene vom Beichtstuhl einen Menschen zeigt, der sündigt, weil er verdammt werden will, wenn überhaupt jemand verdammt werden kann. Und der Priester bezeichnet ihn als heiligmäßigen Menschen, der weiß, was Liebe ist. Überall wird der Gegensatz zwischen Gott und menschlicher Liebe aufgerissen, und keine Philosophie ist danach mehr fähig, diesen Graben wieder zuzuschütten. Es ist aber wohl zu bedenken, daß Sartre nicht diese menschliche Liebe an die Stelle Gottes setzt, sondern sie völlig in ihrer Kontingenz belassen will. Wie M. Horkheimer würde auch Sartre sagen: „Jedes endliche Wesen — und die Menschheit ist endlich —, das als Letztes, Höchstes, Einziges sich aufspreizt, wird zum Götzen, der Appetit nach blutigen Opfern hat und dazu noch die dämonische Fähigkeit, die Identität zu wechseln, einen anderen Sinn anzunehmen." [41] Gerade dieser Gefahr will Sartre entgehen, indem er als letzte Antwort die Kontingenz bestehen läßt. „Einen unbedingten Sinn zu retten ohne Gott, ist eitel. Ohne Berufung auf ein Göttliches verliert die gute Hand-

lung, die Rettung des ungerecht Verfolgten ihre Glorie ..." [42]
So sind wohl auch die tiefsten Worte der Sartreschen Liebe:
„Du bist ich", nur ein Wunsch nach Identität, auch wenn sie von
Theresia von Lisieux übernommen sind: „Antworten unsere
Herzen einander nicht vollkommen?" „Alles, was ich Dir zu
sagen habe, Du weißt es schon; denn *Du bist ich.*" [43] Letzte
Einheit bleibt aus; denn Gottes- und Nächstenliebe sind hoffnungslos auseinandergerissen. Ein solcher Gott kann dann natürlich auch nicht mehr als erfahrbar ersehnt werden; denn Menschwerdung Gottes hätte doch nur in einem Denken Platz, das die
Einheit der Liebe bejaht. Sartre sieht genau, daß in der Inkarnation diese Einheit ihren letzten Grund finden würde, er kann sie
aber nicht bejahen. So bleibt die Auflehnung gegen Gott, der
nicht in dieser Einheit gedacht und erfahren wird, und so bleibt
letztlich doch ein verkürztes Gottesbild dort zurück, wo Gott
nicht als Liebe erfahren, gedacht und auch geglaubt wird; wo
nicht die Identifikation der Gottes- und Nächstenliebe [44] vollzogen wird. Sicher, auch hier haben wir nicht einfach eine vorgegebene, fertige Welt vor uns, sondern so wie im Erkenntnis-
bereich steht die Realisierung noch aus. Aber in den Erfahrungen
echter Liebe ist im Kontingenten eine Dimension zu erkennen,
die Nähe Gottes ankündigt, die in unserer Welt etwas von der
Menschwerdung der letzten Wirklichkeit erzählt und uns in eine
gott-menschliche Welt hineinstellt.

DIE HOFFNUNG

Ohne Hoffnung lebt wohl niemand in der Welt, und auch Sartre
weiß um die Zukunftsperspektive der Freiheit. Könnte er wohl
zustimmen, wenn Horkheimer schreibt: „Wir können die Existenz Gottes nicht beweisen. Das Bewußtsein unserer Verlassenheit, unserer Endlichkeit ist kein Beweis für die Existenz Gottes,
sondern es kann nur die Hoffnung hervorbringen, daß es ein
positives Absolutes gibt"? [45] Wäre es aber ihm nicht zuwenig?
Müßte nicht das Da Gottes in dem Erfahrungsbereich liegen, das
als Da-sein, als „*Er*" ausgerufen werden kann? Der Sinn des
Seins zeigte sich dann ganz konkret „schon jetzt" an, freilich
immer auch als ein „Noch nicht", das der Mensch verwirklichen

muß. So ist der Sinn des Seins unverfügbar, stets neu als Geschenk, aber doch nie ein faules Geschenk, das man nur gähnend hinzunehmen braucht. Es ist kein Schlaraffenland, in dem die Erkenntnis des Sinnes, die Erkenntnis der letzten Wirklichkeit, Gott, uns schlafend eingegeben wird, sondern in unserem Tun ereignet sich Unbedingtes in aller Bedingtheit und Fraglichkeit. Aus dem Anspruch der Situation, aus der absoluten Forderung, die in Erkenntnis und Tun an mich herantritt, kann ich letzter Wirklichkeit gewiß werden, weiß ich um Gott. Er ist weder der Universalhorizont des Menschen noch aus dem Mangel geboren, so daß er als „Erklärungsprinzip" zu fungieren hätte, vielmehr entzieht er sich diesem apriorischen Zugriff und läßt sich „nur" im Zukommenden, in der Begegnung erfahren, die wir gestalten und in der wir uns formen; so wird er in unserem Leben wirkkräftig. Nicht ein „Grenzgänger" unseres Lebens ist Gott dann, sondern mitten in unserem Leben begegnet er uns. Der privilegierte Ort ist der Nächste, in dem die Identität der Liebe erfahren wird. Wird er also doch im Leben, in Freude, Glück und Liebe verfügbar? Solange Begegnung und Liebe als Versuch der Selbstbehauptung gedeutet werden, wird der Andere als Antwort der eigenen Existenzfrage gebraucht und mißbraucht, und auch in liebender Vereinigung ereignet sich das Absolute nicht. Wer im Du Glück nur für sich sucht, sucht ein Objekt. All das Liebesstreben, das aus dem Bedürfnis kommt, absolutes Subjekt zu werden, ist Schändung der Person des anderen, ist Tod der Liebe. Niemand anders als Sartre hat dies eindringlicher und erschütternder dargestellt. [46] Das Ende ist nur traurige Erfahrung der Enttäuschung; die beiden Liebenden suchen aneinander Halt vor dem Ertrinken und gehen umklammert unter. Will man aber bewußt diesem Egoismus aus dem Wege gehen und dem anderen Freiheit schenken, dann errichtet man eine unendliche Trennungswand zwischen Person und Person, und jeder weiß sich in die eigene unbeantwortete Einsamkeit zurückverwiesen. Stets ist menschliches Dasein in der paradoxen Identität gehalten vom Unbedingten im Bedingten, vom Unverfügbaren im Gegenständlichen, vom Letzten im Vorläufigen, von der Antwort in der Frage! Die Fraglichkeit wird nie aufgehoben, sie bleibt erhalten, aber in ihr zeigt sich, wo dem Anspruch des Du in der Begegnung geantwortet wird, die letzte Wirklichkeit, die Liebe, in der Gott als Liebe gegenwärtig wird. Das bedeutet aber, daß die „Absurdität" Sinn gewonnen hat, daß der Mensch in der Annahme seiner Absurdität Sinn findet, in der Umgestaltung der Gesellschaft und in der Begegnung. Dem Suchenden erscheint im Abgrund seines Mit-Seins, das seine Existenz ausmacht, ein liebendes Gesicht. „Mein Leben, jeder Augenblick dieses Lebens, was auch immer in Zukunft mit mir geschehen wird, wird nicht mehr sinnlos und vergeblich sein wie bisher; es hat einen unbezweifelbaren Sinn bekommen: er liegt in dem Guten, das ich in jeden Augenblick meines Daseins hineinzulegen vermag." [47] So ereignet sich letzte Antwort. Gott, mitten in unserem Leben, Gott, Antwort auf unsere Fragen! Freilich nie als vorgegebenes „System", nie als Methode, nie als allgemein verfügbare Antwort, sondern stets ist Gott auf dem Weg der barmherzigen Liebe gegenwärtig, ist er im verändernden Vollzug auf das Menschenwürdige hin erfahrbar. Je radikaler die Philosophie ist, je stärker die Sinnlosigkeit menschlichen Haschens nach ewig gültigen Stützen offenbar wird, umso freier ist das Verstehen des Menschen für die Antwort in der Frage, für das Absolute im Kontingenten, und dann vielleicht noch für Jesus Christus im Nächsten, für Gott im Menschen. Und das Wort ward Fleisch — das Unverfügbare lebt im Verfügbaren! In der liebeleeren Welt ereignet sich letzte Hingabe und Liebe. Gott wird Wirklichkeit mitten in unserem Leben. Glaube und Hoffnung werden in der Liebe wahr. Die Antwort vollzieht sich in den Begegnungen des Lebens, und der unbekannte Gott kehrt zum Menschen zurück, jedoch nie ohne Tun des Menschen. Ihm gilt wohl Nietzsches Sehnsucht, wenn er spricht:

„All meine Tränenbäche laufen zu Dir den Lauf!
Und meine letzte Herzensflamme — Dir glüht sie auf!
O komm zurück,
Du unbekannter Gott,
Mein Schmerz, mein letztes Glück!"

ANMERKUNGEN

EINLEITUNG

[1] J.-P. Sartre, Situationen (abg. Sitn.). Hamburg 1956, 47, nota 9.
[2] Sint., 81, nota 17.
[3] J.-P. Sartre, Porträts und Perspektiven (abg. Porträts). Hamburg 1968, 84.
[4] Spiegelgespräch, 15. Juli 1968, 61.
[5] Porträts, 30.
[6] J.-P. Sartre, Marxismus und Existentialismus. Versuch einer Methodik
(abg. Marx. u. Ex.). Hamburg 1964, 141.
[7] A. a. O., 138.
[8] A. a. O., 142 f.
[9] A. a. O., 138.
[10] A. a. O., 69.
[11] A. a. O., 138.
[12] A. a. O., 120.
[13] Vgl. a. a. O., 121.
[14] A. a. O., 139.
[15] Vgl. a. a. O., 143.
[16] Vitêzslav Gardavsky, Gott ist nicht ganz tot. München 1968, 228.
[17] Marx. u. Ex., 143.
[18] K. Marx, Das Kapital. Berlin 1962 f., Bd. 3, 873.
[19] Marx. u. Ex., 31.
[20] Vgl. J.-P. Sartre, Der Intellektuelle und die Revolution (abg. Int. u. Rev.).
Neuwied-Berlin 1971, 148.
[21] J.-P. Sartre, in: G. Schiwy, Der französische Strukturalismus. Hamburg
1969, 213.

I. TEIL

I. DER HORIZONT DER GOTTESFRAGE

[1] J.-P. Sartre, Die Wörter. Hamburg 1965, 191. Ich verwende Sartres Auto-
biographie hier so, wie er sich selbst in ihr darstellt. Zur Problematik der
Interpretation vgl. M. Bensimon, Rev. Sciences Humaines 1965.
[2] Vgl. a. a. O., 192.

[3] A. a. O., 74. Bezüglich des Wunsches nach der Existenz Gottes interpretiert Sartre auch Gustave Flaubert in: L'Idiot de la famille (abg. L'Idiot). Paris 1971, 505 ähnlich: „La mère ... parlé de Dieu ... si le nom de Dieu n'eût jamais été prononcé devant Gustave, il l'eût *inventé* on du moins pressenti comme une lacune essentielle: il fallait bien fonder l'adorable autorité du pater familias."

[4] Vgl. a. a. O., 76.

[5] A. a. O., 77.

[6] A. a. O., 78–79.

[7] Simone de Beauvoir, Die Mandarins von Paris. München 1960, 37.

[8] J.-P. Sartre, Die Kindheit eines Chefs, in: Die Mauer. Erzählungen. Hamburg 1961, 184 ff.

[9] Vgl. Die Wörter, 156.

[10] Vgl. a. a. O., 193.

[11] A. a. O., 192.

[12] Vgl. ebd.

[13] Ebd.

[14] A. a. O., 194.

[15] A. a. O., 193.

[16] A. a. O., 194.

[17] Vgl. a. a. O., 191.

[18] A. a. O., 194.

[19] F. Nietzsche, Die fröhliche Wissenschaft, Nr. 285.

[20] Vgl. C. G. Jung—K. Kerényi, Einführung in das Wesen der Mythologie. Zürich [4]1951.

[21] M. Eliade, Images et symboles. Paris 1952, 30 f.

[22] Vgl. J.-P. Sartre, Entwurf einer Theorie der Emotion, in: Die Transzendenz des Ego. Hamburg 1950, 192.

[23] A. a. O., 166; vgl. Das Sein und das Nichts. Versuch einer phänomenologischen Ontologie (abg. EN). Hamburg 1962, 91—121; Kap. Die Unwahrhaftigkeit.

[24] Vgl. a. a. O., 178 f.

[25] A. a. O., 183.

[26] Vgl. a. a. O., 185.

[27] A. a. O., 186.

[28] A. a. O., 192.

[29] Vgl. Porträts, 95.

[30] Thomas v. A., In symb. apost. 1.

[31] J.-P. Sartre, Ist der Existentialismus ein Humanismus (abg. EH)? Zürich 1947, 24.

[32] A. a. O. (franz.) Paris 1946, 36.

[33] M. Heidegger, Über den Humanismus, Frankfurt 1949, 22.

[34] J.-P. Sartre, in: G. Schiwy, Der französische Strukturalismus, 204 f.

[35] Int. u. Rev., 95.

[36] EH 67.

[37] EH 24 f.; vgl. Sitn., 137.

[38] Vgl. M. Crauston, J.-P. Sartre, in: Der Monat 164 (1962) 36.

[39] I. Kant, Kritik der praktischen Vernunft. Riga 1788; hier: Stuttgart (Reclam) 1966, 200.

[40] Vgl. EH 67.

[41] Porträts, 71 f.

[42] Vgl. Sitn., 29.

[43] F. Jeanson, Athéisme et liberté, in: Lumière et vie 13 (1954) 32.

[44] Vgl. Porträts, 71.

[45] J.-P. Sartre, Was ist Literatur? Hamburg 1958, 17.

[46] Vgl. Walter Schulz, Der Gott der neuzeitlichen Metaphysik. Pfullingen 1957, 28: Heideggers Seinsbegriff sei auch nur eine Radikalisierung dessen, was Cusanus Gott nannte.

[47] Vgl. J.-P. Sartre, Baudelaire. Ein Essay. Hamburg 1953, 48.

[48] B. Brecht, Gesammelte Werke. Stuttgart. 20 Bände; Bd. 12, Geschichten vom Herrn Keuner, Prosa 2, 380.

2. GOTTES ABWESENHEIT IN DER AUSSENWELT

[1] Vgl. auch R. Descartes, Abhandlung über die Methode des richtigen Vernunftgebrauchs und der wissenschaftlichen Wahrheitsforschung. Stuttgart (Reclam) 1961, 32.

[2] Vgl. dazu Sartres Interpretation: Sitn., 7 ff.

[3] Thomas v. A., Cont. Gent. I, 59; vgl. De ver. q. 1, a. 1.

[4] EH 44.

[5] EH 45.

[6] Film, in: S. Beckett. Frankfurt 1967, 339.

[7] F. Nietzsche, Aus dem Nachlaß der Achtzigerjahre. München 1956, 537.

[8] EN 10.

[9] Vgl. J.-P. Sartre, Kritik der dialektischen Vernunft. Theorie der gesellschaftlichen Praxis (abg. CRD). Bd. I. Hamburg 1967, 868 f.

[10] EN 10.

[11] EN 11 f.

[12] EN 14.

[13] Ebd.

[14] Ebd.

[15] Vgl. Entwurf einer Theorie der Emotion, in: Die Transzendenz des Ego, 198; dort auch die Definition vom Phänomen.

[16] EN 15.

[17] EN 24.

[18] Vgl. EN 26.

[19] EN 30.

[20] EN 34.

[21] EN 30.

[22] EN 31.

[23] EN 32.

[24] Ebd., auch bei Sartre in Deutsch!

[25] Ebd.

[26] EN 25; vgl. 312—313.

[27] EN 25.

[28] EN 32.

[29] J.-P. Sartre, Die Fliegen. Stuttgart 1949, III, 2; vgl. II, 4.

[30] Vgl. a. a. O., III, 2.

[31] Ebd.

[32] Vgl. Baudelaire, 95.

[33] Sitn., 118 f.

[34] Ebd.

[35] J.-P. Sartre, Die Eingeschlossenen. Hamburg 1960, II, 5; vgl. L. Feuerbach!

[36] Vgl. Über die Einbildungskraft, in: Die Transzendenz des Ego, 64.

[37] J.-P. Sartre, Die Troerinnen des Euripides. Hamburg 1966, 10. Szene.

[38] A. a. O., 11. Szene.

[39] Vgl. Was ist Literatur?, 33.

[40] EN 312 f.

[41] EN 32.

[42] Ebd.

[43] M. Heidegger, Identität und Differenz. Pfullingen 1957, 70.

[44] A. a. O., 71.

[45] EN 135.

[46] EN 34.

[47] EN 33.

[48] G. W. F. Hegel, Wissenschaft der Logik I. Frankfurt 1969, 82.

[49] EN 35; vgl. L'Idiot, 1328.

[50] Die Fliegen, III; vgl. seine Jugenderfahrung in: „Die Wörter"!

[51] J.-P. Sartre, Der Ekel. Stuttgart 1949, 132.

[52] A. a. O., 134.

[53] A. a. O., 135—136.

[54] A. a. O., 136.

[55] A. a. O., 137.

[56] A. a. O., 143.

[57] A. a. O., 134.

[58] A. a. O., 143.

[59] A. a. O., 142.

[60] A. a. O., 139; vgl. Der Pfahl im Fleisch. Stuttgart 1951, 151.

[61] EN 775 f.

[62] EN 134.

[63] EN 40.

[64] Diese mittelalterliche Idee des Allmächtigen, der durch sein Sein alles rechtfertigt, was ist, findet sich z. B. auch bei G. Flaubert: „Le Tout-Puissant garantit l'ordre, c'est-à-dire la porpriété réelle; pour celui-là il ne garantit que l'existence et la seule justification qu'il ne donne est un mandat: c'est le Dieu des Croisés, des mystiques espagnols, des pauvres, c'est le Dieu du Moyen Age" (L'Idiot, 515); vgl. Int. u. Rev., 86.

3. GOTTES ABWESENHEIT IM BEWUSSTSEIN

[1] Vgl. Die Transzendenz des Ego, 15.

[2] EN 16.

[3] Über die Einbildungskraft, in: Die Transzendenz des Ego, 149; vgl. besonders 137—149.

[4] J.-P. Sartre, L'imaginaire. Psychologie phénoménologique de l'imagination. Paris 1940, 11, passim.

[5] EN 17.

[6] EN 18.

[7] EN 19.

[8] Die Transzendenz des Ego, 11.

[9] A. a. O., 14.

[10] A. a. O., 15.

[11] Vgl. a. a. O., 16 f.

[12] Vgl. a. a. O., 18 f.

[13] Vgl. a. a. O., 29.

[14] Schematisch: Präreflexives Bewußtsein → Erlebnisse → Zustände → Ego (= ontologische Ordnung); Ego (magische Spontaneität) → Zustände → Erlebnisse → präreflexives Bewußtsein (psychologische [objektivierte] Ordnung).

[15] A. a. O., 31.

[16] A. a. O., 33.

[17] Vgl. a. a. O., 34.

[18] Vgl. a. a. O., 28.

[19] A. a. O., 42.

[20] Vgl. EN 159 ff.; 228 ff.

[21] Vgl. Die Transzendenz des Ego, 40.

[22] Vgl. a. a. O., 32.

[23] A. a. O., 42.

[24] Vgl. EN 21.

[25] EN 16.

[26] EN 19 f.

[27] EN 29.

[28] Vgl. EN 21.

[29] Vgl. EH 13 ff.

[30] EN 21.

[31] Ebd.

[32] EN 22.

[33] EN 29.

[34] EN 29; 126, 240.

[35] EN 42.

[36] EN 46.

[37] Vgl. EN 49, 55.

[38] G. W. F. Hegel, Wissenschaft der Logik I, 73.

[39] A. a. O., 86.

[40] Vgl. EN 54.

[41] EN 55.

[42] Vgl. EN 57.

[43] EN 55.

[44] EN 58.

[45] EN 61; vgl. A. Camus, Der Mythos von Sisyphos. Hamburg 1959, 10.

[46] EN 63.

[47] EN 65.

[48] Vgl. EN 77 f.

[49] EN 105; 110, 115 f., 118, 126, 132, 142, 159, 258, 294 usw.

[50] G. W. F. Hegel, Jub.-Ausg. IV, 481, 486; vgl. S. Kierkegaard, Der Begriff Angst. Düsseldorf 1952, 9 (nota).

[51] EN 78.

[52] EN 129.

[53] Vgl. ebd.

[54] EN 131.

[55] Ebd.

[56] Ebd.

[57] EN 132.

[58] Vgl. ebd.

[59] EN 133.

[60] EN 134.

[61] EN 135.

[62] Vgl. EN 136.

[63] EN 137.

[64] Vgl. EN 139.

[65] Vgl. EN 142.

[66] Vgl. EN 143.

[67] EN 144.

[68] Vgl. CRD 859.

[69] EN 144.

[70] EN 145.

[71] G. W. F. Hegel, Vorlesungen über die Philosophie der Religion. Bd. II. Frankfurt 1969, 187.

[72] A. a. O., Bd. I, 92.

[73] Man könnte wohl vermuten, daß Sartre in seiner Terminologie noch mehr als von Hegel von Maine de Biran abhängig ist. Sicher ist Sartre das „Vocabulaire Technique et Critique de la Philosophie" (André Lalande, Paris [17]1951) geläufig, in dem zu lesen ist (Art.: Sujet, 1067 nota): „...selon la terminologie de Maine de Biran, le caractère concret, intérieur, singulier de cet être (= sujet) qui existe non seulment *en soi,* mais *pour soi,* et qui, ne se bornant pas à être un object, visible du dehors on délimité par des contours logiques, n'a sa véritable, réalité qu'en contribuant à se faire lui-même, à partir sans doute d'une nature donnée et selon des exigences intimement subies, mais par un devenir volontaire et une conquête personnelle. Le sujet n'est pas, comme du fini; il croît in infinitum (M. Blondel)." Vgl. auch a. a. O., Art.: Absolu, 4 nota; En soi, 284 ff., und Pour soi, 799 ff.

[74] Vgl. E. Bloch, Atheismus im Christentum. Stuttgart 1968, 334 ff.

[75] Die Eingeschlossenen, V, 1.

[76] Vgl. EN 148.

[77] EN 110, vgl. EN 147, 607 f.

[78] J.-P. Sartre, Der Teufel und der liebe Gott. Hamburg 1951, III, 8, 2—3.

[79] A. a. O., III, 10, 4.

[80] A. a. O., III, 7, 4.

[81] A. a. O., III, 10, 4; vgl. dazu B. Brecht, „Großer Dankchoral", in: Hauspostille. Berlin 1963, 71 f.:
„Lobet von Herzen das schlechte Gedächtnis des Himmels!
Und daß er nicht
Weiß euren Nam' noch Gesicht.
Niemand weiß, daß ihr noch da seid."

[82] A. a. O., III, 10, 5.

[83] Vgl. EN 292.

[84] EN 163 ff.

[85] Vgl. Sitn., 154 ff.

[86] EN 179.

[87] EN 205. In seiner „Kehre" jedoch betont Sartre stärker die Zukunft, so daß ihr ein Vorrang zukommt (im Gegensatz zum „späten" Heidegger!).

[88] EN 231 f.
[89] EN 293, 770.
[90] EN 204.
[91] EN 266.
[92] EN 250.
[93] Vgl. EN 275.
[94] EN 293.
[95] EN 294.
[96] Ebd.

4. GOTTES ABWESENHEIT IN DER MENSCHLICHEN FREIHEIT

[1] Vgl. Sitn., 13.
[2] R. Descartes an Clerselin, 23. IV. 1649.
[3] Sitn., 19.
[4] Sitn., 25.
[5] Vgl. EN 65.
[6] EN 66.
[7] EN 25.
[8] Vgl. EN 86 f.
[9] EN 561.
[10] Ebd.
[11] EN 563.
[12] EN 564 f.
[13] EN 565.
[14] Ebd.
[15] J.-P. Sartre, Das Spiel ist aus. Hamburg 1952, 132.
[16] EN 573.
[17] EN 575.
[18] EN 586.
[19] Die Fliegen, III, 2.
[20] Vgl. EN 612.
[21] EN 619.
[22] EN 618.
[23] EN 589.
[24] EN 70 ff.
[25] EN 91 ff.
[26] Vgl. EN 591.
[27] Vgl. EN 82.
[28] EN 83.
[29] Vgl. EN 574.

[30] EN 589.
[31] EN 616.
[32] EN 607.
[33] Ebd.
[34] EN 608.
[35] EN 614.
[36] EH 25.
[37] EN 189; vgl. EN 614, 616, 696 usw.
[38] EH 63.
[39] Vgl. CRD 265, 345 ff.
[40] EN 675.
[41] EN 677.
[42] EN 679.
[43] EN 680.
[44] Ebd.
[45] EN 681.
[46] EN 678.
[47] EN 680.
[48] EN 406.
[49] EN 688.
[50] EN 678.
[51] EN 690.
[52] Das Spiel ist aus, 39.
[53] EN 680.
[54] Baudelaire, 158.
[55] Vgl. EN 608 f.
[56] Was ist Literatur?, 173.
[57] EN 712.
[58] EN 714.
[59] Die Fliegen, II, 2, 5.
[60] A. a. O. III, 2.
[61] Ebd.
[62] Ebd.
[63] Ebd.
[64] Bariona IV, 1. Die Bariona-Zitate im Text stimmen nicht wörtlich mit
der erst später angefertigten Übersetzung des Stückes überein.
[65] Der Teufel und der liebe Gott, I, 36.
[66] Bariona, ebd.
[67] Der Teufel und der liebe Gott, ebd.
[68] Ebd.
[69] Die Fliegen, ebd.
[70] Bariona II, 2.

[71] S. Beckett, Warten auf Godot, Schluß.

[72] Bariona, ebd.

[73] Die Fliegen, III, 2.

5. GOTTES ABWESENHEIT IM ANDEREN

[1] Vgl. EN 336.

[2] Vgl. EN 339.

[3] EN 327.

[4] Ebd.

[5] Vgl. EN 336.

[6] EH 47.

[7] E. Troeltsch, Die Soziallehren der christlichen Kirchen und Gruppen. Tübingen 1912, 34 ff.

[8] Vgl. EN 312 f.

[9] Vgl. EN 337.

[10] EN 311.

[11] Vgl. EN 343.

[12] Ebd.

[13] Vgl. EN 345 ff.

[14] EN 347.

[15] EN 310.

[16] Ebd.

[17] Vgl. EN 352.

[18] Vgl. EN 312 f.

[19] EN 547.

[20] EN 529.

[21] EN 486 (franz.).

[22] EN 350.

[23] EN 524; vgl. 381 f.

[24] Vgl. EN 396.

[25] EN 373.

[26] EN 383; vgl. L'Idiot, 512 ff., wie der analytische Blick von Flauberts Vater zum absoluten, totalitären Blick Gottes wird. Oder 246: „Dieu est tout à la fois le pater familias... c'est-à-dire un *surhomme*."

[27] Ebd.

[28] EN 372.

[29] Vgl. EN 391.

[30] Ebd.

[31] Vgl. EN 392.

[32] EN 394.

[33] EN 397.

[34] EN 469.

[35] EN 539 f.

[36] Der Teufel und der liebe Gott, II, 10, 2.

[37] Vgl. EN 470 ff.

[38] Ebd.

[39] Die Eingeschlossenen, II, 1.

[40] Der Teufel und der liebe Gott, II, 6, 4.

[41] L'Idiot, 142; vgl. EN 473.

[42] EN 477.

[43] EN 475.

[44] EN 476.

[45] EN 482.

[46] Das Spiel ist aus, 34. Bild.

[47] EN 475.

[48] L'Idiot, 144 ff.

[49] EN 467 ff., 486 ff.; vgl. L'Idiot, 362, wie die Sprache eine wesentliche Form der Selbstentfremdung sein kann.

[50] EN 527, nota.

6. GOTTES ABWESENHEIT IN DER GESELLSCHAFT

[1] M. Contat—M. Rybalka, Les Écrits de Sartre. Paris 1970, 678.

[2] A. a. O., 333 f.

[3] Vgl. a. a. O., 679.

[4] A. a. O., 240.

[5] A. a. O., 655.

[6] A. a. O., 678.

[7] A. a. O., 333.

[8] A. a. O., 208 f.; vgl. EH 45 f.

[9] A. a. O., 189 f.

[10] A. a. O., 190.

[11] Aristoteles, Eth. Nic. 1162, a 17.

[12] Aristoteles, Pol. 1253, a 3.

[13] EN 529.

[14] Vgl. EN 545.

[15] CRD 39.

[16] CRD 34.

[17] CRD 868.

[18] CRD 869.

[19] Vgl. Was ist Literatur?, 135.

[20] A. a. O., 140.

[21] Marx. u. Ex., 132 ff.

[22] A. a. O., 137 f.

[23] Vgl. Les Écrits de S., 531.

[24] CRD 37.

[25] Vgl. Les Écrits de S., 439; vgl. Int. u. Rev., 148.

[26] Vgl. a. a. O., 234.

[27] CRD 37.

[28] Porträts, 99 f.

[29] Vgl. Les Écrits de S., 744 f.

[30] Vgl. Porträts, 100.

[31] Marx. u. Ex., 74.

[32] Int. u. Rev., 15, 17 f.

[33] Vgl. CRD 72 f., 59. Am Beispiel eines konkreten Menschen, G. Flaubert, will Sartre aufzeigen, wie an einem bestimmten geschichtlichen Ort (der bürgerlichen Gesellschaft Frankreichs unter Louis-Philippe [L'Idiot, 2135]) diese Einheit von allgemein und einzeln (universale concretum) gelebt wird. „Ce livre (= L'Idiot de la famille) tente de prouver que l'irréductibilité n'est qu'apparente et que chaque information mise en sa place devient la portion d'un tout qui ne cesse de se faire et, du même coup, révèle son homogénéité profonde avec toutes les autres.
C'est qu'un homme n'est jamais un individu; il vaudrait mieux l'appeler un universel singulier: totalisé et, par là même, universalisé par son époque, il la retotalise en se reproduisant en elle comme singularité. *Universel* par l'universalité singulière de l'histoire humaine, *singulier* par la singularité universalisante de ses projets, il réclame d'être étudié simultanément par les deux bouts" (L'Idiot, 7 f.).

[34] CRD 73.

[35] CRD 75.

[36] CRD 83.

[37] CRD 84.

[38] CRD 85.

[39] CRD 90.

[40] CRD 94.

[41] CRD 99.

[42] CRD 114 f.

[43] CRD 115.

[44] CRD 118.

[45] Ebd.

[46] CRD 120.

[47] CRD 122.

[48] CRD 123.

[49] CRD 131.

[50] CRD 135.

[51] CRD 138.
[52] Vgl. CRD 162, nota.
[53] CRD 193; vgl. 191.
[54] Ebd.
[55] Ebd.
[56] CRD 192.
[57] Vgl. CRD 195, nota: das Heilige.
[58] Vgl. CRD 203.
[59] CRD 200.
[60] Vgl. CRD 231.
[61] Vgl. CRD 237.
[62] CRD 241.
[63] CRD 242.
[64] Ebd., nota.
[65] Vgl. CRD 113.
[66] Vgl. CRD 246.
[67] CRD 276.
[68] CRD 281.
[69] CRD 283 f.
[70] CRD 284.
[71] CRD 318.
[72] CRD 325, nota.
[73] Vgl. CRD 326, nota.
[74] K. Marx und F. Engels, Werke. Bd. 23. Berlin 1962, 91f.
[75] CRD 328, nota.
[76] Vgl. CRD 330 f.
[77] Vgl. CRD 339.
[78] Vgl. EN 770.
[79] CRD 352.
[80] CRD 355.
[81] Vgl. auch G. W. F. Hegel, Phänomenologie des Geistes. Hamburg
1922, 144.
[82] Vgl. CRD 358.
[83] CRD 363.
[84] CRD 392.
[85] CRD 399.
[86] CRD 400.
[87] CRD 403.
[88] Vgl. CRD 421.
[89] Vgl. CRD 437.
[90] CRD 446.
[91] CRD 455.

[92] Vgl. CRD 466: Die Bestätigung der Gruppe im „blutigen Opfer"!

[93] CRD 460.

[94] CRD 462.

[95] CRD 464, nota.

[96] CRD 466.

[97] Vgl. CRD 470 f.

[98] Vgl. CRD 479.

[99] Vgl. CRD 485, 492 f.

[100] Vgl. CRD 516 f., nota.

[101] Vgl. CRD 549.

[102] Vgl. CRD 566 f.

[103] CRD 616.

[104] CRD 617.

[105] Vgl. CRD 625.

[106] Vgl. CRD 635 ff.

[107] Vgl. CRD 641.

[108] Vgl. CRD 639.

[109] CRD 645.

[110] Vgl. CRD 747.

[111] CRD 751.

[112] CRD 796 f.

[113] CRD 859.

7. DER ETHISCHE NEUANSATZ

[1] Les Écrits de S., 481.

[2] Sitn., 67.

[3] Vgl. EN 713.

[4] Vgl. EN 774.

[5] EN 713.

[6] EN 712.

[7] EN 776.

[8] Ebd.

[9] Vgl. ebd.

[10] Ebd.

[11] EN 777.

[12] EN 778.

[13] Vgl. EN 779.

[14] EN 780.

[15] Vgl. EN 782 f.

[16] Sitn., 86.

[17] EN 724.

[18] Vgl. Les Écrits de S., 336; Porträts, 20.

[19] Vgl. Baudelaire, 154; L'Idiot, 1081.

[20] Les Écrits de S., 290.

[21] Die Eingeschlossenen, III, 4.

[22] Vgl. EH, passim.

[23] Eine sehr gute Darstellung der Ethik Sartres findet sich in: H. Fahrenbach, Existenzphilosophie und Ethik. Frankfurt 1970, 132—168.

[24] Vgl. Int. u. Rev., 91.

[25] EH 48.

[26] EH 16 f.

[27] Vgl. ebd.

[28] Int. u. Rev., 108 f.

[29] A. a. O., 98.

[30] EH 64 f.; vgl. EH 63.

[31] Was ist Literatur?, 129.

[32] A. a. O., 173.

[33] EN 784.

[34] CRD 265.

[35] Les Écrits de S., 147.

[36] CRD 265.

[37] CRD 266.

[38] J.-P. Sartre, Im Räderwerk. Darmstadt 1954. Zeugenaussagen von Jean. Lager der Deportierten.

[39] B. Brecht, Der gute Mensch von Sezuan, 10.

[40] A. a. O., Epilog.

[41] J.-P. Sartre, Saint Genet, comédien et martyr. Paris 1952, 177, nota.

[42] Vgl. Les Écrits de S., 236.

[43] Ebd.

[44] Der Teufel und der liebe Gott, I, 3, 4.

[45] A. a. O., I, 3, 6.

[46] A. a. O., I, 1.

[47] Ebd.

[48] Ebd.

[49] Vgl. Porträts, 95.

[50] Der Teufel und der liebe Gott, I, 3, 6.

[51] A. a. O., II, 4, 5.

[52] A. a. O., III, 8, 3.

[53] Ebd.

[54] Les Écrits de S., 237.

[55] Die Eingeschlossenen, II, 5.

[56] Vgl. J.-P. Sartre, Kean oder Unordnung und Genie. Ein Stück nach Alexander Dumas. Hamburg 1954, V, 6.

[57] Les Écrits de S., 238.

[58] A. a. O., 240.

[59] Der Teufel und der liebe Gott, II, 6, 4.

[60] Ebd.

[61] Ebd.

[62] A. a. O., III, 9, 3.

[63] A. a. O., III, 11, 2.

[64] A. a. O., III, 10, 2.

[65] Porträts, 312.

[66] Vgl. Les Écrits de S., 148; vgl. was Sartre über G. Flaubert schreibt: „...il vent capter sa réalité — qui est aux mains d'autrui — pour l'être en soi et pour soi mais, comme elle ne coincide jamais avec le vécu, l'*incarnation* se donne à la fois comme *nécessaire* et comme *impossible,* l'enfant se sent fondamentalement irréel" (L'Idiot, 673). Da Inkarnation nicht realisierbar ist, ist der Mensch gleichsam zum „Untermenschen" degradiert (vgl. a. a. O., 915 f.).

[67] A. a. O., 565.

[68] Simone de Beauvoir, In den besten Jahren. Hamburg 1969, 436 f.

[69] Bariona, V, 2.

[70] A. a. O., VI, 5.

[71] A. a. O., IV, 1.

[72] A. a. O., II, 2.

[73] A. a. O., IV, 1.

[74] Vgl. Die Fliegen, III, 2.

[75] Bariona, VI, 6.

[76] Ebd.

[77] Ebd.

[78] A. a. O., VII, 2.

[79] Ebd.

[80] Vgl. Der Teufel und der liebe Gott, II, 6, 6.

[81] Ebd.

[82] A. a. O., III, 10, 5.

[83] EN 730. Sartre selbst warnt vor diesem Satz, da er zwar dem Sinne nach den Sachverhalt trifft, aber dichterisch formuliert ist. „Ich habe einmal folgenden Satz geschrieben, und er ist aufgenommen worden, weil er einen literarischen Zug hat: ‚Der Mensch ist eine unnütze Passion' — Vertrauensmißbrauch. Ich hätte das mit streng philosophischen Wörtern sagen müssen" (Int. u. Rev., 98).

[84] Vgl. Les Écrits de S., 150; vgl. L'Idiot, 1260 f.: „Il s'agit bien d'une Passion, car il est homme et Dieu comme Jésus dont il est l'image inversée. Celui-ci est venu sur terre pour nous saveur, celui-là pour nous perdre..." (vgl. a. a. O., 1384).

[85] Vgl. a. a. O., 420.

[86] Bariona, VII, 3.

II. TEIL

1. GRUNDLEGUNG DER KRITIK

[1] J. Möller, Absurdes Sein. Stuttgart 1959, 9 f.

[2] Vgl. K. Hartmann, Sartres Sozialphilosophie. Berlin 1966; setzt sich eingehend, vom Blickwinkel des Idealismus, mit CRD auseinander; in: Grundzüge der Ontologie Sartres in ihrem Verhältnis zu Hegels Logik. Berlin 1963 mit EN.

[3] Vgl. J. Möller, a. a. O., 161—226 bezüglich EN.

[4] Vgl. R. Bubner, Kritische Fragen zum Ende des französischen Existentialismus, in: Phil. Ru. 14 (1967) 241—258.

[5] Les Écrits de S., 108; mit acht Jahren machte auf ihn das Buch „Madame Bovary" von G. Flaubert den tiefsten Eindruck. So ist es kein Wunder, daß Sartre sich in: L'Idiot de la famille gerade mit Flaubert auseinandersetzt.

[6] Über Descartes schreibt Sartre: „...un seul a agi profondément sur mon esprit, c'est Descartes" (ebd.).

[7] Ch. Adam—P. Tannery (Ed.), Oevres de Descartes. Paris 1898, III, 690 f.

[8] Vgl. Thomas v. A., S. Th. I, q. 84, a 7.

[9] Ch. Möller, Littérature du XXe siècle et christianisme II. La foi en Jésus-Christ. Paris 1954, 69.

[10] R. Troisfontaines, Le Choix de J.-P. Sartre. Paris 1945, 11 ff., 70 ff.

[11] E. Coreth, Metaphysik. Eine methodisch-systematische Grundlegung. Innsbruck ²1964.

[12] K. Rahner, Geist in Welt. Zur Metaphysik der endlichen Erkenntnis bei Thomas von Aquin. München ²1957, und ders., Hörer des Wortes. Zur Grundlegung einer Religionsphilosophie. München 1963 (von J. B. Metz neu bearbeitet).

[13] Z. B. J. Maréchal, Le point de depart de la métaphysique. 5 Cahiers. Brüssel—Paris I—III ³1944; IV 1947; V² 1949; J. B. Lotz, Das Urteil und das Sein. Eine Grundlegung der Metaphysik. Pullach ²1957 u. a. m.

[14] Ähnlich H. U. v. Balthasar, Herrlichkeit. Eine theologische Ästhetik III/1: Im Raum der Metaphysik. Einsiedeln 1965.

[15] Vgl. G. Siewerth, Der Thomismus als Identitätssystem. Frankfurt ²1961.

[16] Vgl. dazu die vorzügliche Arbeit von H. J. Verweyen, Ontologische Voraussetzungen des Glaubensaktes. Zum Problem einer transzendental-philosophischen Begründung der Fundamentaltheologie. Düsseldorf 1969, 45 ff., 148 ff., 207 ff.

[17] Gegen G. J. Stack, Necessity versus freedom in social Processes, in: Phil. Ru. 17 (1970) 107: „The freedom of the individual in Sartres work is sacrificed for the freedom of ‚humanity'... The influence of Hegel on Sartres social analysis has led him to negate the contingency, the freedom of individual practice..."

2. DIE DIFFERENZERFAHRUNG

[1] A. Camus. Literarische Essays. Hamburg [3]1963, 240 f.

[2] A. Camus, Der Mythos von Sisyphos. Hamburg [4]1961, 46.

[3] Vgl. a. a. O., 23, 30 f.

[4] A. a. O., 50.

[5] Vgl. a. a. O., 89.

[6] A. a. O., 101.

[7] Thomas v. A., S. Th. I, q. 13, a. 8.

[8] Vgl. E. Bloch, Das Prinzip Hoffnung. Frankfurt 1959.

[9] E. Schillebeeckx, Gott — die Zukunft des Menschen. Mainz 1969, 153.

[10] Vgl. L. Feuerbach.

[11] E. Bloch, Auswahl aus seinen Schriften. Frankfurt 1967, Antrittsvorlesung 1961, 180.

[12] So ein Ausdruck von Th. Adorno, in: Negative Dialektik. Frankfurt 1966.

[13] H. Marcuse, Der eindimensionale Mensch. Studien zur Ideologie der fortgeschrittenen Industriegesellschaft. Neuwied [8]1968.

[14] Vgl. Sartres Filmdrehbuch „Im Räderwerk".

[15] Vgl. B. Casper, Der Gottesbegriff „ens causa sui", in: Phil. Jahrbuch 76 (1968/69) 317 f.

3. DIE IDENTITÄTSERFAHRUNG

[1] Plotin, Enneaden II, 9, 9.

[2] Ulrich von Wilamowitz-Möllendorff, Der Glaube der Hellenen I. 1931, 24 f. Meine Ausführungen stützen sich besonders auf dieses Werk wie auf die Ansicht von K. Kerényi.

[3] Vgl. Theologisches Wörterbuch zum NT III, 67.

[4] Vgl. Ebeling, Bultmann u. a. m.

[5] K. Kerényi, Die griechischen Götter, in: Der Gottesgedanke im Abendland. Stuttgart 1964, 15; vgl. Griechische Grundbegriffe. Zürich 1964, 17 und: Umgang mit Göttlichem. Göttingen 1961, 3 ff.

[6] K. Kerényi, Griechische Grundbegriffe, 27.

[7] K. Kerényi, Umgang mit Göttlichem, 5.

[8] Vgl. auch z. B. im Niederländischen: *aandacht,* das keinen notwendigen Bezug auf Religiöses hat!

[9] Vgl. Wilamowitz, a. a. O., 15, auch bezüglich des Begriffs: $\varepsilon \vartheta \sigma \varepsilon \beta \acute{\eta} \varsigma$.

[10] A. a. O., I, 362 ff.

[11] In: M. Heidegger, Über den Humanismus, 39.

[12] Zitat nach Wilamowitz, a. a. O., 19.

[13] In: Theologisches Wörterbuch zum NT III, 68.

[14] Vgl. Umgang mit Göttlichem, 13 f.; ebenso Kleinknecht in: Theologisches Wörterbuch zum NT III, 122 f.

[15] In: Aristoteles, Physika *Γ* 4, 203, b 6.

[16] Vgl. Wilamowitz, a. a. O., 21. Ihr seid das Salz der Erde!

[17] Überliefert bei Aristoteles, De partibus animae, A 5, 645, a 17.

[18] In: M. Heidegger, Über den Humanismus, 39 ff.

[19] Apg 14, 11.

[20] Apg 28, 6.

[21] Mt 25, 34—40; vgl. dazu: G. Hasenhüttl, Füreinander dasein. Freiburg 1971, 196—201.

[22] H. Paissac, Le Dieu de Sartre. Grenoble 1950, 126.

[23] Thomas v. A., Comp. theol., cap. 76; vgl. Cont. Gent. II, 48.

[24] Vgl. zu den fünf Punkten G. Hasenhüttl, Auf der Suche nach Gott. Der Gottesgedanke bei J.-P. Sartre, in: Gott (Hrsg. v. A. Grabner-Haider). Mainz 1970, 58—67.

[25] In: Der Teufel und der liebe Gott. Hamburg 1951, Klappentext.

[26] G. Bernanos, Tagebuch eines Landpfarrers. Köln-Olten 1956, 163, 206; vgl. dazu: J.-P. Sartre, Bei geschlossenen Türen!

[27] A. a. O., 215.

[28] A. a. O., 361.

[29] P. Claudel, Der seidene Schuh, II, 14; vgl. dazu die Gottesidee der Griechen!

[30] Vgl. a. a. O., I, 3.

[31] Vgl. a. a. O., III, 8.

[32] A. a. O., II, 14.

[33] A. a. O., III, 10.

[34] Ebd.

[35] Ebd.

[36] Ebd.

[37] Ebd.

[38] A. a. O., III, 13.

[39] In: Der Teufel und der liebe Gott, III, 8, 2.

[40] Vgl. weitere Hinweise auf Savonarola, Clemens VII. u. a. in: Les Écrits de S., 239 f.

[41] M. Horkheimer, Die Sehnsucht nach dem ganz Anderen. Hamburg 1970, 7.

[42] A. a. O., 41.

[43] Vgl. H. U. von Balthasar, Theresia von Lisieux. Köln-Olten 1950, 62 ff.

[44] Vgl. K. Rahner, Schriften zur Theologie VI. Zürich 1965, 277—298.

[45] M. Horkheimer, a. a. O., 56.

[46] Vgl. G. Hasenhüttl, Der unbekannte Gott? Einsiedeln [3]1970, 76—79.

[47] L. N. Tolstoi, Anna Karenina, Schluß.

LITERATURVERZEICHNIS

1. Die gesamten Werke, Zeitschriftenartikel, Interviews usw. von Sartre finden sich bis 1969 vollständig in:
M. Contat—M. Rybalka, Les Écrits de Sartre. Paris 1970 (abgekürzt: Les Écrits de S.); ebenfalls Sartres bis dahin nicht veröffentlichte Werke, davon das wichtigste: „Bariona oder der Donnersohn" (Das Weihnachtsspiel von 1940).

2. Ein fast vollständiges Verzeichnis der Werke über Sartre findet sich in K. Kohut, „Was ist Literatur?" Die Theorie der „Litterature engagée" bei Jean-Paul Sartre. Marburg 1965, 263—365.
Die jeweils von mir zitierte Literatur findet sich in den Anmerkungen.

3. In den in der Arbeit zitierten Texten ist das vom Autor Hervorgehobene g e s p e r r t gedruckt, das von mir Hervorgehobene *kursiv*. Die angegebenen Seitenzahlen betreffen die deutsche Ausgabe, wenn nicht eigens „franz." vermerkt ist.
Die verwendeten Abkürzungen in den Anmerkungen stehen im Literaturverzeichnis jeweils in Klammer.

DIE WICHTIGSTEN WERKE SARTRES

A) PHILOSOPHISCH-LITERARISCHE WERKE:

La Transcendance de l'ego. Esquisse d'une description phénoménologique, in: Recherches philosophique 6 (1936/37) 85—123.
L'imagination. Étude critique. Paris 1936 (abgekürzt: Über die Einbildungskraft).
Esquisse d'une théorie des émotions. Paris 1939 (abgekürzt: Entwurf einer Theorie der Emotion).
Die drei sind deutsch zusammengefaßt in: Die Transzendenz des Ego. Drei Essays. Hamburg 1950.
L'imaginaire. Psychologie phénoménologique de l'imagination. Paris 1940. Deutsch: Das Imaginäre. Phänomenologische Psychologie der Einbildungskraft. Hamburg 1971 (abgekürzt: L'imaginaire).
L'être et le néant. Essai d'ontologie phénoménologique. Paris 1943. Deutsch: Das Sein und das Nichts. Versuch einer phänomenologischen Ontologie. Hamburg 1962 (abgekürzt: EN).

L'existentialisme est un humanisme. Paris 1946. Deutsch: Ist der Existentialismus ein Humanismus? Zürich 1947 (abgekürzt: EH).

Baudelaire. Paris 1947. Deutsch: Baudelaire. Ein Essay. Hamburg 1953.

Situations. Bisher 7 Bände. Paris 1947—1965 (abgekürzt: Sitn.). Deutsch auszugsweise in: Situationen. Hamburg 1956; Was ist Literatur? Hamburg 1958; Materialismus und Revolution. Drei Essays. Frankfurt 1960; Porträts und Perspektiven (entspricht Situations IV. Paris 1964). Hamburg 1968 (abgekürzt: Porträts).

Saint Genet, comédien et martyr. Paris 1952. Deutsch: Über Jean Genet. Hamburg 1955.

Critique de la raison dialectique (précéde de Question de méthode). Théorie des ensembles pratiques. Bd. I. Paris 1960. Deutsch: Kritik der dialektischen Vernunft. Theorie der gesellschaftlichen Praxis. Bd. I. Hamburg 1967 (abgekürzt: CRD). Und: Marxismus und Existentialismus. Versuch einer Methodik. Hamburg 1964 (abgekürzt: Marx. u. Ex.).

L'Idiot de la famille. Gustave Flaubert de 1821 à 1857. 2 Bände. Paris 1971 (abgekürzt: L'Idiot).

Der Intellektuelle und die Revolution. Neuwied-Berlin 1971. (Es ist eine Sammlung verschiedener politischer und literarischer Schriften aus dem Zeitraum von 1965 bis 1970; abgekürzt: Int. u. Rev.)

B) ERZÄHLUNGEN:

Le mur (Le mur. La chambre. Erostrate. Intimité. L'enfance d'un chef). Paris 1939. Deutsch: Die Mauer (Die Mauer. Das Zimmer. Herostrat. Intimität. Die Kindheit eines Chefs). Hamburg 1961.

C) ROMANE:

La nausée. Paris 1938. Deutsch: Der Ekel. Stuttgart 1949.

Les chemins de la liberté. 3 Bände (L'age de raison. Le sursis. La mort dans l'ame). Paris 1945—1949. Deutsch: Die Wege der Freiheit. 3 Bände (Zeit der Reife. Der Aufschub. Der Pfahl im Fleische). Stuttgart 1949—1951.

D) DRAMEN:

Les mouches. Paris 1943. Deutsch: Die Fliegen. Stuttgart 1949.

Huis clos. Paris 1945. Deutsch: Bei geschlossenen Türen. Stuttgart 1949.

Morts sans sepulture. Lausanne 1946. Deutsch: Tote ohne Begräbnis. Stuttgart 1949.

La putain respectueuse. Paris 1946. Deutsch: Die ehrbare Dirne. Stuttgart 1949.

Les mains sales. Paris 1948. Deutsch: Die schmutzigen Hände. Stuttgart 1949.

Le diable et le bon Dieu. Paris 1951. Deutsch: Der Teufel und der liebe Gott. Hamburg 1951.

Kean (Adoption de la pièce d'Alexandre Dumas). Paris 1954. Deutsch: Kean oder Unordnung und Genie. Ein Stück nach Alexander Dumas. Hamburg 1954.

Nekrassov. Paris 1956. Deutsch: Nekrassow. Hamburg 1956.

Les séquestrés d'Altona. Paris 1960. Deutsch: Die Eingeschlossenen. Hamburg 1960.

Les Troyennes, adaptation de la piéce d'Euripide. Paris 1965. Deutsch: Die Troerinnen des Euripides. Hamburg 1966.

Die Dramen sind deutsch zusammengefaßt in: Dramen. Hamburg 1954, und Dramen II. Hamburg 1966.

E) FILMDREHBÜCHER:

Les jeux sont faits. Paris 1947. Deutsch: Das Spiel ist aus. Hamburg 1952.
L'engrenage. Paris 1948. Deutsch: Im Räderwerk. Darmstadt 1954.

F) SELBSTBIOGRAPHIE:

Les Mots. Paris 1964. Deutsch: Die Wörter. Hamburg 1965.

LITERATUR ZUM GOTTESPROBLEM BEI SARTRE

Beckmann, H.: Drama gegen Gott. Zu Sartres neuem Bühnenwerk „Der Teufel und der liebe Gott", in: Rheinischer Merkur 6 (1951) 7.

Brown, St. M.: The atheistic existentialism of Jean-Paul Sartre, in: Philosophical Review 57 (1948) 158—166.

Casper, B.: Der Gottesbegriff „ens causa sui", in: Phil. Jahrbuch 76 (1968/69) 315—331.

Champigny, R.: God in Sartrean Light, in: Yale French Studies (1953) 81—87.

Colberg, C.: Sartre streitet wider Gott, in: Neues Abendland (1952) 58—60.

Collins, J.: Sartre's postulatory atheism, in: Collins: The existentialists. A critical study. Chicago 1952, 38—79.

Descoqs, P.: L'athéisme de J.-P. Sartre, in: Revue de philosophie (1946) 39 bis 89.

Doudeyne, A.: Foi chrétienne et philosophie contemporaine. Louvain[2] 1952.

Duméry, H.: L'athéisme sartrien, in: Esprit 18 (1950) 240—252.

Duméry, H.: Le Dieu de Sartre est-il celui des chrétiens?, in: Esprit 20 (1952) 118—124.

Ecole, J.: Das Gottesproblem in der Philosophie Sartres, in: Wissenschaft und Weltbild 10 (1957) 265—276.

Figurelli, R.: Jean-Paul Sartre: Do ateismo ao antiteismo. Porto Alegre 1962.

Frank, J.: God, Man and Jean-Paul Sartre, in: Partisan Review 19 (1952) 202—210.

Grene, M.: L'Homme est une passion inutile. Sartre und Heidegger, in: Kenyon Review 9 (1945) 167—185.

Hasenhüttl, G.: Der unbekannte Gott? Einsiedeln [3]1970, 19—44.

Hasenhüttl, G.: In: Gott (herausgegeben von A. Grabner-Haider). Auf der Suche nach Gott. Der Gottesgedanke bei J.-P. Sartre. Mainz 1970, 58—67.

Heinemann, F. H.: Theologia diaboli, in: Rivista di filosofia. Milano 45 (1954) 3—13.

Jeanson, F.: Athéisme et liberté, in: Lumière et vie 13 (1954) 92 ff.

Jeanson, F.: Sartre (Les écrivains devant Dieu). D. D. Brouwer 1966.

John, R. L.: Jean-Paul Sartres atheistisches Bühnencredo, in: Maske und Kothurn, Köln-Graz 2 (1956) 293—300.

Kemp, P.: Le concept de dieu chez Sartre. Revue d'historie et de phil. religieuses 47 (1967) 327—337.

Lenz, J.: Sartres atheistischer Existenzialismus, in: Trierer theologische Zeitschrift 59 (1950) 53—80. 150—160. 216—226.

Lepp, I.: L'Athéisme de Sartre, in: I. L., Psychanalyse de l'athéisme moderne. 1961. 192—202.

Lüthy, H.: Jean-Paul Sartre und der liebe Gott, in: Christ und Welt 4 (1951) 8.

Luijpen, W.: Fenomenologie en Atheisme. Antwerpen 1967, 311—343; 360 bis 391.

Mauriac, F.: J.-P. Sartre, L'athée providentiel, in: Figaro (26. 6. 1951) 1.

Mikeleitis, E.: Brecht, Sartre und das Christentum, in: Christengemeinschaft 33 (1961) 91—92.

Müller-Schwefe, H. R.: Existenzphilosophie. Das Verständnis von Existenz in Philosophie und christlichem Glauben. Eine Begegnung. Zürich 1961.

Paissac, H.: Le Dieu de Sartre. Grenoble 1950.

Reding, M.: Heidegger und Sartre, in: Der Mensch vor Gott. Festschrift für Theodor Steinbüchel. Düsseldorf 1948, 333—348.

Sanabria, J. R.: El tema de Dios en Jean-Paul Sartre, in: Sapientia 12 (1957) 201—205.

Schlocker, G.: Heiliger und Teufelsmesse. Ein Querschnitt durch das Pariser Theater von heute, in: Schweizer Monatshefte. Zürich 39 (1959/60) 1028 bis 1032.

Verneaux, R.: Esquisse d'une ontologie du créé, in: Revue des Sciences Religieuses 24 (1950) 301—314.

Waller, R.: Existentialism and God, in: Ashridge Quarterly (1947) 81—88.

Vietta, E.: Theologie ohne Gott. Versuch über die menschliche Existenz in der modernen französischen Philosophie. Zürich-Hamburg 1946.

Jean-Paul Sartre

Bariona

oder der Donnersohn

ÜBERSETZT VON
GOTTHOLD HASENHÜTTL

Wenn ich mein Thema aus der
Mythologie des Christentums nahm,
so heißt das nicht, daß sich die
Richtung meines Denkens in der Zeit
der Gefangenschaft geändert hätte.
Es handelte sich einfach darum,
in Übereinstimmung mit den gefangenen Priestern, einen Gegenstand zu
finden, der an diesem Heiligen Abend
die weiteste Einheit zwischen
Christen und Ungläubigen verwirklichen konnte.

31. Oktober 1962   J.-P. Sartre

PERSONEN

LELIUS	römischer Funktionär
LEVI	Zöllner in Bethsur
BARIONA	Ortsvorsteher in Bethsur
SARAH	Frau des Bariona
SIMON	
KAIPHAS	Hirten von Bethsur
PAUL	
JEREVAH	
CHALEM	Leute von Bethsur
KASPAR	
MELCHIOR	Die Heiligen Drei Könige
BALTHASAR	
EIN ENGEL	
MARK	Schutzengel des Bariona
EIN PASSANT	Petrus, der Schreiner von Hebron
EIN JUDE	
CHOR DER ÄLTESTEN	1. Ältester
	2. Ältester
	3. Ältester
DER ZAUBERER	Wahrsager von Bethsur
DAS VOLK	
DER ERZÄHLER	
DER BILDERZEIGER	

Die Uraufführung von „Bariona oder der Donnersohn" fand am 24. Dezember 1940 im Gefangenenlager (Stalag XII D) bei Trier statt.

Akkordeonspiel

BILDERZEIGER: Meine Herren! Ich werde Ihnen die außerordentlichen und unerhörten Abenteuer von Bariona, dem Donnersohn, erzählen. Diese Geschichte hat sich zur Zeit der Römerherrschaft in Judäa ereignet, und ich hoffe, daß sie Ihr Interesse wecken wird. Während ich erzähle, beachten Sie, bitte, die Bilder hinter mir; sie sollen Ihnen helfen, sich die Dinge so vorzustellen, wie sie damals waren. Und wenn Sie am Ende zufrieden sind, dann geizen Sie nicht mit Ihrem Beifall. Nun los, Musik! Wir beginnen.

Akkordeon

Meine Herren! Jetzt der Prolog:
Ich bin blind durch einen Unfall; bevor ich aber blind wurde, habe ich wohl mehr als tausendmal die Bilder betrachtet, die Sie nun sehen. Sie sind mir sehr vertraut, denn mein Vater, der Bilderzeiger war wie ich, hat sie mir hinterlassen. Das Bild hinter mir, auf das ich mit dem Stock zeige, stellt Maria von Nazareth dar. Sie sehen den Engel, wie er zu ihr kommt mit der Botschaft, sie werde einen Sohn empfangen und dieser Sohn werde Jesus sein, unser Herr. Der Engel ist riesengroß, mit Flügeln wie zwei Regenbogen. Sie können ihn sehen. Ich freilich kann ihn nicht mehr sehen, aber ich erblicke ihn noch in meinem Geist. Wie eine Überschwemmung ist er in das schäbige Haus Mariens eingeströmt, und jetzt erfüllt er es mit seinem schimmernden heiligen Leib, mit seinem großen wehenden Gewand. Und wenn Sie genau hinsehen, dann können Sie durch den Leib des Engels hindurch die Möbel des Zimmers erkennen. So durchsichtig ist ein Engel. Er steht vor Maria, und Maria betrachtet ihn kaum. Er brauchte keine Donnerstimme. Nichts hat er gesprochen. Sie ahnte ihn schon in ihrem

Fleisch... da steht der Engel vor Maria. Und Maria ist dunkel und undurchdringlich wie ein Wald in der Nacht, und die Frohbotschaft hat sich in ihr verloren, wie ein Wanderer sich im Wald verliert. Und Maria ist erfüllt vom Rauschen der Blätter, vom Gesang der Vögel. Tausend Gedanken ohne Worte werden in ihr wach, schwere Gedanken einer Mutter, die den Schmerz fühlt. Und seht, wie der Engel vor diesen allzu menschlichen Gedanken den Atem anhält: Er bedauert, ein Engel zu sein, weil ein Engel nicht geboren werden und nicht leiden kann. Heute, am Morgen der Verkündigung, vor den staunenden Augen eines Engels, ist das Fest der Menschen, denn die Heilszeit des Menschen ist gekommen! Schaut euch dieses Bild gut an, meine Herren! Und nun los mit der Musik! Der Prolog ist zu Ende. Unsere Geschichte beginnt neun Monate später, am 24. Dezember, im Hochgebirge von Judäa.

Musik — Neues Bild

ERZÄHLER: Das Bild zeigt einen Engpaß, der sich durch eine wilde Felslandschaft hindurchzwängt. Auf einem Esel reitet ein Mann, ein römischer Funktionär. Er ist dick und fett und sehr schlecht gelaunt. Der Römer hat es eilig durch die Schlucht, denn der Abend wird bald hereinbrechen, und er möchte Bethsur noch vor der Nacht erreichen. Bethsur ist ein Dorf mit 800 Einwohnern. Es liegt 25 Meilen von Bethlehem und sieben Meilen von Hebron entfernt. Wer lesen kann, wird es zu Hause auf der Karte finden. Jetzt werden Sie gleich sehen, was der Funktionär will, denn soeben ist er in Bethsur angekommen und bei Levi, dem Zöllner, abgestiegen.

Vorhang

ERSTES BILD

Bei Levi, dem Zöllner

ERSTE SZENE

LELIUS (*verbeugt sich bei der Tür*): Meine Hochachtung, gnädige
Frau. Mein Lieber, Ihre Frau ist charmant. Hm! Nun, wir
müssen ernste Angelegenheiten bedenken. Nehmen Sie Platz!
Doch, doch, setzen Sie sich, und plaudern wir ein wenig!
Ich komme wegen der Volkszählung...

ZÖLLNER: Achtung, Herr Inspektor! Achtung!

Er zieht seinen Schuh aus und schlägt damit auf den Boden.

LELIUS: Was war's? Eine Tarantel?

ZÖLLNER: Eine Tarantel. Aber zu dieser Jahreszeit sind sie vor
Kälte ganz erstarrt. Sie kroch nur noch und war halb schlaftrunken.

LELIUS: Großartig! Sie haben auch Skorpione, nicht wahr,
Skorpione, die so schlaftrunken sind, daß sie einen Mann
von 180 Pfund glatt umlegen! Die Kälte hier in Ihrem
Gebirge geht einem römischen Bürger durch und durch, aber
diese Dreckviecher da krepieren dabei nicht einmal! Man
sollte die jungen Leute der Kolonialschule in Rom darauf
vorbereiten, daß das Leben eines Administrators in den
Kolonien eine verdammte Plage ist!

ZÖLLNER: Oh! Herr Inspektor...

LELIUS: Ich habe gesagt: eine verdammte Plage, mein Lieber!
Schauen Sie, seit zwei Tagen irre ich auf meinem Esel im
Gebirge umher, und keine einzige Menschenseele habe ich
gesehen; kein einziges Kraut, nicht einmal ein Hundsgras!
Nur rötliche Felsen unter diesem erbarmungslosen, eisig
blauen Himmel, und diese Kälte, immer nur diese Kälte,
die auf einem lastet wie ein Stein. Und dann und wann ein
Dorf aus Kuhdreck, wie dieses da. Brrr! Welche Kälte!

Sogar hier bei Ihnen... Natürlich, ihr Juden, ihr könnt nicht einmal heizen, jedes Jahr werdet ihr vom Winter überrascht, als wenn's der erste Winter auf Erden wäre. Wahre Wilde seid ihr!

ZÖLLNER: Darf ich Ihnen ein Schnäpschen anbieten? Das heizt ein.

LELIUS: Schnaps? Hm... Die Anweisungen für die Kolonial-behörden sind äußerst streng: wir dürfen auf Inspektions-reisen von unseren Untergebenen nichts annehmen. Ich werde wohl hier übernachten müssen. Übermorgen geht es dann nach Hebron. Eine Herberge gibt es natürlich hier nicht?

ZÖLLNER: Das Dorf ist sehr arm, Herr Inspektor. Wir haben nie Fremde. Aber, wenn ich wagen dürfte...

LELIUS: Würden Sie mir bei Ihnen ein Bett anbieten? Mein armer Freund, Sie sind sehr nett, aber es ist immer das gleiche: Verbot, bei unseren Untergebenen zu nächtigen, wenn wir auf Reisen sind. Was will man machen? Unser Reglement wurde von Funktionären abgefaßt, die noch nie aus Italien herausgekommen sind und sich keinen Begriff davon machen, was das Leben in den Kolonien bedeutet. Wo soll ich schlafen? Im Freien? In einem Viehstall? Das wäre mit der Würde eines römischen Bürgers nicht zu vereinbaren.

ZÖLLNER: Darf ich mir erlauben, aufdringlich zu sein?

LELIUS: Genau das, mein Freund. Drängen Sie, drängen Sie! Schließlich werde ich vielleicht Ihrem Drängen doch nach-geben. Wenn ich Sie recht verstehe, wollen Sie sagen, daß Ihr Haus das einzige im Dorf ist, das die Ehre, den Ver-treter Roms aufzunehmen, beanspruchen darf. Oh, übrigens, ich bin nicht ausschließlich auf Inspektionsreise... Mein Lieber, ich werde heute abend bei Ihnen schlafen!

ZÖLLNER: Wie kann ich Ihnen danken für die Ehre, die Sie mir bereiten? Ich bin tief ergriffen...

LELIUS: Das glaube ich gern, mein Freund, sehr gern. Aber schreien Sie es nicht von den Dächern! Sie würden sich selber und mir schaden.

ZÖLLNER: Ich werde keinem ein Wort sagen.

LELIUS: Glänzend. (*Er streckt seine Beine aus.*) Ach, ich bin erschöpft. Ich habe 15 Dörfer visitiert. Sagen Sie, sprachen Sie nicht soeben von einem gewissen Schnäpschen?

ZÖLLNER: Doch, bitte!

LELIUS: Natürlich, das gehört dazu, bei Gott! Wenn Sie mir Unterkunft gewähren, so gehört es sich auch, daß Sie mir zu essen und zu trinken geben. Ausgezeichneter Schnaps. Er verdiente es, aus Rom zu stammen.

ZÖLLNER: Danke, Herr Inspektor!

LELIUS: Ach... Mein Lieber, diese Volkszählung ist eine unmögliche Geschichte. Ich weiß nicht, was für ein Höfling aus Alexandrien dem göttlichen Cäsar diese Idee eingeben konnte! Es handelt sich einfach darum, alle Menschen auf Erden zu zählen. Sie sehen, eine grandiose Idee! Und da soll sich nur einer in diesem Palästina zurechtfinden! Der größte Teil Ihrer Glaubensgenossen weiß nicht einmal sein Geburtsdatum. Sie sind geboren im Jahr des Hochwassers, der guten Ernte, des großen Unwetters... wirklich Wilde. Ich treffe Sie wohl damit nicht? Sie sind ein kultivierter Mensch, wenn auch ein Israelit.

ZÖLLNER: Ich hatte das große Glück, meine Studien in Rom zu machen.

LELIUS: Wunderbar! Man merkt es an Ihren Manieren. Und doch, Sie sind ein Orientale, spüren Sie die Nuance? Sie werden nie aufgeklärt sein, Sie sind ein Volk von Zauberern. In dieser Hinsicht haben eure Propheten euch viel Übles angetan. Sie haben euch an die faule Lösung gewöhnt: an den Messias. Er wird kommen und alles in Ordnung bringen. Er wird mit dem kleinen Finger die römische Herrschaft wegfegen und die eure auf der ganzen Welt errichten. Und ihr verbraucht die Messiasse... Jede Woche tritt ein neuer auf, und nach acht Tagen habt ihr ihn satt, genau wie wir in Rom die Sänger der Music Hall oder die Gladiatoren. Der letzte, den man mir vorgeführt hat, war ein Albino, ein Dreiviertelidiot, aber er konnte bei Nacht sehen, wie alle Albinos. Die Leute aus Hebron haben sich davon noch nicht erholt. Soll ich es Ihnen sagen: Das jüdische Volk hat noch nicht pubertiert.

ZÖLLNER: Tatsächlich, Herr Inspektor. Es wäre zu wünschen, daß viele unserer Studenten nach Rom gehen könnten!

LELIUS: Ja, das würde eine Elite schaffen. Merken Sie sich: die Regierung in Rom — vorausgesetzt, man konsultiert sie vorher — sähe die Wahl eines brauchbaren Messias nicht ungern; eines Messias zum Beispiel, der aus einer alten jüdischen Familie stammte, seine Studien bei uns absolviert hätte und gewisse Garantien einer achtbaren Persönlichkeit böte. Es wäre sogar möglich, daß wir das Unternehmen finanzieren, denn — unter uns gesagt — dieser Herodessippe sind wir allmählich überdrüssig. Wir möchten, daß dem jüdischen Volk in seinem eigenen Interesse endlich etwas Grütze in die Köpfe käme. Ein richtiger Messias, ein Mann mit einem realistischen Verständnis für die konkrete Situation in Judäa, würde uns hilfreich sein. Hm! Brr... Brr... Wie kalt es bei Ihnen ist. Sagen Sie, haben Sie den Dorfvorsteher rufen lassen?

ZÖLLNER: Jawohl, Herr Inspektor, er wird gleich da sein.

LELIUS: Er hat diese Volkszählung in die Hand zu nehmen; er soll mir die Listen gleich morgen abend bringen.

ZÖLLNER: Zu Befehl.

LELIUS: Wie viele seid ihr?

ZÖLLNER: Ungefähr 800.

LELIUS: Ein reiches Dorf?

ZÖLLNER: Ach!

LELIUS: Ah! Ah!

ZÖLLNER: Man fragt sich, wie die Leute leben können. Ein paar dürftige Weiden; und der Weg dorthin zehn bis fünfzehn Kilometer! Das ist alles. Das Dorf entvölkert sich langsam. Jedes Jahr ziehen fünf oder sechs junge Leute nach Bethlehem hinab. Die Zahl der Alten ist jetzt schon größer als die der Jungen. Dazu kommt noch, daß die Geburtenzahl sinkt.

LELIUS: Was wollen Sie? Man kann diesen Auswanderern keinen Vorwurf machen. Die Kolonisten haben in Bethlehem wunderbare Fabriken eingerichtet. Vielleicht wird ihnen dort das Licht aufgehen. Eine technische Zivilisation, verstehen Sie, wie ich es meine? Hm, übrigens, ich bin nicht allein wegen der Volkszählung gekommen. Was kassieren Sie hier an Steuern ein?

ZÖLLNER: Ach, es sind wohl an die 200 Mittellose, die nichts abwerfen, und die andern zahlen ihre zehn Drachmen. Ob gute oder schlechte Zeiten, rechnen Sie 5500 Drachmen — eine Misere!

LELIUS: Ja. Hm... Gut. Von nun an müssen Sie versuchen, für uns künftig 8000 herauszuholen. Der Prokurator hat die Kopfsteuer auf fünfzehn Drachmen erhöht.

ZÖLLNER: Fünfzehn Drachmen? ... Das ist... das ist unmöglich.

LELIUS: Ha, das ist ein Wort, das Sie in Rom sicher nicht gehört haben. Also, die Leute besitzen sicher mehr, als sie sagen. Und dann... hm, Sie wissen, daß die Regierung ihre Nase nicht gern in die Geschäfte der Zöllner hineinsteckt, aber auf jeden Fall glaube ich, daß Sie nichts verlieren. Nicht wahr?

ZÖLLNER: Nein, das möchte ich nicht sagen... nein. Stimmt es, Sie haben doch sechzehn Drachmen gesagt?

LELIUS: Fünfzehn.

ZÖLLNER: Ja. Aber die sechzehnte ist für meine Auslagen.

LELIUS: Hm... ah (*lacht*)... Dieser Vorsteher... was ist das für ein Mann? Heißt er nicht Bariona?

ZÖLLNER: Jawohl, Bariona.

LELIUS: Delikate Sache, sehr delikat. Man hat in Bethlehem eine große Dummheit gemacht. Sein Schwager wohnte in der Stadt, und dann gab's ich weiß nicht was für eine verworrene Geschichte, Diebstahl... und schließlich hat ihn das jüdische Gericht zum Tode verurteilt.

ZÖLLNER: Ich weiß. Er wurde gekreuzigt. Wir haben die Neuigkeit vor ungefähr einem Monat erfahren.

LELIUS: Ja... hm. Und wie hat der Vorsteher die Sache aufgenommen?

ZÖLLNER: Er hat nichts gesagt.

LELIUS: Ja, schlimm, sehr schlimm das! Ah, es war ein schwerer Irrtum. Ja, also, was für ein Typ ist dieser Bariona?

ZÖLLNER: Schwer zu behandeln.

LELIUS: Von jener Rasse kleiner Feudalherren? Hab' ich es

doch vermutet! Diese Gebirgler sind hart wie ihre Felsen! Bekommt er Geld von uns?

ZÖLLNER: Von Rom nimmt er nichts an.

LELIUS: Schade. Ah, das sieht nicht gut aus. Ich kann mir nicht vorstellen, daß er uns mag.

ZÖLLNER: Man weiß es nicht, er spricht kein Wort.

LELIUS: Verheiratet? Kinder?

ZÖLLNER: Möchte er gerne, sagt man, hat aber keine. Das bedrückt ihn am meisten.

LELIUS: So geht's nicht; so geht's sicher nicht. Irgendwo muß er doch eine schwache Seite haben... Frauen? Ehrungen? Nein? Wir werden sehen!

ZÖLLNER: Da kommt er.

LELIUS: Das wird schwierig werden.

ZÖLLNER: Guten Abend, mein Herr.

BARIONA: Weg, du Hund! Du verpestest die Luft, die du atmest. Ich bleibe nicht mit dir im gleichen Raum. (*Der Zöllner geht.*) Meine Hochachtung, Herr Inspektor.

ZWEITE SZENE

Lelius, Bariona

LELIUS: Ich begrüße Sie, Vorsteher, und überbringe Ihnen den Gruß des Prokurators.

BARIONA: Ich empfinde solche Ehrung um so mehr, als ich ihrer ganz unwürdig bin: Ich bin jetzt ein entehrter Mann, das Haupt einer zerstörten Familie.

LELIUS: Sie sprechen von diesem traurigen Vorfall? Der Prokurator hat mir ausdrücklich aufgetragen, ich soll Ihnen sagen, wie sehr er die Härte des jüdischen Gerichts bedauert.

BARIONA: Ich bitte Sie, dem Prokurator zu sagen, daß ich ihm sehr dankbar bin für sein Wohlwollen. Es erfrischt und überrascht mich wie ein Platzregen mitten im heißen Sommer. Da mir die Allmacht des Prokurators bekannt war und ich dennoch sehen mußte, wie er zum Urteilsspruch der Juden schwieg, dachte ich, daß er ihn billige.

LELIUS: Nun also, Sie haben sich getäuscht. Sie haben sich ganz und gar getäuscht. Wir haben versucht, unseren Einfluß auf den jüdischen Gerichtshof geltend zu machen, aber was konnten wir tun? Er blieb unerschütterlich, und wir vermochten nur seine Maßlosigkeit zu bedauern. Machen Sie es wie wir, Bariona. Machen Sie Ihr Herz hart, und opfern Sie Ihren Zorn den Interessen Palästinas. Sagen Sie sich, daß es kein dringlicheres Interesse gibt, als die geltenden Gepflogenheiten und die Gemeindeverwaltung zu bewahren, selbst wenn daraus für manche gewisse Unannehmlichkeiten entstehen.

BARIONA: Ich bin nur ein Dorfvorsteher, und Sie werden mir verzeihen, wenn ich von dieser Politik nichts verstehe. Mein Gedankengang ist einfacher. Ich sage mir: ich habe Rom immer redlich gedient, und Rom kann alles. Folglich muß ich in Ungnade gefallen sein, wenn Rom es zuläßt, daß meine Feinde in der Stadt mir ein solches Unrecht zufügen. Eine Zeitlang dachte ich daran, den Wünschen Roms zuvorzukommen und mein Amt niederzulegen. Aber die Bewohner dieses Dorfes haben mir ihr Vertrauen bewahrt und mich gebeten, an ihrer Spitze zu bleiben.

LELIUS: Und Sie haben angenommen? Gott sei Dank. Sie haben verstanden, daß ein Führer seinen persönlichen Groll den öffentlichen Interessen unterordnen muß.

BARIONA: Ich trage Rom nichts nach.

LELIUS: Ausgezeichnet. Ausgezeichnet. Ausgezeichnet! Hm...
Die Interessen Ihres Vaterlandes, Herr Vorsteher, gehen doch dahin, sich willig von Roms fester und wohlwollender Hand zur Unabhängigkeit führen zu lassen. Darf ich Ihnen jetzt Gelegenheit geben, dem Prokurator zu beweisen, daß Ihre Freundschaft gegenüber Rom immer noch lebendig ist?

BARIONA: Ich höre zu.

LELIUS: Rom ist gegen seinen Willen in einen langen und schwierigen Krieg verwickelt. Mehr noch als eine tätige Hilfe würde es eine außerordentliche Abgabe von seiten Judäas zur Deckung der Kriegskosten als Zeichen der Solidarität schätzen.

BARIONA: Sie wollen die Steuern erhöhen?

LELIUS: Rom sieht sich dazu gezwungen.

BARIONA: Kopfsteuer?

LELIUS: Ja.

BARIONA: Wir können nicht mehr bezahlen!

LELIUS: Wir verlangen nur eine ganz kleine Anstrengung. Der Prokurator hat die Kopfsteuer auf sechzehn Drachmen erhöht.

BARIONA: Sechzehn Drachmen! Sehen Sie doch diesen alten Haufen roter Erde, gespalten, geborsten und aufgesprungen wie unsere Hände; das sind unsere Häuser! Sie zerfallen, hundert Jahre sind sie alt. Schauen Sie diese Frau, die da geht, gebeugt unter der Last ihres Reisigbündels, diesen Mann mit der Axt — Greise sind es. Alles Greise. Das Dorf liegt im Sterben. Haben Sie den Schrei eines einzigen Kindes gehört, seitdem Sie hier sind? Kinder? Vielleicht sind es noch zwanzig. Bald werden auch sie fortgehen. Was könnte sie auch zurückhalten? Um den miserablen Pflug zu kaufen, der dem ganzen Dorfe dient, mußten wir uns bis zum Hals verschulden. Die Steuern erdrücken uns. Unsere Hirten müssen die Schafe zehn Stadien weit auf die magere Weide führen. Das Dorf blutet. Seit Ihre römischen Kolonisten in Bethlehem die mechanischen Sägereien gegründet haben, fließt unser jüngstes Blut in Stürzen und Kaskaden von Fels zu Fels wie eine warme Quelle, bis hinab zu den tiefsten Niederungen der Erde, um sie zu tränken. Unsere jungen Leute sind dort unten in der Stadt, in der Stadt, in der man sie versklavt oder ihnen einen Hungerlohn bezahlt, in dieser Stadt, die sie alle töten wird, wie Simon, meinen Schwager. Dieses Dorf liegt im Sterben, Herr Inspektor. Es riecht schon. Und Sie kommen nun, aus diesem Aas noch was herauszupressen. Sie kommen zu uns und fordern noch Geld für Ihre Städte, für das Flachland. Lassen Sie uns doch wenigstens ruhig sterben! In hundert Jahren wird es keine Spur von unserem Weiler mehr geben, weder auf dieser Erde noch im Gedächtnis der Menschen.

LELIUS: Nun ja, Herr Vorsteher, ich nehme lebhaften Anteil an allem, was Sie mir sagten, ich verstehe Ihre Gründe. Aber was kann ich denn tun? Als Mensch fühle ich ganz mit

Ihnen, aber als römischer Funktionär habe ich Befehle, die auszuführen sind.

BARIONA: Ja. Und wenn wir uns weigern, diese Steuern zu zahlen...?

LELIUS: Das wäre eine große Unklugheit. Der Prokurator duldet keine Weigerung. Ich glaube Ihnen sagen zu können, daß er sehr streng eingreifen würde. Man wird Ihre Schafe beschlagnahmen.

BARIONA: Soldaten werden also in unser Dorf kommen, wie voriges Jahr in Hebron? Unsere Frauen werden sie vergewaltigen und unsere Tiere wegführen?

LELIUS: Bei Ihnen liegt es, das zu vermeiden.

BARIONA: Gut. Ich werde den Rat der Ältesten einberufen und ihm Ihre Wünsche mitteilen. Sie können mit der baldigen Ausführung rechnen. Ich möchte, daß der Prokurator sich noch lange an unsere Folgsamkeit erinnert.

LELIUS: Dessen können Sie gewiß sein. Der Prokurator wird auf Ihre gegenwärtigen Schwierigkeiten, die ich ihm getreu schildern werde, Rücksicht nehmen. Seien Sie versichert, daß wir nicht untätig blieben, wenn wir helfen könnten. Ich grüße Sie, Herr Vorsteher.

BARIONA: Meinen Respekt, Herr Inspektor. (*Ab*)

LELIUS (*allein*): Diese plötzliche Folgsamkeit läßt mich nichts Gutes ahnen; dieser Finsterling mit seinen Feueraugen plant einen üblen Streich. Levi, Levi! (*Der Zöllner kommt.*) Geben Sie mir noch ein wenig Schnaps, mein Lieber! Ich muß mich auf die größten Schwierigkeiten gefaßt machen.

Vorhang

ERZÄHLER: Und er hat recht, dieser römische Funktionär. Er hat guten Grund für sein Mißtrauen, denn Bariona, der eben das Haus des Zöllners verlassen hat, läßt nun die Trompete blasen, um den Rat der Ältesten zu versammeln.

ZWEITES BILD

Vor den Stadtmauern

ERSTE SZENE

Chor der Ältesten
Trompetenstöße hinter den Kulissen; nach und nach treten die
Ältesten ein.

CHOR: Hört! Die Trompete erscholl
und die Festgewänder zogen wir an!
Wir sind durch die bronzenen Tore gekommen
Und tagen zu Füßen der Mauer aus roter Erde.
Wie ehemals.
Unser Dorf liegt im Sterben, und über den Häusern
Aus verdorrter Erde zieht der Rabe seine schwarzen Kreise.
Wozu überhaupt einen Rat,
Da unser Herz in Asche liegt
Und wir im Kopfe wälzen
Ohnmächtige Gedanken?

1. ÄLTESTER: Was will man von uns? Wozu diese Versammlung?
Ehemals, zur Zeit unserer Jugend, besaßen die Beschlüsse
des Rates noch Kraft. Und nie hab' ich den Vorschlag der
Tapfersten verachtet. Aber jetzt, wozu noch?

CHOR: Wozu aus den Löchern kriechen,
Wohin wir zum Sterben uns eingruben
Wie kranke Tiere?
Hoch von diesen Mauern herab
Stießen einst unsere Väter den Feind.
Doch jetzt sind die Mauern gesprungen;
Sie werden zu Ruinen.
Wir wollen uns nicht mehr ins Angesicht schauen,
In unsere zerfurchten Gesichter, die uns an vergangene
Zeiten erinnern.

2. ÄLTESTER: Es heißt, ein Römer sei ins Dorf gekommen und bei Levi, dem Zöllner, abgestiegen.

3. ÄLTESTER: Was will er von uns? Kann man denn einem toten Esel noch Lasten aufladen? Geld haben wir keines mehr, und auch schlechte Sklaven wären wir. Ließe man uns doch in Frieden verenden!

CHOR: Da kommt Bariona, unser Vorsteher!
Noch ist er jung, aber
Sein Herz ist zerfurcht, mehr als unseres!
Er kommt, und sein Haupt
Scheint eine Beute der Erde.
Er schreitet langsam,
Und voll Bitterkeit ist sein Herz.

Bariona tritt langsam ein. Sie erheben sich.

ZWEITE SZENE

BARIONA: Meine Gefährten!

CHOR: Bariona! Bariona!

BARIONA: Ein Römer kam mit Befehlen des Prokurators aus der Stadt. Es heißt, Rom führe Krieg. Wir werden von nun an eine Kopfsteuer von sechzehn Drachmen bezahlen.

CHOR: Was?

1. ÄLTESTER: Bariona, wir können nicht; wir können diese Steuer nicht bezahlen. Unsere Arme sind zu schwach, unsere Tiere verenden! Ein schweres Schicksal lastet über dem Dorf. Man darf Rom nicht gehorchen.

2. ÄLTESTER: Gut. Aber dann werden Soldaten hierher kommen, sie werden dir deine Schafe nehmen, wie letzten Winter in Hebron. Sie werden dich am Bart über die Straße schleifen, und das Gericht in Bethlehem wird dir die Fußsohlen verprügeln.

1. ÄLTESTER: Also, du bist für das Zahlen? Du hast dich an die Römer verkauft!

2. ÄLTESTER: Verkauft habe ich mich nicht. Ich bin nur nicht so dumm wie du. Ich weiß, wie die Dinge liegen: Ist ein Feind mächtiger, muß man den Nacken beugen!

1. ÄLTESTER : Wollt ihr auf mich hören, Kameraden? Sind wir denn wirklich so tief gesunken? Bis jetzt haben wir immer nur nachgegeben. Doch nun ist das Maß voll: was wir nicht tun können, werden wir nicht tun! Wir werden diesen Römer bei Levi holen und ihn auf der Zinne des Walles erhängen!

2. ÄLTESTER : Du willst revoltieren, der du nicht einmal mehr die Kraft eines Kindes hast? Du ließest dein Schwert schon beim ersten Schlag aus deinen welken Händen fallen, und uns brächtest du allen den Tod.

1. ÄLTESTER : Habe ich gesagt, ich wolle allein kämpfen? Es sind doch Leute bei uns, die noch nicht 35 Jahre sind.

2. ÄLTESTER : Und ihnen willst du Empörung predigen? Du möchtest, daß sie für dich kämpfen, damit du deine Groschen rettest.

3. ÄLTESTER : Schweigt! Hört auf Bariona!

CHOR : Bariona! Bariona! Bariona! Hört auf Bariona!

BARIONA : Wir werden diese Steuer bezahlen!

CHOR : Oh!

BARIONA : Wir werden diese Steuer bezahlen. (*Schweigen*) Aber nach uns wird in diesem Dorf niemand mehr Steuer bezahlen.

CHOR : Wie kann das geschehen?

BARIONA : Weil niemand mehr da sein wird, um die Steuer zu zahlen. Meine Gefährten! Schaut doch auf unsere Lage: Eure Söhne haben euch verlassen und sind in die Stadt gezogen. Und ihr wolltet bleiben, weil ihr stolz seid. Und Markus, Simon, Balarm und Jerevah — sie sind zwar noch jung, aber auch sie bleiben nur aus Stolz bei uns. Und ich, euer Vorsteher, ich blieb, weil ich den Willen meiner Vorfahren achte.

Aber schaut! Dieses Dorf gleicht einem leeren Theater. Der Vorhang ist gefallen, und die Zuschauer sind gegangen. Die großen Schatten des Gebirges haben sich darüber gebreitet. Ich habe euch versammelt, und wir haben uns hier alle bei Sonnenuntergang niedergesetzt. Und dennoch ist jeder von uns allein im Dunkel, und Schweigen umgibt uns wie eine Mauer. Sehr seltsames Schweigen! Der leiseste Schrei eines Kindes genügte, es zu brechen. Wir vereinigen umsonst all unsere Kraft und schreien zusammen; unsere alten Stimmen müssen am Schweigen zerschellen. Wir sind an unsere Felsen gebunden wie alte, lausige Adler. Und jene unter uns, die noch einen jungen Leib haben, sind alt in ihrem Inneren, und ihr Herz ist hart wie Stein, denn seit ihrer Kindheit haben sie nichts zu erhoffen. Nichts haben sie zu erhoffen als den Tod. Ja, so war es schon zur Zeit unserer Väter: Das Dorf liegt im Sterben, seit die Römer in Palästina eingebrochen sind. Und wer von uns noch weiterzeugt, ist schuldig, weil er dieses Sterben verlängert. Hört! Letzten Monat, als ich vom Tode meines Schwagers Nachricht erhielt, stieg ich auf den Berg Saron. Von der Höhe herab sah ich unser Dorf ausgelöscht unter der Sonne; und ich überlegte in meinem Herzen. Ich dachte: Niemals bin ich von meiner Höhe herabgestiegen, und dennoch kenne ich die Welt, denn wo ein Mensch ist, schnürt sich die ganze Welt um ihn zusammen. Meine Arme sind noch kräftig, ich bin aber klug wie ein Greis. Ja, jetzt ist die Zeit, meine Klugheit zu befragen. Die Adler glitten über mir am kalten Himmel dahin. Ich schaute unser Dorf, und meine Klugheit sagte mir: die Welt ist nichts als ein müder Absturz ohne Ende. Die Welt ist nur ein Klumpen Erde, der nicht aufhört zu fallen. Menschen und Dinge erscheinen plötzlich in einem Punkt des Absturzes, und, kaum aufgeschienen, reißt sie das allgemeine Fallen mit sich. Sie fangen an zu stürzen, sie zersetzen sich, sie zerfallen. Gefährten, meine Klugheit sagt mir: eine Niederlage ist das Leben. Keiner ist Sieger. Alle sind Besiegte. Alles ist immer sehr schlecht ausgegangen, und der größte Wahnsinn auf Erden ist die Hoffnung!

CHOR: Der größte Wahnsinn auf Erden ist die Hoffnung!

BARIONA: Nun, meine Gefährten! In diesen Absturz dürfen wir uns niemals schicken, denn die Resignation ist eines Menschen unwürdig. Deshalb sage ich euch: wir müssen unsere Seelen in Verzweiflung auflösen! Als ich vom Berge Saron herabstieg, umfaßte mein Herz meine Qual wie eine Faust und umklammerte sie so fest wie der Blinde seinen Stab. Gefährten! Verschließt euer Leid in euren Herzen! Faßt sie fest und hart, denn die Würde des Menschen liegt in der Verzweiflung. Dies ist mein Beschluß: Wir lehnen uns nicht auf;

einen alten räudigen Hund, der aufbegehrt, jagt man mit einem Fußtritt in die Ecke. Wir werden die Steuer bezahlen, damit unsere Frauen nicht zu leiden haben. Aber das Dorf wird sich mit seinen eigenen Händen begraben: wir zeugen keine Kinder mehr. Ich habe gesprochen.

1. ÄLTESTER: Was, keine Kinder mehr?

BARIONA: Keine Kinder mehr! Wir werden keinen Verkehr mehr mit unseren Frauen haben. Wir wollen das Leben nicht weitergeben, nicht die Leiden unseres Volkes verlängern. Wir werden nicht mehr zeugen. Wir verbringen unser Leben in der Betrachtung des Übels, der Ungerechtigkeit und des Leides. Und dann, in einem Vierteljahrhundert, werden die letzten von uns gestorben sein. Vielleicht werde ich als letzter scheiden. In diesem Fall werde ich mich, wenn ich meine letzte Stunde kommen sehe, mit meinen Festtagskleidern schmücken und mich auf dem großen Platz hinstrecken, das Gesicht dem Himmel zugewandt. Die Raben werden mein Aas reinigen, und der Wind wird meine Knochen verwehen. Dann wird das Dorf zur Erde zurückkehren. Der Wind wird an die Türen der verlassenen Häuser schlagen. Die Mauern aus Erde fallen ein wie der Frühlingsschnee an den Berghängen. Nichts mehr wird von uns übrigbleiben, weder auf Erden noch in der Erinnerung der Menschen.

CHOR: Ist's möglich, den Rest unserer Tage zu ertragen, ohne das Lächeln eines Kindes zu sehen? Unerbittliches Schweigen verdichtet sich um uns. Oh, für wen arbeiten wir dann? Können wir ohne Kinder denn leben?

BARIONA: Was? Ihr jammert? Ihr wagt es also noch, junges Leben zu erwecken aus eurem verfaulten Blut? Wollt ihr mit neuen Menschen die endlose Agonie der Welt auffrischen? Welches Geschick wünscht ihr euren künftigen Kindern? Daß sie hier bleiben, allein, entblößt, das Auge starr wie das eines Geiers im Käfig? Oder daß sie hinabsteigen, hinab in die Städte, um sich den Römern zu versklaven, zu schuften um einen Hungerlohn, um gar am Kreuz zu enden? Gehorcht! Und ich wünsche, daß unser Beispiel überall in Judäa bekannt und der Anfang einer neuen Religion werde: der Religion des Nichts. Und daß die Römer weiter herrschen in unseren verlassenen Städten, daß unser Blut über sie komme. Sprecht mir den Schwur nach, den ich schwören werde: „Vor dem Gott der Rache und des Zornes, vor Jahwe schwöre ich, nicht mehr zu zeugen. Und wenn ich meinen Schwur verrate, soll mein Kind blind geboren, mit Aussatz geschlagen und den anderen zum Spott, mir aber zu Schmach und Schande werden!" Sprecht nach, ihr Juden, sprecht nach!

CHOR: Vor dem Gott der Rache und des Zornes...

FRAU DES BARIONA: Haltet ein!

DRITTE SZENE

Chor der Alten, Bariona, Sarah

BARIONA: Was willst du, Sarah?

SARAH: Haltet ein!

BARIONA: Was ist? Sprich!

SARAH: Ich... ich kam, dir zu sagen... Oh, Bariona, du hast mich verflucht! Du hast meinen Leib und die Frucht meines Leibes verflucht.

BARIONA: Du willst doch nicht sagen...?

SARAH: Doch. Ich habe empfangen, Bariona. Das wollte ich dir sagen: ich habe von dir empfangen.

BARIONA: Nein!

CHOR: Ach!

SARAH: Du tratest in mich ein und hast mich befruchtet. Und ich hab' mich dir geöffnet. Zusammen haben wir zu Jahwe gebetet, daß er uns einen Sohn schenke. Und heute, da ich ihn in mir trage und unsere Vereinigung endlich gesegnet ist, verstößt du mich und verurteilst unser Kind zum Tode! Bariona, du hast mich belogen. Du hast mich mißhandelt. Bluten ließest du mich, und auf deinem Lager habe ich gelitten, und alles nahm ich hin, weil ich glaubte, du möchtest einen Sohn. Jetzt aber sehe ich, daß du mich belogen und nur deine Lust gesucht hast. Und all die Freuden, die mein Leib dir gewahrte, alle Zärtlichkeiten, die ich dir schenkte und die ich empfing, all unsere Küsse, all unsere Umarmungen, ich verfluche sie!

BARIONA: Sarah! Das ist nicht wahr, ich habe dich nicht belogen. Ich wollte einen Sohn. Aber heute habe ich alle Hoffnung und allen Glauben verloren. Dieses Kind, das ich so sehr ersehnte und das du in dir trägst, allein seinetwegen will ich nicht, daß es geboren wird. Geh zum Zauberer, er wird dir Kräuter geben, und du wirst unfruchtbar werden!

SARAH: Bariona, ich bitte dich!

BARIONA: Sarah, ich bin der Herr des Dorfes, der Gebieter über Leben und Tod. Ich habe entschieden, daß meine Familie mit mir zu Ende geht. Geh und klage nicht. Er hätte gelitten, dein Sohn, und er hätte dich verflucht.

SARAH: Und wenn ich sicher wäre, daß er mich verraten, daß er am Kreuze sterben wird wie ein Dieb, daß er mich verfluchen wird, dennoch würde ich ihm das Leben schenken!

BARIONA: Doch wozu, wozu?

SARAH: Ich weiß es nicht. Ich nehme für ihn alle Leiden auf mich, die er leiden wird, und ich weiß, daß ich sie alle an meinem eigenen Leib fühlen werde. Kein Dorn auf seinem Weg wird seinen Fuß verletzen, ohne zugleich in mein eigenes Herz zu dringen. Ich werde an seinem Leiden in Strömen bluten.

BARIONA: Glaubst du, daß du seine Leiden durch deine Tränen erleichtern kannst? Niemand kann für ihn die Leiden leiden. Zum Leiden und zum Sterben ist man stets allein. Auch wenn du unter seinem Kreuze stündest, er wäre doch allein in seinem Sterben. Zu deiner, nicht zu seiner Freude willst du ihn gebären. Du liebst ihn nicht genug.

SARAH: Was immer aus ihm werden mag, jetzt schon liebe ich mein Kind. Dich habe ich unter allen gewählt, und ich bin zu dir gekommen, weil du der Schönste und Stärkste warst. Aber das Kind, das ich jetzt erwarte, habe ich nicht gewählt. Ich liebe es im voraus, selbst wenn es häßlich, selbst wenn es blind ist, selbst wenn es dein Fluch mit Aussatz bedeckt, im voraus liebe ich es, dieses Kind ohne Namen, ohne Gesicht, mein Kind!

BARIONA: Wenn du es liebst, erbarme dich seiner. Laß es den sanften Schlaf jener schlafen, die noch nicht geboren sind.

Willst du ihm das versklavte Judäa zur Heimat geben? Und
zur Wohnstatt diesen eisigen und windigen Felsen? Zum
Dach diesen zerrissenen Lehm? Als Gefährten diese ver-
bitterten Greise? Und zur Familie unsere entehrte Familie?

SARAH: Aber ich will ihm auch die Sonne und die frische Luft
und die violetten Schatten der Berge und das Lachen der
Mädchen schenken. Ich bitte dich, laß ein Kind geboren
werden! Laß noch einmal ein Kind sein Glück in dieser Welt
versuchen!

BARIONA: Schweig! Es ist eine Falle. Immer glaubt man, noch
eine Chance zu haben. Jedesmal, wenn ein Kind geboren
wird, glaubt man, es habe eine Chance. Und es ist nicht wahr!
Das Spiel ist aus, von vornherein. Das Elend, die Verzweiflung, der Tod erwarten uns auf allen Wegen.

SARAH: Bariona, ich stehe vor dir wie eine Sklavin vor dem
Herrn. Und ich schulde dir Gehorsam. Doch ich weiß, daß
du irrst und daß du Böses tust. Ich bin nicht redegewandt
und werde weder die Worte noch die Gründe finden, die
dich beschämen könnten. Ich fürchte mich vor dir; da stehst
du, blendend vor Stolz und bösem Willen wie ein empörter
Engel, wie der Engel der Verzweiflung. Mein Herz ist nicht
mit dir.

Lelius kommt.

VIERTE SZENE

Dieselben, Lelius

LELIUS: Gnädige Frau, meine Herren!

CHOR: Der Römer...

Es erheben sich alle.

LELIUS: Ich ging vorbei, meine Herren, und hörte eure Unter-
redung. Gestatten Sie mir, mein Vorsteher, die Argumente
Ihrer Gattin zu unterstützen und Ihnen den römischen Standpunkt klarzulegen. Ihre Frau, glauben Sie mir, zeigt einen
außerordentlich feinen Sinn für die Wirklichkeit des bürgerlichen Lebens, und das sollte Sie als Vorsteher beschämen.

Sie hat verstanden, daß es bei dieser Angelegenheit nicht bloß um Sie geht und daß zuerst die Interessen der Gesellschaft berücksichtigt werden müssen. Rom, der wohlwollende Vormund Judäas, ist in einen Krieg verwickelt, der lange zu dauern verspricht, und der Tag wird kommen, ohne Zweifel, an dem Rom seine Schützlinge, Araber, Neger, Israeliten, zur Mitwirkung aufrufen wird. Was geschähe dann, wenn nur noch Greise dem Aufruf Folge leisten könnten? Wollt ihr, daß das gute Recht unterliegt, weil der Arm fehlt, es zu schützen? Ein Skandal wäre es, wenn Roms siegreiche Kriege abgebrochen werden müßten, weil die Soldaten fehlen. Und sollten wir Jahrhunderte des Friedens erleben, dann vergeßt nicht, daß die Industrie eure Kinder braucht. Seit 50 Jahren sind die Löhne stark gestiegen, ein Beweis, daß es an Arbeitskräften fehlt. Ich füge hinzu, daß es für die römischen Arbeitgeber eine schwere Belastung ist, die Löhne so hoch halten zu müssen. Wenn die Kinderzahl bei den Juden anwächst, wird das Arbeitsangebot die Nachfrage übersteigen, und die Löhne können wesentlich niedriger angesetzt werden. Damit können wir auch Kapital freimachen, das anderweitig nützlicher verwendet werden könnte. Macht uns Arbeiter und Soldaten, Vorsteher, das ist eure Pflicht! Das ist es, was Ihre Frau dunkel geahnt hat, und ich bin überaus glücklich, daß es mir vergönnt war, durch meine bescheidene Mitwirkung ihr dunkles Ahnen erhellt haben zu dürfen.

SARAH: Bariona, darin erkenne ich mich nicht wieder. Das ist es ganz und gar nicht, was ich sagen wollte.

BARIONA: Ich weiß. Sieh, welche Verbündete du hast, und gib deinen Eigensinn auf. Weib, dieses Kind, das du gebären willst, es ist gleichsam eine Neuauflage der Welt! Seinetwegen werden die Wolken und das Wasser und die Sonne und die Häuser und die Qual der Menschen einmal mehr existieren. Du wirst die Welt neu erschaffen, die sich wie eine dicke schwarze Kruste schließen wird um ein kleines empörtes Gewissen, das hier bleiben wird, als Gefangener, mitten in dieser Kruste, wie eine Träne. Begreifst du, welch gewaltige Ungeheuerlichkeit, welch schreckliche Gefühllosigkeit es wäre, diese mißlungene Welt gleichsam in neuen

Exemplaren erscheinen zu lassen? Ein Kind erschaffen heißt, die Schöpfung aus tiefstem Herzen bejahen, heißt, dem Gott, der uns quält, sagen: „Herr, alles ist gut, und ich sage dir Dank, daß du das Weltall gemacht hast." Willst du wirklich ein solches Lied singen? Erträgst du es zu sagen: Wenn diese Welt neu zu schaffen wäre, ich möchte sie genau so, wie sie ist? Laß ab, meine liebe Sarah, laß ab! Die Existenz ist ein fürchterlicher Aussatz, der an uns allen nagt. Und unsere Eltern haben uns ihm ausgeliefert! Bewahre deine Hände rein, Sarah, damit du auf deinem Sterbelager sagen kannst: Keinen lasse ich nach mir zurück, um das menschliche Leid fortzusetzen. Wohlan, ihr anderen, schwört...

LELIUS: Das werde ich zu verhindern wissen!

BARIONA: Auf welche Weise, Herr Inspektor? Wollen Sie uns einsperren? Das wäre das sicherste Mittel, Mann und Weib zu trennen und sie kinderlos sterben zu lassen, jedes für sich.

LELIUS *(wütend)*: Ich werde... *(beruhigt)* Hm! Ich werde dem Prokurator Bericht erstatten.

BARIONA: Vor dem Gott der Rache und des Zornes schwöre ich, nicht mehr zu zeugen.

CHOR: Vor dem Gott der Rache und des Zornes schwöre ich, nicht mehr zu zeugen.

BARIONA: Und wenn ich meinen Schwur verrate, soll mein Kind blind geboren werden.

CHOR: Und wenn ich meinen Schwur verrate, soll mein Kind blind geboren werden.

BARIONA: Es soll zum Spott für die anderen werden, mir aber zu Schmach und Schande.

CHOR: Es soll zum Spott für die anderen werden, mir aber zu Schmach und Schande.

BARIONA: So. Wir sind gebunden. Geht und bleibt eurem Schwure treu!

SARAH: Und wenn es doch der Wille Gottes wäre, daß wir zeugten?

BARIONA: Dann soll er seinem Diener ein Zeichen geben. Aber daß er sich beeile und mir seinen Engel vor der Morgendämmerung sende! Mein Herz ist des Wartens müde, und die Verzweiflung kann man nicht leicht bereuen, wenn man nur einmal davon gekostet hat.

Vorhang

ERZÄHLER: Da schaut euch mal diesen Bariona an, wie er den Herrn auffordert, sich zu zeigen! Ah! Das gefällt mir nicht, nein, das gefällt mir gar nicht... Wißt ihr, was man bei uns zu Hause sagt? Weckt die schlafende Katze nicht. Wenn Gott schön still bleibt, na, dann geht's so schlecht und recht. Man bleibt unter Menschen, man arrangiert sich, man spricht sich aus, das Leben bleibt alltäglich. Aber, wenn Gott sich regt, pardauz! Dann ist's wie ein Erdbeben, und die Menschen fallen auf den Hintern oder auf die Nase, und kein Teufel findet sich mehr zurecht. Alles muß man wieder von vorne anfangen. Und gerade in der Geschichte, die ich Ihnen erzähle, wollte Gott mitspielen. Das hat ihm bestimmt nicht an Bariona gefallen, wie dieser Mensch ihn behandelt hat. Er hat zu sich gesagt: Warte nur... Und in der Nacht sandte er seinen Engel auf die Erde, einige Meilen von Bethsur entfernt. Ich will euch den Engel zeigen; betrachtet ihn gut. Und los die Musik...
Seht all diese einfachen Männer, die zu Boden stürzen: es sind Hirten, die ihre Herden im Gebirge weiden. Die Flügel des Engels hat man natürlich mit großer Sorgfalt gemalt; der Künstler hat sein Möglichstes getan, um eine großartige Wirkung zu erzielen. Aber ich möchte euch meine Idee sagen: In Wirklichkeit hat sich die Sache nicht so zugetragen. Lange Zeit, solange ich noch gut sehen konnte, habe ich an dieses Bild geglaubt, denn es hatte mich geblendet. Aber seitdem ich nicht mehr sehe, habe ich nachgedacht und bin zu einer anderen Ansicht gekommen. Ein Engel, seht ihr, darf nicht gerne seine Flügel zeigen. Ihr seid in eurem Leben sicher auch schon Engeln begegnet. Vielleicht sind gar einige mitten unter euch. Aber, habt ihr je ihre Flügel gesehen? Ein Engel, das ist ein Mensch wie ihr und ich. Aber der Herr hat seine Hand über ihn ausgestreckt und ihm gesagt: Sieh, ich brauche dich! Für diesmal spiele den Engel... und unser guter Mann geht unter die anderen,

schaut ein bißchen verdächtig drein, so verblüfft wie Lazarus, der Auferstandene unter den Lebenden, nicht Fisch noch Vogel, weil ihm das Engelsein ganz ungewohnt ist! Alle sind mißtrauisch gegen ihn, denn durch den Engel kommt das Ärgernis. Ich werde euch sagen, was ich denke: Wenn man einem Engel begegnet, einem richtigen, glaubt man zuerst, es sei der Teufel.

Um aber auf unsere Geschichte zurückzukommen, würde ich die Dinge eher so sehen: Auf einer Ebene hoch im Gebirge sitzen die Hirten um ein Feuer, und einer von ihnen spielt Harmonika.

Der Vorhang geht auf.

DRITTES BILD

Im Gebirge, oberhalb von Bethsur

ERSTE SZENE

Simon spielt Harmonika.

PASSANT: Guten Abend, Jungens!

SIMON: He! Wer da?

PASSANT: Petrus, der Schreiner aus Hebron. Ich komme von euch zu Hause.

SIMON: Sei gegrüßt, Väterchen! Die Nacht ist mild, nicht wahr?

PASSANT: Viel zu mild; es gefällt mir nicht. Ich gehe in der Nacht über die harten und unfruchtbaren Felsen, und da glaube ich, durch einen Garten voller Riesenblumen zu gehen, erwärmt von der Spätnachmittagssonne, du weißt, gerade zur Zeit, da sie ihren ganzen Duft ausströmen. Ich bin froh, euch gefunden zu haben. Ich fühlte mich in dieser Sanftheit einsamer als im wildesten Sturm. Dann geriet ich auf dem Weg in einen Duft, dicht wie ein Nebel.

SIMON: Was für ein Duft?

PASSANT: Nicht übel! Aber da drehte sich mir mein Kopf, man hätte glauben können, er wäre lebendig wie ein Bienenschwarm, wie eine Menge Tauben oder eher wie diese großen Wolken von Blütenstaub, die im Frühjahr über fruchtbare Ebenen streichen und dann und wann so dicht werden, daß sie die Sonne verfinstern. Es überkam mich mit einem Schlag, und ich spürte ein Frösteln um mich her; ich war ganz erstarrt.

SIMON: Da haben Sie was Schönes erlebt! Euer Duft stieg nicht bis zu uns herauf. Hier rieche ich nur den natürlichen Duft meiner Begleiter: Knoblauch und Ziegenbock.

PASSANT: Nein, wenn Sie an meiner Stelle gewesen wären, Sie hätten Angst gehabt wie ich. Es krachte, es sang, es lärmte überall, links und rechts, vor mir, hinter mir; man hatte das Gefühl, es sproßten Knospen an unsichtbaren Bäumen. Man hätte meinen können, die Natur habe diese eisige und einsame Hochebene ausgewählt, um mitten in einer Winternacht sich allein ein wunderbares Frühlingsfest zu geben.

SIMON: Unerhört!

PASSANT: Da war Hexerei im Spiel. Ich mag es nicht, wenn es mitten im Winter nach Frühling riecht. Alles zu seiner Zeit.

SIMON *(für sich)*: Der spinnt, der Arme... *(laut)* Also, Sie kommen von Bethsur herauf?

PASSANT: Ja, seltsam, was dort passiert.

SIMON: Ah, ah? Setzen Sie sich her und erzählen Sie uns beim Essen! Ich schwatze so gerne an einem großen Feuer, aber wir sehen nie einen Menschen, wir Hirten. Die einen schlafen, und die zwei anderen, die mit mir wachen, wissen nichts zu sagen. Na also, ich wette, die Ruth ist wieder dabei. Ihr Mann wird sie mit Chalem ertappt haben. Ich habe es immer schon gesagt: das wird schiefgehen. Sie verbergen es zu wenig.

PASSANT: Nein, keineswegs. Es geht um Bariona, unseren Vorsteher. Er hat sich an Gott gewandt und gesagt: Gib mir vor der Morgendämmerung ein Zeichen, sonst werde ich meinen Männern verbieten, mit ihren Frauen zu verkehren.

SIMON: Mit ihren Frauen verkehren? Potztausend! Ist er denn ein vollständiger Kostverächter geworden? Wenn das stimmt, dann muß ihm die Seine die Liebkosungen gründlich verleidet haben. Vielleicht hat sie ihm die Hörner aufgesetzt.

PASSANT: Nein, nein!

SIMON: Was denn?

PASSANT: Es scheint Politik zu sein.

SIMON: Ah! Wenn's um die Politik geht... Aber sagen Sie, Kollege, das ist doch eine sehr traurige Politik. Ich zum Beispiel säße nicht hier, wenn mein Vater diese Politik getrieben hätte.

PASSANT: Aber genau das will Bariona: verhindern, daß Kinder zur Welt kommen.

SIMON: Zum Teufel! Wenn ich nicht geboren wäre, würde ich es bedauern. Zugegeben, es geht nicht immer so, wie man es gerne hätte. Aber, sehen Sie, es gibt doch Stunden, die gar nicht so übel sind. Man kratzt ein wenig die Gitarre, man trinkt einen guten Tropfen Wein, oder man sieht am Abend ringsherum auf den Höhen die Hirtenfeuer, gleich zwinkernden Augen.

He, ihr anderen, hört ihr? Bariona verbietet den Männern, mit ihren Frauen zu schlafen!

KAIPHAS: Was? Mit wem wollen sie dann schlafen?

PASSANT: Mit niemandem!

PAUL: Die armen Kerle, die werden ja verrückt dabei!

PASSANT: Ja, und ihr Hirten? Das geht euch schließlich auch an, ihr seid ja von Bethsur.

SIMON: Bah! Das wird sich schon finden. Für Liebschaften ist der Winter ohnehin die tote Jahreszeit. Aber im Frühling kommen die Mädchen aus Hebron zu uns ins Gebirge. Na, wenn's einem dann auch ein bißchen zu viel wird, es ist kein großer Schaden. Nach meinem Geschmack wurde ich stets zu sehr geliebt.

PASSANT: Nun denn, behüt Euch Gott!

KAIPHAS: Wollen Sie nicht ein Schlückchen trinken?

PASSANT: Nein, sicher nicht. Ich bin noch ganz beduselt. Ich kann mir nicht erklären, was diese Nacht hier im Gebirge los ist. Ich wollte, ich wäre schon zu Hause. Wenn die Elemente Festzeit haben, ist es nicht gut, unterwegs zu sein. Gute Nacht!

ALLE: Gute Nacht!

KAIPHAS: Was erzählte er da?

SIMON: Was weiß ich! Er hat einen Duft gerochen, irgendein Geräusch gehört... Einbildung! *(Schweigen)*

PAUL: Ist doch sonst ein klarer Kopf, dieser Petrus.

KAIPHAS: Bah... möglich ist's ja, daß er wirklich was gesehen hat. Unterwegs erlebt man oft die tollsten Dinge.

SIMON: Was es auch sei, ich wünsche nur, daß es nicht bis hier heraufdringt.

PAUL: He, Simon, spiel uns was!

Simon spielt Harmonika.

KAIPHAS: Und nun?

SIMON: Hab keine Lust... *(Pause)*

KAIPHAS: Ich weiß nicht, was die Schafe wach hält. Seit Einbruch der Nacht hört man ihr Geläute.

PAUL: Die Hunde sind unruhig. Sie bellen gegen den Mond, und doch ist kein Mond da. *(Pause)*

KAIPHAS: Ich kann's nicht verstehen: Bariona verbietet den Verkehr zwischen Männern und Frauen. Er hat sich gründlich ändern müssen. Früher war er ein tüchtiger Schürzenjäger. Mehr als eine in den Bauernhöfen um Bethsur kann davon erzählen.

PAUL: Üble Sache für seine Frau. Denn er ist ein schöner Mann, dieser Bariona.

KAIPHAS: Und sie erst! Ein Pulverfaß in meinem Bett wär' sie. *(Pause)*

SIMON: He?! Riecht's denn um uns nicht anders als gewöhnlich?

KAIPHAS: Ja, es riecht ganz deutlich. Seltsame Nacht. Schaut, wie nahe die Sterne sind! Es ist, wie wenn der Himmel sich über die Erde legte, und doch ist es dunkel wie in einem Kamin.

PAUL: Es gibt solche Nächte. So schwer sind sie, als ob sie trächtig wären, und doch bringt der Morgen nur einen leichten Wind.

KAIPHAS: Du, du siehst nichts als nur Wind? Nächte wie diese sind reicher an bedeutenden Zeichen als das Meer an Fischen. Vor sieben Jahren, das werde ich nie vergessen, wachte ich hier an diesem Ort. Es war eine Nacht, wo einem die Haare zu Berge standen. Es schrie, es ächzte überall. Das Gras war zu Boden gedrückt, wie wenn der Wind es mit seinen Hufen zerstampft hätte, und doch war nicht der leiseste Wind. Ja, und am folgenden Morgen, als ich nach Hause kam, sagte mir die Alte, der Vater sei tot. *(Simon niest.)* Was ist denn los?

SIMON: Dieser Duft kitzelt mich in der Nase. Er wird immer stärker und stärker. Man glaubt, im Laden eines arabischen Friseurs zu sein. Meint ihr nicht, daß diese Nacht etwas geschehen wird?

KAIPHAS: Ja.

SIMON: Es wird ein außerordentliches Ereignis sein, nach dem starken Duft zu schließen. Zumindest der Tod eines Königs. Mir behagt das gar nicht. Ich brauche keine Zeichen von Toten, und ich finde, die Könige könnten ganz gut sterben, ohne es auf den Bergen anzukündigen. Todesfälle von Königen sind Geschichten für die Müßiggänger in den Städten, aber hier oben brauchen wir das nicht!

KAIPHAS: Still! ... Schweig!

SIMON: Was gibt's denn?

KAIPHAS: Ich glaube, wir sind nicht allein. Ich meine, es wäre etwas da, ich kann nicht sagen was, ganz rund und zart ist es an meiner Seite.

SIMON: O lala! Sollen wir die anderen wecken? Bei mir spür ich es als etwas Feines, Warmes, das sich bewegt; es ist wie am Sonntag, wenn ich die Katze bei mir zu Hause auf meine Knie nehme.

KAIPHAS: Welch ein unendlich köstlicher Duft! Er überflutet mich wie das Meer. Es ist ein Duft, der pulst, mich berührt und sieht. Eine unendliche Lieblichkeit, die durch meine Poren bis zum Herzen dringt. Bis zuinnerst bin ich von einem Leben erfüllt, das nicht meines ist und das ich nicht kenne. Ich bin ganz in einem anderen Leben verloren wie in einem tiefen Brunnen, ich ersticke, ich ertrinke im Duft. Ich schaue empor und sehe die Sterne nicht mehr. Die gewaltigen Säulen einer fremdartigen Zärtlichkeit erheben sich um mich herum bis zum Himmel, und ich bin kleiner als ein Würmchen.

PAUL: Es ist wahr, man sieht die Sterne nicht mehr.

SIMON: Es geht vorüber; der Duft ist nicht mehr so stark.

KAIPHAS: Ja... es geht vorüber, es schwindet, es ist vorbei. Wie leer sind jetzt der Himmel und die Erde! Nimm nun wieder deine Harmonika, wir halten weiter unsere Wache. Es ist überhaupt kein Zweifel, daß wir in der Nacht etwas unvergleichlich Wunderbares erfahren werden. Paul, leg noch ein Scheit ins Feuer, sonst geht es aus.

Der Engel kommt.

Dieselben, der Engel

ENGEL: Darf ich mich für einen Augenblick bei euch wärmen?

PAUL: Wer seid Ihr?

ENGEL: Ich komme aus Hebron. Mir ist kalt.

KAIPHAS: Wärmt Euch, wenn Ihr wollt. Und wenn Ihr Durst habt, hier ist Wein. *(Pause)* Seid Ihr auf dem Ziegenweg gekommen?

ENGEL: Ich weiß nicht. Ja, ich glaube.

KAIPHAS: Habt Ihr diesen Duft bemerkt, der auf den Wegen umgeht?

ENGEL: Welchen Duft?

KAIPHAS: Ein Duft... nun gut, wenn Ihr nichts bemerkt habt — lassen wir das. Habt Ihr Hunger?

ENGEL: Nein.

KAIPHAS: Ihr seid bleich wie der Tod.

ENGEL: Ich bin bleich, weil ich geschlagen worden bin.

KAIPHAS: Geschlagen?

ENGEL: Ja, geschlagen wie von einer Faust. Jetzt muß ich mit Simon, Paul und Kaiphas sprechen. Ihr seid es doch, nicht wahr?

ALLE DREI: Ja.

ENGEL: Das ist Simon, das Paul, und Ihr seid Kaiphas, nicht wahr?

KAIPHAS: Woher kennt Ihr uns? Seid Ihr aus Hebron?

PAUL *(leise)*: Da schaut doch mal, stehend scheint er zu schlafen. *(laut)* Und Ihr habt Neuigkeiten für uns?

ENGEL: Ja, mitten in euren Herden habe ich euch gesucht, und eure Hunde haben gebellt, als sie mich sahen.

SIMON *(leise)*: Begreif ich wohl.

ENGEL: Ich habe eine Botschaft für euch.

SIMON: Eine Botschaft?

ENGEL: Ja. Doch verzeiht. Der Weg war so lang, und ich vergaß, was ich euch hätte sagen müssen. Ich friere. *(Ausbrechend)* Herr! Mein Mund ist voller Bitterkeit, und meine Schultern beugen sich unter deiner schweren Last. Ich trage dich, Herr, und mir ist, als ob ich die ganze Erde trüge! *(Zu den anderen:)* Ich mache euch Angst, nicht wahr? Ich bin bei Nacht zu euch gekommen. Die Hunde heulten markerschütternd auf meinem Weg. Und ich friere. Ich friere immer.

SIMON: Ein armer Verrückter!

KAIPHAS: Schweig! Und du, nenn uns deine Botschaft!

ENGEL: Die Botschaft? Ach ja, die Botschaft. Hört: Weckt eure Gefährten und macht euch auf den Weg. Geht nach Bethsur und verkündet die frohe Botschaft.

KAIPHAS: Welche Botschaft?

ENGEL: Wartet! Zu Bethlehem in einem Stall... Wartet und schweigt. Im Himmel ist eine große Leere und ein großes Harren. Noch nichts hat sich ereignet, und ich trage in meinem Leib diese Kälte wie die Kälte des Himmels. In diesem Augenblick, in einem Stall, liegt eine Frau auf dem Stroh. Seid still, denn der Himmel ist ganz leer, wie ein großes Loch, er ist verlassen, und die Engel frieren. Oh, wie sie frieren!

SIMON: Das klingt gar nicht nach einer frohen Botschaft.

KAIPHAS: Schweig! *(Langes Schweigen)*

ENGEL: Seht, er ist geboren! Sein grenzenloser und geheiligter Geist ist gefangen in einem Leib, in einem schmutzigen Kinderleib, und er staunt über sein Leiden und seine Unwissenheit. Seht, unser Meister ist nur mehr ein Kind. Ein Kind, das nicht einmal sprechen kann. Ich friere. Herr, ich friere! Doch ich habe genug geweint, ob dem Leid der Engel und ob der grenzenlosen Verlassenheit des Himmels. Überall auf der Erde verbreiten sich zarte Düfte. Ja, heute ist der Freudentag der Menschen! Fürchtet euch nicht vor mir, Simon, Kaiphas und Paul! Weckt eure Gefährten! *(Sie schütteln die Schlafenden.)*

1. HIRTE *(Naturlaute):* Was ist denn los?

2. HIRTE: Laßt mich schlafen! Ich träumte, daß ich ein liebes Mädchen in meinen Armen halte.

3. HIRTE: Und ich habe geträumt, ich sei am Fressen...

ALLE: Warum aus dem Schlafe uns wecken?

Wer ist denn der mit dem langen, bleichen Gesicht?
Er scheint wie wir g'rade zu erwachen.

ENGEL: Geht nach Bethsur und verkündet überall: Der Messias ist geboren! In einem Stall zu Bethlehem ist er geboren!

ALLE: Der Messias...

ENGEL: Sagt ihnen: Strömt alle in die Davidstadt, um den Christus, euren Heiland, anzubeten! Und daran werdet ihr ihn erkennen: ein kleines Kind, in Windeln gewickelt, in einer Krippe. Du, Kaiphas, suche Bariona auf! Er leidet, und sein Herz ist voll Bitterkeit. Sag zu ihm: Friede den Menschen auf Erden, die guten Willens sind!

ALLE: Friede den Menschen auf Erden, die guten Willens sind!

SIMON: Kommt alle! Eilen wir! Wir wollen die Bewohner von Bethsur aus den Betten holen! Wir werden an ihren erstaunten Gesichtern unseren Spaß haben. Nichts ist schöner, als eine gute Nachricht zu bringen.

PAUL: Und wer wird unsere Schafe hüten?

ENGEL: Ich werde sie hüten.

ALLE: Los! Los! Schnell! Paul, nimm deine Feldflasche mit und du, Simon, dein Akkordeon. Der Messias ist unter uns! Hosanna! Hosanna!

Im Durcheinander ab

ENGEL: Ich friere...

Vorhang

VIERTES BILD

Ein Platz in Bethsur, am frühen Morgen

HIRTEN:
Wir haben die Höhen der Berge verlassen,
Unter die Menschen stiegen wir herab.
Denn unser Herz ist voll Jubel!
Dort in der Stadt mit den flachen Dächern und weißen
Häusern,
Die wir nicht kennen und uns kaum vorstellen können,
Mitten in einer großen Menschenmenge, die schläft,
Hingestreckt auf dem Rücken,
Durchbohrt er mit seinem kleinen, weißen Körper die heil-
lose Finsternis der nächtlichen Städte,
Der nächtlichen Kreuzungen der Straßen,
Steigt er empor aus den Tiefen des Nichts
Wie ein Fisch mit silberner Brust aus den Gründen des
Meeres,
Der Messias ist uns geboren!
Der Messias, der König Judäas, den uns die Propheten ver-
hießen,
Der Herr der Juden ist geboren, der wiederherstellt die
Freude auf unserer Erde!
Fortan wird das Gras auf den Berggipfeln sprießen,
Und allein werden die Schafe weiden!
Und wir werden nichts mehr zu tun haben!
Den ganzen Tag werden wir auf dem Rücken liegen.
Die schönsten Mädchen werden wir kosen,
Und Loblieder werden wir singen dem Herrn!
Deshalb sangen und tranken wir auf dem Wege,
Und wir sind trunken von leichtem Rausche
Gleich jener ziegenfüßigen Tänzerin,
Die lange sich drehte zum Spiele der Flöte.
Tanz. Simon spielt Harmonika.

KAIPHAS: Holla! Jerevah! Gürte deine Lenden! Komm, höre die frohe Botschaft!

ALLE: Auf! Raus! Jerevah!

JEREVAH: Was ist denn los? Seid ihr verrückt? Kann man denn nicht mehr ruhig schlafen? Meine Sorgen habe ich samt meinen Kleidern abgelegt und träume, ich sei jung!

ALLE: Komm herunter, Jerevah, komm! Wir bringen dir frohe Botschaft!

JEREVAH: Wer seid ihr denn, ihr da? Ah, die Hirten vom Berge Saron! Was wollt ihr hier im Dorf? Wer hütet eure Schafe?

KAIPHAS: Gott hütet sie! Er wird Sorge tragen, daß keines verlorengeht. Denn diese Nacht ist unter allen gesegnet! Sie ist fruchtbar wie der Schoß eines Weibes. Jung ist sie wie die erste Nacht der Welt. Denn alles fängt von neuem an, und alle Menschen auf Erden dürfen wieder ihr Glück versuchen.

JEREVAH: Haben die Römer Judäa verlassen?

PAUL: Komm! Komm! Du wirst alles sehen! Wir wecken inzwischen die anderen.

SIMON: Chalem, Chalem!

CHALEM: Ja! Ich komme eben aus dem Bett und sehe noch nicht recht aus den Augen. Was ist? Wo brennt's?

SIMON: Komm herunter! Chalem, komm mit uns!

CHALEM: Seid ihr verrückt, einen um die Zeit zu wecken? Wißt ihr nicht, wie wir alle Tage ungeduldig auf den Schlaf warten, wir von Bethsur? Auf diesen Schlaf, auf den Todesschlaf!

SIMON: Von jetzt an, Chalem, wirst du nicht mehr schlafen wollen. Wie ein junges Zicklein wirst du auch bei Nacht über die Berge springen, und Blumen wirst du pflücken, um dir einen Kranz zu machen.

CHALEM: Was plauderst du da? Es gibt doch keine Blumen auf den Bergen.

SIMON: Es wird sie geben. Zitronen- und Orangenbäume werden auf den höchsten Bergen wachsen, und wir werden unsere Hand ausstrecken, um goldene Orangen, so groß wie ein Kinderkopf, zu pflücken. Wir bringen dir die frohe Botschaft.

298

CHALEM: Hat man einen neuen Dünger erfunden? Hat man die Landprodukte aufgewertet?

SIMON: Komm, komm herunter! Wir sagen dir alles.

Die Leute kommen nach und nach aus ihren Häusern und gruppieren sich auf dem Platz.

ZÖLLNER *(erscheint auf seiner Treppe)*: Was ist denn los? Seid ihr besoffen? Seit vierzig Jahren hat man in diesem Dorf kein Freudengeschrei mehr gehört. Aber ausgerechnet heute, wo ich einen Römer unterm Dach habe, schreit ihr! Es ist ein Skandal!

PAUL: Wir werden die Römer aus Judäa mit einem großen Fußtritt in den Arsch hinausschmeißen, und die Zöllner werden wir an den Füßen über ein glühendes Feuer hängen.

ZÖLLNER: Revolution! Revolution!

LELIUS *(im Pyjama mit seinem Helm)*: Hm! Was ist denn los?

ZÖLLNER: Revolution! Revolution!

LELIUS: Juden! Wißt ihr, daß die Regierung...

KAIPHAS: Bauern und Hirten, auf zu Tanz und Gesang, denn das goldene Zeitalter ist wiedergekommen!

ALLE *(singen)*: Der Ewige herrscht. Die Erde jauchzt vor Freude. Alle Inseln freuen sich ringsum.

Wolkendunkel umgibt ihn! Recht und Gerechtigkeit sind das Fundament seines Thrones. Feuer umgibt ihn und umzingelt die Feinde von allen Seiten.

Blitze leuchten überall. Erde und Welt erzittern vor seinem Anblick.

Wie Wachs zerschmelzen die Berge ob der Gegenwart des Ewigen, ob der Gegenwart des Herrn des Weltalls.

Die Himmel künden seine Gerechtigkeit, und alle Völker sehen seine Herrlichkeit.

Sion hat ihn vernommen und frohlockt; und die Töchter von Juda jauchzen vor Jubel.

Das Meer, die Erde und all ihre Bewohner rufen aus ihre Freude.

Ihr Flüsse, klatscht in die Hände, und singet, ihr Berge!

Denn der Ewige kommt zum Gericht der Erde. Mit Gerechtigkeit wird er die Erde richten und die Völker mit Redlichkeit.

BARIONA *(tritt ein):* Hunde! Seid ihr erst glücklich, wenn man euch mit honigsüßen Worten betrügt? Habt ihr nicht genug Tapferkeit, der Wahrheit ins Antlitz zu schauen? Eure Lieder zerreißen mir die Ohren! Und eure Tänze besoffener Frauen bringen mich zum Kotzen vor Ekel!

VOLK: Aber, Bariona, Bariona, Christus ist geboren!

BARIONA: Christus! Ihr armen Narren! Ihr armen Blinden!

KAIPHAS: Bariona, der Engel sagte zu mir: Suche Bariona auf! Er leidet, und sein Herz ist voller Bitterkeit. Sag zu ihm: Friede den Menschen auf Erden, die guten Willens sind!

BARIONA: Ah' Der gute Wille! Der gute Wille des Armen, der vor Hunger stirbt, der an der Treppe des Reichen stirbt ohne Klage. Der gute Wille des Sklaven, den man auspeitscht und der „danke" sagt! Der gute Wille des Soldaten, den man zerfleischt und der kämpft, ohne zu wissen, warum. Ist euer Engel nicht hier? Warum besorgt er seine Aufträge nicht selber? Ich gebe ihm zur Antwort: Es gibt auf Erden keinen Frieden für mich. Ich will ein Mensch schlechten Willens sein!

Gemurmel

Schlechten Willens! Gegen die Götter, gegen die Menschen, gegen die Welt! Ich habe mein Herz mit dreifachem Panzer gepanzert. Ich bitte nicht um Gnade und sage niemals „danke". Ich werde das Knie vor niemandem beugen. Ich bewahre meine Würde im Haß! All meine Leiden und die der anderen Menschen werde ich genau verzeichnen. Ich will Zeuge und Waage sein für das Leid aller. In mich hinein will ich es schließen und in mir bewahren als eine Lästerung. Ich will mich gleich einer Säule des Unrechts zum Himmel erheben. Ich werde allein und unversöhnt sterben. Ich will, daß meine Seele zu den Sternen steige wie ein laut klingender Schrei! Ein aufreizender Schrei!

KAIPHAS: Nimm dich in acht, Bariona! Gott hat dir ein Zeichen gegeben, und du weigerst dich, es zu hören.

BARIONA: Auch wenn der Ewige mir zwischen den Wolken sein Angesicht zeigte, ich würde mich dennoch weigern, auf ihn zu hören, denn ich bin frei; und gegen einen freien Menschen vermag selbst Gott nichts. Er mag mich zu Staub zermalmen, mich anzünden wie eine Fackel, er kann machen, daß ich mich im Leid winde wie Rebholz im Feuer, nichts aber vermag er gegen diese eherne Säule, gegen diesen unbeugsamen Pfeiler: die Freiheit des Menschen! Überhaupt, Schafsköpfe, woher habt ihr, daß er mir ein Zeichen gegeben hat? Was seid ihr plötzlich so leichtgläubig? Kaum daß diese da ihre Geschichte erzählt haben, schon stürzt ihr euch Hals über Kopf in Gläubigkeit, als handelte es sich darum, eure Ersparnis zur Stadtsparkasse zu tragen. Los, Simon, komm her! Du bist der jüngste Hirte, dem Aussehen nach naiver als die anderen. Erzähl mir ganz genau, was da geschah! Wer hat euch die frohe Botschaft gebracht?

SIMON: Eh! Herr, es war ein Engel.

BARIONA: Woher weißt du, daß es ein Engel war?

SIMON: Wegen der großen Angst, die ich hatte. Als er zum Feuer hintrat, habe ich gemeint, ich würde auf den Hintern fallen.

BARIONA: So. Und wie sah er denn aus, dieser Engel? Hatte er große, weitausgebreitete Flügel?

SIMON: Nein, keineswegs. Er sah sehr seltsam aus, schlotterte in den Knien und fror. Ach, der Arme, wie er fror!

BARIONA: Ein schöner Bote des Himmels, nicht? Und wie bewies er seine Nachricht?

SIMON: Eh... er hat... er hat... er hat sie nicht bewiesen.

BARIONA: Was? Nicht einmal ein kleines Wunder? Nicht etwa Feuer in Wasser verwandelt? Nicht eure Haarspitzen zum Blühen gebracht?

SIMON: Wir haben nicht daran gedacht, Wunder von ihm zu fordern. Es tut mir leid, denn ich habe einen schrecklichen Rheumatismus im Oberschenkel und bin schuld daran, daß ich ihn nicht gebeten habe, mich davon zu befreien. Er sprach nur widerwillig. Er sagte uns: Geht nach Bethlehem, sucht den Stall, dort werdet ihr ein Kind in Windeln gewickelt finden.

BARIONA: Großartig! Eine schöne Geschichte. Gerade jetzt, wo in Bethlehem wegen der Volkszählung so viel Volk ist! Die Herbergen sind alle überfüllt. Viele Leute schlafen im Freien und in den Ställen. Ich wette, ihr werdet mehr als zwanzig

Säuglinge in Krippen finden. Ihr werdet Mühe haben zu wählen!

VOLK: Dennoch ist's wahr!

BARIONA: Und dann, was machte darauf euer Engel?

SIMON: Er ist weggegangen.

BARIONA: Weggegangen? Entschwunden, willst du sagen. Er hat sich in Nebel aufgelöst, wie seinesgleichen zu tun pflegen?

SIMON: Nein, nein, auf seinen zwei Beinen ist er gegangen, er hinkte ein wenig, ganz natürlich.

BARIONA: Und das ist euer Engel, Dummköpfe! Dann genügt es also, daß angetrunkene Hirten in den Bergen einem armen Schlucker begegnen, der ihnen was weiß ich von der Ankunft des Christus erzählt, und schon reißt ihr vor Freude die Mäuler auf und schmeißt eure Hüte in die Luft.

1. ÄLTESTER: Ach, Bariona, schon so lange harren wir auf ihn!

BARIONA: Auf wen? Auf einen König. Auf den Beherrscher der Erde, der in all seiner Herrlichkeit erscheint, der wie ein Komet am Himmel emporsteigt, angekündigt von Trompetenschall. Und was gibt man euch? Ein armseliges Kind! Voller Schmutz, schreiend in einem Stall, auf stechendem Stroh in Windeln. Ein schöner König! Geht, geht nur nach Bethlehem! Sicher, die Reise lohnt sich!

VOLK: Er hat recht, er hat recht!

BARIONA: Geht nach Hause, gute Leute! Und seid klüger in Zukunft. Der Messias ist nicht gekommen, und soll ich es euch sagen: Er wird niemals kommen! Ich weiß es genau: Diese Welt ist ein unaufhörlicher Absturz. Der Messias, das wäre einer, der diesen Absturz aufhielte, der plötzlich den Lauf der Dinge umstürzte und die Welt wie einen Ball in die Luft springen ließe. Dann sähe man Ströme, die aus dem Meer zu ihren Quellen zurückflössen, und Blumen wüchsen auf Felsen, und die Menschen besäßen Flügel und kämen als Greise zur Welt und verjüngten sich dann bis zur Kindheit! Die Welt eines Verrückten stellt ihr euch da vor. Ich habe nur eine Gewißheit, daß immer alles fallen wird: die Ströme ins Meer, alte Völker unter das Joch junger Völker, menschliches Versuchen ins ewige Scheitern und wir in das verfemte Greisenalter! Geht heim!

LELIUS *(zum Zöllner):* Ich glaube nicht, daß je ein römischer Funktionär sich in einer so verwickelten Lage befunden hat. Wenn ich sie nicht aufkläre, werden die Leute in Strömen nach Bethlehem ziehen und dort ein tolles Durcheinander anstellen, das mir noch Unannehmlichkeiten bereiten wird. Wenn ich sie aufkläre, werden sie in ihrer Verwirrung von gestern noch weit sturer verharren und keine Kinder mehr machen. Was tun? Hm! Das Beste ist: nichts zu sagen und der Sache freien Lauf zu lassen. Gehen wir ins Bett und tun wir, als ob wir nichts gehört hätten!

JEREVAH: Also, gehn wir nach Hause. Wir haben noch Zeit zum Schlafen und zu einem kurzen Traum. Ich werde träumen, daß ich glücklich und reich bin. Und niemand kann mir meine Träume stehlen!

Der Tag bricht an. Die Menge schickt sich an, den Platz zu verlassen. Musik.

KAIPHAS: Wartet noch! Ihr da, wartet! Was ist das für eine Musik? Wer kommt denn dort auf uns zu? Was ist das für ein prächtiger Zug?

JEREVAH: Es sind Könige aus dem Orient. Ganz mit Gold überladen! So was Schönes habe ich noch nie gesehen!

ZÖLLNER *(zu Lelius):* Ich habe solche Könige schon gesehen: vor zwanzig Jahren bei der Kolonialausstellung zu Rom.

1. ÄLTESTER: Platz, Platz, zurücktreten! Der Zug kommt hier durch!

Die Heiligen Drei Könige treten auf.

MELCHIOR: Gute Leute, wer ist euer Vorsteher?

BARIONA: Ich bin es.

MELCHIOR: Ist es noch weit bis Bethlehem?

BARIONA: Noch zwanzig Stadien.

MELCHIOR: Ich bin froh, endlich jemanden gefunden zu haben, der uns Auskunft geben kann. Alle Dörfer in der Umgebung sind leer. Die Leute sind alle weggegangen, um Christus anzubeten.

ALLE: Christus? Es ist also wahr? Christus ist geboren?

SARAH *(hat sich unter die Menge gemischt):* Oh, sagt doch, sagt doch, er sei geboren! Macht unsere Herzen warm! Es ist geboren das göttliche Kind! Einer Frau war dieses Glück beschieden! O doppelt begnadete Frau!

BARIONA: Auch du, Sarah? Auch du?

BALTHASAR: Christus ist geboren. Wir haben seinen Stern im Osten aufsteigen sehen und sind ihm nachgefolgt.

VOLK: Christus ist geboren!

1. ÄLTESTER: Du hast uns betrogen, Bariona, du hast uns betrogen!

JEREVAH: Schlechter Hirte, du hast uns belogen. Du wolltest uns dort verenden lassen, auf diesen unfruchtbaren Felsen, während die Leute vom Tiefland sich unseres Herrn hätten erfreuen können!

BARIONA: Arme Idioten. Ihr glaubt diesen Männern, weil sie goldbeladen sind.

CHALEM: Und deine Frau? Schau sie an, schau sie an! Sag, ob sie denn nicht auch daran glaubt; denn du hast sie getäuscht wie uns.

LELIUS *(zum Zöllner):* He, he! Das wird schlecht ausgehen für unsere arabischen Großtuer. Es ist richtig, wenn ich mich nicht einmische.

VOLK: Folgen wir den Weisen! Gehen wir mit ihnen nach Bethlehem!

BARIONA: Geht nicht! So lange ich euer Vorsteher bin, werdet ihr nicht gehen!

BALTHASAR: Wie, du verbietest deinen Leuten zu gehen, um den Messias anzubeten?

BARIONA: Ich glaube nicht mehr an euren Messias und an all eure arabischen Märchen! Ihr, die Reichen, die Könige, ich durchschaue euer Spiel. Ihr betrügt die Armen mit schönen Geschichten, damit sie sich ruhig verhalten. Doch mich werdet ihr nicht betrügen! Leute von Bethsur! Ich will nicht mehr euer Vorsteher sein. Ihr habt mich verraten! Doch ich wiederhole es euch zum letzten Male: Schaut eurem Unglück ins Angesicht: die Würde des Menschen liegt in seiner Verzweiflung.

BALTHASAR: Bist du sicher, daß sie nicht eher in der Hoffnung liegt? Ich kenne dich nicht, aber ich sehe an deinem Gesicht, daß du viel gelitten hast. Du fandest wohl Gefallen an deinem Leid. Deine Züge sind edel, aber deine Augen sind halb geschlossen und deine Ohren scheinen taub. Auf deinem Gesicht liegt jene Schwere des Blinden und des Tauben. Du gleichst einem jener tragischen und blutigen Idole, die die Heiden anbeten. Ein schreckliches Idol mit gesenkten Wimpern, blind und taub für jedes menschliche Wort, nur empfänglich für die Ratschläge des eigenen Stolzes. Doch sieh uns an, wir haben gelitten, auch wir, und wir gelten als weise vor den Menschen. Doch als dieser neue Stern emporstieg, verließen wir ohne Zögern unser Reich und sind gekommen, um unseren Messias anzubeten.

BARIONA: Gut, geht und betet ihn an. Wer hindert euch? Was geht ihr mich an?

BALTHASAR: Wie ist dein Name?

BARIONA: Bariona. Und?

BALTHASAR: Du leidest, Bariona. *(Bariona zuckt die Achseln.)* Du leidest, und doch ist die Hoffnung deine Pflicht, deine Menschenpflicht. Auch für dich ist Christus auf die Welt gekommen, für dich mehr, als für alle anderen, weil du mehr als sie leidest. Ein Engel hofft nicht. Er ist in der Freude, und Gott hat ihm zum voraus alles geschenkt. Auch der Stein hofft nicht, er lebt ohne Sinn in seinem ewigen Jetzt. Aber als Gott den Menschen schuf, hat er die Hoffnung und den Kummer vermählt. Der Mensch, siehst du, ist immer mehr, als er ist. Du siehst diesen Menschen da, schwer ob seines Fleisches, tief mit beiden Füßen in der Erde verwurzelt; und wenn du deine Hand ausstreckst, um ihn zu berühren, dann sagst du: er ist da. Aber es ist nicht wahr. Denn wo immer ein Mensch ist, immer ist er auch anderswo, Bariona. Anderswo, jenseits der violetten Höhen, die du von hier siehst, in Jerusalem, in Rom, jenseits dieses eisigen Tages, im Morgen. Und all jene, die um dich sind, sie sind schon lange nicht mehr hier, sie sind in Bethlehem, in einem Stall, rund um den kleinen, warmen Leib eines Kindes. Und diese ganze Zukunft, für die der Mensch geschaffen ist, all diese Höhen, all diese violetten Horizonte, all diese wunderbaren Städte, die der Mensch im Geist bewohnt, ohne je ihren Boden zu betreten: das ist die Hoffnung. Das ist Hoffnung! Schau die Kriegsgefangenen vor dir: sie leben in Kot und Kälte. Weißt du, was du sähest, wenn du ihrem Geist folgen könntest? Hügel, sanfte Windungen der Flüsse, Weinberge und die Sonne des Südens; ihre Weinberge, ihre Sonne! Dort sind sie. Und die goldenen Weinberge des Septembers sind für einen Gefangenen erstarrt und bedeckt mit Ungeziefer; das ist Hoffnung! Die Hoffnung ist das Beste in ihnen. Und du, du willst sie ihrer Weinberge, Felder und des Glanzes entfernter Hügel berauben? Du willst ihnen nichts lassen als Dreck, Läuse und Rüben? Du willst ihnen die verlorene Gegenwart des Tieres geben? Denn das ist deine Verzweiflung: den Augenblick zerstören, vor deine Füße starren mit grollendem und blödem Auge, dein Leben der Zukunft entreißen und es in den engen Kreis der Gegenwart einschließen. So aber bist du kein Mensch mehr, Bariona. So bist du ein harter und schwarzer Stein auf dem Weg. Über den Weg ziehen die Karawanen, aber der Stein bleibt allein, starr in seinem Groll.

BARIONA: Du schwatzest durcheinander, Alter!

BALTHASAR: Bariona, es ist wahr, wir sind sehr alt und weise und kennen alles Elend der Erde. Und dennoch, als wir diesen Stern am Himmel sahen, haben unsere Herzen vor Freude höher geschlagen, wie Kinderherzen. Und wie Kinder waren wir und machten uns auf den Weg. Wir wollten unsere Menschenpflicht erfüllen, die heißt: Hoffen. Wer die Hoffnung fahren läßt, Bariona, der wird aus seiner Heimat vertrieben, der wird verflucht. Dem werden die Steine des Weges härter, die Dornen spitzer, die Last, die er trägt, wird schwerer, und alles Unheil kommt über ihn wie ein Schwarm wilder Bienen. Ein jeder wird seiner spotten, wird ihn verstoßen. Aber dem, der hofft, lächelt alles zu, und die Welt ist ihm als ein Geschenk gegeben. Los, ihr anderen, seht zu, ob ihr hier bleiben oder uns folgen wollt!

VOLK: Wir folgen euch!

BARIONA: Halt! Geht nicht! Noch auf ein Wort! *(Schritte, Gemurmel)* Du, Jerevah, früher warst du mein Gefährte und glaubtest mir stets aufs Wort. Vertraust du mir nicht mehr?

JEREVAH: Laß mich, du hast uns betrogen. *(Ab)*

BARIONA: Und du, Ältester. Stets hast du im Rat mir beige-
stimmt!

ÄLTESTER: Damals warst du unser Vorsteher. Aber... heute
bist du nichts mehr. Laß mich gehen!

BARIONA: Dann geht, geht, arme Narren! Komm, Sarah, wir
bleiben allein hier.

SARAH: Bariona, ich will ihnen folgen.

BARIONA: Sarah! *(Pause)* Mein Dorf ist tot. Meine Familie ist
entehrt. Meine Männer haben mich verlassen. Ich glaubte,
mehr könnte ich nicht erleiden; aber ich irrte mich. Sarah,
du hast mich am tiefsten verwundet. Liebst du mich nicht
mehr?

SARAH: Ich liebe dich, Bariona. Aber versteh mich doch! Dort
unten ist eine Frau überglücklich! Eine Mutter, die für alle
Mütter geboren hat. Und es ist, als hätte sie mir die Erlaubnis
gegeben, die Erlaubnis, mein Kind zur Welt zu bringen.
Und wir dürfen sie sehen, *sehen,* die glückliche und geheiligte
Mutter. Sie hat mein Kind gerettet. Es wird geboren werden.
Jetzt weiß ich es. Wo, das ist nicht wichtig. Am Straßenrand
oder in einem Stall wie das ihre? Ich weiß, daß Gott mit mir
ist! *(Ängstlich)* Komm mit uns, Bariona!

BARIONA: Nein. Tu, was du willst!

SARAH: Nun denn, leb wohl!

BARIONA: Leb wohl! *(Pause)* Sie sind gegangen. Herr, du und
ich, nun sind wir allein. Viele Leiden habe ich erfahren, aber
ich mußte den heutigen Tag erleben, um die äußerste Bitterkeit der Verlassenheit zu kosten. Oh, ich bin allein. Doch
keine einzige Klage wirst du aus meinem Munde vernehmen,
du Gott der Juden. Ich möchte lange leben, verlassen auf
diesem unfruchtbaren Felsen, ich, der ich nie verlangte geboren zu werden, ich will deine Gewissensbisse sein!

Vorhang

FÜNFTES BILD

Vor dem Haus eines Zauberers

ERSTE SZENE

BARIONA *(allein)*: Ein Gott Mensch werden! Welch Ammen-
märchen! Ich weiß nicht, was ihn zum Menschsein locken
könnte. Die Götter bleiben im Himmel; ganz beschäftigt,
sich selber zu genießen. Und wenn sie einmal dazukommen
sollten, zu uns herabzusteigen, geschähe es wohl in glän-
zender und flüchtiger Gestalt. Wie eine purpurne Wolke oder
ein Blitz. Ein Gott sich in einen Menschen verwandeln? Der
Allmächtige, mitten in seiner Herrlichkeit, würde dieses lausige Gewimmel auf dieser alten Kruste namens Erde, die es
mit seinem Kot verschmutzt, betrachten und sagen: Ich will
eines dieser Ungeziefer werden? Daß ich nicht lache! Ein
Gott sich zum Geborenwerden zwingen, neun Monate lang
in einem Mutterschoß verweilen wie eine blutige Beere.
Bei Einbruch der Nacht werden sie dort sein. Denn die
Frauen, die mit ihnen sind, verlangsamen den Zug. Sie
mögen gehen und lachen und schreien unter den Sternen und
Bethlehem aus dem Schlafe rütteln. Die römischen Bajonette
werden nicht zögern, ihnen in den Hintern zu stechen und
ihnen ruhiges Blut zu machen.

ZWEITE SZENE

Lelius, Bariona

LELIUS: Ah, sieh da, Bariona. Es freut mich, Sie zu treffen, mein
Vorsteher. Ja, wirklich, außerordentlich! Politische Mei-
nungsverschiedenheiten haben uns auseinandergebracht. Aber
jetzt sind wir allein in diesem verlassenen Dorf. Der Wind geht

und schlägt die Türen. Manch eine geht von selber auf und öffnet ein großes, schwarzes Loch. Da schaudert es einen. Wir haben doch alles Interesse, uns näherzukommen.

BARIONA: Ich fürchte schlagende Türen nicht. Und Sie haben doch Levi, den Zöllner, zum Begleiter.

LELIUS: Nein, es ist für Sie zum Lachen: Der alte Levi ist mit Ihren Männern ausgezogen. Und meinen Esel hat er sich ausgeliehen. Ich bin gezwungen, zu Fuß zurückzukehren. *(Bariona lacht.)* Ja, hm! Komisch, nicht? Und... was halten Sie von alldem, mein Vorsteher?

BARIONA: Herr Inspektor, ich wollte Ihnen die gleiche Frage stellen.

LELIUS: Oh! Mir... Man hat Sie verlassen, was?

BARIONA: Es stand ganz bei mir, auch mit ihnen zu gehen. Werden Sie Ihre Reise fortsetzen, Herr Inspektor?

LELIUS: Bah, es lohnt sich nicht. Es scheint, daß alle Dörfer des Gebirges leerstehen. Das ganze Gebirge besucht Bethlehem. Ich werde zu Fuß zurückkehren. Und Sie? Werden Sie allein hier bleiben?

BARIONA: Ja.

LELIUS: Eine unerhörte Sache!

BARIONA: Unerhört ist nur die Dummheit der Menschen.

LELIUS: Ja, hm! Sie glauben nicht an diesen Messias? *(Bariona zuckt die Achseln.)* Ja, klar. Ich habe doch Lust, einen kleinen Spaziergang zu diesem Stall zu machen. Man kann nie wissen. Diese Weisen schienen so überzeugt.

BARIONA: Dann auch Sie? Uniformen machen auf Sie Eindruck? Ihr solltet doch an solche gewöhnt sein, ihr Römer.

LELIUS: Hm, wissen Sie, wir haben in Rom einen Altar für die unbekannten Götter. Es handelt sich um eine Vorsichtsmaßnahme, für die ich immer schon gewesen bin und die mein jetziges Verhalten diktiert. Ein Gott mehr kann nicht schaden; wir haben schon so viele. Und Ochsen und Ziegen für die Opfer gibt es genug in unserem Reich.

BARIONA: Wenn ein Gott für mich Mensch würde, *für mich,* liebte ich ihn, ihn ganz allein. Es wären Bande des Blutes zwischen ihm und mir, und für das Danken reichten alle Wege meines Lebens nicht. Bariona ist nicht undankbar.

Aber welcher Gott wäre dumm genug dafür? Sicher nicht der unsere. Er zeigte immer eher Abstand.

LELIUS: Man sagt in Rom, Jupiter nehme von Zeit zu Zeit Menschengestalt an, wenn er von der Höhe des Olymps aus irgendein nettes Mädchen entdeckt habe. Versteht sich, daß ich nicht daran glaube.

BARIONA: Ein Gott-Mensch, ein Gott, aus unserem gedemütigten Fleisch gebildet. Ein Gott, der erfahren wollte, wie der Salzgeschmack auf unserer Zunge schmeckt, wenn uns alles verlassen hat, ein Gott, der all das Leiden im voraus auf sich nähme, das ich heute leide... Nein, ein Unsinn.

LELIUS: Ja, hm! Ich werde doch einmal nachsehen gehen, man kann nie wissen. Wir beide brauchen ja die Götter ganz besonders, denn Sie haben Ihren Posten verloren und meiner steht auf dem Spiel.

BARIONA: Und Ihrer steht auf dem Spiel?

LELIUS: Ha, sicher! Stellen Sie sich vor! Diese Lawine von Berglern mit krummen Beinen in den Straßen von Bethlehem. Schon der Gedanke daran tut mir weh. Der Prokurator wird mir das nie verzeihen!

BARIONA: Tatsächlich, lustige Sache. Was wollen Sie denn machen, wenn man Sie auf die Straße setzt?

LELIUS: Ich werde mich nach Mantua zurückziehen. Mantua ist meine Heimatstadt. Ehrlich gestanden, das habe ich mir schon immer so gewünscht. Es träfe jetzt nur ein wenig früher ein, als ich glaubte, das ist alles.

BARIONA: Und Mantua ist sicher eine der größten Städte Italiens? Ganz umgeben von Fabriken?

LELIUS: Was meinen Sie! Im Gegenteil. Es ist eine ganz kleine Stadt. Wie eine weiße Blüte liegt sie im Tal, am Rand eines Flusses.

BARIONA: Was, keine Fabriken? Nicht einmal eine kleine mechanische Sägerei? Sie werden sich zu Tode langweilen. Sie werden Bethlehem vermissen.

LELIUS: Ganz bestimmt nicht. Sehen Sie, in Italien ist Mantua wegen seiner Bienenzucht berühmt. Eine ganz große Bienenzucht. Meinen Großvater kannten seine Bienen so gut, daß sie ihn nicht stachen, wenn er ihren Honig holte. Sie flogen zu ihm hin, sie setzten sich auf seinen Kopf. Krochen in die Falten seiner Toga. Er brauchte weder Handschuhe noch Maske. Und ich? Ehrlich gestanden, ich verstehe mich ebenfalls nicht schlecht darauf. Ich weiß nur nicht, ob mich meine Bienen noch wiedererkennen werden, wenn ich nach Mantua zurückkehre. Seit sechs Jahren bin ich nicht mehr dort gewesen. Wissen Sie, wir stellen einen ausgezeichneten Honig her: grünen, braunen, schwarzen und gelben. Ich habe immer davon geträumt, einmal ein Buch über Bienenzucht zu schreiben. *(Bariona lacht.)* Was lachen Sie?

BARIONA: Ich denke an die Worte des alten Verrückten: Der Mensch ist ein beständiges Anderswo, der Mensch, er ist die Hoffnung! Auch Sie, Herr Inspektor, Sie haben Ihr Anderswo, Sie haben Ihre Hoffnung. Ah! Die süße, kleine, blaue Blume, wie Sie sie gerne haben! Gut, Herr Inspektor, machen Sie Ihren Honig in Mantua. Ich wünsche Ihnen alles Gute!

LELIUS: Auf Wiedersehen.

Der Zauberer kommt aus dem Haus.

DRITTE SZENE

Der Zauberer, Lelius, Bariona

ZAUBERER: Meine Herren, ich grüße Sie!

BARIONA: Da bist du ja, du alter Lump. Du zogst also nicht mit den anderen?

ZAUBERER: Meine alten Beine sind zu schwach, mein Herr.

LELIUS: Wer ist das?

BARIONA: Das ist unser Zauberer. Ein Kerl, der seine Sache versteht. Er hat den Tod meines Vaters zwei Jahre vorausgesagt, und es hat gestimmt.

LELIUS: Noch ein Prophet! So etwas gibt es nur bei euch.

ZAUBERER: Ich bin kein Prophet und bin nicht von den Göttern inspiriert. Tarock-Karten und Kaffeesatz. Mein Wissen ist ganz von dieser Welt.

LELIUS: Gut. Sag uns also, wer dieser Messias ist, der alle die Bergler zu sich zieht wie ein elektrischer Staubsauger.

BARIONA: Nein, nein. Von diesem Messias will ich nichts mehr hören. Das ist Sache meiner Mitbürger. Sie haben mich verlassen, und ich verlasse sie.

LELIUS: Lassen Sie doch, mein Lieber, lassen Sie es doch machen! Er kann uns bestimmt interessante Auskünfte geben.

BARIONA: Wie es beliebt.

LELIUS: Los! Erzähl deine Geschichte! Wenn ich zufrieden bin, gehört dieser Geldbeutel dir.

ZAUBERER: Ich bin etwas gehemmt, wenn es sich um göttliche Dinge handelt. Das ist nicht meine Stärke. Ich hätte es lieber, wenn Sie mich zum Beispiel über die Treue Ihrer Frau befragten. Das läge mir besser.

LELIUS: Hm! Meine Frau ist treu, mein Guter, tadellos, sage ich! Die Frau eines römischen Funktionärs darf in keinen Verdacht gezogen werden. Übrigens, wenn Sie sie kennten, dann wüßten Sie, daß Bridgeklubs, Wohltätigkeitsorganisationen und Präsidentschaften von Frauenvereinen sie ganz in Anspruch nehmen.

ZAUBERER: Ausgezeichnet, mein Herr! In diesem Falle will ich mich bemühen, vom Messias zu sprechen. Verzeihen Sie, ich muß mich erst in Trance versetzen.

LELIUS: Geht das lang?

ZAUBERER: Nein. Eine ganz kleine Formalität. Ein bißchen Zeit zum Tanzen und mich am Tamtam zu berauschen.

Er tanzt und macht tamtam.

LELIUS: Wahre Wilde.

ZAUBERER: Ich sehe! Ich sehe! Ein Kind in einem Stall.

LELIUS: Weiter?

ZAUBERER: Dann wird es groß.

BARIONA: Na klar.

ZAUBERER *(ärgerlich)*: Das ist nicht so klar bei der großen Kindersterblichkeit hierzulande. Er geht unter die Menschen und sagt ihnen: Ich bin der Messias. Er redet besonders zu den Kindern der Armen.

LELIUS: Predigt er von Aufstand?

ZAUBERER: Er sagt: „Gebt dem Kaiser, was des Kaisers ist."

LELIUS: Das gefällt mir sehr!

BARIONA: Mir gar nicht. Ein Bestochener, unser Messias.

ZAUBERER: Er bekommt von niemandem Geld. Er lebt sehr bescheiden. Er wirkt einige kleine Wunder. Er verwandelt zu Kana Wasser in Wein. Könnte ich auch, bloß eine Sache des Pulvers. Er erweckt einen Toten namens Lazarus.

LELIUS: Ein Kerl! Und dann? Ein wenig Hypnose dabei, ohne Zweifel?

ZAUBERER: Ich nehme an. Dann ist da noch was mit kleinen Broten.

BARIONA: Kennt man; und dann?

ZAUBERER: Das wäre alles an Wundern. Es scheint, als wirke er sie nur ungern.

BARIONA: Klar. Er weiß wohl nicht recht, wo er anpacken muß... und dann, was lehrt er?

ZAUBERER: Er lehrt: „Wer sein Leben gewinnen will, wird es verlieren."

LELIUS: Sehr gut.

ZAUBERER: Er sagt, daß das Reich seines Vaters nicht von dieser Welt ist.

LELIUS: Wunderbar, das macht die Leute geduldig.

ZAUBERER: Er sagt auch, daß es für ein Kamel leichter sei, durch ein Nadelöhr zu gehen, als für einen Reichen in das Himmelreich.

LELIUS: Das ist weniger gut. Aber ich entschuldige es. Wenn man bei der Plebs gut ankommen will, muß man sich entschließen, dem Kapitalismus gelegentlich eins auszuwischen. Entscheidend ist aber schließlich, daß er das irdische Reich den Reichen überläßt.

BARIONA: Und nachher, was geschieht mit ihm?

ZAUBERER: Er leidet und stirbt.

BARIONA: Hm, wie jeder.

ZAUBERER: Anders, mehr als jeder. Er wird gefangen, vors Gericht geschleppt, entkleidet, ganz nackt, gepeitscht, von allen ausgelacht und schließlich gekreuzigt. Leute scharen sich um sein Kreuz und sagen zu ihm: „Rette dich selbst, wenn du der König der Juden bist!" Aber er rettet sich nicht. Er schreit mit lauter Stimme: „Vater, Vater, warum hast du mich verlassen?" Und er stirbt.

BARIONA: Und er stirbt? Ja. Ein schöner Messias. Wir haben schon glänzendere gehabt, und dennoch hat man sie bald vergessen.

ZAUBERER: Dieser wird nicht so bald vergessen sein. Im Gegenteil, ich sehe, wie sich alle Völker um seine Jünger drängen, und sein Wort wird über die Meere hin bis nach Rom getragen, weiter noch bis in die finsteren Wälder Galliens und Germaniens.

BARIONA: Was begeistert denn die Leute so? Sein mißlungenes Leben? Sein schmachvoller Tod?

ZAUBERER: Ich glaube, der Tod.

BARIONA: Sein Tod! Zum Teufel, wenn man das verhindern könnte!... Ach was, sie sollen selber zusehen, sie wollten es so. *(Schweigen)* Meine Männer, Männer — die schweren Hände gefaltet! Auf den Knien vor einem gekreuzigten Sklaven. Gestorben ohne einen Laut des Aufruhrs, nur mit einem leisen Seufzer, ein milder, erstaunter Vorwurf. Gestorben wie eine in die Falle geratene Ratte. Und meine Männer, meine Männer beten ihn an! Also, geben Sie ihm sein Geld, Herr Inspektor, daß er verschwinde! Ich nehme an, du hast nichts mehr zu sagen?

ZAUBERER: Nein, nichts mehr, mein Herr. Danke, meine Herren. *(Ab)*

LELIUS: Warum plötzlich diese Aufregung?

BARIONA: Sehen Sie nicht, daß es um die Ermordung des Judenvolkes geht? Ihr Römer, da ihr uns habt peinigen wollen, konntet ihr nicht anders vorgehen! Also, reden Sie offen! Er ist einer von euch, dieser Messias; Rom bezahlt ihn?

LELIUS: Überlegen Sie bitte, daß er jetzt zwölf Stunden alt ist. Er ist wohl ein bißchen zu jung, um sich schon verkauft zu haben.

BARIONA: Ich sehe Jerevah, den starken, brutalen Jerevah, mehr Krieger als Hirte, meinen ehemaligen Leutnant in den Kriegen gegen Hebron — und jetzt sehe ich ihn ganz eingesalbt und parfümiert von dieser Religion. Er wird blöken wie ein Schaf... Hah! Daß ich nicht lache... Zauberer, Zauberer!

ZAUBERER: Mein Herr?

BARIONA: Du sagtest, die Menschen nehmen seine Lehre an?

ZAUBERER: Ja, mein Herr.

BARIONA: O gedemütigtes Jerusalem!

LELIUS: Na, na, was ist denn schon passiert?

BARIONA: Einzig gekreuzigtes Sion, das ihr, ihr Römer mit kupfernen Helmen, mit euren Händen ans Kreuz geschlagen habt. Und wir? Wir haben immer geglaubt, es käme ein Tag, wo Sion seine gemarterten Hände und Füße vom Balken reißen und über seine Feinde blutig und stolz schreiten würde. Das war unser Glaube an den Messias. Ah! Wenn er gekommen wäre mit durchbohrendem Blick, gepanzert mit blitzendem Eisen, wenn er mir ein Schwert in die Hand gedrückt und gesagt hätte: „Gürte deine Lenden und folge mir nach!" Ah, wie wäre ich ihm nachgefolgt mitten ins Schlachtengetümmel. Wie hätte ich die Köpfe der Römer gespalten, wie man Klatschmohn auf dem Felde köpft. Wir wuchsen auf in dieser Hoffnung, wir bissen die Zähne zusammen, und wenn ein Römer durch unser Dorf ging, sahen wir ihm lange nach und tuschelten hinter seinem Rücken, denn sein Anblick nährte den Haß in unseren Herzen. Ich bin stolz. Ich bin stolz, denn nie habe ich zur Sklaverei ja gesagt und nie habe ich aufgehört, in mir das brennende Feuer des Hasses zu schüren. Und in diesen letzten Tagen, als ich sah, wie unser blutleeres Dorf keine Kraft mehr zur Revolte besaß, da zog ich vor, daß es sich selber vernichte, um nicht zu sehen, wie es sich unter das Joch der Römer beugt.

LELIUS: Wunderbar! Solche Reden hat sich ein römischer Funktionär gefallen zu lassen, wenn er in ein solch verlassenes Nest geschickt wird. Aber ich sehe nicht, was der Messias mit alldem zu tun hat.

BARIONA: Eben das ist's, was Sie nicht verstehen wollen. Wir erwarteten einen Soldaten, und man schickt uns ein mystisches Lamm, das uns die Ergebenheit lehrt und das uns sagt: „Tut es mir gleich, sterbt an eurem Kreuz ohne Klage, mit Sanftmut, damit ihr euren Nachbarn nicht ärgert. Seid sanft, milde wie Kinder. Leckt an eurem Leiden, wie ein bestrafter Hund seinen Herrn leckt, damit er ihm verzeiht. Seid demütig. Denkt daran, daß ihr eure Leiden verdient habt; und wenn sie euch zu schwer werden, dann redet euch ein, es seien Prüfungen, und sie dienten zu eurer Läuterung. Und wenn ihr in euch einen Haß gegen Menschen aufsteigen spürt, erstickt ihn. Sagt danke! Immer danke! Danke, wenn man euch ohrfeigt, danke, wenn man euch einen Fußtritt gibt. Setzt Kinder in die Welt, damit den künftigen Fußtritten die neuen Ärsche nicht fehlen. Kinder von alten Eltern, ergebene Kinder, die ihre kleinen, kümmerlichen Leiden mit der passenden Demut hegen. Gebärt Kinder eigens zum Leiden, wie ich, der ich zum Kreuz geboren bin. Und wenn ihr schön demütig und zerknirscht seid, wenn ihr beim eifrigen Mea-Culpa-Klopfen eure Brust wie eine Eselshaut ertönen laßt, dann werdet ihr vielleicht im Reiche der Demütigen, das im Himmel ist, einen Platz bekommen..."

Mein Volk soll dahin gehen? Ein Volk gekreuzigter Jasager? Was ist aus dir geworden, Jahwe, Gott der Rache? Ah! Römer, wenn das wahr ist, dann ist all das Leid, das wir von euch empfingen, ein Teil von dem, was wir uns selber zufügen. Wir lassen die lebendigen Quellen unserer Kraft versiegen. Wir unterschreiben unser eigenes Urteil! Die Ergebenheit wird uns vernichten, und ich hasse sie, mehr noch hasse ich sie als euch Römer.

LELIUS: He, he! Sie haben den Kopf verloren, mein Vorsteher. Und in Ihrer Verwirrung reden Sie bedauernswerte Dinge.

BARIONA: Schweig! *(Zu sich)* Wenn ich das verhindern könnte... Die reine Flamme der Revolution in ihnen bewahren... O meine Männer! Ihr habt mich verlassen, und ich bin nicht mehr euer Vorsteher, aber dieses eine will ich dennoch für euch tun: ich gehe nach Bethlehem. Die Frauen verlangsamen den Zug und ich kenne kürzere Wege, die sie nicht kennen: ich werde vor ihnen dort sein. Und dann ist einem Säugling der Hals schnell umgedreht, und wäre es auch der König der Juden! *(Ab)*

LELIUS: Ihm nach! Ich fürchte, er läßt sich zum Äußersten

hinreißen. So ist das Leben eines Administrators in den Kolonien.

Vorhang

BILDERZEIGER: Meine lieben Herren, ich habe mich schon lange nicht mehr gemeldet. Aber ich dachte, es wäre besser, die Geschehnisse ihrem Lauf zu überlassen. Sie sehen nun die ganze Verwicklung. Eben läuft Bariona übers Gebirge, um Christus zu töten.

Unterdessen können wir uns etwas verschnaufen. Alle handelnden Personen sind ja unterwegs. Die einen haben den Maultierweg, die anderen den Ziegenweg genommen. Das Gebirge wimmelt von frohen Menschen, und der Wind trägt das Echo ihrer Freude bis zu den höchsten Spitzen.

Ich will diese Pause benützen, um Ihnen Christus im Stall zu zeigen, denn sonst würden Sie ihn nicht sehen. Weder er noch Josef noch die Jungfrau Maria treten im Stück auf. Aber da es heute Weihnachten ist, haben Sie das Recht, die Krippe zu sehen. Also: Da ist die Jungfrau, hier Josef und dort das Jesuskind. Seine ganze Sorgfalt legte der Künstler in diese Zeichnung. Sicher, Sie werden sie ein wenig naiv finden. Sehen Sie, die Personen sind zwar fein herausgeputzt, aber doch ein wenig steif; sie gleichen Marionetten. Bestimmt waren sie nicht so. Gleichen sie nicht ein wenig mir, mit ihren geschlossenen Augen...?

Aber hört zu: Schließt nun auch die Augen, und ich will euch erzählen, wie ich sie mir vorstelle.

Die Jungfrau ist ganz bleich; sie schaut auf das Kind. Was man auf ihrem Gesicht entdeckt, ist ein ängstliches Verwundern, wie es nur ein einziges Mal in einem Menschenangesicht aufgeschienen ist. Denn Christus ist ihr Kind. Das Fleisch ihres Fleisches und die Frucht ihres Leibes. Neun Monate hat sie ihn unter dem Herzen getragen, und sie wird ihm die Brust geben, und ihre Milch wird sich in Gottes Blut verwandeln. Bald aber wird die Versuchung für Maria groß, zu vergessen, daß er Gott ist. Sie drückt ihn an ihre Brust und sagt zu ihm: Mein Kindchen. Dann aber ist sie wieder ganz bestürzt und denkt: Gott ist hier! Und sie fühlt sich von einem frommen Schauer ergriffen vor diesem stummen Gott, vor diesem erschreckenden Kind. Zwar erstaunen alle Mütter einmal vor dem Fleisch ihres Fleisches. Sie fühlen sich verbannt aus dem neuen Leben, das durch sie wurde und das nun fremde Gedanken bewohnen. Aber kein Kind wurde grausamer und schneller seiner Mutter entrissen als das Kind Marias, denn es ist Gott und übersteigt alles, was immer sie von ihm denken kann. Es ist eine harte Probe für eine Mutter, sich ihrer selbst, ihres Menschseins vor dem Sohn schämen zu müssen. Aber ich stelle mir vor, es gibt auch andere Augenblicke, plötzliche und flüchtige, wo Maria *beides zugleich* verspürt, daß Christus ihr kleiner Sohn und daß er Gott ist. Sie sieht ihn an und denkt: dieser Gott ist mein Kind. Dieses göttliche Fleisch ist mein Fleisch. Er ist aus mir gebildet, er hat meine Augen. Und die Form seines Mundes ist die Form meines Mundes. Er sieht mir ähnlich. Er ist Gott und sieht mir ähnlich. Keine Frau hat je einen Gott so für sich allein gehabt, einen ganz kleinen Gott, den man auf die Arme nehmen und mit Küssen überdecken kann. Ein lebendiger Gott, im warmen Fleische, der lächelt und atmet, ein Gott, den man berühren kann, der sich bewegt! In diesem Augenblick möchte ich Maria malen, wenn ich ein Maler wäre. Und ich wollte versuchen, den Glanz dieser strahlenden Güte und Furchtsamkeit wiederzugeben, mit der die Maria den Finger ausstreckt, um die zarte, feine Haut des göttlichen Kindes zu betasten, dessen warme Last sie auf den Knien hält und dem sie zulächelt.

So, das reicht für Jesus und die Jungfrau Maria. Und Josef? Josef würde ich nicht malen. Ich würde nur einen Schatten im Hintergrund der Scheune zeigen mit zwei glänzenden Augen. Denn ich weiß über Josef nichts zu sagen. Und auch Josef weiß nicht, was er von sich sagen soll. Er betet an, er freut sich, daß er anbeten darf, und ein wenig fühlt er sich verlassen. Ich glaube, er leidet, ohne es zuzugeben. Er leidet, weil er sieht, wie sein geliebtes Weib Gott ähnlich ist, wie es schon so nahe bei Gott ist. Wie eine Bombe hat Gott die Vertrautheit dieser Familie zersprengt.

Josef und Maria sind durch diesen feurigen Schnitt für immer getrennt. Und das ganze Leben Josefs, kann ich mir vorstellen, wird ein einziges Sichergeben sein.

Meine lieben Herren, das also ist die Heilige Familie. Jetzt wollen wir die Geschichte des Bariona wieder aufnehmen, denn Sie wissen, er will dieses Kind erwürgen. Er läuft, er eilt, und eben ist er angekommen. Aber zuvor noch ein kleines Weihnachtslied.

Musik

SECHSTES BILD

Bethlehem, vor dem Stall

ERSTE SZENE

Lelius, Bariona, mit Laternen

LELIUS: Ach, ich bin erschöpft. Ich bin außer Atem. Sie sind gerannt wie ein Irrlicht, mitten in der Nacht übers Gebirge. Ich hatte nichts als diese armselige Laterne.

BARIONA *(zu sich)*: Wir sind vor den anderen da.

LELIUS: Tausendmal habe ich geglaubt, jetzt breche ich mir den Hals.

BARIONA: Hätte es nur Gott gefallen, daß Sie jetzt mit gebrochenen Knochen in irgendeinem Abgrund lägen. Ich hätte Sie mit meinen eigenen Händen hinabgestoßen, wenn ich nicht andere Sorgen gehabt hätte. *(Pause)* Da ist er. Unten an der Tür ein schwacher Schimmer. Man hört kein Geräusch. Er ist da, auf der anderen Seite dieser Bretterwand. Der König der Juden! Er ist da. Es ist schnell getan.

LELIUS: Was haben Sie vor?

BARIONA: Wenn sie kommen, werden sie ein totes Kind antreffen.

LELIUS: Was? Denkt Ihr im Ernst an eine solche Greueltat? Genügt Ihnen der Tod Ihres eigenen Kindes, den Sie beschlossen haben, nicht?

BARIONA: Ist es nicht so, daß sie den Tod des Messias anbeten wollen? Also gut, ich nehme diesen Tod nur dreiunddreißig Jahre voraus! Ich erspare ihm die Schmach des Kreuzes. Eine kleine violette Leiche auf dem Stroh. Vor ihr können sie knien, wenn sie wollen! Eine kleine Leiche, in Windeln gewickelt! So wird die fromme Predigt von der Ergebenheit und vom Opfergeist ein für allemal erledigt sein.

LELIUS: Sie sind also fest entschlossen?

BARIONA: Ja.

LELIUS: Ich erspare mir jetzt die Worte. Doch erlauben Sie wenigstens, daß ich mich entferne. Ich habe keine Kraft mehr, diesen Mord zu vereiteln. Sie schnitten auch mir noch die Kehle durch. Und es entspräche der Würde eines römischen Bürgers nicht, auf den Straßen von Judäa mit aufgeschnittenem Hals herumzuliegen. Durch meine Anwesenheit darf ich doch auf keinen Fall einen solchen Greuel sanktionieren. So berufe ich mich auf das Prinzip meines Vorgesetzten, des Prokurators: Die Juden selber machen lassen. Gute Nacht! *(Ab)*

Bariona allein. Er nähert sich der Tür, will eintreten. Mark erscheint.

DRITTE SZENE [1]

Mark, Bariona

MARK *(mit einer Laterne)*: Hallo, guter Mann, was machen Sie denn hier?

BARIONA: Gehört dieser Stall Euch?

MARK: Ja.

BARIONA: Beherbergt Ihr nicht vielleicht einen Mann mit Namen Josef und eine Frau mit Namen Maria?

MARK: Ein Mann und eine Frau sind vorgestern gekommen und haben mich um ein Quartier gebeten. Ja, sie schlafen hier.

BARIONA: Ich suche meine Verwandten aus Nazareth. Die beiden sind zur Volkszählung hierher gekommen. Die Frau — schon entbunden, wie?

MARK: Ja. Es ist eine ganz junge bescheidene Frau, froh und voll Achtung dem Kind gegenüber. Und in ihrer Bescheidenheit liegt ein Stolz, den ich bei keinem Menschen noch gesehen habe. Wissen Sie, daß sie letzte Nacht entbunden hat?

BARIONA: Tatsächlich? Ich bin glücklich; es ist meine Cousine. Ist das Kind wohlauf?

[1] Die zweite Szene fehlt in der Numerierung von Sartre.

MARK: Es ist ein Junge. Ein herziger Kleiner. Meine Mutter sagte mir, ich hätte ihm ähnlich gesehen, als ich so klein war. Wie lieb sie ihn haben! Die Mutter hat ihn selbst gewaschen, gleich danach, und ihn auf ihren Schoß genommen. Ganz bleich lehnt sie an einem Balken und betrachtet ihn wortlos. Und er, der Mann, ist wohl nicht mehr sehr jung und weiß wohl, daß dieses Kind durch alle Leiden hindurchmuß, die er selber schon gelitten hat. Und ich kann mir denken, daß er hofft, es werde dem Kind einmal all das gelingen, was ihm mißlungen ist.

BARIONA: Ich weiß nicht, ich habe keinen Sohn.

MARK: Genau wie ich. Ich bedaure Sie. Nie werden Sie diesen Blick haben, den strahlenden und etwas komischen Blick, den ein Vater hat, der sich im Hintergrund hält, ganz verlegen wegen seines großen Körpers, und der bedauert, die Wehen der Geburt nicht für seinen Sohn leiden zu dürfen.

BARIONA: Wer bist du? Warum sagst du das?

MARK: Ich bin ein Engel, Bariona, ich bin dein Engel. Töte dieses Kind nicht!

BARIONA: Hinweg!

MARK: Ja, ich gehe. Denn wir Engel vermögen nichts gegen die Freiheit der Menschen. Denk aber an den Blick Josefs! *(Ab)*

VIERTE SZENE

BARIONA *(allein)*: Was soll ich mit diesem Engel? Es wird Zeit. Bald werden die anderen da sein. Dies ist Barionas letztes Stück: ein Kind erwürgen! *(Er öffnet ein wenig die Tür.)* Die Lampe raucht. Die Schatten steigen bis zur Decke wie große, bewegliche Pfeiler. Die Frau kehrt mir den Rücken. Das Kind kann ich nicht sehen. Sie hat es wohl auf ihren Knien. Aber ich sehe den Mann, es ist wahr: wie er sie anschaut! Welch ein Blick! Was mag hinter diesen zwei klaren, in die Ferne verlorenen Augen sein? Hinter diesem feinen und zerfurchten Gesicht? Welche Hoffnung? Keine Hoffnung. — Welch dunkle Wolke des Erschreckens stiege aus seiner tiefsten Seele empor und verfinsterte diese zwei klaren Himmelsflecken, wenn er sehen müßte, wie ich sein Kind erwürge! Oh, noch habe ich das Kind nicht gesehen und dennoch weiß ich schon, daß ich es nicht berühren werde! Um den Mut zu haben, dieses junge Leben zwischen meinen Händen zu erdrücken, hätte ich es nicht mit den Augen seines Vaters sehen dürfen. Ich bin besiegt! *(Volksgeschrei)* Jetzt kommen sie. Ich will nicht, daß man mich erkennt.

Er verdeckt sein Gesicht mit dem Mantel und hält sich versteckt.

FÜNFTE SZENE

Bariona, die Menge

VOLK: Hosanna, Hosanna!

KAIPHAS: Hier ist der Stall! *(Langes Schweigen)*

SARAH: Hier ist das Kind. In diesem Stall.

KAIPHAS: Gehen wir hinein! Knien wir vor ihm nieder, um anzubeten.

PAUL: Wir wollen seiner Mutter sagen, daß der Zug der Heiligen Drei Könige gleich da sein wird.

CHALEM: Ich werde seine Händchen küssen, und ich werde mich verjüngt fühlen, wie wenn ich meine alten Knochen in einer Verjüngungsquelle gebadet hätte.

KAIPHAS: He! Tragt die Geschenke zusammen und haltet sie bereit zu Ehren der Heiligen Mutter. Ich bringe ihr Schafsmilch in meiner Feldflasche.

PAUL: Und ich zwei große Ballen Wolle, die ich selber geschoren habe.

1. ÄLTESTER: Und ich die alte Silbermedaille, die mein Großvater bei einem Schützenfest gewonnen hat.

ZÖLLNER: Und ich, ich schenke ihm den Esel, auf dem ich herkam.

1. ÄLTESTER: Ein billiges Geschenk! Es ist ja der Esel des Römers.

ZÖLLNER: Ein Grund mehr! Ihm, der kommt, uns von Rom zu befreien, ihm wird dieser von den Römern gestohlene Esel sicherlich gefallen.

PAUL: Und du, Simon, was bringst du dem Herrn?

SIMON: Heute gebe ich ihm nichts, ich bin gerade knapp. Aber ich habe ein Lied ausgedacht, in dem ich alle Geschenke aufzähle, die ich ihm später machen will.

Mein lieber Jesus, für euer Fest...

VOLK: Heia, Heia!

1. ÄLTESTER: Seid still! Gehen wir anständig hinein, den Hut in der Hand. Wenn Wind und Reise eure Kleider durcheinandergebracht haben — bringt sie in Ordnung! *(Einer nach dem anderen geht hinein.)*

BARIONA: Sarah ist da. Mit den anderen. Sie ist bleich... Wenn der lange Weg sie nur nicht erschöpft hat. Ihre Füße bluten. Ah, wie fröhlich sie ist! Hinter ihren leuchtenden Augen bleibt nicht der kleinste Gedanke mehr für mich! *(Die Menge geht in den Stall.)* Was machen sie wohl? Man hört nichts mehr. Doch das Schweigen ist hier nicht dasselbe wie das Schweigen unseres Gebirges; das eisige Schweigen der tiefblauen Luft zwischen den Granitwänden. Es ist ein Schweigen, dichter als das Schweigen des Waldes. Ein Schweigen, das sich emporhebt bis zum Himmel und aufrauscht bis zu den Sternen. Wie ein großer, alter Baum, dessen Zweige im Winde wiegen. Sie liegen wohl auf den Knien? Ah! Könnte ich bei ihnen sein, unsichtbar.

Wirklich, das Schauspiel ist ungewöhnlich: all diese harten, ernsten Männer, verbissen ins Leid und den Gewinn! Kniend vor einem schreienden Kind. Der Sohn Chalems, der mit fünfzehn Jahren auszog, weil er daheim zu viel Schläge bekam — wie würde er jetzt lachen, wenn er seinen Vater ein Kind anbeten sähe.

Wird die Herrschaft der Kinder über die Eltern anbrechen? *(Pause)* Da sind sie, kindlich und glücklich in dem warmen Stall nach ihrem langen Weg durch die Kälte. Sie halten die Hände gefaltet und denken: etwas hat begonnen. Aber sie täuschen sich, zweifellos, und sind in eine Falle geraten. Wie teuer werden sie es noch bezahlen müssen! Aber trotzdem, diesen Augenblick haben sie erlebt; sie sind glücklich, an einen Anfang glauben zu können. Was kann ein Menschenherz denn tiefer rühren als der Anbruch einer neuen Welt?

Als die Jugend, Jugend voll Erwartung? Als der Beginn einer Liebe, wo noch alles möglich ist? Wo die Sonne da ist, noch ehe sie aufgegangen ist, wie ein feiner Blütenstaub auf den Gesichtern; wo man in der bitteren Frische des Morgens die schweren Versprechungen des Tages vernimmt.

In diesem Stall bricht ein Morgen an... In diesem Stall ist es schon Morgen. Und hier draußen ist es Nacht, Nacht auf den Straßen, Nacht in meinem Herzen, Nacht ohne Sterne. Tief und aufgewühlt wie das hohe Meer. Ja, ich treibe in dieser Nacht auf den Wogen wie ein hohles Faß, und der Stall liegt hinter mir, leuchtend und verschlossen wie die Arche Noe. Sie schaukelt in der Nacht und birgt in sich den Morgen der Welt. Ihr erster Morgen. Noch gab es keinen solchen Morgen. Er fiel aus den Händen seines zornigen Schöpfers, er stürzte in einen brennenden Ofen, ins Dunkel, und die großen feurigen Zungen dieser Nacht ohne Hoffnung fegen über ihn hinweg, sie überziehen ihn mit Brandblasen und lassen ihn überwuchern von Kellerasseln und Wanzen.

Und ich, ich weile in dieser großen Nacht der Erde, in der tropischen Nacht von Haß und Unglück — o trügerische Macht des Glaubens! Für meine Männer, Millionen Jahre nach der Schöpfung, erhebt sich in diesem Stall, bei Kerzenschein, der erste Morgen der Welt.

Weihnachtslied des Volkes

Sie singen wie Pilger auf dem Weg durch die frische Nacht, die in der Ferne die erste fahle Blässe des Morgens aufscheinen sehen, mit dem Sack und den Sandalen und dem Stab. Sie singen. Das Kind ist mitten unter ihnen wie die bleiche Sonne des Orients. Die Sonne der ersten Stunden, der man noch ins Antlitz schauen kann. Ein Kind, nackt und bloß, hell wie die aufgehende Sonne. Ah! Welch entzückender Betrug! Ich gäbe meine rechte Hand hin, wenn ich daran glauben könnte, glauben nur für einen Augenblick! Bin ich schuld, Herr, wenn du mich als ein Nachttier erschaffen hast? Und wenn du in mein Fleisch dieses schreckliche Geheimnis eingeschrieben hast: nie wird es einen Morgen geben? Bin ich schuld, wenn ich weiß, daß euer Messias ein armer Bettler ist, der am Kreuz verenden wird? Wenn ich weiß, daß Jerusalem immer gefangen sein wird?

Zweites Weihnachtslied

Nun singen sie wieder, und ich stehe allein auf der Schwelle ihrer Freude als finstere Eule, die durch das Licht geblendet ist. Sie haben mich verlassen, und mein Weib ist unter ihnen. Und sie freuen sich, nachdem sie sogar vergessen haben, daß ich noch existiere. Ich bin in einer Welt, die zu Ende geht, und sie sind in einer Welt, die beginnt. Ich fühle mich am Rande ihrer Freude und ihrer Gebete verlassener als in meinem öden Dorf. Ich bereue es, unter die Menschen gegangen zu sein. Ich verspüre in mir nicht mehr Haß genug; ach, warum gleicht der Stolz des Menschen dem Wachs, und warum genügen die Strahlen der Morgensonne, es zum Schmelzen zu bringen? Ah, ich möchte ihnen zurufen: ihr begebt euch in die schmachvolle Ergebung, in den Tod eurer Tapferkeit. Alle werdet ihr Frauen und Sklaven gleichen. Und wenn man euch auf die eine Wange schlägt, werdet ihr die andere hinhalten. Doch ich schweige, ich bleibe ohne Regung. Ich bringe es nicht mehr übers Herz, ihr gesegnetes Vertrauen auf die Kraft des Morgens zu zerstören.

Drittes Weihnachtslied. Die Heiligen Drei Könige kommen.

SECHSTE SZENE

Bariona, die Heiligen Drei Könige

BALTHASAR: Du hier, Bariona? Ich dachte wohl, daß ich dich hier wiederfinden würde.

BARIONA: Ich bin nicht gekommen, euren Christus anzubeten.

BALTHASAR: Nein, aber um dich selber zu bestrafen. Um allein zu stehen, abseits von deinem glücklichen Volk. Aber diese Menschen, die heute Nacht zu seiner Krippe liefen, sie werden ihn verraten, wie sie dich verraten haben. Jetzt überhäufen sie ihn mit Geschenken und Zärtlichkeiten, aber keiner, kein einziger, hörst du, ist unter ihnen, der ihn nicht verließe, wenn er die Zukunft sehen könnte. Er wird sie alle enttäuschen, Bariona. Man erwartet von ihm, daß er die Römer verjagt — aber die Römer werden nicht verjagt; daß er Blumen und Früchte auf den Felsen wachsen läßt — aber der Felsen wird unfruchtbar bleiben; daß er allem menschlichen Leiden ein Ende setzt — aber nach zweitausend Jahren wird man noch leiden wie heute.

BARIONA: Ich habe es ihnen gesagt.

BALTHASAR: Ich weiß. Deshalb rede ich jetzt mit dir. Denn du bist Christus näher als alle. Und deine Ohren können sich der wirklichen frohen Botschaft öffnen.

BARIONA: Und wie heißt diese frohe Botschaft?

BALTHASAR: Hör zu! Christus wird in seinem Fleische leiden, weil er Mensch ist. Aber er ist auch Gott. Und mit seiner ganzen Gottheit steht er jenseits dieses Leidens. Und wir Menschen, die wir nach Gottes Bild geschaffen sind, wir stehen jenseits unserer Leiden in dem Maße, als wir Gott ähnlich sind. Siehst du, bis zu dieser Nacht hat das Leid die Menschenaugen blind gemacht wie der Schwalbenkot den Tobias. Man sah im Leid nur Leid und hielt sich für ein wundes Tier, das vor Schmerzen rasend durch die Wälder jagt, um seinem Leiden zu entfliehen, und es doch ganz und gar mit sich trägt. Du, Bariona, warst ein Mensch des alten Gesetzes; dein Leid hat dich mit Bitterkeit erfüllt. Du sagtest: ich bin zu Tod verwundet. Ich lege mich auf die Seite und betrachte den Rest meines Lebens das Unrecht, das man mir zugefügt hat. Nun aber ist Christus gekommen, uns zu erlösen; um zu leiden und uns zu zeigen, was man aus dem Leiden machen kann. Man darf nicht endlos um das Leid kreisen, nicht seine Ehre darin sehen, mehr als alle anderen zu leiden, und nicht resignieren. Wir müssen es auf uns nehmen, das Leid, als ob es zu uns gehörte. Als etwas Natürliches und Alltägliches. Und es ist sinnlos, viel davon zu sprechen, und wäre es auch nur mit sich selber. Söhne dich mit ihm aus, sobald du kannst! Nimm es in die Tiefe und Wärme deines Herzens, wie ein Hund sich beim Herd niederkuschelt. Mach dir keine anderen Gedanken über das Leid, als daß es da ist, wie ein Stein auf dem Weg, wie die Nacht um uns herum.

Dann wirst du die Wahrheit entdecken, die Christus dich lehrt und die du schon weißt: daß du nicht beim Leid bist. Was immer du tun und planen wirst, du übertriffst es stets um ein Unendliches. Denn immer ist es nur das, was du willst, daß es sei. Magst du das Leid in deine Arme schließen, wie eine Mutter den eisigen Leib ihres Kindes in ihre warmen Arme schließt, um es zu wärmen, oder magst du dich gleichgültig von ihm wenden; du selbst bist es stets, der ihm den Sinn verleiht; der es zu dem macht, was es ist. Denn aus sich selber ist es nichts, nichts als ein Teil unseres Menschenlebens. Und Christus ist gekommen, dich zu lehren, daß du für dein Leid vor dir selbst verantwortlich bist. Das Leid ist von der Art der Steine und der Wurzeln, von allem, was Schwere hat und was von selber nach unten strebt; seinetwegen bist du so sehr in die Erde verwurzelt. Seinetwegen wiegst du so schwer auf deinem Weg und drückst den Boden mit deinen Fußsohlen. Du aber, du darfst jenseits deines Leidens sein, denn du gestaltest es nach deinem Willen. Ganz leicht bist du, Bariona. Ah, wenn du wüßtest, wie leicht der Mensch sein kann. Wenn du deinen Teil am Leide annähmest wie dein tägliches Brot, dann wärst du darüber hinaus. Und alles, was jenseits deines Anteils am Leid und jenseits deiner Sorgen ist, all das gehört dir, alles, alles, was leicht ist, das heißt die Welt. Die Welt gehört dir, Bariona, denn du bist dir selbst ständig ein Geschenk, verliehen aus reinem Überfluß. Du leidest, und ich habe kein Erbarmen mit deinem Leid. Warum solltest du nicht leiden? Doch da ist diese wunderbare schwarze Nacht um dich, da klingen Lieder im Stall, und da ist diese wunderbare Kälte, trocken und hart, schonungslos wie eine Kraft, und all das gehört dir. Sie wartet auf dich, diese Nacht, in Dunkelheiten aufgespannt, und Feuer durchkreuzen diese Nacht wie Fische das Meer. Sie erwarten dich am Rand des Weges, scheu und zärtlich, denn Christus ist gekommen, sie dir zu verleihen. Wirf dich zum Himmel und du bist frei! Oh, du Geschöpf des Überflusses unter all den überflüssigen Geschöpfen! Frei bist du und außer Atem; ganz verwundert über dein Dasein mitten im Herzen Gottes, im Reich Gottes, das im Himmel und auch auf Erden ist.

BARIONA: Hat uns das Christus verkündet?

BALTHASAR: Er hat auch eine Botschaft für dich.

BARIONA: Für mich?

BALTHASAR: Für dich. Er ist gekommen, dir zu sagen: Laß dein Kind zur Welt kommen! Es wird leiden, ja, doch das ist nicht deine Sache. Hab kein Erbarmen mit seinen Leiden. Du hast kein Recht dazu. Sie liegen ganz allein in seinen Händen, und es wird genau das daraus machen, was es will; es hat die Freiheit. Selbst wenn es ein Krüppel ist, selbst wenn es in den Krieg muß, wenn es dort Arm und Bein verliert, selbst wenn es vom Mädchen, das es liebt, verraten wird, siebenmal — es hat die Freiheit. Die Freiheit, sich an seinem Leben unerschütterlich zu freuen.

Du sagst, daß Gott nichts gegen die Freiheit des Menschen vermag, und es ist wahr. Aber was nun? Eine neue Freiheit steigt zum Himmel wie ein eherner Pfeiler. Und du versuchst es zu verhindern? Christus ist für alle Kinder dieser Erde geboren worden, Bariona! Und jedesmal, wenn ein Kind geboren wird, wird Christus in ihm und durch es geboren, um ewig verhöhnt zu werden mit ihm in allem Leid und um in ihm und durch es einmal für immer allem Leid zu entkommen. So kommt er zu den Blinden und den Heimatlosen, den Krüppeln und den Kriegsgefangenen mit der Botschaft: Gebt euer Leben dennoch weiter! Denn auch für Blinde und für Heimatlose, für Krüppel und Kriegsgefangene gibt es noch Freude!

BARIONA: Ist das alles, was du mir zu sagen hast?

BALTHASAR: Ja.

BARIONA: Dann gut. Geh auch du jetzt in den Stall! Laß mich allein! Laß mich alles überdenken, ich will mit mir verhandeln.

BALTHASAR: Leb wohl, Bariona, o erster Jünger Christi...

BARIONA: Laß mich! Kein Wort mehr! Geh!

BARIONA *(allein):* Frei... Ah, du Herz, verkrampft in deinem
Widerstreben! Du solltest deine Hände lösen, sie öffnen, du
solltest hinnehmen... ich sollte hineingehen in diesen Stall
und knien. Es wäre das erste Mal in meinem Leben. Eintreten, abseits von den anderen, die mich verraten haben,
und in einer dunklen Ecke ... und dann gehörten sie mir:
der eisige Wind der Mitternacht, das unendliche Reich dieser
heiligen Nacht. Ich werde frei sein, frei wider Gott oder für
Gott, frei wider mich oder für mich! *(Er macht einige Schritte,
alle singen im Stall.)* — Ah! Wie schwer es ist...

SIEBENTES BILD

Die Soldaten des Herodes stürmen nach Bethlehem, um dort alle Neugeborenen zu töten. Die Leute von Bethsur fliehen vor den Soldaten. Bariona ist bei ihnen. [1]

ERSTE SZENE

JEREVAH: Sie werden nicht entkommen! Die Truppen sprengen von Süden und Norden heran und fassen Bethlehem in einem Schraubstock.

PAUL: Man sollte Josef raten, in unser Gebirge zu fliehen, dort wäre er in Sicherheit.

KAIPHAS: Unmöglich. Die Straße ins Gebirge zweigt von der Hauptstraße ab, sieben Meilen von hier. Die Truppen, die von Jerusalem herkommen, werden vor uns dort sein.

PAUL: Dann hilft nur ein Wunder...

KAIPHAS: Es wird kein Wunder geschehen, der Messias ist noch zu klein. Er versteht ja noch nichts. Er wird den gepanzerten Soldaten anlachen, der sich über die Krippe neigt, um sein Herz zu durchbohren.

CHALEM: In alle Häuser werden sie einbrechen, die Neugeborenen an den Füßen packen und ihre Köpfe an den Mauern zerschmettern.

EIN JUDE: Blut, immer nur Blut, oh!

VOLK: Oh!

SARAH: Mein Kind, mein Kleines, mein Gott! Du, das ich schon liebte, als wäre ich deine Mutter, und das ich anbetete, als wäre ich deine Magd, du, das ich in meinen Schmerzen hätte gebären wollen, o Gott, der du dich zu meinem Sohn gemacht, zum Sohn aller Frauen. Du gehörtest mir, mir, schon mehr als diese Blüte, die in meinem eigenen Fleische aufgeht. Du warst mein Kind und das Schicksal meines Kindes, das zutiefst auf meinem Grunde schlummert. Und siehe!

---

[1] Vom Übersetzer zur Verdeutlichung eingefügt.

Jetzt sind sie auf dem Wege, dich zu töten. Sie sind ja von Bosheit gepeinigt, verfallen ihrer Lust und lassen unsere Kleinen leiden. O Gott, Vater, Herr, der du mich siehst! Maria ist im Stall, noch glücklich und heilig. Sie kann dich ja nicht bitten, daß du ihren Sohn errettest, weil sie nichts ahnt. Und auch alle Mütter Bethlehems sind glücklich zu Hause und geborgen und lächeln ihren Kindern zu, ohne die nahende Gefahr zu ahnen. So schau doch auf mich, auf mich, die ich allein bin auf dem Weg und noch kein Kindlein habe! Du hast mich erwählt, in dieser Stunde die Todesnot aller Mütter zu erdulden. O Herr, ich leide und krümme mich wie ein zertretener Wurm, meine Angst ist endlos wie der Ozean; Herr, ich bin jede Mutter, und ich sage zu dir: nimm mich hin, quäle mich, stich mir die Augen aus, reiß mir die Nägel weg, aber rette ihn! Rette den König Judäas! Rette deinen Sohn und rette unsere Kinder! *(Pause)*

KAIPHAS: Du hattest also doch recht, Bariona. Alles ist immer schiefgegangen, und jetzt geht es weiter schief. Kaum daß ein schwaches Licht aufgeschienen, stehen die Mächtigen dieser Welt auf, es auszulöschen.

CHALEM: Es ist also nicht wahr, daß die Orangenbäume auf den Bergspitzen wachsen, daß wir nichts mehr werden tun müssen, daß ich noch einmal jung werden soll?

BARIONA: Nein, das ist nicht wahr.

KAIPHAS: Und es ist auch nicht wahr, daß es für die Menschen, die guten Willens sind, einen Frieden gibt?

BARIONA: Doch, das ist wahr! Wenn ihr wüßtet, wie wahr das ist!

CHALEM: Ich verstehe nicht, was du meinst. Ich weiß nur, daß du recht hattest, vorgestern, als du sagtest, wir sollten keine Kinder mehr zeugen. Unser Volk ist verflucht. Schau nur die Frauen im Tal drunten. Sie haben Kinder zur Welt gebracht, und nun erwürgt man sie in ihren Armen.

KAIPHAS: Wir hätten auf dich hören und nicht in die Stadt gehen sollen. Was in den Städten geschieht, ist nichts für uns.

JEREVAH: Kehren wir nach Bethsur zurück! Und du, Bariona,

harter, aber weiser Führer, verzeih und nimm deinen Platz wieder ein an unserer Spitze.

VOLK: Ja, Bariona! Ja, Bariona!

BARIONA: Wie wenig Glauben habt ihr! Erst habt ihr mich verraten und seid eurem Messias nachgelaufen, und jetzt, beim ersten Windhauch, verratet ihr wiederum euren Messias und kehrt zu mir zurück.

VOLK: Verzeih uns, Bariona!

BARIONA: Bin ich wieder euer Vorsteher?

VOLK: Ja.

BARIONA: Werdet ihr meinen Befehlen blind gehorchen?

VOLK: Wir schwören es!

BARIONA: Dann hört, was ich euch befehle: Du, Simon, lauf zu Josef und Maria; sag ihnen, sie sollen den Esel des Lelius satteln und sich auf den Weg ins Gebirge machen bis zur Wegkreuzung. Du wirst sie führen. Du wirst ihnen den Weg übers Gebirge bis nach Hebron zeigen. Von dort sollen sie nach Norden gehen, der Weg ist frei.

PAUL: Aber Bariona, die Römer werden vor ihnen an der Wegkreuzung sein.

BARIONA: Nein, denn wir werden ihnen entgegenziehen; wir werden sie zurückdrängen. Und wir werden sie wohl solange hinhalten können, bis Josef durch ist.

PAUL: Was sagst du?

BARIONA: Habt ihr denn nicht euren Christus gewollt? Wer wird ihn denn retten, wenn nicht ihr?

KAIPHAS: Aber sie werden uns alle töten. Wir haben nur Stöcke und Messer.

BARIONA: Bindet die Messer an die Spitze eurer Stöcke, und ihr könnt sie als Lanze benützen.

CHALEM: Wir werden alle zerstückelt werden.

BARIONA: Ja, ich glaube es auch. Alle werden wir zerstückelt werden. Doch hört: ich glaube jetzt an euren Christus. Es ist wahr, Gott ist in die Welt gekommen. Und jetzt verlangt er von euch dieses Opfer. Wollt ihr es ihm verweigern? Wollt ihr verhindern, daß eure Kinder seine Lehre empfangen?

PAUL: Bariona, du Zweifler! So lange hast du widerstanden,

den Weisen zu folgen. Glaubst du wirklich, daß dieses Kind...?

BARIONA: Ich sage es euch: wahrlich, dieses Kind ist Christus!

PAUL: Dann folge ich dir.

BARIONA: Und ihr, meine Gefährten? Ihr sehntet euch oft nach den blutigen Kämpfen gegen Hebron zurück. Jetzt ist die Zeit des Kampfes da! Die Zeit der roten Ernte, die Zeit der blutigen Johannisbeeren, die wie Perlen an den Wunden hängen! Wollt ihr nicht streiten? Wollt ihr lieber vor Not und Alter in eurem Adlerhorst da oben sterben?

VOLK: Nein, nein, wir folgen dir! Wir werden Christus retten. Hurra!

BARIONA: O meine Gefährten! So erkenne ich euch wieder, und ich liebe euch. Nun laßt mich für eine Zeit allein. Ich will unseren Angriff planen. Eilt in die Stadt und sammelt alle Waffen, die ihr finden könnt!

VOLK: Es lebe Bariona! *(Ab)*

ZWEITE SZENE

Bariona allein, dann Sarah

SARAH: Bariona!

BARIONA: Meine süße Sarah!

SARAH: Verzeih mir, Bariona!

BARIONA: Ich habe nichts zu verzeihen. Christus rief dich, und du bist zu ihm gegangen auf dem königlichen Weg! Ich aber ging auf krummen Wegen. Doch nun hält uns das Ziel vereint.

SARAH: Du willst wirklich sterben...? Christus will, daß wir leben...

BARIONA: Ich will nicht sterben. Ich habe keine Lust zu sterben. Ich möchte leben und diese Welt genießen, die ich entdecken durfte. Und ich möchte dir helfen, wenn das Kind da ist. Aber soll ich nicht verhindern, daß man unseren Messias tötet? Und ich glaube wohl, daß ich keine Wahl habe: ich werde ihn nicht verteidigen können, ohne mein Leben zu opfern.

SARAH: Ich liebe dich, Bariona.

BARIONA: Sarah, ich weiß, daß du mich liebst. Und ich weiß auch, daß du dein zukünftiges Kind mehr liebst als mich. Aber ich bin nicht bitter, Sarah; ohne Tränen wollen wir uns trennen. Freuen dürfen wir uns. Christus ist geboren, und dein Kind wird geboren.

SARAH: Ich werde ohne dich nicht leben können...

BARIONA: Sarah, klammere dich am Leben fest, mit Eifersucht, mit Gier, für das Kind. Zieh es groß und verbirg ihm nicht das Elend dieser Welt! Bewaffne es dagegen! Sage deinem Kind diese Botschaft von mir! Doch nicht sogleich. Auch nicht beim ersten Liebeskummer, nicht nach der ersten Enttäuschung, nein, viel später, wenn es groß sein wird, dann, wenn es seine große Einsamkeit und Verlassenheit fühlt; wenn es dir von einem bitteren Geschmack spricht, den es tief in seinem Munde verspürt, dann sag zu ihm: Dein Vater hat das alles schon erduldet, was du jetzt erduldest, und dennoch starb er in der Freude!

SARAH: In der Freude...

BARIONA: In der Freude. Ich gehe über vor Freude wie eine übervolle Schale. Ich bin frei, ich halte mein Geschick in meinen Händen. Ich zieh aus gegen die Soldaten des Herodes, und Gott geht an meiner Seite. Wie leicht mir ist, Sarah, wie leicht, o wenn du wüßtest, wie leicht mir ist! O Freude! Freude! Tränen der Freude! Leb wohl, meine süße Sarah! Hebe deinen Kopf, lächle mir zu! Fröhlich mußt du sein: ich liebe dich, und Christus ist geboren!

SARAH: Ich will fröhlich sein! Leb wohl, Bariona!

Die Menge erscheint.

DRITTE SZENE

Dieselben, die Menge

PAUL: Wir sind bereit, dir zu folgen, Bariona!

VOLK: Wir sind bereit!

BARIONA: Meine Gefährten! Soldaten Christi! Wie wild und entschlossen ihr ausschaut! Ich weiß, ihr werdet tapfer kämpfen. Doch ich will mehr von euch als diese finstere Entschlossenheit. Ich will, daß ihr in der Freude sterbt. Christus ist geboren, Männer! Und wir erfüllen unsere Bestimmung. Ihr werdet als Krieger sterben, wie ihr es geträumt habt in eurer Jugend. Für Gott werdet ihr sterben; weg mit euren düsteren Mienen! Auf! Her den Wein! Trinkt, Männer! Ich gestatte es! Und dann voran gegen die Söldner des Herodes! Voran im Rausch der Lieder, des Weines und der Hoffnung!

VOLK: Bariona! Bariona! Weihnachten! Weihnachten!

BARIONA *(zu den Gefangenen):* Und ihr, Gefangene, seht, unser Weihnachtsspiel, das für euch geschrieben wurde, ist nun zu Ende.

Ihr seid nicht glücklich, und vielleicht ist manch einer unter euch, der diesen Geschmack von Galle, diesen bitteren und salzigen Geschmack, von dem ich gesprochen, in seinem Mund gespürt hat. Aber ich glaube, daß es auch für euch an diesem Weihnachtstag — und an allen anderen Tagen — noch Freude gibt!

Vorhang